先秦儒家情感哲学研究
基于伦理与政教的视角

王凯歌 著

图书在版编目（CIP）数据

先秦儒家情感哲学研究：基于伦理与政教的视角 / 王凯歌著. — 北京：商务印书馆，2024
ISBN 978-7-100-23329-3

Ⅰ.①先… Ⅱ.①王… Ⅲ.①儒家－哲学思想－研究－中国－先秦时代 Ⅳ.①B222.05

中国国家版本馆CIP数据核字（2024）第009826号

权利保留，侵权必究。

先秦儒家情感哲学研究
基于伦理与政教的视角
王凯歌　著

商　务　印　书　馆　出　版
（北京王府井大街36号　邮政编码100710）
商　务　印　书　馆　发　行
三河市尚艺印装有限公司印刷
ISBN 978－7－100－23329－3

2024年5月第1版　　　开本 880×1260　1/32
2024年5月第1次印刷　印张 14　1/8

定价：86.00元

目 录

绪　论　1

第一章　对先秦儒家重情特质的一种思想史解读　35

第一节　道术将为天下裂与诸子哲学的回应　36
第二节　先秦儒家重情、美情的体现　58
第三节　儒家所谈的情与西方理解的情之不同　96

第二章　先秦儒家道德情感的哲学分析　115

第一节　忧患意识与原罪意识　115
第二节　德性之乐　122
第三节　德福一致：儒家的圆善如何实现？　133
第四节　诚敬之情　151
第五节　恻隐之心：中西哲学的比较　183
第六节　对羞耻感的现象学分析　197

第三章　从情感到伦理：先秦儒家对自然情感的伦理建构　208

第一节　怨的现象学分析　208
第二节　施与报　233
第三节　仁与好恶喜怒哀乐　238

第四节　仁与爱　252

第四章　道德的来源、基础与判断根据　260

第一节　道德的来源：心安与理得　260
第二节　孝悌与仁：本末抑或体用　280
第三节　性体情用架构导致的问题　292
第四节　美德发生学上的情感作用　317
第五节　儒家情感伦理与情感主义美德伦理学的会通　336

第五章　情的感通——基于情的政教体系建构　352

第一节　对感通的界定　352
第二节　情感驯化：以中导和的政教与工夫　360
第三节　兴于诗：诗教之感通　366
第四节　立于礼：基于情的秩序建构　388
第五节　成于乐：声乐与政通　401

结　语　422

参考文献　432

后　记　442

绪　论

一、情是理解先秦儒家伦理与政教的钥匙

情是理解先秦儒家伦理与政教的钥匙，在个体层面关系着德性的修养与道德的实践，在群体层面关联着政治秩序的建构。中国哲学中的主体不仅是认知主体，更主要的是道德实践主体，而道德实践主要是对情感的训练与化育。"关于情的理论，也可以说是关于'人生之艺术'的理论，亦即关于消除苦恼获得至乐之方法的理论。人生是一个艰难的过程，外物的逆阻，世事的曲折，常使人痛苦。如不能善用其情，则痛苦滋甚了；如能统御自己的情，对于逆险，能夷然处之，而痛苦便可以消减。……而所谓生活之艺术，主要是统御情绪的艺术。"[①] 在郭店竹简出土之前，西方学界往往把先秦语境中的"情"理解为"情实"、"真实"，而否认其"情感"的含义。葛瑞汉指出"情"在先秦语境中的基本含义是"物的精髓"（what is essential）或"真实"（genuine），而"激情"、"情感"的含义到了宋代才发展出来。然而，郭店竹简《性自命出》的出土，证实了先秦儒家所谈之"情"确有情感的含义，并且在儒家人道与礼乐秩序的建构中扮演着基础性的角色。

尽管在先秦语境中，"情"含有"情实"之义，但很多提到"情"的文献的确是在探讨情感问题，即便没有明确提到"情"字的文献也是在

[①] 张岱年：《中国哲学大纲》，江苏教育出版社2005年版，第422页。

探讨情感的问题。如《论语》中大量探讨的忧患、敬畏、好恶、德性之乐、愤悱等，向我们生动展示了孔子作为一个仁者的丰富的情感世界。[①]又比如孔子以内心的"不安"向宰我指点"仁"。孔子尤为重视内心的真诚，即真情实感（《论语·子路》"刚毅木讷近仁"），厌恶虚伪、造作（《论语·学而》"巧言令色，鲜矣仁"）。孟子讲的四端（恻隐、羞恶、辞让、是非）也是重视人心的情感向度。这些道德情感是人心所本有的，是天所赋予人的内在天性。尤其是恻隐之心，不仅是单纯的对他人的同情，更有着宇宙论、本体论上的哲学意义。孟子的心是真诚恻怛之心，是道德本心，而"反身而诚"的修养方法更多是一种直觉式的体认，而不是理性的认知。可以说，孔孟并没有对情感问题展开直接的哲学论述，甚至在孟子那里，性与情也没有区分得那么清楚。然而，他们却通过对"心"的阐释间接论述了情感的重要性。

同时，依据《礼记·礼运》"故人情者，圣王之田也，修礼以耕之，陈义以种之，讲学以耨之，本仁以聚之，播乐以安之"，《礼记·仲尼燕居》"夫礼，所以制中也"，以及《荀子·礼论》"故先王圣人安为之立中制节，一使足以成文理"等经典文献的表述，本书认为先秦儒家礼乐之教是对人情的"立中制节"，体现了先秦儒家政教建构的逻辑。圣王制作礼乐并非凭空虚造，而是因顺人情将其纳入礼乐的秩序（节文）中，从而使基于血缘亲情的家庭伦理推扩至群体互动的共同体伦理。因此，先秦儒家对情感的处理关系到儒家的伦理特色与政教体系的建构。这是本书选取情感作为切入点的问题意识所在。

[①] 如刘妮认为，《论语》中，孔子是通过"乐"与"哀"这两种情感理解和经验生命的本质，尤其体现在孔子面对颜回之死时的"哭之恸"。参见刘妮：《从〈论语〉看孔子的"乐"与"哀"》，《云南大学学报（社会科学版）》2017年第6期。

揆诸中国哲学史，情感研究是儒学研究的重要议题，历代学者都有彰显儒家重情特质的论述。梁漱溟在《中国文化要义》中指出："孔子学派以敦勉孝悌和一切仁厚胝挚之情为其最大特色。孝子、慈父……在个人为完成他自己；在社会，则某种组织与秩序亦即由此而得完成。"①他将人的心思作用分为理智与理性，"知的一面曰理智，情的一面曰理性"②。表现在中西方差异上，西方重理智、重物理，中国重理性、重情理，情理虽然表现在感情上，却是无私的、超脱于本能的。在梁漱溟这里，理性其实是指人心所有的情义。在理性作用下，人类能达到"无对"的状态，即人与万物之间普泛关切的同体之情。"人类生命廓然与物同体，其情无所不到。"③在儒家理性主义的倡导之下，中国形成伦理本位的社会，替代了宗教的功能。所谓"伦理"是指人们彼此相与之间的关系。"伦理关系，即情谊关系，亦即是其相互间的一种义务关系。伦理之'理'，盖即于此情与义上见之。"④伦理是因情而有义。古人看到真切美善的感情起于家庭，即孝悌、慈爱、友恭等，便把这些情感推扩来制作社会的结构，这其中反映的情义关系是，"提挈其情"以"督责其义"⑤。

钱穆在《孔子与论语》中提出，相对于西方心理学有知、情、意三分之说，孔子以知、仁、勇为三德。知是心的理智部分，仁是心的情感部分，勇是心的意志部分。孔子的教义着重在全人生之全心体上，从全心体来主宰全人生。与西方重视纯思辨、纯理智的哲学不同，儒家尤为重视性情，主张以人参天，因心见性。"在全部人生中，中国儒家思想更

---

① 梁漱溟：《中国文化要义》，上海人民出版社2005年版，第107页。
② 同上书，第111页。
③ 同上书，第119页。
④ 同上书，第72页。
⑤ 同上书，第80页。

着重此心之情感部分，尤胜于其看重理智的部分。我们只能说，由理智来完成性情，却不能说由性情来完成理智。"① 由此，儒家主张节欲、寡欲，而绝不主张寡情、绝情甚至无情。儒家并言情理，而把天理与人欲相对，是因为"天人相合，只在情上合，不能在欲上合"②。另外，儒家尤为重视仁与爱之分辨：仁是人之性，主要表现在人情上（仁中有爱，但爱不等同于仁），而如果情失其正，就流于欲，反而会损伤性情。因此"尽性"就要"节欲"以"正情"。

朱谦之根据《周易》中的"情"字推衍了一套"唯情"哲学。他认为"情"字是《周易》哲学的究竟话头。情是自然、真觉、"天植灵根"，伪是人为、理知，所以要"一任真情，目要得中"。情即是性，真情就是人的本性自然性。宇宙的本体是浑融圆转、活泼流通、永无休歇的"真情之流"，所以得天地万物之情即是见本体。真情之流是无思无为、随感而应、没有定体的，不间断变化与周流不息的本体。孔家思想的真谛不是"节情"而是"复情"，是"自然而然的化理智的生活，复归于真情的生活"。他依据清儒惠栋《周易述·易微言》断定"情犹性也"，情与性异名而同实，据此批判宋儒分性与情为二、性善情恶、未发为性、已发为情等说，而认为真情（即真诚恻怛）作为本体是至善的，因为真率之情自然流露、烂漫天真就是至善的。"情统本性，一说情便是性了！本性之所以成为本性，就因他是活泼流通，没有间断时节，若有间断，便不是人的'情'。"甚至于他认为《论语》的"仁"与《中庸》的"诚"讲的都是"真情"，求仁即复情。他结合《礼记·礼运》"以阴阳为端，故

---

① 钱穆：《孔子与论语》，九州出版社 2011 年版，第 320 页。
② 同上书，第 321 页。

'情'可睹也"支持其论断：易以道阴阳，只有观天地生物气象，才能得"真情之流"，才能见宇宙本体。① 总之，朱谦之所谓的"情"即真诚恻怛、即真情的自然流露、即真实无妄，而反对人为造作。真情之流有六个特征：自然而然、真实无妄、变动不息、绝对无二、本有不无、稳静平衡。可以说，从朱谦之的唯情哲学可以看到李泽厚"情本体"论的影子，可能后者对前者有着理路上的继承。

李泽厚提出了中国哲学是"情本体"的论述。他从根本上不赞成把心性之学作为中国文化精髓的现代新儒家论点，认为绝对的道德律令会对人的感性生命造成压抑，主张回到情理交融的实用理性和张扬生命本能情性的乐感文化。"我正是要回归到认为比语言更根本的'生'——生命、生活、生存的中国传统。……我以为这个'生'首先不是现代新儒家如牟宗三等人讲的'道德自觉''精神生命'，不是精神、灵魂、思想、意识和语言，而是实实在在的人的动物性的生理肉体和自然界的各种生命。"② 他指出，情本体是乐感文化的核心。情本体不是指康德所谓与现象界相区别的物自体，而是指本根、根本与最后实在。孔孟和郭店竹简将情作为根本或出发点。情指情感，也指情境。李泽厚认为，从孔子起儒学的特征和关键正在于它建筑在心理情感原则上。在这个意义上，他认为宋儒完全颠倒了原始儒家。因为宋儒为了与佛学抗争，不得不确立一个本体性的理性主宰，作为世间秩序的超越本源，为行为规范确立礼教的信仰。然而，由于中国并没有先验与经验、本体与现象的绝对二分，天理总是要落在经验事

---

① 朱谦之：《周易哲学》，《朱谦之文集》第3卷，福建教育出版社2002年版，第101—122页。
② 李泽厚、刘绪源：《中国哲学如何登场？——李泽厚2011年谈话录》，上海译文出版社2012年版，第4页。

物中。因此，宋儒追求先验的天理本体在根本上是失败的。

　　蒙培元认为儒家是境界形态的哲学，以存在为前提，解决人存在的意义和价值问题。情感是人最首要的基本存在方式。他认为，"儒家很重视情感经验，其心性之学就是从情感经验出发的"①。中国哲学的特殊性是所讲的智不是纯粹的智，而必然与情感发生关系，并解决情感提出的问题。他认为儒家是人学，也就是仁学，而仁就是道德情感。"仁从原始亲情开始，进而展开为仁民、爱物，直到'天地万物一体'境界，最后找到了人的'安身立命'之地。"② 儒家最关心的是具有普遍有效性的道德情感，形成与此相关的宇宙论、本体论哲学，将心灵视为整体的存在，并在整体中突出情感的地位与作用，以情感为核心而将知、意、欲和性理统一起来。西方哲学严格区分了情感与理性，如康德认为只有在纯粹实践理性的基础上才能建立道德形而上学。儒家的道德情感既有经验的、心理的层面，又有先验的、形而上的一面，不仅是私人的、主观的情感，更重视共同的、普遍的情感，尤其是超伦理、超道德的宗教情感。知天命、尽心知性知天、穷理尽性、明明德、格物致知、识仁、致良知都是一种直觉式的体认，对自己的心性、德性的自觉。因此，在理性与情感的关系上，西方走向了情感与理性二分的偏重理性的理性主义传统，而中国是寻求二者的统一，建立普遍有效的德性之学。

　　温海明在《本体论意义上的"情"何以是伦理的？》一文中指出："钱穆、梁漱溟、李泽厚等都指出重情感是中国文化的特点。但是，他们对于情感控制，尤其是情感创发的端点并没有专门探讨，而这其实是儒家修身进而能够养'性'的本质所在。"由此，他提出儒家的修身

---

① 蒙培元：《中国心性论》，台湾学生书局1990年版，第8页。
② 蒙培元：《情感与理性》，中国人民大学出版社2009年版，第2—3页。

可以理解为"作用于'性—情'创发之端点的心性功夫",即"调控情感,使得人人因'性'而发动的'情'维持到一个合适的维度",使之合乎中道。进一步可归结为通过"情感意向的实化"(actualization of felt-intentions)而达到和谐,即机体"在情感兴起的过程中反思到情感本身的倾向性",进而做意志性的控制。同时,"情境性的'礼'作为调节'感—情'的善恶尺度,将本体性、个体性的'情'置于公共空间并将其意义伦理化,儒家伦理也因此走出家庭伦理成为社会伦理"。①

李景林认为,孟子讲仁义内在是要说明仁义礼智内在于人的实存("才")与情感生活,是为了论证性善论。孟子批驳告子的仁内义外之说,是因为告子没有看到"长之者义乎"是一种道德判断,这种"敬长"之情内在于人的情感生活,是人所本有的。因此,孟子的仁义内在说实质上肯定了人的情感生活内在地、先天地具有普遍的道德原则。仁义内在多在"情"上立论,是因为人与人交接,必定表现于"情"上。因此,"就教化而言,吾人必经'通情'而'达理',而'变化气质',而'践形',方能最终臻于天人合德之圣境"。②

以上诸家研究是表明先秦儒家具有重情论、美情论特质的代表性观点。钱穆、梁漱溟等认为心的作用主要通过情感表现出来,朱谦之与李泽厚基于《周易》、清代汉学与西方哲学等理论资源构建了唯情论、情本体论,从中可以看出他们强烈的反宋明理学色彩。蒙培元系统阐发了中国哲学中具有普遍性、客观性的道德情感,温海明阐发了在本体意义上

---

① 温海明:《本体论意义上的"情"何以是伦理的?》,《中山大学学报(社会科学版)》2013年第2期。
② 李景林:《伦理原则与心性本体——儒家仁内义外与仁义内在说的内在一致性》,《中国哲学史》2006年第4期。

由"感"而生的"情"带有善恶意味因而可以从个体延伸到群体,李景林阐发了基于通情达理的儒家教化模式。这些研究构成本书考察先秦情感哲学的重要参照。

二、情感哲学是理解中西哲学差异的切入点

在中西比较哲学的视野下,将先秦儒家情感哲学与西方情感哲学进行系统性比较研究的成果还较少。已有研究所关注的问题比较具体,涉及儒家与康德如何处理道德情感问题之比较研究,孟子恻隐之心与苏格兰启蒙思想家休谟、斯密的"同情"概念之比较研究,孟子恻隐之心与现象学意识的直接性之比较研究等方面。这些研究视角也给本书的研究思路与方法提供了重要的借鉴与启发,比如对孟子恻隐之心的现象学考察。

其中,李明辉的《四端与七情:关于道德情感的比较哲学探讨》是从中西哲学比较的角度诠释道德情感的力作。该研究认为康德"自律"概念与现象学伦理学的"价值感"概念对于"四端与七情"的问题具有直接的理论相关性。李明辉首先追随乃师牟宗三的观点,既肯定了孟子的仁义内在符合康德的"意志的自主自律",也批判了康德将理性与感性绝然二分的主体性架构。康德将道德情感排除于道德主体(实践理性)之外,就使得实践理性缺乏将道德法则的意识转化为具体行为的动力,道德法则就落空了。李明辉认为只有把道德情感上提到道德主体的层面,使它与实践理性相结合,才能克服康德的困境。而在这意义上,舍勒的现象学伦理学所提供的"情感的先天性"与"价值感"概念弥合了理性与感性之间的沟壑,为解读四端与七情的问题探讨提供了参照系。[①]

[①] 李明辉:《四端与七情:关于道德情感的比较哲学探讨》,华东师范大学出版社2008年版,第48页。

绪　论

　　黄进兴认为，儒家的伦理学与康德的"道德自律"伦理学并不相契，反而与苏格兰启蒙思想家哈奇逊、休谟、亚当·斯密的同情伦理学较为相似。原因在于，其一，两者都强调同情恻隐的道德情感是道德的来源与基础，如孟子所谓人皆有之的"四端"之心（道德情感），与苏格兰道德感论者强调的"道德感"（moral sense）与同情心（sympathy），都是激发道德行为的原动力。其二，两者都强调道德情感是伦理判断的依据，如孟子强调"四端"之心内在于自我而非由外界强加，因而"无恻隐之心，非人也"，而苏格兰道德感论者也强调同情心是天赋的先天心理官能，发挥道德判断的功能。①

　　耿宁在《孟子、斯密与胡塞尔论同情与良知》一文中，从现象学的角度阐发孟子的恻隐之心与休谟、斯密的同情共感在概念上的不同。现象学的意向性概念，是指这些自发的同情情感不仅指向自己的处境，也指向其他人的处境。而这些情感要成为德性，就必须包含着为他人而行动的趋向，将这些情感落实在那样的行动中。从现象学分析，在孺子入井的例子中，我们是为小孩子所处的不幸处境而痛苦，因而更为自发、更为原初，在其意识结构中更为直接。我们的担惊受怕不是指向我们自己，而是针对另外一个人的危险处境，我们为他担惊受怕，倾向于行动去拯救他。而休谟、斯密所说的同情共感，需要借助想象与反思他人的情感，需要互换位置来思考他人的感受，并将他人的苦作为自己悲伤的对象，因而是一种对他者感情与感受的反思性的当下化。而从现象学角度来看，恻隐之心的朗现不需要在认知上把他者的主观体验当下化，而呈现为最原初的体验方式，即对他者处境的一种情绪的参与，一种为处

---

① 黄进兴：《优入圣域：权力、信仰与正当性》，陕西师范大学出版社1998年版，第22、44—46页。

9

境中的他者行动的倾向。①

陈立胜在《恻隐之心:"同感""同情"与"在世基调"》一文中认为,当代西方现象学和心理学对孟子"恻隐之心"的探讨均从移情(empathy,把他者的感受注入自我中)与同情(sympathy,设身处地想象他人的感受,与他人形成情感共鸣)的意向性构造分析是有问题的,无论同情或同感是指向自我,还是指向他者,这种意向性构造分析背后都预设了一种个体主义的自我观。而在儒家的语境中,恻隐之心并不单单是一种道德情感,而是一种涉及宇宙论、存在论的仁者浑然中处于天地万物之中、与天地万物一体相通的觉情,是儒者在世的一种基本生存情调,揭示了人之为人的一个共处、共享、共在的生存结构。②

黄玉顺在《论"恻隐"与"同情"——儒学与情感现象学比较研究》一文中,比较了孟子的恻隐之心与舍勒的同情概念,判定两者根本不同,同情是同悲同乐,是参与某种情境的同感,而恻隐并不基于再感知、不是参与到对象的体验之中,而是价值的源泉。他认为儒家中有两种情感观念:一种是依附于主体的道德情感,作为"性"之所"发"的情感;另一种是孔孟儒家的本源性的情感观念,是先行于道德情感的,是一切价值观念的源泉。恻隐之情是一种本源性情感,由它的扩而充之造成了道德规范的建立。在孺子入井的本源性情境中,怵惕恻隐是这种情境的情感显现,它是先行于认知主体与客体之对立的。孟子在恻隐情感的本源上建构其儒学的基本理论框架"仁义礼智"。③

---

① 〔瑞士〕耿宁著,陈立胜译:《孟子、斯密与胡塞尔论同情与良知》,《世界哲学》2011年第1期。
② 陈立胜:《恻隐之心:"同感""同情"与"在世基调"》,《哲学研究》2011年第12期。
③ 黄玉顺:《论"恻隐"与"同情"——儒学与情感现象学比较研究》,《中国社会科学院研究生院学报》2007年第3期。

以上这些研究从不同角度与方法阐发了先秦儒学的重情特色，尤其是从中西哲学比较、生存论（基础存在论）、现象学的视野来研究中西哲学处理情感问题的同与异，提供了情感哲学研究的新视野、新方法，这些研究构成本书考察先秦儒家情感哲学的重要理论资源与研究基础。

三、伦理与政教的视角

现有的先秦儒家情感研究的整体倾向是说明情感在先秦儒家思想中的重要性，他们很重视揭示孔子、孟子及《性自命出》思想中的情感向度，把儒家的诸德目看作是道德情感，但这样就有简化之嫌。像朱谦之、李泽厚从中西比较哲学的角度所揭示的儒家唯情论与情本体论有一定的解释性，因为中国哲学不像西方哲学那样将情感与理性、现象与本体绝对地二分，而是将情感与理性交融在"心"上。所以中西哲学最大的差异就在于中国独特的"心"的概念。儒家所讲的心既有理性认知的意义，又有情意感通的意义，还有意志意向的意义。如果对应于西方的词汇，"心"兼有 heart（情感、情绪的向度）与 mind（思维、理性、认知的向度）。[①] 安乐哲和郝大维基于词源学的考察，倾向于将"心"译成"thinking-and-feeling"（思与情），认为儒家传统中的"心"带有整合情境全体的意味。[②] 这就不像西方那样，要么单纯地从情感出发为道德奠基，要么单纯地从理性出发为道德奠基。因此，儒家的"心"既是感性心，

---

① "西方'理性'与'感情'的截然二分，在中国哲学辞汇则似无对等者。以孟子惯用'心'的概念为言，实'理性'的'mind'（心智）与'感情'的'heart'（心情）兼而言之；以致任何借'道德自律'（遵康德原意的用法）或'道德感说'以疏通孟子学说，均可得其半，而无法尽窥其全貌。"黄进兴：《优入圣域：权力、信仰与正当性》，第47页。

② 〔美〕安乐哲、〔美〕郝大维：《〈中庸〉新论：哲学与宗教性的诠释》，《中国哲学史》2002年第3期。

也是理性心,情感渗透着理性,理性需要借助情感来作用,甚至理性要以情感的形式表达出来。从伦理学上探索先秦儒家情感伦理的特质及情感在美德发生学或道德实践上的作用,是十分必要的。

对于情能否作为"本体"是自李泽厚提出"情本体"论以来中国哲学界争论的焦点。关于情是否只是后天的、形而下的、发用层面的感性情感,关键在于界定何谓"本体",以及如何界定情感并区分情感的层次,也就是要区分道德情感与自然情感。道德情感可以上下其讲,而对自然情感的处理就需要礼义的节制与规范。这就关系到先秦儒家基于情感而构建的政教体系,关系到先秦儒家基于感通感应(《周易程氏传》"有感必有应")的宇宙论模式与道德感动模式,即"圣人感人心而天下和平"的情意相感、以诚相感的感通机制。先秦儒家将情感纳入礼乐的秩序之中,追求的是"情深而文明"的境界,体现的是礼乐之教"合情饰貌"、"文质彬彬"与"情文俱尽"的政教原理。

近些年来,西方哲学经历了"情感转向"的范式转换。[1] 基于对理性主义的反思(如工具理性膨胀造成的人的异化、物化等),西方哲学举起"情感"(emotion)的大旗试图构建一种规范性的情感主义美德伦理学,情感问题在西方哲学研究中的重要性日益凸显。甚至有西方学者提出"情感本体论"(emotion ontology 或 the ontology of emotion)的说法。[2]

---

[1] 如努斯鲍姆(Martha C. Nussbaum)对"情"有深入细致的探讨,包括 *The Therapy of Desire: Theory and Practice in Hellenistic Ethics*, Princeton University Press, 1996; *Upheavals of Thought: The Intelligence of Emotion*, Cambridge University Press, 2001 等。又如分析哲学家所罗门(Robert C. Solomon)对"情"展开的哲学分析,如 *Thinking About Feelings: Contemporary Philosophers on Emotions*, Oxford University Press, 2004; *True to Our Feelings: What Our Emotions Are Really Telling Us*, Oxford University Press, 2007。

[2] 例如 Richard J. Davidson, Klaus R. Scherer, and H. Hill Goldsmith, *Handbook of Affective Sciences*, Oxford University Press, 2003; Katrina Triezenberg, "The Ontology of Emotion", Ph.D. thesis, Purdue University, 2005。

因此，对中西情感哲学作一比较哲学的诠释会通是大有必要的，也是极有价值的，关系到中西哲学的会通与文明互鉴。而在对情感问题的哲学分析上，中国哲学实际上走在了前头。正如彭国翔所说："牟宗三的'觉情'说，也许未尝不可以说已经著了西方哲学传统对于'情'的反省的先鞭。"①

相比于前人研究侧重于情感问题的伦理学比较维度（比如诸多研究关注的恻隐之心与西方同情概念的比较研究等），本书的主题从情的伦理建构延伸至先秦儒家基于情的政教体系建构，即政治哲学问题，因此视野更为宏大。在先秦儒家看来，人情之所以重要，是因为情感是人的生存样态，人之相与是因情而有义（梁漱溟语）。先秦儒家通过人与人之间的情意相感来构建道德共识，以推动共同体建设。情的感通是从亲亲到仁民再到爱物之间连续性推扩的机理。同时，先秦儒家的礼乐之教着眼于把情感提升为德性的教化机制。一方面，儒家承认所有的礼乐制度都奠基于人的情感，所谓"缘情制礼"、"道始于情"。而另一方面，儒家也承认礼乐制度是对情感的节制与规范，使朴素的自然情感升华为庄严高贵的美德，所谓"礼者，因人之情而为之节文"（《礼记·坊记》）。

因此，本书首先从整体上重新审视先秦儒家对情感问题的重视，探讨先秦儒家重情主义的思想史成因，进而在情感层面上展开更加具体的分梳与辨析，如道德情感与自然情感的区别、四端与七情的区别，探讨先秦儒家如何基于情感建构人伦秩序，以及驯化情感的修养工夫与道德实践，从伦理学上探讨情感在美德发生学上的作用等，进而从情感伦理

---

① 彭国翔：《牟宗三的情感世界及其"觉情"说》，《清华国学》第二辑，社会科学文献出版社 2023 年版，第 331—355 页。

的讨论扩展至先秦儒家基于情的政教体系建构。简而言之,先秦儒家温柔敦厚的诗教、恭俭庄敬的礼教、广博易良的乐教等都是对美善情感的培育教养,对不善之情欲的节制与范导,将情感导入中道的秩序之中,构成儒家政教体系中的重要一环(还包括"刑政",即所谓礼乐刑政)。

四、"情"的含义在先秦之流变:一种思想史的考察

"情"作为一个观念与哲学范畴,在先秦的思想文本中大量出现,儒家、道家、法家各派都有探讨。要对儒家的情进行探讨,首先要将其置于先秦整个思想文本的语境中,考察它最初的含义以及后来随着语境的变化而衍生的含义。可以说,"情"是先秦各派思想家使用的一个公共概念与范畴。他们出于不同的目的使用"情"并界定其内涵,从而为他们各自的哲学服务。那么,在"情"被儒家大量使用并发展出一套系统的心性论之前,作为一个观念的"情"字在先秦的思想文本中是如何呈现其意涵及其多样性的?对此的考察是绪论所要做的工作,类似于一种对"情"的探案。对"情"的思想史考察的长处是,能在时间向度上比较直观地审视"情"字在先秦文本中的多样内涵及其演变,但其缺点是忽略了很多虽没有提及"情"字但明显是在讨论情感问题的文献。然而,在对先秦儒家的情感问题做出整体性探讨之前,对"情"字做一种"历时性"的思想史爬梳是很有必要的。

(一)"情"的字源学考据

在字源上,目前尚不能确定甲骨文中是否出现"青"字,已发现最早的"青"字出现在墙盘与吴方彝上,两者都属西周金文,前者写为"𤯕",后者写为"𤯔"。"青"的金文字形上面是个"生"字,下面是"丹"字,丹是井字之变,从生,井声。其本义为石之青者,后被东汉许

慎以五行解释，引申为草木的青色。《说文》曰："青，东方色也。木生火，从生丹。丹青之信言必然。"段玉裁注曰："俗言信若丹青。谓其相生之理有必然也。"[1] 也就是说，"青"的本义是春天草木始生的青色，同时因为木能生火，显现为赤色的火焰，所以"青"字本身也有显现、显明的意思。据此可以推测，"情"字的本字是"青"字。在后来的演化发展中，由"青"加上一个"心"旁逐渐产生了"情"字。正如唐文治所言："情字从青，青，东方之色，发露于外者也。人当春夏之交，见万物萌芽，弥望青葱，欣欣向荣，不觉缠绵悱恻之情油然而生。是何也？以人之情应万物之情也。"[2] 所以呈现在郭店竹简（其写作年代不晚于公元前300年）中的"情"字就时而写作"青"（ ），时而写作"情"（ ）（从心从青，上青下心），表明当时"情"字尚未定型。那么由"青"向"情"的演化过程就类似于"生"与"性"之间的演变过程，都是在本字旁加上一个"心"字，也就是由原来表示自然界现象的特质演化为表示某种人类特质的字义。"'青'在引申为情感之'情'后的很长时间里，可能一直写作'青'，而真正的从心从青之'情'字则是随着人的内涵被逐渐认识之后，特别是在儒家教化盛行之后从'青'字里面逐步分化出来的。"[3]

而从"青"字的金文构造，可以看出"生"与"青"的天然内在联系。依照《说文解字》，"生"的本义是象草木出生于地，而"青"则为所生植物的显现，即草木的颜色。这就昭示，在本义上，"生"与"青"之间就成为本体与其显现的关系。"'生'是'青'的本体，'青'

---

[1] 段玉裁：《说文解字注》，浙江古籍出版社1998年版，第215页。
[2] 唐文治、顾实：《中庸讲疏两种》，中华书局2019年版，第205页。
[3] 欧阳祯人：《先秦儒家性情思想研究》，武汉大学出版社2005年版，第85页。

是'生'的表现形式;青为生质,生由青显,生青互证。"① 根据傅斯年"性"字脱胎于"生"的考证,以及先秦思想"生之谓性"的传统,可知,"生"与"青"的关系从字源学上就奠定了后来"性"与"情"之间内在联系的基础。徐复观指出:"在先秦,情与性,是同质而常常可以互用的两个名词。在当时一般的说法,性与情,好像一株树生长的部位。根的地方是性,由根伸长上去的枝干是情;部位不同,而本质则一。所以先秦诸子谈到性与情时,都是同质的东西。人性论的成立,本来即含有点形而上的意义。"② 徐先生的论点有待商榷,因为郭店竹简中已经明确把性与情区分开,而在荀子的表述中,有时候性情连用,有时候把性与情加以区分,我们在下文会详细展开论述。

既然"情"的本字是"青",而"青"又是"生"的质实显现,它就具有直观、清晰、原初、真实的特征,没有丝毫的虚假、做作成分。③ 由此,在先秦文献中,"情"的最主要含义是"质实"、"真实"、"情实"。④ 如《孟子·滕文公上》:"夫物之不齐,物之情也。"朱熹集注:"孟子言物之不齐,乃其自然之理。"这里指事物的质实、常理。又如《左传·哀公八年》:"叔孙辄对曰:'鲁有名而无情,伐之,必得志焉。'"杜预注:"有大国名,无情实。"这里指事物的实际情形。同时"情"也具有

---

① 欧阳祯人:《先秦儒家性情思想研究》,武汉大学出版社2005年版,第86—87页。
② 徐复观:《中国人性论史》,华东师范大学出版社2005年版,第198页。
③ 欧阳祯人:《先秦儒家性情思想研究》,第88页。
④ 西方汉学家如葛瑞汉否认先秦的情具有"情感"(passion)的含义。葛瑞汉指出先秦文本中"情"的基本含义是"物的精髓"(what is essential)或"真实"(genuine),而"激情"、"情感"的含义到了宋代才发展出来。他指出从前者向后者含义转变的迹象在《荀子》和《礼记》的文本中可以被考察到,也恰是在那里该概念第一次被灌入情感意义上的内涵。参见 Graham, "The Background of the Mencian Theory of Human Nature", *The Tsing Hu: Journal of Chinese Studies*, New Series, 1967, pp. 1-2, Reprinted in Graham, *Studies of Chinese Philosophy*, The Institute of East Asian Philosophies, 1986, pp. 59-65。

"情感"之义。由于"青"的本义是事物的质实、真实,那么当"青"向表述人的心理状态或情绪的"情"演化之后,就表示为"性情之实",即情感的真实、真诚。如《论语·子路》:"上好信,则民莫敢不用情。"朱熹集注:"情,诚实也。"

上述是借鉴已有研究对"情"的字源、本义及其在先秦儒家文献中含义的变化所做的简要梳理,并没有展示"情"字从"情实"义转变为"情感"义的思想史全貌。以下我们就见于《周易》、《论语》、《性自命出》、《孟子》、《礼记》、《荀子》中的"情"字做一种考据与义理相结合的梳理,以揭示先秦儒家使用"情"字的语境及在不同语境下的内涵,以表明"情"字在西周以来的精神内向化运动下逐渐被赋予"情感"义的思想史过程。

(二)先秦儒家文献中所见"情"之字义梳理

1.《周易》中所见"性情"、"天地万物之情"、"情伪"的含义。

周易中的"情"有三种含义:其一是情识、念虑意义上的情感,与"性"相应;其二是"情实";其三是"情况"、"情状"。以下展开分说。

第一种含义是作"情识"与"感应"、"感通"解。"乾元者,始而亨者也。利贞者,性情也。"这句是《乾卦·文言》进一步申明《乾卦·彖》中乾之四德(元亨利贞)之义。《乾卦·彖》以"万物资始"阐释"元"德,表明乾元是天道创生万物之德,"赞乾元始万物之道大也"[①],万物资始于天,犹如春始生而至夏亨通(始而亨者也)。《彖》以"乾道变化,各正性命。保合太和,乃利贞"阐发"利贞"之义。王弼注"各正性命"为"正性命之情",孔颖达疏为"物之性命各有情,……所禀生者谓之

[①] 程颐、程颢著,王孝鱼点校:《二程集》全二册,中华书局2004年版,下册,第697页。

性,随时念虑谓之情,谓无识无情,今据有识而言,故称曰'情'也"。这里首先需要明了的是"利贞"本身的含义。①项安世《周易玩辞》解:"阴阳之'情',惟感与常而已。往来无穷者感也,相续不已者常也。"其次,再来探究《文言》为何以"性情"解说"利贞"。乾道变化如何才能使万物的性命之情常得其正呢?朱熹解释"利贞"为"利,则向于实也;贞,则实之成也",元亨利贞是指生气流行的无间断、四德(春生、夏长、秋敛、冬藏)的循环无端。"利"于时为秋,"生物之遂,物得其宜";"贞"于时为冬,"生物之成,实理具备"。因此,"利贞者,性情也"就是说"收敛归藏,乃见性情之实"。②可见,程颐、朱熹都把性情作为并列关系,解读为乾道变化、生气流行过程的特性,停留在宇宙论的生化层面上诠释,而没有落实为心性论。

第二种含义是指"真实"、"诚实",与"伪"相对。《系辞·下》有"爻象以情言"之说,即爻辞反映了事物的"情伪"(真实与不真实的情况),而下面接着说"情伪相感而利害生"。王弼注:"情以感物则得利,伪以感物则致害也。"孔颖达疏曰:"情,谓实情;伪,谓虚伪。虚实相感,若以情实相感则利生,若以虚伪相感则害生也。"显然这里的"情"并非"情感"义,而是与"伪"相对的"实情"、"诚实"义。

第三种含义是"情状"、"情况"。《乾卦·文言》:"六爻发挥,旁通

---

① 尚秉和认为元亨利贞并非衡量卦德吉凶的标准,而是指"春夏秋冬"、"东南西北"。因此,利贞何以谓之性情,是因为阴阳交才能利贞。"本其性之所喜,以阳求阴,以阴承阳而和合焉,则由性而入于情矣。情者,欲也,感也。利贞者性情,即为阴之凝阳。变化和合,乃天地固有之性情。感之极正者也。"又说:"通者,感也,应也,阴阳相感故相通。"参见尚秉和:《周易尚氏学》,中华书局1980年版,第13—28页。
② 朱熹著,廖明春点校:《周易本义》,中华书局2009年版,第33—39页。

情也。"孔颖达疏:"旁通万物之情。""旁通"是指"曲尽"①,这是说六爻阴阳相荡、相摩以生变化,可以曲尽万物的真实情况。程颐认为旁通是"六爻发挥旁通,尽其情义"②。此外,《周易》中最常见的说法是"天地万物之情",这里所谓"天地万物之情"并非"情感"义,而是指天地万物的情状、情况或者说情理。如程颐说:"观天地交感化生万物之理,与圣人感人心致和平之道,则天地万物之情可见矣。"③"观此,则天地万物之情理可见矣。"④

2.《论语》中"情"之含义。

《论语》中"情"字凡一见,即《子路》篇"上好信,则民莫敢不用情",一般训为"情实"。《论语集解》引孔安国曰:"情,情实也。言民化于上,各以实应。"宋邢昺疏:"以信待物,物亦以实应之,故上若好信,则民莫不用其情。情犹情实也。言民于上,各以实应也。夫如是,则四方之民襁负其子而至矣。'焉用稼'者,此又言夫礼义与信足以成德化民,如是则四方之民感化自来,皆以襁器背负其子而至矣,何用学稼以教民乎?"

3.《性自命出》中"情"之含义。

李天虹对散布在先秦典籍如《尚书》、《左传》、《国语》、《诗经》、《论语》、《礼记》、《大戴礼记》⑤、《孟子》、《荀子》中的"情"字内涵做

---

① 朱熹著,廖明春点校:《周易本义》,第40页。
② 程颐、程颢著,王孝鱼点校:《二程集》全二册,下册,第704页。
③ 同上书,第855页。
④ 同上书,第862页。
⑤ 李学勤认为:"大小戴《礼记》是西汉前期蒐集和发现的儒家著作的汇编,绝大多数是先秦古文。"参见李学勤:《郭店简与〈礼记〉》,《中国哲学史》1998年第4期。李天虹赞成李学勤先生的观点,指出由于郭店竹简中的《缁衣》篇见于今本《礼记》,上博简有《缁衣》、《曾子立孝》等,均见于今本《大戴礼记》,因此推定二戴《礼记》不少篇章成书年代不晚于公元前300年。

了综合考察，得出结论认为：《尚书》、《左传》、《国语》、《论语》中的"情"字比较少见，基本上解作质实、情实、诚实之义；二戴《礼记》中"情"字除了表达实情、内心之实（真心、诚）之外，主要用以表达情感的内涵，一种是发自真心之情，一种是出自天性之情，它们的共同特征是真诚、质朴，诚中有情，情中有诚。① 这种真挚的情感是古人用以制作礼乐的基础，以治理和疏导人的情感使其和谐融洽；《孟子》中四处"情"字意指情实、质性；《荀子》中除了少量用作情实、真心、诚之义外，多数的"情"用作情感之义，但很少带有真情色彩，主要指情欲、欲望，需要通过礼义来节制与对治，以化性起伪。② 《性自命出》上篇所讲的"情"由人的本性生发，主要指真挚、真诚的情感，是礼乐据以制作的基础。下篇"情"的情感因素下降到了次要地位，强调的是情的诚、实、真的本质。李天虹进而指出二戴《礼记》与《性自命出》论情的观点最为接近，都强调真挚、真诚，表明儒家思想发展史上一个重视情性，强调真诚，弘扬真情的时期。③《性自命出》中"情"之含义，将在本书第二章详细梳理。

4.《孟子》中"情"之含义。

《孟子》中的"情"字凡四见，其中《滕文公上》"夫物之不齐，物之情也"、《离娄下》"故声闻过情，君子耻之"，这两处的"情"都指"实情"，如朱熹集注"情，实也"，这一点并无争议。争议较大的是见于《告子上》的两处"情"字，引文如下：

乃若其情，则可以为善矣，乃所谓善也。若夫为不善，非才之

---

① 李天虹：《郭店竹简〈性自命出〉研究》，湖北教育出版社 2003 年版，第 40—41 页。
② 同上书，第 48—50 页。
③ 同上书，第 58 页。

罪也。

　　牛山之木尝美矣,以其郊于大国也,斧斤伐之,可以为美乎?是其日夜之所息,雨露之所润,非无萌蘖之生焉,牛羊又从而牧之,是以若彼濯濯也。人见其濯濯也,以为未尝有材焉,此岂山之性也哉?虽存乎人者,岂无仁义之心哉?其所以放其良心者,亦犹斧斤之于木也,旦旦而伐之,可以为美乎?其日夜之所息,平旦之气,其好恶与人相近也者几希,则其旦昼之所为,有梏亡之矣。梏之反复,则其夜气不足以存;夜气不足以存,则其违禽兽不远矣。人见其禽兽也,而以为未尝有才焉者,是岂人之情也哉?

　　历代注家对"乃若其情"、"岂人之情"的争议在于,"情"是"情感"义还是"实情"义。他们的注解不仅是对孟子本身义理的理解,还是以此为基础而阐发自己的哲学体系。因此梳理其注解时,应该注意辨析哪些是孟子本身的义理,哪些属于他们基于自身的理解而作的创造性诠释。

　　以"情感"义来解释的典型注家有汉代赵岐、唐代孔颖达、南宋朱熹、明代王夫之等。赵岐注:"若,顺也。性与情相为表里,性善胜情,情则从之。《孝经》云'此哀戚之情',情从性也。能顺此情,使之善者,真所谓善也。若随人而强作善者,非善者之善也。若为不善者,非所受天才之罪,物动之故也。"这种解读明显受到汉代"性阳情阴"(性善情欲)二元论的影响:性属阳故善,情属于阴,容易流于不善,因此要以性节情。① 显然,赵岐认为像哀戚之情此类的情是从于性的善情,若顺着

---

① 东汉许慎在《说文解字》中认为:"情:人之阴气有欲者。"傅斯年在《性命古训辨证》中提出汉代流行的性情论为阴阳二元论。

善情而为是"真所谓善"而非"强作善"。这反映了汉儒对"情"的负面看法,并不符合孟子的原意。孔颖达疏实际上有所"破注",尤其是他看到情、性、才三者合而言之是"一物",这更为接近孟子的原意。这表现在:性本为善,欲为善的是情,能为善的是才。性动而为情,情是"未尝不好善而恶恶者",而情之能为善在于才,才则"性之用"。这实际上肯定性、情、才三者在同一个层面都为善,而造成不善的原因在于"汩丧"其心。

朱熹首先反对赵岐训"若"为"顺"。再来看他对引文的集注:"情者,性之动也。人之情,本但可以为善而不可以为恶,则性之本善可知矣。若夫为不善,非才之罪也。……才,犹材质,人之能也。人有是性,则有是才,性既善则才亦善。人之为不善,乃物欲陷溺而然,非其才之罪也。"朱熹的解释大体上并无差谬,然而性动而为情的义理并不能从孟子原文中推论出来。① 考诸《朱子语类》卷五十九、《孟子·告子》等关于"性无善无不善"的讨论,可以总结朱子的观点如下:首先,孟子回答公都子问性,公都子举出当时流行的三种人性论,而孟子却以"乃若其情则可以为善"来回答。朱熹认为这是由于"性不可说,情却可说",性无定形,而情是性之所发。仁义礼智是性,恻隐等四端是情,"恻隐是仁发出底端芽";其次,朱熹为性、情、才的关系打了生动的比方,性是主簿,是受命于天子(天)的职事(如掌簿书),情便似去亲临这职事,而才便是具体的"动作行移";再次,朱熹结合程颐"才禀于气"的说法来批评孟子论才不够彻底("不曾说得杀")、不够细密。孟子所论的

---

① 黄勇认为,朱熹把孟子讲的"实在"、"实情"意义上的"情"解为"情感",这是一种创造性的误读。黄勇:《朱熹的形上学:解释性的而非基础主义的》,《社会科学》2015年第1期。

"才"是能为善的"资质"、无不善,然而不能解释现实中人性的差异。这是因为孟子没有说到"气"上,所以才有后来荀子的性恶论、扬雄的性三品说。直到张载提出"气质之性",程颐提出"才禀于气"(才之初无不善,由于气禀有清浊而有善恶)后,人性论才得以完备,因为"论性不论气,不备"。也就是说,孟子侧重从人人相同处论"才出于性"故无不善,而张载、程颐提出"气质之性"的概念,则是从"气"上言禀受之差异。

王船山对此段的解释在于反对宋儒的性体情用架构(仁义礼智是性,是体,发用呈现为恻隐、羞恶、辞让、是非之情),提出了"性自行于情之中,而非性之生情"、"性有自质,情无自质"的性情论。王船山的注解推衍了一套自己的哲学,并不符合孟子的原意,但是对于本书要阐发的先秦情感哲学,具有重要的启发意义与参考价值。他认为孟子严格区分了性、情、才,不能据性善而谓情、才皆善。"或人"与告子之说是认性为情、才,孟子这里恰是评判这种混说。孟子直截说"恻隐之心,仁也",表明四心是性不是情(仁义礼智是性之四德),而喜怒哀乐爱恶欲才是孟子说的情。情自情、性自性,不可把四端与七情混淆。两者的区别在于有质无质、有恒无恒、有节无节;两者的联系在于,仁义礼智之性感于物而动,则缘于情而为四端。情是"变和之机",是"或往或来,一来一往,吾之动几与天地之动几相合而成者"。所以情无"自质",近于释家说的心,因而是可以为善、可以为不善的。才是指耳目口鼻的官能。三者的关系是性动而"效于"情、才而无必善之势。他主张孟子的性、情、才关系应为:以性节情,以情尽才。尽性才能裁削情以归正,情正才能尽才。[①]

[①] 王夫之:《读四书大全说》,中华书局1975年版,第672—676页。

可见，王船山继承了朱子严判仁性、爱情之说，只不过在朱子那里，性发为情，恻隐等四端作为情，是仁义礼智四性发见于外的端绪。船山如此抬高"性"，也是出于反思晚明王学末流情识而肆之弊的缘故。

以"实情"义来解读的代表性注家有戴震、牟宗三以及当代学者梁涛等。戴震解释孟子举恻隐之心等四心而不谓之情的原因时说："首云'乃若其情'，非性情之情也。……情，犹素也，实也。"① 他解读孟子这里说性"则可以为善矣"是因为"性有等差而断其善"，解释"若夫为不善，非才之罪也"为"人之性善，故才亦美，……才可以始美而终于不美"是由于"陷溺其心，放其良心"的缘故，不能说"性始善而终于不善"。② 戴震通过考证孟子"性"、"才"字义，批评程朱分才、性为二本（以性属理无不善，而才禀于气而有清浊、善与不善之分），这是"罪才"，非孟子本意。戴震认为性与才是一而二、二而一的互见关系："孟子所谓性，所谓才，皆言乎气禀而已矣。其禀受之全，则性也；其体质之全，则才也。"③"性以本始言，才以体质言也。"④ 他认为孟子"践形"、"尽性"与"尽其才"说的意思一样。由此，不能说性属理，才禀于气，理堕于气中而成气质之性。戴震认为孟子的人性是指"血气心知之性"，不可二分为"义理之性"与"气质之性"。因为人生来就有欲（声色臭味之爱畏）、有情（喜怒哀乐之惨舒）、有知（知美丑、知是非），这些"皆成性然也"⑤，都属于性。因此，天下之事就在于达情遂欲，"遂己之欲

---

① 戴震：《孟子字义疏证》，中华书局1982年版，第41页。
② 同上。
③ 同上书，第39页。
④ 同上书，第41页。
⑤ 同上。

者，广之能遂人之欲；达己之情者，广之能达人之情"[1]就是道德之盛。

牟宗三在批驳了朱熹对此的解读之后提出，孟子所言的"情"、"才"并非具有独立意义的字，也非一独立的概念。[2]"情"并非"情感"义，而是"实"；"才"不是"材料、材朴"义，而是"材质、质地"义，在此处是指"性"，有此性，才有此质地。"'乃若其情'之'情'非性情对言之情。情，实也，犹言实情（real case）。'其'字指性言，或指人之本性言。'其情'即性体之实，或人之本体之实。"因此这句话的意思应为："乃若就'人之本性之实'言，则他可以为善（行善作善），此即吾所谓性善也。至若他后来为不善的事，或为不善的人（'若夫为不善'句，其意非'性成为不善'），则非性之实之罪。"牟宗三认为孟子这里之所以不直言"非性之罪"而说"非才之罪"，不过是变换说法而已。他指出孟子言"才"的重要意义在于揭橥"性之能"，此非一般的才能，而就是孟子所谓的"良能"。"孟子说此'才'字犹不只是静态的质地义，且有动态的'能'义（活动义）。""能"即表示恻隐等心的沛然莫之能御的具体呈现。因此牟宗三说孟子的"性"是"本心即理、即活动即存有之实体，非是只存有而不活动之只是理也"。[3]

---

[1] 戴震：《孟子字义疏证》，中华书局1982年版，第41页。
[2] 牟宗三主要不满朱熹以心、性、情三分，性体情用、理气二分的义理架构解释孟子。朱熹将一精诚恻怛的本心仁体支解为心、性、情，因为他把性视为"存有之理"，而心与情归于形而下的气边事。仁义礼智是性，其发用为恻隐等四端之情。这一义理架构并非孟子所言"本心"之本义。朱熹如此说"性"是由然以推证所以然的方式，是本体论（存有论）的推证方式。牟宗三认为仁义礼智是道德之理，不是由存在之然而可推证出来的。朱熹以为"性不可说，情却可说"，性是超越的无形的形而上之理，情是形而下的可见的情气，把性与情作为异质层对言，这与孟子本意不符。孟子并非以仁义礼智为性，以恻隐羞恶恭敬是非之心为情。参见牟宗三：《心体与性体》第三册，台北联经出版事业有限公司2003年版，第269、461页。
[3] 牟宗三：《心体与性体》第三册，第462页。

因此，对于孟子，心、性、情、才是一回事。"心性是实字，情与才是虚位字。性是形式地说的实位字，心是具体地说的实位字。性之实即心。性是指道德的创生的实体言，心是指道德的具体的本心言。心性是一。情是实情之情，是虚位字，其所指之实即是心性。实情即是心性之实情。"① 所以引文中孟子以"岂山之性也哉"与"此岂人之情也哉"对言，因为"性"与"情"本可以互用。"人之情"是虚说的"人之实"（人的本性之实），"山之性"即山的本性之实。因此，孟子这里是以仁义之心或良心作为人的本性之实（即人性）。这就与荀子《性恶》中把饥而欲食、寒而欲暖、劳而欲息等生存必然性作为"人之性"根本不同。

受牟宗三启发，我们就可以明白《荀子·荣辱》所说"人之情，食欲有刍豢，衣欲有文绣……"中的"人之情"并非说"人的情感"，而同于虚说的"人之实"，实际上还是说人的本性之实。正是由于"情"有"实"义，在先秦语境下可以与"性"互用，荀子才会在界定人性时时而用"人之情"、时而用"人之性"，其实说的是一回事。此待下文详细分解。

梁涛对"情"、"才"的解读同于牟宗三，兹不赘言。② 然而，他表明孟子这套论说是即心言性，以心善印证性善。其根据在于孟子所说"可欲之谓善"之善是"求在我者"，即可求得的仁义礼智。而孟子说"恻隐之心，仁也"表明人生而有的四心就是善。实际上，梁涛和新儒家一样，都认为在孟子那里，心、性、情、才表达的是同样的意思。他指出此处

---

① 牟宗三：《心体与性体》第三册，第463页。
② 梁涛认为"乃若其情"的"其"指"性"，即下文的"才"，也就是恻隐、辞让、羞恶、恭敬、是非之心。前面一个"善"指具体的善行，后一个"善"指"人性自身"，是对"其"做的判断与说明。所以这句应解为："至于恻隐、羞恶、恭敬、是非之心的实情，可以表现为具体的善行，这就是所说的善。"参见梁涛：《郭店竹简与思孟学派》，中国人民大学出版社2008年版，第340页。

的"才"是指"先天的禀赋",孟子以"才"表示恻隐、辞让、羞恶、是非四心,表明孟子的心是善性的特质。[①]这就是新儒家以心善印证性善的说法。"才"不是抽象的形式,而是"形式与材质的统一……是动态的,有生长意、活动意"[②]。《说文解字》说"才"是"草木之初",其形式是"生之所以然之理",而形式又存在于材质并通过材质的生长、发展来实现。[③]同理,孟子以"才"论"心",所以"心"具有形式与材质,即理性与情感的统一体。

5.《礼记》中"情"之含义。

《礼记》中的"情"字见于多处,但总结起来有指"情实"、"诚信"、"信实"而言,相当于"信"、"诚",其反面是虚伪、巧诈;有指"情感"而言,此种义的情字主要见于《礼运》。前者如《礼记·表记》:"恭近礼,俭近仁,信近情,敬让以行。此虽有过,其不甚矣。夫恭寡过,情可信,俭易容也。以此失之者,不亦鲜乎?"孔颖达疏"言语信实"为"近情","以情示人,故可信";"以求处情"为"以求处情实"。又如《礼运》:"故天不爱其道,地不爱其宝,人不爱其情。……先王能修礼以达义,体信以达顺,故此顺之实也。"孔颖达疏"人不爱其情"为"皆尽孝悌及越常至也"。而刘宝楠《论语正义》说:"爱者,隐也。人不隐藏其情,由于上能修礼体信。是上好信,则民莫敢不用情也。"[④]情,情实也。正义说:"情者,好恶之诚,无所欺隐,故曰情实。"[⑤]

[①] 梁涛:《郭店竹简与思孟学派》,第350页。
[②] 同上。
[③] 同上书,第351页。
[④] 刘宝楠:《论语正义》,中华书局1990年版,第524页。
[⑤] 同上书,第525页。

作"情感"义讲的例子见诸多处,如《礼运》所说"何谓人情?喜、怒、哀、惧、爱、恶、欲,七者弗学而能"、"故圣人耐以天下为一家,以中国为一人者,非意之也,必知其情"(圣人必须知道民之七情)、"故圣人之所以治人七情,修十义,讲信修睦,尚辞让……"、"故圣人作则,必以天地为本,……礼义以为器,人情以为田"(圣人制礼义以耕耘于人情之田)等等,这里讲的"人情"是指"喜怒哀乐爱恶欲"的七情。又如《礼记·坊记》:"礼者,因人之情而为之节文,以为民坊者也。"《礼运》一般被认为是子游所作,其中明确提到七情,反映了情的字义从原来"情实"义到被用于界定人的内心状态的转变。

6.《荀子》中"情"之含义。

荀子对情的认识比较复杂。第一种含义是"情实"、"诚"、"专精"。在《荀子》的文本中,情有"情实"、"实质"、"情况"的意思,如《荀子·不苟》"故君子不下室堂,而海内之情举积此者"、《非相》"古今异情,其所以治乱者异道"、《儒效》"不恤是非、然不然之情"等处。"情"作"诚"、"精专"之义的例子有《儒效》"而师法者,所得乎情,非所受乎性"①及"情也者,非吾所有也"、《解蔽》"心容,其择也无禁,必自见,其物也杂博,其情之至也不贰"。梁启雄认为这两处"情字读为精,精,专也"②,因为只有专一精诚才能积靡礼义;《解蔽》中的"精"表示心虽可容纳博杂,但在认知外物时要专一不二心。还有《法行》孔子讲到君子以玉比德时说"瑕适并见,情也"之"情"是"诚"的

---

① 王先谦引或说认为"情"当为"积",表明师法出于积靡而不出于性。参见王先谦:《荀子集解》,中华书局1988年版,第143页。
② 梁启雄:《荀子简释》,中华书局1983年版,第297页。

意思。①

　　第二种含义是中性的感性情感之义。如《不苟》"故千人万人之情,一人之情也"、《非相》"圣人者,以己度者也。故以人度人,以情度情"等。

　　第三种含义是等同于欲望的"人之情",这种情是基本的生理需求满足之后,欲望进一步提出的要求。在这个意义上,《荣辱》"凡人有所一同。饥而欲食,寒而欲暖,劳而欲息,好利而恶害,是人之所生而有也,是无待而然者也,是禹、桀之所同也",所说的是荀子所谓的若不加以节制与引导就走向恶的"性",是人人生来就有的、圣愚皆同的生理必然性,是在实然性的意义上对人的本质的界定。揆诸《正名》荀子对"性"的概念界定,如"生之所以然者谓之性;性之和所生,精合感应,不事而自然谓之性"以及"性者,天之就也",可以看出荀子是把生来就有的"无待而然"的自然属性作为人之性,与其相对的概念是"人为"之"伪"。②《性恶》中荀子清晰界定"性"与"伪"之别:"目好色,耳好听,口好味,心好利,骨体肤理好愉佚"等这些生于"性",是"感而自然,不待事而后生之者也",而礼义、法度生于"伪",是后天的积靡与修习,"夫感而不能然必且待事而后然者,谓之生于伪"。

　　第四种含义是在性恶论的语境中使用的"情性"的概念,荀子经

---

① 这句话是说玉上的瑕疵与美泽调适之处(适,善也)并见,王先谦说"似不匿情者也";郝懿行引管子"瑕适皆见,精也"证明"情"与"精"古字通用。王念孙说:"情之言诚也,玉不自掩其瑕适,故曰情。"参见王先谦:《荀子集解》,第535、536页。
② 徐复观认为荀子本来可以沿着"生之所以然"上达"超越的性"的概念,而没有寻求,因为他只愿把经验性的现象,不肯探究现象之所以然,所以走向了实然的、生理必然性的性的概念,即"下一层次的,在经验中可以直接把握得到的性",同于告子所说的"生之谓性"。参见徐复观:《中国人性论史》,第141—142页。

常以"情性"并称,次数最多的见于《性恶》。如《非十二子》"纵情性,安恣睢,禽兽行,不足以合文通治"、《儒效》"好修正其所闻以矫饰其情性"、《性恶》"今人之性,饥而欲饱,寒而欲暖,劳而欲休,此人之情性也"及"以矫饰人之情性而正之,以扰化人之情性而导之也"等。荀子这里对"人之情性"的界定与《荣辱》"饥而欲食,寒而欲暖……"相似,上文我们依据文意把后者界定为"性",与积靡之"伪"相区分。而荀子这里直接以"情性"并称,似乎表明性恶语境下的情与性近似等同了。荀子在《正名》中明确说:"情者,性之质也。"王先谦注为"情者性之质体"。这是说具有一定概念抽象性的"性"以情为实质的内容(质料),那么上文"人之情"的内容(欲此五綦者)也必当属于"性"的范畴。这是从概念界定上的解释;若从义理上分析,"情"与"性"的共同特征都是出于自然、无待人事,与"伪"相对。因此在《性恶》中荀子为了强调礼义之伪对"情性"的矫化与改造,就把两者并称以突出它们的自然性。朱伯崑解释了荀子"以性的本质为情"以及荀子经常"性情"连称的原因。"凡生理方面、心理方面的活动,都属于性的内容,其中包括感官的感受和'好恶喜怒哀乐'之情,……人性中支配人类生活的主要的东西就是'好恶之情',即好利恶害之情,所以他经常以'性情'连称。"①

荀子强调"饥而欲饱,寒而欲暖……"的生理属性才是人的"情性",若"从其性,顺其情"就会走向"贪利争夺"的混乱。因此,圣王制定礼义、法度"以矫饰人之情性而正之,以扰化人之情性而导之",使人的情、欲都能有所养又有所节。可见,荀子论述的重心是强调性伪之分

---

① 朱伯崑:《先秦伦理学概论》,北京大学出版社1984年版,第102、108页。

与后天积靡以"化"性，强调善出于后天人为，而并非人性的本然。在这一点上，学界的研究已经公认荀子并非性恶论者，而是"性朴论"者[①]，他所主张的性应为"本始材朴"之性，经过后天礼义的教化与积靡（"化性起伪"）进于礼义之道，从而"长迁而不反其初"（《不苟》），如此则是"化"性了。在这个意义上，《性恶》借用舜之口感叹"人情甚不美"，并非对"情性"的否定，而意在强调不能顺着"本始材朴"的情性任由其发展，而必须以礼义化之、导之。

何为"情"之内容，荀子在《天论》中提出"天职既立，天功既成，形具而神生，好恶喜怒哀乐臧焉，夫是之谓天情"，同时在《正名》中又说"性之好、恶、喜、怒、哀、乐，谓之情"。这两处界定均表明，荀子把好恶喜怒哀乐等情视为天所赋予的人性的具体内容。可见荀子采取"以情言性"的方式来界定"性"。准确地说，是以自然情感来界定"性"，这与孟子以仁义诚信等道德情感来界定"性"有很大不同。这与郭店竹简《性自命出》上篇（第1—35简）"喜怒哀悲之气，性也"、"好恶，性也"等以情论性的方式相同，可以证明竹简上篇的思想更接近于荀子。

以上是对荀子性情关系做的一种结合字义考据与哲学诠释方法的简要梳理。可以得到的结论是，荀子以生存必然性作为人性[②]，他说的"人之情"与"人之性"可以等同，都是对人性之实做的实然的、现象的描述。可以明显看到，荀子对"情"的使用频率大大超过孔子、孟子；从他对"人之情"的界定中可以发现"情"既可以指人的欲望，也可以指

[①] 这方面的研究颇多，代表人物是陈大齐、周朴初、梁涛等。
[②] 从《解蔽》"凡以知，人之性也；可以知，物之理也"可以看出荀子对"人性"的看法也应当包括"心知"的认知功能，可以说是血气心知之性。

喜怒哀乐之情，同时也指圣人所据以制作礼乐的情，如《礼论》中强调祭礼来源于人的"志意思慕"之情、"报本反始"之情（祭礼是"君子之所以为悑诡其所哀痛之文"，是对哀痛之情的文饰），如丧葬礼的"养生送死"之情（"事死如生，事亡如存，终始一"），三年之丧的"称情而立文"是加隆对至亲的思慕之情。以及荀子探讨的"吉凶忧愉之情"发于颜色、声音、饮食、衣服、居处的不同情况，表明荀子强调礼仪来自圣人的积伪，强调礼仪是对情感的文饰。他主张隆礼，在当时的历史语境中是对墨家、道家废弃礼仪的批判，也是为儒家继承的周代礼乐传统所做的辩护。

在孔子时代，为了解决周文的疲敝，孔子更为强调礼乐之本是仁，以内心的诚敬提升礼的境界，摄礼归仁，因此对于周代的旧礼乐可以因时制宜、因革损益。在从俭的风俗下，他选择从众（如用纯而不用麻冕）；在众人都"拜乎上"的风气下（反映了骄泰、不敬之心），他选择"违众"而拜乎下。相比礼节仪文的形式，更关键的在于内心的诚敬，但礼节仪文又非常之重要，所以才有孔子对"告朔之饩羊"与"拜下"之礼的爱惜与执着。在荀子生活的时代，他所面对的问题不再是周文疲敝、礼仪堕为繁文缛节的问题了，而是连礼仪的外在形式都要被丢弃与否定了。因此，荀子虽然也提到制礼的三种境界（故至备，情文俱尽；其次，情文代胜；其下复情以归大一也），然而他出于维护周文的用心，更为强调礼义之隆盛，"伪者，文理隆盛"，"文理繁，情用省，是礼之隆也"。在这种时代背景下，他强调圣人之积伪、制礼乐的目的既是"治情"又是"养情"（孰知夫礼义文理之所以养情也），还是"养欲"（以养人之欲，给人之求），这是因应时代背景而提出的救世之道。

综上，本书的问题意识已经铺展开。本书无意对先秦儒家思想语境中"性情"或"心、性、情"的概念及其关系展开哲学史、观念史的梳理与分析,不采取傅斯年所谓"以语言学观点解决思想史中之问题"的方法,而是在中西哲学比较的视野下看待先秦儒家如何基于情感推衍一套伦理秩序与政治秩序。从字义上看,"情"字在先秦儒家思想语境之中具有"情实"、"实质"、"情况"、"情感"等多种含义。同时,"情"字与"性"字也经常连用,甚至在孟子那里"性"与"情"也不是绝对分开的;荀子也讲"情者,性之质也"。所以蒙文通才推证说:"古之所谓性,犹后世之言情,故曰节性。"[①] 只有情感才能谈得上"节"。正如学者所言,在思孟学派之前的语境之中,"情"与"性"的使用多是混糅未分的。"历史上曾有那么一段混沌时期,情与性为一,性即情也,情即性也。在传世与出土文献当中,情与性的混用,也许就是'情性为一'的明证。"[②]

这就表明,"情"字在很早就具备了"情感"义,它跟"性"字("性,生也")皆从心。而且作为"心之青(状)","情"还表示一种"生的状态",具有生长萌发的特性,同时从一开始人之情就是与物之情处于关联感通之中。经过"情"与"性"混沌未分的一段时期,"情"字的"情感"义愈加凸显,甚至发展到郭店竹简"道始于情"的"美情论"与"重情论"。与"情"字相关的情感问题在先秦儒家思想中的重要性越来越凸显,以至于诸子都要对性情问题展开讨论。"情"与"性"的关系开始由未分走向分立,以至于出现了"情气"、"喜怒哀悲之气"等"自然气性论",以及超越"生之谓性"传统而走向超越的形而上之性的道德人性论,

---

[①] 蒙文通:《蒙文通全集》第1卷,巴蜀书社2015年版,第32页。
[②] 刘悦笛:《"性生于情"而非"情生于性"——儒家"情本哲学"的根本翻转》,《探索与争鸣》2021年第11期。

"性内情外"、"性静情动"的性情关系模式开始出现并流行。那么，这期间发生了怎样的思想史进程，是什么样的精神运动导致了大量探讨情感控制（治气养心之术）的学说出现，这就是接下来第一章要探讨的问题。

第一章
对先秦儒家重情特质的一种思想史解读

这一章要考察的问题是，大量带有"情感"义的"情"字出现，说明"情"从"情实"义发展出了"情感"义、"真诚"义等表示真诚恻怛、诚信真实的心理状态的含义，以至于郭店竹简《性自命出》中提出了"始者近情，终者近义"的"美情论"、"重情论"，这期间经历了什么样的思想史进程。在这个问题上，美国汉学家迈克尔·普鸣（Michael Puett）提供了一个富有启发性的解读。本章的讨论从普鸣的考察开始。

揆诸先秦思想史，面对周代礼乐体系的崩坏与王官失守（王官之学失坠）的时代问题，诸子（儒、墨、道、法）都做出了回应，提出了自己的解决之道。毋宁说，诸子之学正是在周代王官之学失坠、道术为天下裂时应运而生的（如汉代刘歆"诸子出于王官"之说）。普鸣使我们注意到，《性自命出》与《荀子》中具有"情感"义的"情"字的高频率浮现以及将礼与情联系到一起，正是与诸子对礼崩乐坏的应对有关。

普鸣认为，儒家出于维护周代礼乐传统的需要而开始重视"情"并从"情"出发阐发其与礼乐的关联。① 如果说《性自命出》的作者可以断定为子游，那就说明早在孔子晚年就出现了"道始于情"、"礼作于情"、

---

① Michael Puett, "The Ethics of Responding Properly: The Notion of *Qing* in Early Chinese Thought", Halvor Eifring ed., *Love and Emotions in Traditional Chinese Literature*, Brill, 2004, pp. 37-68.

"始者近情，终者近义"等"重情"的思想表述，《性自命出》下篇更是指出圣人制作礼乐的依据是人的情。如果说当时真的存在一个子思学派的话，其影响想必会波及后来的荀子。那么，《荀子》中大量探讨情与礼关系的文字不免受到《性自命出》的启发。而比荀子早生56年的道家庄子对周代礼崩乐坏所提出的对应之道是复归自然天性，对礼乐持否弃的态度。因此，针对儒家（可能是子思一派）"礼作于情"的重情思想，他所做的工作就是贬低"情"的地位、把"情"与天性对立起来。所以庄子在一则故事（秦失吊老聃丧）中借秦失之口批评老聃门人"不蕲言而言，不蕲哭而哭"（不祈求说而说、不期望哭而哭）为"遁天倍情"（加倍于流俗之情）①。庄子这里把"天"与"情"对立起来，这种不自然的哭丧之情是逃避天性而增加流俗之情。在与惠子的辩论中，他更说"无人之情"。

第一节 道术将为天下裂与诸子哲学的回应

受普鸣的启发，本书提出一个大胆的设想，即先秦儒家对情的重视以及对情气的对治、治气养心之术等工夫修养论的提出跟轴心突破导致的精神内面化的运动密切相关。之前的思想史对此的研究侧重在殷周之变与诸子的哲学突破上：如商周天命观向周代以德配天再到孔子践仁知天的转变，从巫史传统向礼乐祭祀传统的转变，从集体化的、政治化的

---

① 这里依据成玄英疏"倍，加也。加添流俗之情"。另一说认为"倍"同"背"，如《庄子·养生主》"遁天倍情，忘其所受"。林希逸口义为"背弃其情实。倍与背同"，王夫之解为"倍违其真"。两说的差别在于：前者解"情"为流俗之情，后者解为"真情"、"性命之情"。其实这两解并不矛盾，前者是庄子所要否定的出于心知私虑的主观好恶之情，后者是庄子所肯定的出于天性的本真之情，即复归性命之情。

王朝"德行"的概念到个体化、内在化的"德性"概念的转变等①,对于轴心突破导致的性情与礼乐关系的变化没有针对性的研究。我们这里以"情"为重心重新思考一般中国思想史所说的轴心突破的内容及其作用、影响。轴心突破在中国思想背景中往往被认为是哲学的突破,体现为先秦诸子哲学的产生。具体来说,孔子创发了"仁"②的思想,重视内在生命的自觉与对主体性的豁醒,赋予周代礼乐传统以新的精神内核。

---

① 这方面的研究如陈来《古代中国的宗教与思想》、郑开《德礼之间:前诸子时期的思想史》、唐文明《与命与仁:原始儒家伦理精神与现代性问题》。其中,陈来先生侧重考察先秦诸子哲学突破的背景,即殷周之际的变革,表现在殷商时期的人格神意味(上帝作主宰)的巫术传统被西周的礼乐祭祀传统取代,背后反映的是周人对"德"的认识由天命禀受的不可移转变为修人事、配天德,天命随人德流转、迁移,实际上是德的内面化运动。郑开主要从德、礼之间相互建构的关系入手探求德的思想史意义,即在礼的框架下,从思想与制度间(宗法政治、封建宗法制、王道政治)的相互建构来探求德的意义。他指出,美德意义上的"德"的实际基础在于社会政治结构以及文化模式、精神气质(宗法政治结构),"德性"概念正是从"德行"之"目"——即社会政治乃至伦理实践中脱胎出来。他通过道德谱系学的追溯表明:西周到春秋时期的"德目"呈现了封建宗法社会的结构;德表达了建构于礼的精神气质;礼呈现为社会意象和制度设施。之后德礼呈现分化:德趋向内在(精神气质),礼趋向外在(形式),因为礼是由德的客观方面的节文所蜕化下来的(郭沫若语)。参见郑开:《德礼之间:前诸子时期的思想史》,生活·读书·新知三联书店2009年版,第8、366页。

② 仁的思想在孔子以前就有,如孔子之前已经有"克己复礼"的说法,见于《左传·昭公十二年》中所载君子所说"仲尼曰:'古也有志:克己复礼,仁也。'"然而在当时的语境中仁是作在上者对人民施加恩惠、惠民爱民的意思来讲。学者 David Schaberg 认为《左传》中的"仁"指一种"大度精神"(generous),作为政治品质,指统治者对人民利益的关怀。林毓生与日本学者竹内照男均考察了"仁"的原始义,指出见于《诗经·卢令》及《叔于田》的"仁"字表示外表英武俊美,并无道德含义。他们断定"仁"字形成于东周早年。林毓生认为"仁"一开始就有"人之为人应有的品质"的含义,后来孔子从形式与实质两方面赋予非道德义的 manly、manhood 之仁以包含敬、爱的道德含义(goodness)。竹内照男认为孔子时代"仁"代表内在美的含义尚未确定,在学生不断追问何为"人之为人"应有的品质时,孔子借机把仁引申为既可作情感之仁(benevolence)、也可作德性之仁(humanity)。参见方朝晖:《儒学在美国:动向与反思》,载王中江主编:《新哲学》第五辑,大象出版社2006年版,第88—111页。

一、轴心突破与文明的连续性

张光直认为萨满式文明（巫术性宗教）不但是中国古代文明最主要的特质，也是包括东北亚、东亚在内的更大地域的文化传统的特征。他认为"亚美式萨满教的意识形态"是所有文明类型起源的文化基层。① 商周文明（礼乐）正是从萨满式宗教传统中突破的，中国古代文明的连续性和西方的破裂性形成了强烈对照，中国是向文明转进的主要形态，而西方是例外。②

所谓"连续性"是指中国从史前文明发展到三代礼乐文明始终处在所谓"亚美式萨满教的意识形态"之"存有的连续性"的宇宙观之下③，即生人（活人）与鬼神、祖先、动物、植物以至万事万物都存在于一个存有的连续性的链条之中。任何事物背后都有一个生灵在主宰，因而在先民那里并不存在"非生物"（或"无生物"）的概念。概括地讲，就是人与动物、天与地、文化与自然之间的连续。这种万物一体的宇宙观就来自于萨满教巫师"贯通天地"的宇宙观。④ "贯通天地是中国古代宇宙观里一个最重要的动力和焦点。"⑤ 在沟通天人的巫师眼中，世界分为生人世界与鬼神世界两层，但这两层通过巫师的神秘法术可以互相沟通：巫师借助山、树、鸟、动物、占卜、仪式与法器、酒与迷魂药及饮食乐舞等道具与法器可以"降"神，让神附体在巫师身上，人神合一；同时

---

① 张光直：《中国青铜时代》，生活·读书·新知三联书店1990年版，第128—129页。
② 同上书，第133页。
③ "存有的连续性"借鉴了牟复礼与杜维明的说法，杜先生指出"联系性的宇宙观"有连续性、整体性、动力性三个特征，并指出连续性的基础在于"气"的连续存有。参见张光直：《中国青铜时代》，第134、137页。
④ 张光直说，甲骨文中的巫字⊁⊁表示规矩，而规矩正是掌握圆（天）方（地）的基本工具。参见张光直：《中国青铜时代》，第138页。
⑤ 张光直：《中国青铜时代》，第124页。

巫师也可以通过法术上"陟",即飞升至鬼神界、与神灵直接对话。① "那个亚美基层的联系性的宇宙观本身便成为使统治者能够操纵劳动力并能够把人类和他的自然资源之间的关系加以重新安排的意识形态体系。"② 以中国为代表的古代文明(又如玛雅文明)都是在这个文化基层上进一步发展起来的连续性文明;而以苏美尔文明为渊源,通过巴比伦、希腊、罗马演进到现代西方的文明则是从这个文化底层实现了"质的破裂"的"破裂性"文明,即"与宇宙形成的整体论的破裂——与人类和他的自然资源之间的分割性。走这条路的文明是用由生产技术革命与以贸易形式输入新的资源这种方式积蓄起来的财富为基础而建造起来的"③。

首先需要明确的是,雅斯贝尔斯界定的是公元前 4 世纪,中国思想出现了对"道"的追寻与探求。对超越的天道的追寻体现了"突破"的意思,即个人追求超越个体之上的永恒秩序与精神、对生命价值的终极追问等。但每一轴心文明所开辟的超越领域不同,在中国是"道"、在印度教是"真我"(atman)、在佛教是"涅槃"(nirvana)、在以色列人是"上帝意志"(the will of God)、在古希腊是柏拉图的"理念"(idea)。"天道"的概念与此前"天命"的概念有绝大不同,天命带有很强的人格神意味,是居于现世之上的有意志的主宰者,而天道则属一个"道—气合一的超越领域"④、超越的精神领域,不同于人格神,但又具有人格神的

---

① 张光直:《中国青铜时代》,第 46—66 页。
② 同上书,第 140 页。
③ 同上书,第 142 页。
④ 轴心突破前的"天"通指鬼神世界,具体指天上的"帝廷",如殷人的在天上发号施令的上帝、先公先王死后"宾"于上帝;突破后的"天"成为道—气不离的超越领域,进而发展为孟子、庄子时代的"气化宇宙论"。参见余英时:《论天人之际》,中华书局 2014 年版,第 32、33 页。

一些特征。最新的研究表明,在突破之前的前诸子时代也可以拉入轴心时代,是在为诸子哲学的突破做准备。[1] 这主要体现在周公对"德"的重视扭转了之前颛顼绝地天通之后帝王垄断的通过巫术与天地交通的权力,天命的禀赋不再依据巫师的降神仪式与神谕,而是王朝统治者的品行、美德与具体行事。然而,这依然是集体化的、政治化的王朝"德行"的时代,支撑王朝德行的就是殷周之际的周公制礼作乐的礼乐系统。

中国轴心突破的历史背景是三代礼乐传统。诸子对礼乐传统的不同态度决定了他们学说的定位与走向,然而,共同之处是三代礼乐传统还保留着殷商巫史的痕迹。巫史在前诸子时代是上帝与民间帝王之间沟通的中介,帝王(甚至商王也是大巫)掌控着巫觋(享有宗教祭祀权的特权集团)从而垄断了天、神与人的沟通。因而,哲学突破就是要打破巫史集团对宗教祭祀的垄断权,摒弃对巫术仪式的依赖,转向内在的精神修炼,如诸子对"心"的重视以及荀子治气养心之术的兴起等都是精神内向化运动与"内向的超越"的体现。[2] 孔子通过创发"仁"(即内在主体的自觉性)以直接与天沟通形成一种"内向的超越",不再需要巫师的中介,不再是此前外在的超越;《庄子》中提到列子的老师壶子运用气功打败了大巫师巫咸及其对治气养心之术的重视表明了道家对巫史传统的

---

[1] 史华慈把中国轴心时代上推至周初,实际上说的是周公制礼作乐完成了"德"的内面化,即统治者修德(恤民、勤政、慎刑)来获得天命,以人为的德建立一套"礼"的人道秩序。余英时认为,这只是三代礼乐传统的内部突破,并不能以"轴心突破"称之;而只有孔子以仁释礼,开创了内向超越,才是"轴心突破"的真正起点。参见余英时:《论天人之际》,第211页。

[2] 余英时为了避免"immanence"和"transcendence"这一对用语所缠夹的西方神学脉络中的问题,而使用了"inward transcendence"(中国学者翻译为"内向超越")来表述"内在超越"。参见 Ying-shih Yu, "Between the Heavenly and Human", Tu Wei-ming and Mary Evelyn Tucker ed., *Confucian Spirituality*, Crossroad Press, 2002, pp. 62-80。然而,其实"内向超越"与"内在超越"只是表述不同,并不需要加以区别。

第一章　对先秦儒家重情特质的一种思想史解读

抗衡。①

此前的研究如陈来、余敦康等认为轴心突破就是中国思想上的"祛魅"（disenchantment），即韦伯意义上的理想类型的"理性化"过程。② 陈来借用韦伯的"理性化祛魅"与雷德福（Robert Redfield）的文化传统分层（大小传统）理论以及文化史、人类学等理论，勾勒了殷周之际到春秋末年以前的思想轨迹，指明前轴心时代（即前诸子时代）属于"德"的时代，春秋末年到战国（即轴心时代与诸子时代）属于"道"的时代，其间，哲学逐渐摆脱宗教意识形态而独立，也就是摒弃此前的巫史传统而突破。突破之后，巫术文化就被完全超越，形成梁漱溟所谓的"理性早启"、"文化早熟"的中国思想特色③。如余敦康、李零认为中国思想经过"绝地天通"和"敬天法祖"已经超越巫觋文化。陈来认为西周的礼乐文化创造了一种有条理的生活方式，形成了类似于韦伯说的"伦理型宗教伦理"。由此，巫术传统就被全面超越，转为民间的小传统。他给出的证据是：作为王官的祝宗卜史脱胎于巫师，占据了文化大传统的一席

---

① 参见余英时：《论天人之际》，第41页。
② 韦伯认为宗教的理性化就是对巫术的除魅，即由祭司阶级结合着先知的启示发展了一套合理的、有形而上学的宗教伦理。他把这种新型宗教伦理分为近东一神教的"伦理型语言"与东方宗教的"模范型预言"两种形态。前者的典型代表是加尔文教徒的预定论与上帝选民说，这种清教伦理规定了有条理、系统化的世俗生活方式，形成入世禁欲主义的苦行生活，并对经济生活产生了影响，发展出资本主义精神。参见〔德〕韦伯著，康乐、简惠美译：《宗教社会学》，广西师范大学出版社2005年版，第52—76页。陈来先生对中国思想从殷周宗教到哲学的突破主要借鉴韦伯的这个"理性化"的叙事。
③ 徐复观等新儒家一般认为殷周之际的变革标志着中国思想史人文精神的觉醒，体现为宗教精神的演变：由人格神的宗教信仰转变为人文宗教。参见徐复观：《中国人性论史》，第11—20页。需要注意的是，梁漱溟的"理性"不能按照一般意义理解，他的"理性"与"理智"相对，前者特指人与人关系中的情理，对应他说的"伦理本位主义"；后者指人对物理（自然界规律等）的对象化研究，带有思虑、计较、利害计算的意义。

41

之地,在宗教上取代了巫且支配着巫,传统的巫则沦落民间。他强调巫与史是有区别的,不能混同。"《左传》中'祝宗卜史'的说法暗示巫已转化为祝,传统的巫已被排除于政治—宗教的结构之外,尽管巫在王朝和不同地域的诸侯国中担当的角色和职能有所差异,但总体上看,巫术活动已不断从上层文化退缩到下层和民间。"①

然而,最新的海外中国学研究认为,轴心突破真正抗衡的对象是礼乐背后的整个巫文化。轴心突破后中国思想形成的"内向超越"与巫文化的背景有深度关联。突破前后的天人关系,"在思维结构与思维模式的层次上却仍然存在着一定程度的延续性"②,这是中国轴心突破的一大特色。与西方外向超越不同的是,中国的轴心突破形成的"内向超越"恰恰是突破前巫文化中"降神"模式的"移形换位",突破之后诸子都重视的"心"实际上替代了之前巫觋作为天与人沟通的中介作用。

在旧的天人合一模式下,巫师以神秘巫术仪式降神,使神附托在自己的身上,形成人神合一。在这个系统中,天命、德、礼乐都是巫师沟通天人的重要元素:巫师以巫术礼仪祭神祈福,使天上的帝降下天命,为地上之王赋予统治合法性;而德就是作为群巫之长的人王能降神、通天人的神秘能力;而礼乐正是巫师作法降神的神圣性仪式。而突破之后,巫文化中具有人格神意味的鬼神概念(如发号施令的上帝、天、天廷、帝等)被转化为"道—气合一"的宇宙气化论的天道概念,即一种超越的精神领域。诸子哲学追求超越的道就是抗衡"巫文化对于'天命'和'礼'的垄断"③。哲学家依靠个人的力量直接与"天"相通,而不再假

---

① 陈来:《古代宗教与伦理》,生活·读书·新知三联书店2009年版,第46、54—55页。
② 余英时:《论天人之际》,第56页。
③ 同上书,第54页。

借巫术的中介，然而却先需要回到自己的内心，才能"由'道'的接引而上通于'天'"。因为他们发现"人心深处有一秘道可以上通于天"①。这就成为"心学"的滥觞，发展为内向超越的运作方式，可以归纳为"道"与"心"的合一。孟子的"尽其心、养其性"以"事天"就是内向的心性寻求与超越的精神领域合而为一的典型例证。

例如《管子·心术上》论述心与道合一的运作模式就完全模仿了巫术降神的模式，如"虚其欲，神将入舍。扫除不洁，神乃留处"，这与巫师降神前沐浴敷香清理神舍一样。内向超越突出的"心"恰恰是轴心思想家以"巫"的基本模型想象出来的，如孟子引用孔子描述"心"的"出入无时，莫知其向"的变幻莫测。"巫的神通便这样转化为心的神通了。"②荀子重视的"虚壹而静"的"治气养心之术"(《荀子·修身》)正是对之前巫术降神技能（或艺）的"改头换面"。巫师经由事神的技艺才能降神，而心通过治气养心的修炼才能把"道"收入"心"中。由此就可以解释丁耘所说先秦气论、气宗比较流行的原因，气宗是"解道为气、合同道一"。③也就是说，哲学突破并没有如以上余敦康、李零、陈来等所说完全地理性化，彻底地告别巫术，反而是巫术传统的遗留以新的形式在继续发挥作用。

---

① 刘殿爵孟子英译本导论，中文译本，胡应章译：《英译孟子导论》，收入《采撷英华——刘殿爵教授论著中译集》，香港中文大学出版社2004年版，第109页。转引自余英时：《论天人之际》，第55页。
② 余英时：《论天人之际》，第61页。
③ 丁耘认为，气论血脉在先秦，而理、心之义，已经潜伏。当时气化宇宙论流行。孟子有养气之说，荀子有治气养心之说，管子有心术精气之说。孟子、荀子重气但不以气为本，而是心志率气。心学的工夫在于以心统气。气是一体流行，流行的主宰是理、义，惟志能沟通理气，使气有主宰。如果无所本，那么气便只有流行，而无主宰。参见丁耘：《道体学引论》，华东师范大学出版社2019年版，第195—196页。

伴随轴心突破的是，礼乐从宗教领域发展为整套的"礼"的秩序，此即从天道向人道转移的历程。这分两步完成：第一步，周公制礼作乐，完成了"存德于礼"（李泽厚语）的理性化、制度化工作，以"德"为核心建构的整体人间秩序（即"礼"的秩序）[①]。这是对巫文化下"事神致福"之礼的突破。在公元前7世纪中叶（孔子出生前一个世纪左右），在士大夫阶层间兴起一场"修德"的精神内向化运动，其最后归宿是"德"的个人化与内在化。这一进程作为轴心突破的酝酿期，助推了中国轴心突破走向内向的超越。第二步，孔子以仁释礼，取代了周公以"德行"说"礼"的旧传统，才真正开启了轴心突破。孔子把礼之本从"天"下降到人的内心。他赞赏林放问礼之本，以及指点宰我心安与否为三年之丧制辩护等，都表明他以内在的"仁"作为礼之本，这是对此前外在的超越的否定，而突破为内在的超越。而后在孟子那里，浑无罅隙的"仁道"被十字打开为"尽心知性知天"（先天而天弗违）与"存心养性事天"（后天而奉天时）。

以上研究在中西文明比较的视野下，从中国轴心突破前后沟通天人的宇宙观（贯通天地）与思维方式的一致性，来看待中华文明的连续性与思维方式的延续性。这跟中国先秦思想的重情特质有什么样的关联呢？要解答这个问题，就需要引入思想史与人类学对原始初民所谓"巫术性宗教"的关联性宇宙观、情理不分的思维特质、非理性的巫术仪式的研究视野与考察视角，以此解释在轴心突破前所谓巫术性宗教给中国

[①] 如《左传·文公十八年》记鲁季文子语"先君周公制周礼曰：'则以观德，德以处事，事以度功，功以食民'"与《左传·僖公二十七年》"礼乐，德之则"相合，其意义在于以德行说礼，礼已超出"事神致福"的范围，不能和"巫"等量齐观了，这是周公对礼的理性化改造。参见余英时：《论天人之际》，第29页。

第一章　对先秦儒家重情特质的一种思想史解读

哲学思维特质造成的重情主义的影响。

这方面研究的代表性成果是李泽厚的"巫史传统"以及由此根源阐发的"情本体"论，该论认为轴心突破后"德"的演变恰恰反映了巫史传统的"踵事增华"。① 李泽厚认为周公的制礼作乐完成了"巫史传统"的理性化（shamanism rationalized）。周公"以德配天"是对原来殷人以巫术"事"天媚"神"的"非理性"传统的转化，其中的关键是"德"的内面化。德原本不具有"道德"义，而与原始的巫术礼仪传统、对神秘的祖先崇拜有关。②

那么，上古时代至周以前的巫史传统的"非理性"特质体现在什么地方呢？李泽厚认为在于巫君合一、政教合一的神权政治模式（张灏称之为"宇宙王制"[cosmological kingship]③），如商王是大巫、首巫，这是陈梦家、张光直、郭沫若等人都认可的。④ 从远古到殷周，祖先崇拜与上帝崇拜的合一性的实现途径就是"巫"（shaman），这也就是张光直所说的"亚美式萨满教"的文化基层。其中的关键是由上古时代的"家

---

① 李泽厚说可以用"巫史传统"一词统摄"实用理性"、"乐感文化"、"情感本体"、"儒道互补"、"一个世界"等概念。他认为"情本体"论的本土根源出自巫史传统。参见李泽厚：《李泽厚集》之《历史本体论·己卯五说》，生活·读书·新知三联书店 2008 年版，第 156、180 页。

② 李泽厚：《中国古代思想史论》，人民出版社 1985 年版，第 87 页。巴新生考证德的原始意义是"图腾"，最初由氏族的成员共享，后来被氏族首领演化而成为人王所独享。《说文》"德，升也"表示"有德者可上获天佑，可升天堂"的意思。同时，"德"的词源学意义是"循"，即"行走"之义，《庄子内篇·大宗师》中的"德"释作循，以德为循，字形上看是目上有一横，表明殷人德的基本含义是"遵循至上神的旨意而行事"。恭德就是顺天。参见唐文明：《与命与仁：原始儒家伦理精神与现代性问题》，河北大学出版社 2002 年版，第 57 页。

③ 张灏著，卢华译：《古典儒学与轴心时代的突破》，《政治思想史》2014 年第 1 期。

④ 余英时推断绝地天通后，地上人王"余一人"通过巫的祭祀方式垄断了与天、帝交流的特权，后来的"天命"的意识即由此萌芽。参见余英时：《论天人之际》，第 26 页。

为巫史"到颛顼时代的"绝地天通"之后,君主垄断了巫术的特权职能,王作为最大的巫来沟通天界与人世①。同时,通天人的巫日益附庸于王权。这其中,的确有一部分巫逐渐下降,最后沦为民间小传统的巫婆、傩文化。但是随着王权日益凌驾于神权,巫的"通天人"的特质直接理性化,"成为上古君王、天子某种体制化、道德化的行为和品格"②。李泽厚认为这是中国上古思想史的最大秘密:"'巫'的基本特质通由'巫君合一'、'政教合一'途径,直接理性化而成为中国思想大传统的根本特色。"③巫史传统直接理性化为中国思想的大传统,而只有小部分向下转变为民间的小传统。④

在巫史传统理性化的过程之中,巫术礼仪的特征深刻塑造了由巫史传统所积淀形成的中国文化—心理结构的特质。第一,巫术直接为人间事务而活动,有现实目的与物质利益。第二,礼仪(包括繁细、复杂、规范的语言、动作、程序)是沟通神明的圣典仪式。整个氏族群体都要参加,不能违背,不然会有灾难降临。第三,巫师行巫术是企图控制、强迫与支配神,达到消灾祈福的目的,这是其与宗教信仰的大不同之处。"在巫术礼仪中,内外、主客、人神浑然一体,不可区辨。特别重

---

① 远古时代的尧舜禹汤、文武、周公,包括伊尹、巫咸、伯益都是大巫师。如"禹步多巫"(《法言·重黎》),参见李泽厚:《李泽厚集》之《历史本体论·己卯五说》,第160页。
② 李泽厚:《李泽厚集》之《历史本体论·己卯五说》,第162页。
③ 同上。
④ 在他看来,巫术礼仪是经过"由巫而史"完成理性化的。其中的关键是史官掌握了天文、历法等此前由巫师掌握的技能,尤其对卜筮——数的掌握使巫术礼仪走向理性化,日益对象化、客观化、叙事化。可以说,"史"是对巫的理性化的新形态。巫术礼仪向着个体静态的理知性的认知性很强的卜、筮活动(数字演算)转变。由此,数字演算的符号活动替代了巫的狂热的身体操作活动。另外一个因素是军事活动对理性的策划、制定战略战术等的需要,不能感情用事。参见李泽厚:《李泽厚集》之《历史本体论·己卯五说》,第165—172页。

要的是，它是身心一体而非灵肉两分，它重活动过程而非重客观对象。"①
第四，巫术礼仪中情感因素很重要。用一句话可以概括为，巫术礼仪是"以动态、激情、人本和人神不分的'一个世界'"②为特征，而西方宗教的特征则是两个世界、神人异质、情感（宗教）与理性（科学）的分途。因此，周初强调的敬（包括恐惧、崇拜、敬仰等情感）就不同于西方宗教那种否定自身、彻底皈依在上帝面前的虔敬，不是对主体性的消解（徐复观语），反而是凸显自己主体的责任与理性作用。这是源于上述巫术礼仪的"心理认识—情感"特征。"经由周公'制礼作乐'即理性化的体制建树，将天人合一、政教合一的'巫'的根本特质，制度化地保存延续下来，成为中国文化大传统的核心，而不同于西方由巫术礼仪走向宗教和科学的分途。"③

　　在李泽厚看来，周公制礼作乐完成的是外在巫术礼仪的理性化，即把天人交通的神秘力量的"德"转化为君王内在的道德品质与行为。在此基础上，孔子以仁释"礼"，仁因此成为人之所以为人的内在根据，从而"完成了内在巫术情感理性化的最终过程"④。孔子以仁释礼，一方面关上了原始巫术礼仪中的"神秘之门"（敬鬼神而远之），同时对巫术礼仪中敬、畏、忠、诚、庄、信等基本情感加以人文化、理性化，并放置在世俗日常生活与人际关系之中，从而"由巫、史走向的是充满理性精神的道德—伦理本体的建立"⑤。这是从历史中建理性（"历史建理性"），而

---

① 李泽厚：《李泽厚集》之《历史本体论·己卯五说》，第164页。
② 同上书，第165页。
③ 同上书，第179页。
④ 同上书，第181页。
⑤ 同上书，第182页。

不同于西方的理性来自于人格神的上帝①。"西方由'巫'脱魅而走向科学（认知，由巫术中的技艺发展而来）与宗教（情感，由巫术中的情感转化而来）的分途。中国则由'巫'而'史'，而直接过渡到'礼'（人文）'仁'（人性）的理性化塑建。"② 由于心理是文化积淀的产物，中国巫术礼仪理性化所积淀的文化—心理结构就成为"情理交融，合信仰、情感、直观、理知于一身的实用理性的思维方式和信念形态"③。

李泽厚使我们注意到哲学突破后巫术传统的"遗迹残痕"。礼出于巫（礼是原始巫术礼仪的制度化理性化之产物），保存和积淀了巫术通神性、神圣性的特征，这使得儒学一方面重视庄重敬畏的情感，体现了儒学伦理的某种宗教意味与情怀。"儒家的仁、诚、德、精、慎独，以及后来的'孔颜乐处'，道家的'坐忘'、'心斋'等等，都残存或保留了巫术礼仪中通天人的神秘情感。……仁生于礼又促进礼，礼仁都是通过确认人伦关系而与天相通与神共在。"④ 但另一方面，巫史传统的人本主义、一个世界（一重人生）的特质（中国的巫史传统缺乏人格神，没有形成人神异质的两个世界），使得儒家尤为重视现世伦理生活与人伦血亲，肯定具有自然基础的正常人情感的合理性，使得儒家避免走向宗教出世主义。尤其是孔子把三年之丧等古礼的基础归结在人的心理—情感原则（情感体验）上，使儒家伦理可以发挥准宗教的功能，既不会陷入宗教狂热，也摈弃宗教禁欲主义，而是以理性作为实践的引导，以规范、塑制情感、愿欲与意志。"孔子没有把人的情感心理引导向外在的崇拜对象或神秘境

---

① 这带来的问题是，一旦上帝死了（如尼采宣判的那样，形而上学的上帝被近代科学理性杀死了），不仅情感无着，理性也不足恃。
② 李泽厚：《李泽厚集》之《历史本体论·己卯五说》，第165页。
③ 同上书，第181页。
④ 李泽厚：《李泽厚对话集：中国哲学登场》，中华书局2014年版，第10页。

第一章　对先秦儒家重情特质的一种思想史解读

界,而是把它消融满足在以亲子关系为核心的人与人的世间关系之中,使构成宗教三要素的观念、情感和仪式统统环绕和沉浸在这一世俗伦理和日常心理的综合统一体中,而不必去建立另外的神学信仰大厦。"①

由此,中国先秦思想的重情特质就可以从巫史传统理性化的角度得到解释。正是由于礼乐脱胎于巫术礼仪,巫术传统所带有的特征就深刻塑建了儒家的礼乐传统。在巫术礼仪中,情感的因素极其重要。巫师和所有参加者都陷入迷狂状态。然而迷狂情绪又受到理知的强力控制,从而使它发展成为包容想象、理解、认知等多重因素的情感状态。②由巫史传统所凝聚形成的是情理交融的实用理性③,而非康德排除了经验情感的纯粹的实践理性:"强调情感与理性的合理调节,以取得社会存在和个体身心的均衡稳定:不需要外在神灵的膜拜、非理性的狂热激情或追求超世的拯救,在此岸中达到济世救民和自我实现。"④中国的诗歌所反映的思维特征是不重逻辑推论,不重演绎、归纳,而重直观联想、类比关系,这也是源于巫术的相似律、接触律。⑤用一句话概括李泽厚的巫史传统,可以说:中国从巫术中脱魅的途径不是将宗教(情感、信仰)与科学(思辨、理性)分离,而是融理于情、情理合一,终于形成了实用理性、乐感文化的传统而构成"一个世界(人生)"的宇宙观。

综上,巫术性宗教的确是中国上古时期以至殷商时期的重要传统,它深刻地塑造了当时的政教系统与精神世界的特征。如张光直指出商周青

---

① 李泽厚:《中国古代思想史论》,第21页。
② 李泽厚:《李泽厚对话集:中国哲学登场》,第210页。
③ 作为仁学结构原型的实用理性,其优点是重视人世现实、偏重与实用结合、经世致用,但其缺点是对科学的抽象思辨缺乏兴趣,导致中国古代科学长期停留在经验总结的水平上。参见李泽厚:《中国古代思想史论》,第37—38页。
④ 李泽厚:《中国古代思想史论》,第2页。
⑤ 李泽厚:《论语今读》,生活·读书·新知三联书店2008年版,第250页。

铜器上的动物纹样是"商周艺术所有者通天的工具",以至于夏商王朝频繁迁移首都也是与铸造青铜礼器的矿产地有关,因为"对铸鼎原料即铜锡矿的掌握也便是从基本上对通天工具的掌握"。① 虽然经过周公与孔子的两次人文化改造与突破,巫术性宗教渐趋衰微,但它对中国先秦宇宙观与思维特质的影响仍然是根深蒂固的。尽管《礼记·表记》说周人敬鬼神而远之,但是周初武王向箕子请教"彝伦攸叙",其中就包含稽疑(占卜)之事。巫术文化的影响更是波及春秋末年,如《诗经·陈风·东门之枌》所载陈国巫风盛行,臣民不事生产而群聚于东门的枌树"婆娑其下"跳巫舞的情形。② 又如源自商汤祷神祈雨的桑林之舞在《庄子》中被征引("莫不中音,合于桑林之舞"),正表明这种巫舞的流行。③ 又如《楚辞》所反映的楚地巫文化(以巫术性乐舞来祭祀神灵)兴盛的情况等。

因此,诸子哲学突破的对象正是此前深受巫术宗教影响的周代礼乐传统。孔子也身处巫术宗教的背景中,然而他对此传统是尽力远离与抗

---

① 张光直:《中国青铜时代》,第30—33页。
② 《毛诗·陈风·宛丘》诗序:"大姬无子,好巫觋祷祈鬼神歌舞之乐,民俗化而为之。"这是说陈胡公的妻子大姬迷信巫觋、民众争相效仿的情况。以巫术性乐舞来解释《诗经》的兴与风雅颂的研究代表人物有日本学者白川静、家井真等。白川静认为,诗经中很多歌咏自然景象以及草摘、采薪等行为,都具有咒诵歌谣性质的表达,如山川歌谣是发乎古代祭祀之歌。参见〔日〕白川静著,黄铮译:《诗经的世界》,四川人民出版社2019年版,第10、64页。家井真的《〈诗经〉原意研究》认为风、雅、颂都是巫师的乐舞与歌舞剧诗。其中,风是"凡"的假借,意为"降神";雅是"夏"的假借,原意为巫师佩戴假面具而舞蹈;颂是"容"的假借,原意也是舞蹈。"兴"是从巫师的咒语发展而来,兴词具有巫术性魔力。诗经所起兴的物都是具有神奇魔力的灵物,如河神、木神(东门之枌、宛丘之栩的枌树、栩树就是巫师用来通天的灵物,有木神赋于其上)、鸟神等,这反映的是当时万物有灵论的民间信仰。参见〔日〕家井真著,陆越译:《〈诗经〉原意研究》,江苏人民出版社2011年版,第3—4页。
③ 《淮南子·修务训》载:"汤旱,以身祷于桑山之林。"张光直认为桑树是通天的灵物,汤是大巫,求雨祭便在桑林举行。陈炳良认为桑林(空桑、穷桑)是殷商民族祭祀祖先神明的地方。到周代,桑林又成为男女相会祭祀高禖的场所。参见张光直:《中国青铜时代》,第55页。

衡的，孔子对子路所说的"敬鬼神而远之"就是对巫术性"事神致福"宗教传统的摒弃。① 张光直认为许多学者把巫教的分量看轻了，如把中国古代宗教说成"祖先崇拜"就把其复杂的情况简单化了，祖先崇拜固然是重要成分，但更重要的是"巫术性宗教"。他们依据巫的力量在后来的衰微而推证上古时期的情况，这就犯了"用后世衰微的情况去推证上古的宗教情况"的错误。② 因此，套用马克斯·韦伯的"理性化"祛魅（宗教从巫术中脱魅而成）的理想范式来解释中国西周"伦理型宗教"形态的形成是需要被重新审视的。③ 张光直强调中国文明的连续性、余英时强调轴心突破前后思维模式与结构的一致性、李泽厚强调巫史传统的"遗迹残痕"等，这些经典研究让我们重新反思巫术性宗教对轴心突破后诸子哲学思想特征的塑造与影响，让我们更加重视前后之间的连续性与一致性。

二、文化人类学的视角：初民思维的通感性特征

李泽厚对巫术礼仪中情感因素的研究深受西方文化人类学、宗教社会学研究的影响。在文化人类学、民族学、宗教学对初民思维的研究中，情感因素的确起着至关重要的作用。

卡西尔认为神话（包括祭祀和魔术、巫术）作为一种符号与文化形

---

① 余英时：《论天人之际》，第135页。
② 张光直：《中国青铜时代》，第117页。
③ 唐文明就认为，一般把殷人的宗教作为自然宗教，而把周人的宗教作为伦理宗教的研究是夸大了二者之间的区别。他征引《说文》"德，升也"（即"有德者可上获天佑，可升天堂"的意思）与"德"的字源学意义即"循，行走之义"（《庄子内篇·大宗师》释"德"为"循"）表明周初的"德"是宗教观念，而非道德观念。周初的敬德保民意味着顺天保民，进而演化出作为"人王从天那里得到的保民的能力"的禀赋之"德"，即后来常说的"德者，得也"的来源。参见唐文明：《与命与仁：原始儒家伦理精神与现代性问题》，第29页。

式体现了原始人的思维方式,是原始人类与周围环境的一种"真实关系"的反映。神话符号的最基本特点是存在与非存在不分。也就是说,在神话思维方式中,没有"非存在"的观念,一切都带有感性存在的特点。换言之,神话是情感的产物,它的真正基质是情感的基质,神话和原始宗教的条理性更多依赖于情感的统一性而不是逻辑的法则。① 卡西尔认为,原始人的祭祀仪式并非模仿活动,而是一种真实的实际活动,舞蹈者不是模仿神,他就是"神"。这是因为神话作为一种感性的形式,反映了人类理智还未发展成熟、思维与存在尚未分化的原始阶段,感性存在对于抽象思维的统治到处可见。因此,在这个阶段,一切符号都是直接的存在,都有实体性(substance body)。② 这就类似于海德格尔的"此在"(Dasein)面对的都是"人"的一种原始性、本源性的状态,于其中,主体与客体、理论与实践、思维与存在尚未分化,而处于本源性的同一之中。"这种情感的统一性是原始思维最强烈最深刻的推动力之一。"③ 这种主体与客体不分的含混意识,导致了万物有灵论、物活论,及动物崇拜图腾式的"物亦即我"、"我即是物"式的"生命一体性和不间断的统一性"之思想(solidarity of life)。④ 然而,神话、巫术和宗教体现了人已经有了初级的文化形态,尽管主客体尚未分化,但已经有了一种"通感

---

① 参见〔德〕恩斯特·卡西尔著,甘阳译:《人论》,上海译文出版社2013年版,第138—139页。
② 卡西尔认为原始思维中存在与意义之间的区分是模糊的,符号被看成赋有魔术般的力量。随着人类文化的发展,事物与符号之间的区别被清晰察觉到,意味着现实性与可能性之间的区分变得更为明显。参见〔德〕恩斯特·卡西尔著,甘阳译:《人论》,第96页。
③ 〔德〕恩斯特·卡西尔著,甘阳译:《人论》,第138页。
④ 卡西尔认为原始人对巫术的信仰深深植根于生命一体化的信念。参见〔德〕恩斯特·卡西尔著,甘阳译:《人论》,第140、188页。

性的"(sympathetic)的关系。一切巫术就其起源和意义而言都是交感的(sympathetic)。① 卡西尔认为,当人开始用神话的符号形式(感性形式)来解释世界的意义时,人就有了自己的文化。

另有人类学家认为巫术礼仪活动反映了原始人思维中情感占据基础性的地位。在上述李泽厚所说的巫术仪式的第三个方面,巫师在仪式性乐舞中进入迷狂状态,以具有强烈情感性的仪式活动试图感动、支配神灵,因为他们认为神灵也是有情感的,可以被人们强烈的情感所感染,从而听从人们的意愿。"世界在很大程度上是受超自然力支配的,也就是说,这种超自然力来自具有人性的神灵们,他们如他自己一样,凭一时冲动和个人意愿行动,又像他自己一样极易因人们的祈求怜悯和表示希望与恐惧而受到感动。在一个被如此想象的世界里,未开化的人认为自己影响自然进程以谋取自身利益的这种力量是无限的。他以为通过祈求、许诺或威胁,就可以从神灵那里获得好的气候与丰富的谷物。"② 原始民族以具有强烈情感性的仪式活动祈求、感动神灵以达到目的。因此,祈雨仪式是通过乐舞的形式与神沟通。"万物有灵论实际上是万物有情说",原始初民的思维特征是整体性、全息性,即"神、人、物的共时统一体(syncretic unity)"③,可以说,情感因素构成了原始思维的重要基础。

列维-布留尔指出,原始巫术通过想象实现与对象在情感上的合一。"巫术在想象中支配、控制对象,并与对象在想象、情感中合而为一。"④ 原始初民的仪式代表社群之间的情感联系,如成年礼仪式代表了情感上

---

① 〔德〕恩斯特·卡西尔著,甘阳译:《人论》,第139、160页。
② 〔英〕詹·乔·佛雷泽著,徐育新等译:《金枝》上,中国民间文艺出版社1987年版,第18页。
③ 马玉良:《中国性情论史》,人民出版社2010年版,第19页。
④ 李泽厚:《李泽厚集》之《历史本体论·己卯五说》,第165页。

对社群的融入与身份认同,甚至葬礼仪式也是生者与死者之间的情感交流。"各种仪式(在仪式中这些表象可说变成了行动)是定期举行,再加上我们同样熟悉的那个以表现这些表象的各种动作的形式来进行的情绪感染的效果,加上由疲劳过度、舞蹈、神魂颠倒和鬼魔迷惑的现象所引起的极度的神经兴奋,加上那可以加剧、加强这些集体表象的情感性质的一切东西,那么,当在各仪式之间的休息时间,在'原始人'的意识中浮现出这些表象之一的客体时,则他始终不会以淡泊和冷漠的形象的形式来想象这一客体,即使这时他是独自一人而且完全宁静的,在他身上立刻涌起了情感的浪潮,当然这浪潮不如仪式进行时那样狂烈,但它也是够强大的,足可以使认识现象淹没在包围着他的情感中。"①

基于此人类学的视野,原始巫术性宗教下的初民思维具有一种交感性、通感性的思维特征,人可以通过巫术与神灵、宇宙万物发生感应、感通,而巫术礼仪试图以强烈的情感浪潮打动以至支配神灵,实现人神合一。感性存在支配了初民思维,主客不分、物我不分、思维与存在不分的生命一体性与情感统一性,是初民思维的本质特征。这些特征与张光直所谓"亚美式萨满教"文化基层的思维特征类似。②

综上,我们可以如此概括关于巫史传统、轴心突破与礼乐关系的研

---

① 〔法〕列维-布留尔著,丁由译:《原始思维》,商务印书馆1981年版,第27页。
② 美国社会人类学家彼得·佛尔斯脱(Peter Furst)提出了"亚美式萨满教"的意识形态,表明它是旧石器时代人类从亚洲大陆进入新大陆时的一个文化基层。这个文化底层有以下特征:第一,萨满性宇宙是巫术性的宇宙,自然和超自然的现象是巫师变形的结果,而不是像犹太教、基督教传统的从虚无创造万物的传统;第二,宇宙一般是多层的,上下层又分成若干层次(有时还有四方之神、四土之神),神灵虽然控制人与其他动物的命运,但他们也能为人所操纵;第三,人与自然世界在本质上相等;第四,人与动物关系平等,人与动物之间可以相互转化;第五,自然界的一切现象都被一种有生命力的灵魂赋予生命;第六,人类与动物的本质生命力聚居在其头骨里。参见张光直:《中国青铜时代》,第128—129页。

究：陈来等先生认为诸子的哲学突破是对巫史传统的超越，开启了理性化的、人文主义觉醒的即内在即超越的精神传统，表现在殷周天命观向周公"以德配天"的天命观的转变。而李泽厚认为儒家的仁义礼智信等精神范畴恰恰是对巫史传统中敬、畏、忠、诚、庄、信等基本情感的人文化、理性化，认为儒家的礼乐脱胎于巫术的乐舞与仪式。处理这个问题的关键是厘清轴心突破前后中国思想对"天命"、"德"、"礼乐"等看法的转变。前一种观点过于强调了周对殷商崇祀鬼神传统的否定，而忽略了周对殷人传统的继承，也就夸大了所谓西周初期人文主义觉醒对巫魅力量的祛除。而后者观点过于强调人类学历史理性的文化积淀，而忽视了主体精神的价值超越。李泽厚也因此否定中国轴心突破所形成的超越性精神领域"天道"与内在的超越。① 虽然我们不同意李泽厚对内在超越的否定，但是他与张光直所强调的文明连续性、巫史传统的理性化等命题，对于我们理解早期儒家思想的重情特质是大有裨益的。

三、精神内向化运动与儒家重情主义

经过以上人类学与思想史的梳理，先秦儒家重情主义特色的形成与巫史传统的直接理性化以及轴心突破前后中国思维的连续性有密切关联。先秦诸子对"情"这一概念的重视，正是在"心"这一范畴日益凸显的背景中展开（所谓心性论的滥觞），正反映了诸子哲学突破对巫史传统的对抗与替代，从而实现以性情论为中心的精神修炼术作为沟通天人的中

---

① 李泽厚借用余英时的说法即中国是"内向超越"（inward transcendence），而不是"内在超越"（immenant transcendence）。基督教是外在超越，必须承认与人异质的人格神存在。李泽厚说："'内在超越'在西方是泛神论以及基督教中某些神秘教派的主张，包括基督教各正宗教派教义以及 Kant 哲学都认为'内在超越'是神人混同的悖论。"参见李泽厚：《李泽厚集》之《历史本体论·己卯五说》，第56页。

介。由此，我们可以说，前述轴心突破酝酿期的西周"德"的内面化运动正是理解先秦儒家重情特质的重要思想背景与前提。

海外中国学研究指出，虽然"天命"一词出现得较晚（大概在殷周之际或周初），但"天命"的意识在突破前的巫文化中就已萌芽，地上人王通过巫术对帝、天的祭祀而获得王朝统治的合法性（即获得"天命"），正表明天命必然带有集体的性质。① 巫之所以能在上古精神领域保持长期霸权，除了与其能沟通天人、掌管祭祀礼仪的能力有关，更重要的还与天命观念有很大关系。轴心突破对此前巫术传统的突破是连续性的而非断裂性的，突破后形成的新的哲学范畴如"心"、孟子的"尽心知性知天"、庄子的"与天为徒"、荀子的"治气养心之术"等无不是遥远天命信仰的回响与变形，是在"绝地天通"之后尝试再次与天接通的个体化探求。这样，巫在天人之间的中介作用就失去存在的根据。天命的性质从王朝集体本位扩展到个人本位。② 尽管突破后的"天"不再是主宰人间的有意志的上帝，而转变为创生万物、於穆不已的"天道"或天命流行之体，然而天道仍然是一个超越的精神领域。

学界众多研究也指出了从殷商天命观到西周天命观再到孔子"仁"的突破之间是连续性而非断裂性的。例如，唐文明认为："从商人的'先公先王帝宾'的天命观念转变到周人的'以德配天'的天命观念，是儒家发生史上的第一个重要事件，而周公正是商周天命观转变的理论论证者和阐发者；孔子'仁'的思想的突破是对周人'以德配天'思想的进

---

① 余英时：《论天人之际》，第37页。
② 如刘殿爵《论语》英译本"导论"中所说在孔子时代天命不再限于人王，每一个人都受到天命的约束。天命要人有道德。如日本学者小野泽精一的观点，到了孔丘时代，天命信仰从支持王朝政治向个人心中之德的转换。参见余英时：《论天人之际》，第38—39页。

一步发展。"① 然而，孔子"仁"的突破并非断裂式地否定天命，而是一方面将变易观念引入西周天命有德的天命观，祛除了此前天命中人格神宗教因素而纳入了"天道变易的形而上学观念"，使得天命"道化"为"天道"②，另一方面又继承了个体禀受天命的形式表达，发展成为"对每个人（即使是匹夫匹妇）的天命在身性的认肯"③，张扬了人的主体性④。

郑开也揭示了前诸子时代"德"的观念对此前天命观的继承。他说"明德"的含义表明："自然过程中的秩序和人类社会中的秩序都出自天命的赋予。同样，德也是由天命所降下来，简单地说，就是得之于天的德，即对天德的获得。……《墨子·天志下》'帝谓文王，予怀明德'，暗示了明德和天命信仰之间的紧密联系，其中黏附了早先的宗教意识形态的形式与内容。"⑤ 然而经过诸子的哲学突破，"德"不断地从制度层面（政治、社会和宗族）中脱落出来，逐渐内面化、精神化。从某种意义上说，"德"的内面化是前诸子时期思想史的大势所趋，政治化的、带有神性氏族符号意味的"德"内化为内在意识、道德规范（儒家）。儒家的"仁义"其实就是"德"的内化的产物。⑥ 同时，老子的"道"也从"德"的精神气质中脱胎出来。⑦ 上直下心中的"心"符暗示了德的内面化（"德"在金文中写作"悳"）。陈梦家说："古文字形符偏旁的改变，往往表示字义的或概念的部分改变。"⑧

---

① 唐文明：《与命与仁：原始儒家伦理精神与现代性问题》，第 29 页。
② 同上。
③ 同上书，第 57 页。
④ 同上书，第 69 页。
⑤ 郑开：《德礼之间：前诸子时期的思想史》，第 280 页。
⑥ 同上书，第 22 页。
⑦ "德"在道家、阴阳家的传统当中发展了"性（本质）、自然法则和精神体验的复杂含义"。参见郑开：《德礼之间：前诸子时期的思想史》，第 14 页。
⑧ 转引自周法高编：《金文诂林》，香港中文大学出版社 1974 年版，第 988 页。

同理，我们可以基本断定，在轴心突破带来的精神内向化的思想运动中，大量"心"字旁的字被发明出来，"情"字应该就是在此时由"青"字加上"心"旁而成，表明它标志人内心的情感、志意。这就印证上文普鸣的推断，即在面对周代礼崩乐坏而兴的诸子哲学突破中，儒家出于为礼乐辩护的需要而开始大量使用"情感"义的"情"，并把它作为礼乐制作的依据（郭店竹简"礼作于情"），而道家出于否定礼乐形式的目的而在负面的意义上使用"情"字。须要注意，儒家的重情主义在郭店竹简（尤其是下篇）的语境中是对出于内心真诚的真情实感（仁爱、忠、信等道德情感）的重视，而不同于一般讲的喜怒哀乐爱恶欲的七情，前者的反面是虚伪、巧诈、机心。然而，竹简把礼乐与情联系起来，并强调后天的礼乐教化并不是对情、性的矫饰而是出于情性的需要，是内在情感表现在外的必然形式与结果，这可谓是儒家重情主义所着重强调的。

《性自命出》对情的重视不仅是称扬仁、忠、信的道德情感，更重要的是肯定自然情感的价值。荀子很可能正是循着这个思路提出了"天情"的概念，指出喜怒哀乐的情感有禀受自天的天然性与合理性。因为喜怒哀乐的自然情感只要发而中节，也具有道德性，而这正需要礼乐对情的引导与品节。这是儒家与道家、墨家绝不相同的地方，后两者都以否定礼乐的价值为立说的出发点。①

第二节　先秦儒家重情、美情的体现

尽管在先秦语境中，"情"含有"情实"之义，但很多提到"情"的

---

① 墨家对周代礼乐流为繁文缛节的形式虽不满，但并不是全面推倒礼乐传统，而主张化繁为简，所以《淮南子·要略》说墨子"背周道而用夏政"、清代孙诒让说墨子"于礼则法夏而绌周"（《墨子间诂·后语上》）。

文献的确是在探讨情感的问题，即便没有明确提到"情"字的文献也是在探讨情感的问题，如《论语》中大量探讨的忧患、敬畏、好恶、德性之乐、愤悱等，向我们生动展示了孔子作为一个仁者的丰富的情感世界。又比如孔子以内心的"不安"向宰我指点"仁"。孔子尤为重视内心的真诚，即真情实感（"刚毅木讷近仁"），厌恶虚伪、造作（"巧言令色，鲜矣仁"）。孟子讲的四端（恻隐、羞恶、辞让、是非）也是重视人心的情感向度。这些道德情感是人心所本有的，是天所赋予人的内在天性，尤其是恻隐之心，不仅是单纯地同情他人的情感，更有着宇宙论、本体论上的哲学意义。孟子的心是真诚恻怛之心，是道德本心，而"反身而诚"的修养方法更多是一种直觉式的体认，而不是理性的认知。可以说，对于孔孟儒家，他们通过对"心"的阐释间接论述了情感的重要性。

一、《性自命出》的情感形而上学

先秦儒家重情主义的典型体现是郭店竹简《性自命出》。[①] 概括而言，

[①] 关于《性自命出》的作者，学界存在较大争议，有子思、公孙尼子、子游三说。陈来、李天虹认为是公孙尼子，其依据在于竹简极为重视乐教，与公孙尼子的《乐记》所论很相似。陈来认为《性自命出》的以好恶、喜怒哀悲之气为性、物诱性动等与《乐记》的"好恶无节于内，物诱于外"、"刚气不怒，柔气不慑，四畅交于中而发作于外"、"感于物而动，性之欲也，物至知知，然后好恶形焉"等论述相似。然而《性自命出》有引子游"喜斯陶"等语，同时与《中庸》有类似的表述，表明竹简与子游、子思、公孙尼子都有关系，很可能他们三者就是一系，公孙尼子可能是子游的弟子。参见陈来：《郭店楚简之〈性自命出〉篇初探》，《孔子研究》1998年第3期。梁涛认为是子游所作，其依据在于竹简所论礼与情的关系（"礼作于情"）很接近子游《礼运》中的论述，且竹简中"喜斯陶，陶斯咏"一段与《礼记·檀弓上》所载子游的话非常接近。梁认为郭店竹简《性自命出》的心性论、礼与情的关系最后走向了思孟学派重视内在道德觉醒的路子，而在思孟学派的形成过程中，子游（与曾子一道是孔子弟子中的内在派）起到了很大的作用。其依据在于《荀子·非十二子》"子思唱之，孟轲和之，世俗之沟犹瞀儒，……以为仲尼、子游为兹厚于后世"。参见梁涛：《郭店竹简与思孟学派》，第28—31页。本书比较认同梁涛的观点，赞同其作者为子游。

郭店竹简的重情思想体现有四点：第一，以情论性的自然人性论（或曰气性论）；第二，乐教与情感的关系；第三，心术的重要性；第四，强调真情实感，反对虚伪（人伪）。在详细分说前，先来看郭店竹简《性自命出》最能体现儒家重情、美情特质的几处代表性简文：

> 凡人虽有性，心无定志，待物而后作，待悦而后行，待习而后定。喜怒哀悲之气，性也。及其见于外，则物取之也。性自命出，命自天降。道始于情，情生于性。始者近情，终者近义。知情者能出之，知义者能入之。好恶，性也。所好所恶，物也。善不善性也，所善所不善，势也。（简1—4）
>
> 凡声其出于情也信，然后其入拨人之心也够。（简23）
>
> 忠，信之方也。信，情之方也。情出于性。（简39—40）
>
> 凡人情为可悦也。苟以其情，虽过不恶；不以其情，虽难不贵。苟有其情，虽未之为，斯人信之矣。未言而信，有美情者也。未教而民恒，性善者也。未赏而民劝，含福者也。未刑而民畏，有心畏者也。贱而民贵之，有德者也。贫而民聚焉，有道者也。（简50—53）①

竹简美情论、重情主义的首倡者是庞朴与李泽厚。庞朴根据竹简"道始于情"、"凡人情为可悦也。苟以其情，虽过不恶"、"未言而信，有美情者也"等表述判定其为"美情论"。他说："情的价值得到如此高扬，情的领域达到如此宽广，都是别处很少见到的。特别是，有德与有

---

① 以上简文出自李零：《郭店楚简校读记（增订本）》，中国人民大学出版社2007年版，第136—139页。其中"够"字裘锡圭释读为"厚"。

道，在这里竟也都被拉来当作有情，当作有情的某种境界，这种唯情主义的味道，提醒我们注意：真情流露是儒家精神的重要内容。"① 他指出这是以情释性、指性为情的说法，与汉儒的性善情恶论存在显著差异。李泽厚根据竹简将情作为人道的根本或出发点（道始于情）以及"礼因人之情而为之节文"等论述发展了一套"情本体"的哲学论说（情指情感，也指情境，情是最后实在）。然而，庞朴只是笼统地讲竹简是唯情主义，并没有对其中的情是自然情感还是道德情感，以及情与礼乐之教的关系，展开进一步的分析论证。而李泽厚对"情本体"论的阐发，还借鉴了马克思历史唯物论（即历史建理性与理性积淀说，人类长期历史实践所形成的习惯会积淀成为人的深层文化心理）与海德格尔的存在论（即心理成本体）等理论资源，因而是更体系化的"六经注我"式的研究。至于"情本体"论是否准确体现了儒家道德哲学的特色，我们下文再进行评断。梁涛的研究为儒家重情主义提供了一种新的诠释，他把上篇与下篇的情感分别界定为自然情感（喜怒哀乐、好恶）与道德情感（仁、爱、忠、信），指出竹简的重情不仅是对道德情感的重视，更重要的是通过礼乐出于情性的论述肯定了自然情感的价值。②

然而，陈来基于程朱理学"性体情用"的哲学架构否认先秦儒家存在"美情论"与"情本体"，坚持只有"性"才能作为"本体"，而"情"始终是"性"的发用，不能作为本体。陈来认为《性自命出》并不是如

---

① 刘贻群编：《庞朴文集》第 2 卷，山东大学出版社 2005 年版，第 23 页。
② 梁涛认为，说以情为本、重情是儒家特色是很笼统模糊的说法。他认为："竹简重情的真正意义在于，它不仅突出了道德情感的地位和作用，同时还肯定了自然情感的意义和价值，竹简虽然重视'交性'、'养性'、'长性'，但并不把喜怒哀乐、好恶之情与礼、义对立起来，而是认为礼、义本身就是出自于情，是'作于情'。"参见梁涛：《郭店竹简与思孟学派》，第 156 页。

庞朴所说的唯情论、情本论。这是因为，庞朴和李泽厚只强调了"道始于情"，而忽略了后半句"情生于性"，"喜怒哀悲之气，性也。及其见于外，则物取之也"。这里的意思是说，喜怒哀悲之气就是性，喜怒哀乐之气发见于外就是喜怒哀悲之情，喜气畜于内，喜气就是喜情的内在根源和根据，所以才说情生于性。"这种以气为基础的情生于性说，与宋儒以理为基础的情发于性的说法是有所不同的。"因此，陈来认为："郭店竹简揭示出，早期儒家的人性观念，不是为了说明道德的根据，而是说明情感好恶的根据，即性作为内在根据的意义。"[①] 因此《性自命出》不是情本论，而是性本论。

实际上，陈来对李泽厚"情本体"理论有系统的批判。关于此一学术公案，本书将在第二章第五节展开详细讨论。我们这里对李泽厚的"情本体"之说采取同情式理解的态度，须要明了，他所谓的"本体"并非西方 ontology 意义上的 onto，因为中国语言根本没有系动词 being，因而也就没有西方形而上学的本体论（或曰"是"论），这一点也是陈来所认可与赞同的。李、陈二先生都承认，中国语境下的"本体"都是指本根、根本、最后的实在。因为"情"既有"情实"、"情况"之义，又有"心理情感"之义，因此说情为本体，是指人伦日用中的情感是非常现实与具体的人生情况与状态，是具有客观历史性的人与万事万物相处的状态。人的情感并非纯主观、私己的，而是渗透了历史性、社会性的人情。基于这一点，不同于历代注疏均以性情关系解读《周易》中的"情"，朱谦之和李泽厚都认为《周易》中"以类万物之情"、"以观天地之情"、"正大则天地之情可见"等表明"情"是一种本体的存在。在这个意义

[①] 陈来：《仁学本体论》，生活·读书·新知三联书店2014年版，第419页。

上，李泽厚强调"情本体"的含义为"由人类和族群的历史积淀下来的情理结构（文化—心理结构）是最本质的实在，是人性的存在形式"①。"本体"是指最终的实在，人生的根本情况是活生生的情感体验与历史所积淀的文化—心理结构。

陈来与李泽厚共享了中国哲学对"本体"的理解，所以他说对"情本体"下一转语就可成为"仁本体"。②这其中本质的分歧在于：李泽厚把"仁"解读为经验性的情感，而陈来基于宋明理学以及熊十力"仁体论"的论述，把"仁"建构为既存有又创生的全体在用、全用在体的仁学本体。这个意义上，仁就不主要是就抽象的超越的性与理而言，作为道德的终极根据（即本体），而更是在宇宙论上成为创生万物、流行不已的实体（在陈来看来，这主要归因于朱熹以气化与"天地生物之心"来阐释仁的生意、生气流行）。在这个意义上，陈来说"本体即实体"就是中国哲学存有论的奥义（因为中国哲学不讲 onto 与 being，但是讲有、万有，不是 being 而是存有，是存有论）。③

一言以蔽之，李泽厚基于海德格尔的存在论、生存论分析要摧毁形而上学的本体论，即摧毁宋明理学与现代新儒家构建的以抽象的理性原则（如仁义礼智）作为人生本体的道德形而上学，反对牟宗三"道德秩序即宇宙秩序"的本体宇宙论建构，反对人生实有（或存有）一个内在的"道德实体"。

在现代哲学中，海德格尔以存在论分析终结形而上学，他对人生在世的现身情态的生存论分析，揭示出忧、烦、畏、操心等并不是心理学

---

① 李泽厚、刘绪源：《中国哲学如何登场？——李泽厚 2011 年谈话录》，第 119 页。
② 陈来：《仁学本体论》，第 14、418 页。
③ 同上书，第 13 页。

的情绪，而是此在被抛与沉沦在世就带有的情态。此在是在这些基本的情态中现身的。因而，它们并不是先有主客、物我二分之后主体才对外物产生的心理情绪与感受，而是先于主客二分的，是本源的、源始的情态或情调。在这个意义上，海德格尔是把忧、烦、畏等现身情态当作此在在世的"本体"（此本体非形而上学的本体）。李泽厚把海德格尔的这条原则概括为"心理成本体"，作为他人类学历史本体论的三个组成部分之一（其他两项为历史建理性、经验变先验）。然而，由于海德格尔生存论分析对"本真性"的界定走向了虚无以及脱离与他人共在的个体化独在，他所揭示的沉沦状态是操劳着消散于日常生活中的随波逐流，而本真状态是突然面临"空无"（即先行到死）而脱离与他人的共处，走向自我的决断。因而，海德格尔的心理本体是虚空的，缺乏人际间的脉脉温情。李泽厚正是要以儒家的人伦日用之情（或曰自然的人化情感）填补海德格尔"空"的心理本体。因此，情本体就是以历史所积淀的心理—情感为本体，为人生最后的实在。

这其中也可看到心理学家荣格所谓的"集体无意识"理论的影响，即人类族群同类型经验在心理最深层长期积淀形成的精神特征。又由于情感在哲学中属于经验的、后天的、感性的界定，所以文化—心理结构是由长期历史生活的经验所积淀而成，由此它就否定了任何先天先验的"理本体"的设定，它是没有任何先天规定性的。所以李泽厚说"情本体"实际上是"无本体"（没有什么本体）[1]，是"人本体"。他是要反对宋明理学道德形而上学的"理（神）本体"，也反对自然人性论的"欲"本

---

[1] "情本体恰恰是无本体，是以现象为体，这才是真正的体用不二。"出自李泽厚《哲学探寻路》，转引自李泽厚：《李泽厚集》之《历史本体论·己卯五说》，第107页。

体（动物欲望为体），而回归到生生不息的情感经验世界去体验人生最根本的实在。而陈来站在宋明理学的立场上是要捍卫"道德本体"的，由此他所借鉴的理论资源是宋明理学的"仁体论"以及现代新儒家如梁漱溟、熊十力的本体宇宙论建构等（但是，梁漱溟把仁界定为心理情感，与李泽厚相似，陈来对梁漱溟的批判可谓是大有深意的）。① 由于程朱理学坚持"性体情用"的心性论架构，情只是发用的层面，所以陈来说李泽厚把情作为本体是在"用"中讨生活，难免流于被理学家批评的"作用是性"的境地。②

回到《性自命出》的文本本身，对于它到底是"情本论"还是"性本论"，争论的关键在于如何理解"道始于情"、"礼作于情"、"情生于性"等一系列至关重要的句子，以及"道"、"情"、"性"这些概念在先秦语境及竹简所处时代的含义。接下来，我们结合陈来、梁涛等学者对《性自命出》的精细解读来揭示这些语句在先秦语境下本真的含义。本书想要表明，纠缠于论证《性自命出》是情本还是性本可能会遮蔽文本原本蕴含的思想多义性，而流于一种独断和各执一偏。因为我们看到，庞、李所抓住的论据主要是"道始于情"与"礼作于情"等美情的语句，而陈来则抓住"情生于性"以及竹简《语丛二》中"爱生于性"、"欲生于

---

① 陈来认为熊十力早期把心确立为宇宙本体，重建一种传统心学的新形态宇宙论，梁漱溟从心理学论证仁心的根源，确立了心本体，以心为本，这与西方近代哲学的心物二元论相应，还没有回到人与世界的整体。古代本体论中没有心物二元论或主体客体二元论这样的二元分离，没有把统一的世界变为二元的分裂。参见陈来：《仁学本体论》，第7—8页。
② 陈来指出："情之意义在感性生活和感性形式，还是在用中讨生活，不能真正立体。儒学的论情，必须如马一浮所说，全理是情，全情是理，才是儒学论情的基本立场。"参见陈来：《仁学本体论》，第394—395页。

性"、"喜生于性"①等语句表明性才是情感好恶的内在根据,尽管这种"性"不同于程朱"性即理"的性。

结合学界已有研究成果,我们可以说:"道"是指人道,等同于礼乐的制度②;"情"是指"人情"而非"情实",是喜怒哀乐、好恶的自然情感与仁、爱、忠、信的道德情感;"性"的情况较为复杂,上篇之性是"自然人性论"(或曰"气性论")之性,而非性善之性,不具有道德含义,下篇之性是"道德人性论"之性③。诚如汤一介指出的,"道始于情,情生于性"说明人道是从人之"情"开始而有,但并非"人道"全都由"情"而生。先秦儒家重情的根据在于中国古代社会是以家族为中心的宗法社会,因而尤其重视家庭的亲情,将其作为维系整个社会的基础。因此说"先秦儒家的伦理学说建立在以家族'亲情'扩而广之的孔子'仁学'基础之上"④是可以成立的。"情生于性"说明情是从性中自然流露者,因此对于情并无价值判断,它可善也可不善,关键在于其是否

---

① 如郭店竹简《语丛二》有下列论述:"情生于性,礼生于情,严生于礼,敬生于严,望生于敬,耻生于望,悡生于耻,廉生于悡。""爱生于性,亲生于爱,忠生于亲。""欲生于性,虑生于欲,倍生于虑,争生于倍,党生于争。""智生于性,卯生于智,悦生于卯,好生于悦,从生于好。""子生于性,易生于子,肆生于易,容生于肆。""恶生于性,怒生于恶,胜生于怒,恭生于胜,贼生于恭。""喜生于性,乐生于喜,悲生于乐。""愠生于性,忧生于愠,哀生于忧。""惧生于性,慊生于惧,望生于慊。""强生于性,立生于强,断生于立。弱生于性,疑生于弱,北生于疑。"以上简文出自李零:《郭店楚简校读记(增订本)》,第220—221页。
② 参见王博:《中国儒学史·先秦卷》,北京大学出版社2011年版,第256页。
③ 彭国翔认为喜怒哀悲之气的性是从感性经验(气质)层面论性,是荀子经验性恶论的端绪;而"性自命出"、"四海之内,其性一也"、"未教而民恒,性善者也"之性是从超越层面的根源以及人之为人的共同本质界定"性",是孟子先验性善论的端绪。《性自命出》的两种人性理解方式体现了从孔子"性相近"到孟子性善论再到荀子性恶论的过渡环节。参见彭国翔:《从出土文献看宋明理学与先秦儒学的连贯性》,《中国社会科学》2007年第4期。
④ 汤一介:《道始于情的哲学诠释——五论创建中国解释学问题》,《学术月刊》2001年第7期。

合理（礼）。这表明"性静情动论"是先秦儒家通行的说法，这比汉儒的"性善情恶"有更为深刻的理论价值。①汤一介的看法可谓持平之论，道始于情并不意味着道生于情，人道除来自情之外，还应该来自理性认知，即人们出于理性认知而认同道德规范，所以《性自命出》说"始者近情，终者近义"，义就是理性原则对情的范导（regulative principle）。因此，与其说《性自命出》是情本论，不如说它是"重情主义"。以下我们对上述重情的四个表现展开详细分说。

第一点，竹简上篇体现了"以情论性"的自然人性、气性论，这是当时并行的三种人性论之一（《孟子》中公都子提到的三种人性论）。《性自命出》以"喜怒哀悲之气"与"好恶"为性，实际上是以喜怒哀乐的情气为性。②赵法生也指出："人之性就是人的喜怒哀悲之气，是一种潜在的对象，它的外化有待于物的作用，这种作用本质上是情感之气与外物的感通关系。"③陈来认为接近生之自然者为性，与王充《论衡·本性》说的"周人世硕，以为人性有善有恶"相同，体现了人性论从孔子到孟、荀之间的过渡形态。④当然这也体现出在先秦思想家那里，情与性的概念区分得并不那么清楚。

第二点，竹简体现了"治心之术"的重要性，这反映了上文所述精神内向化与治气养心之术兴起的思想运动。以如下简文为例：

---

① 汤一介：《道始于情的哲学诠释——五论创建中国解释学问题》，《学术月刊》2001年第7期。
② 梁涛认为："喜怒哀悲之气是居于内的，这种气不是物质性之气，而是人的内在精神力、生命力，具体讲也就是情。"参见梁涛：《郭店竹简与思孟学派》，第145页。
③ 赵法生：《先秦认识论视域中的格物问题》，《社会科学论坛》2012年第6期。
④ 陈来：《郭店楚简之〈性自命出〉初探》，《孔子研究》1998年第3期。

> 凡道，心术为主。道四术，唯人道为可道也。(简 14)
>
> 虽能其事，不能其心，不贵。求其心有伪也，弗得之矣。人之不能以伪也，可知也。(简 37)
>
> 凡至乐必悲，哭亦悲，皆至其情也。哀、乐，其性情相近也，是故其心不远。(简 29)①

精神内向化的结果是"心"的凸显，竹简下篇从"凡学者求其心为难"(简 36)开始，通篇讲的都是治心之术。治心首先要求真情实感的自然流露，不能虚伪刻意。其次，简文强调表达真情实感的音乐"得心"之速，最后归结在"君子身以为主心"。梁涛认为下篇仁、爱、忠、信的情(道德情感)具有实践性，反映了主体自觉、自主的活动。与此相应，心具有道德心的含义。因此，竹简由上篇到下篇的思想过渡更倾向于孟子而不是荀子。②

第三点，竹简上篇表达的"理情"思想、乐教与情感的关系，表明礼乐来源于真情实感。上文已述，出于维护礼乐传统的需要，儒家把礼乐的基础与来源界定为情，圣人依据情制作礼乐，又以礼乐养性理情，以此肯定礼乐的内在价值。以如下简文为例：

> 圣人比其类而论会之，观其先后而逆顺之，体其义而节文之，理其情而出入之，然后复以教。教，所以生德于中者也。礼作于情。(简 16—18)

---
① 以上简文出自李零：《郭店楚简校读记(增订本)》，第 136、138、137 页。
② 梁涛：《郭店竹简与思孟学派》，第 147 页。

第一章 对先秦儒家重情特质的一种思想史解读

> 凡古乐龙心,益乐龙指,皆教其人者也。《赉》、《武》乐取,《韶》、《夏》乐情。(简28)①

竹简上篇尤其突出了礼乐对性情的培养、塑造(养性理情),这接近荀子但有差异。竹简强调后天教化不是对情性的矫饰,而是出于情性的需要。"竹简虽然重视'交性'、'养性'、'长性',但并不把喜怒哀乐、好恶之情与礼、义对立起来,而是认为礼、义本身就是出自于情,是'作于情'。"②而荀子是要通过礼义来矫化情性的,甚至走向了"人情甚不美"的结论。可以说,竹简对乐教的重视,彰显出儒家重视情感教育的思想特质。"乐教的盛行往往同自然人性论,尤其是同重'情'的思想息息相关,而以后乐教走向衰落,原因虽然很多,但道德人性论的兴起,'情'被人们所忽视,显然是重要原因之一。"③

第四点,《竹简》下篇强调情感的真诚,反对虚伪,认为出于真诚的情感即为美的、信的,虽过不恶,体现出先秦儒家承认一种超越性的或形而上的情。这与牟宗三、唐君毅、李明辉等现代新儒家就孟子的"恻隐之心"所开显的"本体论的觉情"、"天情"(即上升到本体地位的"本情"、"觉情")有异曲同工之妙,同样是先验而超越的,"既具有先验本体的地位,同时又会落实、表现或作用在感性经验的层面"④。以如下简文为例:

---

① 以上简文出自李零:《郭店楚简校读记(增订本)》,第137页。
② 梁涛:《郭店竹简与思孟学派》,第156页。
③ 同上书,第153页。
④ 彭国翔:《从出土文献看宋明理学与先秦儒学的连贯性》,《中国社会科学》2007年第4期。

仁，性之方也。性或生之。忠，信之方也。信，情之方也。情出于性。爱类七，唯性爱为近仁。智类五，唯义道为近忠。恶类三，唯恶不仁为近义。（简39—41）

慎，仁之方也。然而其过不恶。（简49）

凡人情为可悦也。苟以其情，虽过不恶；不以其情，虽难不贵。苟有其情，虽未之为，斯人信之矣。（简50—51）

未言而信，有美情者也。未教而民恒，性善者也。未赏而民劝，含福者也。未刑而民畏，有心畏者也。贱而民贵之，有德者也。贫而民聚焉，有道者也。（简51—53）

恶之而不可非者，达于义者也。非之而不可恶者，笃于仁者也。（简54—55）[①]

这里需要指出，竹简下篇中"性"与"情"的含义都与上篇不同，而两者的关系依然是"情"出于"性"。下篇的"性"之含义变为仁爱、忠、信，即"仁，性之方"，这是把仁视作"性"的准则（郑玄注：方犹道也，即道义、准则）；又说"未教而民恒，性善者也"，具有"性善论"的萌芽，这说明竹简上篇到下篇呈现出自然人性论向道德人性论的过渡。同时，下篇的情是"笃于仁者"的情，这种情的特点是"信"（即诚实、精诚、真实），"信，情之方也"。这种情主要对仁而言，是道德情感，在孟子那里得到进一步发展。[②] 从本章对"情"的含义在先秦儒家文献中的梳理来看，作为"诚实"、"信实"来讲的含义在先秦儒家文献中

---

① 以上简文出自李零：《郭店楚简校读记（增订本）》，第138—139页。
② 梁涛：《郭店竹简与思孟学派》，第147—148页。

第一章　对先秦儒家重情特质的一种思想史解读

是常见的情况,如《论语·子路》"上好信,民莫敢不用情"(朱熹集注:"情,诚实也"),"可以说非常接近《中庸》文本中具有内在超越性和本体地位的'诚'这一观念"①。如海外中国哲学研究者往往把"诚"翻译为"sincerity"或"integrity"②,不同之处在于中庸的"诚"还具有创生义(如"不诚无物",牟宗三就把"诚"诠释为创生万物的宇宙本体——"诚体")③。"情"之"信"表明它不只是心理学上感性经验层面的情绪、反应或倾向,而具有先验的超越性。因此,竹简说出于诚实之情的行为,即便有所过度也不为恶(苟以其情,虽过不恶),而不出于真诚之情的行为,即便是很难做到的,也不为可贵(不以其情,虽难不贵)。

学界对竹简下篇所谓"情感的形而上学"已经有所研究,然而关于"情"是否有形而上的特征,也存在一定争议。这其中的关键在于如何理解"性"与"情"的关系,即竹简下篇所说的"情出于性"。梁涛认为竹简下篇"唯性爱为近仁"表明发于性的爱才接近仁,仁是道德情感(与喜怒哀悲的情气不同)。这说明情感的流露、表达需要服从性的超越根源与规定,可以称之为"情感的形而上学",而中庸是道德形上学。④彭国翔认为,既然"未教而民恒,性善者也"的性是从超越层面的根源以及

---

① 彭国翔:《从出土文献看宋明理学与先秦儒学的连贯性》,《中国社会科学》2007年第4期。又如赵法生认为,朱熹解"情"为"诚实"可以视为早期情实之"情"向儒家之"诚"转化的例证。因而《中庸》的"不诚无物"可以与《性自命出》的"苟以其情,虽过不恶;不以其情,虽难不贵"相互发明。参见赵法生:《性情论还是性理论?——原始儒家人性论义理形态的再审视》,《哲学研究》2019年第3期。
② 陈荣捷将中庸的"诚"翻译为sincerity,但他在引言性的注释中提出了"诚"也有真实、实在与创造的意涵。"它既有心理学的、形而上学的,也有宗教的含义。诚不只是心态,它还是股动力,无时无刻地在转化万物、完成万物,将天人联结到同一的文化之流中。"参见陈荣捷著,杨儒宾、吴有能等译:《中国哲学文献选编》,北京联合出版公司2018年版,第85页。
③ 如安乐哲、郝大维就把"诚"翻译为"creativity"。
④ 梁涛:《郭店竹简与思孟学派》,第147—148页。

人之为人的共同本质界定"性",由于"性"具有了先验超越性,那么作为超越之性所"生"与所"出"的"情"也应具有超越的形而上的意义,即作为"未言而信"的"人之所以为人的本善之情"。他进而认为这种"美情"的概念可以在宋明理学对超越性的情(由于"性体情用"的架构,超越的心性本体所发用的情也是超越性的)的理解中找到回响,如王畿的"至情"与刘宗周将《中庸》之喜怒哀乐提升为与心、性、理同样居于"形而上"本体地位的"四德之情",都是心性本体直接发动的道德情感,而不是理性、感性严格二分意义下的单纯感性的道德情感。[①]

我们对于彭国翔创造性诠释情的形而上超越性是深表同情的,然而对于能否把宋明理学的"性体情用"(性发用为情)与郭店竹简"情生于性"、"情出于性"的性情关系模式做类比的问题,我们是持保留态度的。诚如陈来所指出的:"这种以气为基础的情生于性说,与宋儒以理为基础的情发于性的说法是有所不同的。"[②] 陈来坚持情是形而下的、感性经验的气的层面,他不承认郭店竹简的情可以上升到超越性本体的层面。所以陈来对上引竹简(简51—53)"未言而信,有美情者也……"一句是按竹简作者对为政者的要求来解读的。他说这句是在强调治民者若与人民感情上有沟通(或者说能感通于民情、民性、民欲),就可以获得人民的信服,强调治民者内在情性的修养要有同情心、有美德(修身近于仁)。[③]

综上,我们认为郭店竹简《性自命出》的美情论、重情主义是可以成立的。显然,竹简上下篇表达了两种不同的人性论(一种为自然人性

---

① 彭国翔:《从出土文献看宋明理学与先秦儒学的连贯性》,《中国社会科学》2007年第4期。
② 陈来:《仁学本体论》,第419页。
③ 陈来:《郭店楚简之〈性自命出〉篇初探》,《孔子研究》1998年第3期。

第一章　对先秦儒家重情特质的一种思想史解读

论，一种为道德人性论），以及两种"情"的概念（一种为喜怒哀乐好恶的情气，一种为超越感性理性二分架构的"本情"、"美情"）。因此，李泽厚完全从感性经验层的情来判定情本体是由历史经验所积淀形成的情感—心理本体，是失之偏颇的，没有看到情的先验超越性；陈来完全从形而下的、发用的情气层面来理解性情关系，也是失之偏颇的。① 彭国翔揭示下篇情的形而上超越性是本书所赞同的，但没有注意区分竹简的"性静情动"模式与宋明理学"性体情用"模式的不同。结合以上述评，我们得出如下结论：

上篇的"道始于情，情生于性"表明人道（礼乐）由人情（人伦日用的七情以及《礼记》说的"十义"②之情，即自然人化的情感）开始（或人道基于人情），情感好恶的根据与来源是内在的情气（情气就是人的"性"），因此竹简上篇表达的是"以情论性"的气性论③，是先秦流行的人性论看法。

下篇的性是孟子性善论的萌芽，性具有先验超越性，因而由"性"所出的情也具有形而上的超越性。然而由于竹简的"性"还只是本善之

---

① 如赵法生就认为，《性自命出》"以气论性"与"以情论性"，表明理学理气二分的架构在原始儒家那里是不存在的。原始儒家坚持性情一本论，性、情不存在形上形下之别，二者处于同一存有层次，都属于气（人）性论以气本论为基础，而性情一本，本于情。《性自命出》又将"性"与"天命"联系起来，打通了天命与性、情的关联，因而性、情都具有了超越性。这不同于理学将性归于形而上之理、将情归于形而下之气的理气二元宇宙论。参见赵法生：《性情论还是性理论？——原始儒家人性论义理形态的再审视》，《哲学研究》2019 年第 3 期。
② 《礼记·礼运》："何谓人情？喜、怒、哀、惧、爱、恶、欲，七者弗学而能。何谓人义？父慈、子孝、兄良、弟弟、夫义、妇听、长惠、幼顺、君仁、臣忠，十者谓之人义。"
③ 陈来对气性论有过很好的解释。他指出"好恶，性也。所好所恶，物也"是说好恶本来是感情活动，但在这里是"指人的内在的倾向和要求"。"譬如一个人每次见好色而好之是情感，而每一次好好色都反映出这个人的内在的'好'，这个就是性。"陈来：《郭店楚简之〈性自命出〉篇初探》，《孔子研究》1998 年第 3 期。

73

性的雏形,还不具备理学的"性体"含义,因而不能用"性"发用为"情"的哲学架构来诠释。我们只能说,下篇表明真情实感的表达与流露具有一种超越性的先天的根据。在这个意义上,朱谦之、李泽厚演绎了一套"情"作为本体的哲学,我们是持同情理解的态度。[①] 我们认同本体意义上(非西方 ontology 的本体)的"情"等同于"真实无伪"、"信实",表明"信"是人最本真情感的自然流露,与《中庸》的"诚"有相贯通之处。因此,我们也可以说本体之情是人的根本与最后的实在。

二、气化宇宙论下的心性论:情气、浩然之气与德气

在轴心突破带动的精神内向化的趋势下,治气养心之术成为精神修炼的内在超越的重心,其代表形态为孟子的"知言养气"与"存心养性事天"、荀子的"治气养心之术"以及庄子《人间世》讲的"心斋"、"坐忘"之术("勿听之以心,而听之以气"、"气也者,虚而待物者也。唯道集虚,虚者,心斋也")。"气"的重要性是由于它关乎道德实践的心性修养。陈来说:"气是动力性的存在,内心的情感情绪及诉诸行为,都是含有某种动力性的活动。而气不仅可以作为行为的要素,也可以表示前行为的内心状态,以便于说明德行从发端到完成是一内外连续的动力过程。"[②] 按照前文的讨论,孟子、庄子所突出的气的修养表明当时"道—气"不即不离的气化宇宙论的成熟形态。如何理解这种作为生命力基本构成的"气"呢?它是生物性的、自然性的,还是道德性呢?"气"与

[①] 朱谦之主要依据《周易》推衍情是一种大用流行的本体的哲学。他所理解的《周易》的"情"实际上等同于"诚"、"自然"。
[②] 陈来:《帛书〈五行〉篇说部思想研究——兼论帛书〈五行〉篇与孟子的思想》,载杜维明主编:《思想·文献·历史——思孟学派新探》,北京大学出版社 2008 年版,第 49 页。

第一章 对先秦儒家重情特质的一种思想史解读

先秦时期儒家的人性论、与"情"有什么样的关系？孟子对气的看法与荀子有何不同？或者说孟子那里的养浩然之气为何转变为荀子的"治气养心之术"，这是否表明由孟子的"德气"概念向荀子自然性质的"情气"概念的转变呢？

要解答这些问题，我们首先需要勾勒一条先秦时期性、情、气、心等概念演变的思想史谱系。基本上按照时间的顺序，我们可以排定思想的序列为：《左传》所载的君子时代、孔子、郭店竹简之《性自命出》（子游所作或孔子再传弟子公孙尼子所作）与《语丛》篇、郭店竹简《五行》篇经文（子思所作）、《孟子》、《五行》篇说文帛书本（孟子后学所作）。所要探讨的关键问题有以下几个：先秦时期流行的自然人性论（或曰气性论）、气的概念及其内涵演变、《性自命出》的心性论、孟子的性善论及养浩然之气、荀子的自然人性论（血气心知之性）等。首先来看先秦时期的自然人性论（或曰气性论）。

（一）生之谓性的传统（即生言性）

之所以解释先秦儒家重情主义要从探讨当时的人性论开始，是由于当时人们探讨礼乐起源与政治秩序建构的基础时往往诉诸对所谓"民性"、"民情"的认识。如《礼记·王制》"司徒修六礼以节民性"，《荀子·大略》"不富无以养民情，不教无以理民性"。又如《孔子诗论》载："吾以《葛覃》得是初之诗，民性固然。"因此，揭示何谓"民情"、"民性"能表明当时儒家如何看待民的情性，并以此出发建构人伦与政治秩序。

从字源上看，性字在郭店竹简中写作"眚"，眚在甲骨文中已经出现，古训为"性者生也"。性源于生表明古人"是从生命的出生、生长及表现来看待、理解性"[1]。这透露了中国古代哲学范畴的一个重要特性。"中国古代哲学范畴（阴阳、五行、气、道、神、理、心），……其特点大都是功能性的概念，而非实体性的概念，中国哲学重视的是事物的性质、功能、作用和关系，而不是事物构成的元素和实体。"[2]《左传·昭公二十五年》子太叔引子产说表达了这种"即生言性"的传统：

> 子大叔见赵简子，简子问揖让周旋之礼焉。对曰："是仪也，非礼也。"简子曰："敢问何谓礼？"对曰："吉也闻诸先大夫子产曰：'夫礼，天之经也。地之义也，民之行也。'天地之经，而民实则之。则天之明，因地之性，生其六气，用其五行。气为五味，发为五色，章为五声，淫则昏乱，民失其性。是故为礼以奉之：为六畜、五牲、三牺，以奉五味；为九文、六采、五章，以奉五色；为九歌、八风、七音、六律，以奉五声；……
>
> 民有好、恶、喜、怒、哀、乐，生于六气。是故审则宜类，以制六志。哀有哭泣，乐有歌舞，喜有施舍，怒有战斗；喜生于好，怒生于恶。是故审行信令，祸福赏罚，以制死生。生，好物也；死，恶物也；好物，乐也；恶物，哀也。哀乐不失，乃能协于天地之性，是以长久。"

这则对话交代了周旋揖让只是礼的仪节、形式，而并非礼真正的精神。而真正的礼是取法于天地（天之常道，地之宜利）用以节制、奉养

---

[1] 梁涛：《郭店竹简与思孟学派》，第135页。
[2] 李泽厚：《中国古代思想史论》，第32—33页。

民性的大经大法。这里的"民性"是一种"自然之性",体现为生命本能的五味、五色、五声等基本欲求。孔颖达疏曰:"口欲尝味,目欲视色,耳欲听声,人之自然之性也。"这种"民性"来自于天地之性,所谓"天地之经,民实则之"。"则之"就是效法之、以天地之性为法则。孔颖达疏曰:"人禀天地之性而生,动作皆象天地,其践履谓之为行。"然而,自然之性的欲求若过度就会导致"昏乱"与"民失其性"。因此圣人制定体现天经地义的礼加以节制与规范,使得民性皆能有所养而不过度。由此,礼作为"中法"是既养性又节性的民当所践履之常行。这里需要注意,"生其六气"是指天生六气,杜预注六气为"阴、阳、风、雨、晦、明",这六气可谓天地之性。《左传·昭公元年》记载医和说:"天有六气,降生五味,发为五色,徵为五声……"

这就明确表明民性来源于天的六气,因此可以说这种自然之性是一种"气性",这就提出古代思想一种非常重要的"气性"的概念。气不仅运行于天地宇宙间,也充盈于人的身体内成为生命的基本能量与动力,"气流动于身体中构成了人的生也即性。这种性虽然也是一种先天禀赋,但却并非凝固不变,而是动态、活动的"①。梁涛认为子产以六气论性的"气性"并非宋儒所谓的"气质之性",而恰恰是一种超越的"天地之性",是从超越层面讲民性的必然性、永恒性,还不具备性善的道德含义,是在"即生言性"的传统下"性由天赋"所谈的概念。②因此,《左传》中所体现的"民性"是一种具有超越的根源(人禀天地之性而生)的自然之性、气性,强调圣王制礼是以礼奉养民性,使民不丧失其"恒

---

① 梁涛:《郭店竹简与思孟学派》,第140页。
② 同上书,第139—140页。

性"。同时也提出了古代思想中"养性"("性"需要"礼"的培养)的重要观念。

之后,《性自命出》明确把"喜怒哀悲之气"与"好恶"当作"性"的内容,提出"喜怒哀悲之气,性也。及其见于外,则物取之也"与"好恶,性也"的说法。这是对《左传》自然气性论的继承与发展。这就是说喜怒哀悲之气是人天生的性,此性接触到外物而表现在外就是喜怒哀悲的情感。这里就很明显地表示出,人性是以喜怒哀悲之气与好恶为内容的"气性"、自然之性了。关于这一点,下文再详细展开,兹不赘言。

(二)气的概念及其内涵的演变

1. 自然血气:气以实志。

文献中关于"气"的最早记载是《左传》中的"气以实志"。《左传·昭公九年》"味以行气,气以实志",指构成生命力的基本成分——自然血气。孔子对饮食的精细要求("食不厌精、脍不厌细"、"割不正,不食"等)以及通过饮食调理血气,体现了"气以实志"对他的影响。① 郭店竹简的《唐虞之道》载:"禹治水,益治火,后稷治土,足民养生。夫唯顺乎肌肤血气之情,养性命之正。"这明确提出"肌肤血气"的概念,表明血气是构成生命的基本动力的"体充之气"。《国语·周语下》所载周卿士单穆公之语"口内味而耳内声,声味生气。气在口为言,在目为明……",表明声音能影响情感的变化,这是后来《礼记·乐记》音乐能"变化"气质,与性情、政道相通的滥觞。

2. 情气:六情(志)来自六气。

血气是生物性的自然生命力,构成了人体生物系统的基本运作,而

---

① 参见李存山:《中国气论探源与发微》,中国社会科学出版社1990年版。

与血气相通的是带有主观情绪特征的"情气"。上引《左传》子太叔之语"民有好、恶、喜、怒、哀、乐，生于六气"，表达了这种"情气"的来源。杜预注"六气"为"此六者，皆禀阴阳风雨晦明之气"。这是说属于人的好、恶、喜、怒、哀、乐是由天的六气所生的"六志"。好、恶、喜、怒、哀、乐按一般意义来讲指人的情感，而这里说成"六志"。那么，"情"与"志"的关系如何解？杜预注："为礼以制好恶喜怒哀乐六志，使不过节。"孔颖达疏曰："此六志，《礼记》谓之六情。在已为情，情动为志，情志一也，所从言之异耳。"再结合《毛诗·大序》"心之所之为志"与"情动于中而形于声"来看，情居于心中而发为志，可以表明"六志"即为"六情"。因此，《左传》说"六情"源于天的"六气"，既表明情的产生具有一种自然的、超越性的根据——这与《性自命出》讲的"情生于性"（此"性"指自然天性）表达的意思相同——同时也表明古代以"气"的连续存有为基础的"存有的连续"的宇宙观，"自然之天"与人的性、情之间存在着感应与感通，而感应的基础就在于一体流行的气。诚如黄俊杰所说："在'六气'说之中，人被视为一个有机体，是一个小宇宙（microcosmos）；这个小宇宙与作为大宇宙（macrocosmos）的自然界之间，具有声气互动的关系。"[①]

"情气"概念的进一步发展是《性自命出》的"喜怒哀悲之气"、"好恶"，它们作为"性"是情感活动的基础和动力。"喜怒哀悲之气，性也。及其见于外，则物取之也。"值得注意的是，《性自命出》的"性内情外"并不是朱熹"性体情用"架构下性发而为情的关系，因为朱熹的"性"

[①] 黄俊杰：《孟学思想史论》第1卷，东大图书公司1980年版，第37页。转引自梁涛：《郭店竹简与思孟学派》，第139页。

等同于形而上的超越的理（性即理），是情之所以然的超越根据，是纯然至善的天命之性、义理之性，而不同于《性自命出》的自然气性之"性"。不能把后世理学化的"义理之性"的概念套在先秦儒家的"性"上。与《性自命出》的"气性"相近的是《大戴礼记·文王官人》所说的"五性"：

> 四曰民有五性：喜、怒、欲、惧、忧也。喜气内畜，虽欲隐之，阳喜必见。怒气内畜，虽欲隐之，阳怒必见。欲气内畜，虽欲隐之，阳欲必见。惧气内畜，虽欲隐之，阳惧必见。忧悲之气内畜，虽欲隐之，阳忧必见。五气诚于中，发形于外，民情不隐也。（《大戴礼记·文王官人》）

"民性"以内蓄的喜、怒、欲、惧、忧五种情气为实质内容，五气表现在外就是"民情"（"民情不隐"即民的真情实感表现在外、真情流露）。可见，先秦流行的气性论是"以性的本质为情"（朱伯崑评论荀子语）。那么，我们也可以说，即生言性就是"即情言性"。《郭店竹简·语丛一》说："凡有血气者，皆有喜有怒，有慎有庄。"这表明，自然血气与情气有联系，但有层次的差别。《性自命出》说"礼作于情"以及全篇大谈如何治心与强调礼乐的教化作用，正表明作者关心的是，依靠心、志的理性能力及礼乐的伦理实践使情气达到平衡、和谐的抒发。

依据上文的推断与假设，轴心突破前"德"的内向化运动，使精神修炼不断地向内发展，以寻找与天通的"秘道"。突破后，诸子哲学使用"心"替代了原来巫师沟通天与人的中介地位，从而使治气养心之术代替巫师的降神技能与仪式成为通天的关键。"心"的重要性在孔子那里

第一章　对先秦儒家重情特质的一种思想史解读

只是个苗头（如他指点宰我心安与否），而在孟、荀那里已经上升到核心地位。由上文的梳理，我们可知，无论是孟子以心善印证性善，还是荀子以心"知"道来"化性起伪"，其心性论的重心都是"心"，尽管他们对"心"的理解不同（一为道德心，一为认知心）。由气化宇宙论来看，作为小宇宙的人体必然是充盈着气（庄子就认为生死不过是气的聚散而已），那么，作为人的"大体"（孟子语）与"天君"（荀子语）的"心"必然也是心气流行的。心气也就主要指感性的"情气"，尽管孟子的心是道德本心，是由道德理性与道德意志主宰的（大体之心是悦理义的，而耳目口鼻之小体追求感官快乐），但其中不可能没有感性的层面，如恻隐等四心就是"包含理性形式的情感心"①。

因此，可以进一步推断，气性论、情气论的提出一方面与突破后"道—气不离"的"气化宇宙论"所带来的影响有关。更重要的在于，"情气"内在于心，因而如何对治、调理情气的抒发就成为"治气养心"的精神修炼术的关键（如孟子的"志壹则动气，气壹则动志"、荀子的"虚壹而静"），成为儒家心性论成立与发展的重要命题。如果说心气的主要层面是感性的"情气"，是需要"心"依照"理义"来对治与调节的，那么也就是康德意义上的理性对感性欲望、偏好的管制。然而，孟子又提出了一种"浩然之气"的概念，他所谓的"养浩然之气"显然不同于

---

① 如梁涛认为孟子的心有三层：第一层是日常经验心，心的意识活动、意志、意愿等；第二层是四心，是包含理性形式的情感心，"才"主要指四端之心；第三层是仁义之心，道德本心，即具有情感内容的理性心。参见梁涛：《郭店竹简与思孟学派》，第353页。关于四心（端）是否属情，有一段较大的公案。朱熹依据"性体情用"的架构注四端为四情，仁义礼智为四性，性发为情，前者是后者发见于外的"端绪"。牟宗三极力反对把四心（端）说成是情，反对朱熹把本心拆分为心、性、情，而是认为四端是本心的殊相，四端与本心不是异质的两物。

荀子"治气养心之术"需要对治的感性"情气"。那"浩然之气"是感性的，还是理性的呢？是生理血气，还是具有道德属性的道义之气？换句话说，这种浩然之气是非此即彼的（感性与理性的二分架构），还是可以兼而有之，既感性又理性的呢？可以说，孟子显然提出了一种新型气论的雏形。

3.《性自命出》中的心、性、情。

> 凡人虽有性，心无定志，待物而后作，待悦而后行，待习而后定。喜怒哀悲之气，性也。及其见于外，则物取之也。性自命出，命自天降。道始于情，情生于性。始者近情，终者近义。知情者能出之，知义者能入之。（《性自命出》简1—4）

以上是《性自命出》讨论心、性、情关系的主要文字。需要注意的是，性自命出、命自天降的"天"并非《中庸》里有道德含义的、超越的道德天、义理天，而是自然天。① 由此，由天降于命（此命也并非《中庸》讲的赋予人本然义理之性的超越的天命），由命所出的性就并非孟子所谓区别于自然属性的超越的性善之性（宋儒称之为本然之性、义理之性或天命之性），而是类似于"生之谓性"的自然属性的人性，是人的生命所自然带有的属性、特质、倾向与功能。结合着简文"喜怒哀悲之气，

---

① 郭齐勇认为此天是道德形而上学的超越者，是同于《中庸》的超越的道德天，由此天所赋予的性蕴含了仁义的可能，为孟子的性善论埋下了伏笔。参见郭齐勇：《郭店儒家简与孟子心性论》，《武汉大学学报》1995年第5期。梁涛认为此"天"是自然性质的天。陈来也认为《性自命出》"性自命出，命自天降"不能依照宋儒的解释，"其意义并不能够归结为性善论，而只是说，性是天赋的"。参见陈来：《郭店楚简之〈性自命出〉篇初探》，《孔子研究》1998年第3期。本书赞成陈、梁之说。

性也"、"好恶,性也"的说法,梁涛认为古人谈性不重概念抽象,断定这种性是"自然气性",是对《左传》中子产以气论性的"自然之性"或曰"天地之性"的继承与发展。① "天还不明显具有善的规定,不具有仁义等属性,只是根源、源头,一超越的存在,则天所赋予的性不一定为善,而主要强调性与天声息相通,是一种和谐、有机的存在,具有必然性和自身的规定性。"② 这就可以理解竹简"善不善,性也,所善所不善,势也"(简5)之说。梁涛进而认为《性自命出》上篇(简1—35)所论的"性"与荀子接近,都将性看作是"本始材朴"有待于完善与完成的性。③

讨论情必然要结合心、性、情的关系做整体的探讨。一般认为竹简确立的性情关系为"性内情外":"性"通过"心"的作用表现为"情"(性是气性,表现为情,以情言性),这是古典的心性论。竹简说"凡人虽有性,心无定志,待物而后作,待悦而后行,待习而后定"(简1—2),同时又说"金石之有声,弗扣不鸣,人之虽有性,心弗取不出。凡心有志也,无与不可,人不可独行,犹口之不可独言也"(简5—7)。这两句看似表面矛盾的简文表达了竹简对性—心—物关系的看法。前一句表明性并非自动的,而必须通过心与外物的作用(心感于外物而激起的欢悦之情或后天积靡的习惯)才能表现于外,就像金石如果不被敲击就不会发出声音一样。"心无定志"侧重于说明作为感通体的心只有与外物交接才能兴发起道德行为,它自身不能确定意志的方向。④ 而说"凡心有

---

① 梁涛:《郭店竹简与思孟学派》,第144页。
② 同上书,第145页。
③ 同上书,第149页。
④ 同上。

志"则侧重于说明心在与外物交接中的自主性、能动性,这类似于荀子所说"情然而心能为之择",心在荀子那里是所有天官(耳、目、鼻、嗅之感官)中起主宰作用的"天君"。这两句合起来是说:心的活动必须与外物交接才能兴起(待物而后作),然而心对感官感于外物而刺激起的情感、志气与意向有能动的选择、过滤的理性作用。孟子把这种作用称为"心之官则思",心作为"大体"带有思虑、净化、提纯的理性功能。只不过两者的区别在于,孟子所说的心属于"仁义礼智根于心"的道德本心,具有先天性与超越性,而荀子所说的心是认知心或理智心("大清明之心"),具有后天的经验性。后者主要的功能是认识与学习"道",以使得心合于道。所以荀子侧重的修养工夫是通过"虚壹而静"让感官的、私欲的、气质的杂质被过滤掉的虚静工夫。荀子以此大清明之心学习圣王制作的礼义之道就可以实现"化性起伪",所以他尤为重视后天的积靡与学习。这是通过心对"道"的积习而改造、"化"掉那个若不加以引导就会走向恶的"本始材朴"之性,使其不复返其初。

在这个意义上,梁涛认为竹简所论之心接近荀子的认知心而非孟子的道德本心,在心性论上,竹简与荀子都是把心作为"改造性的实践力量"[1]。关于孟荀之异,唐君毅说:"孟荀之异,在孟子即心言性,而荀子分心与性为二,乃与庄子之别一般之心知与性有相类处。"[2] 竹简下文也尤为强调后天的"学"与"教",如"牛生而长,大雁生而伸,其性使然,人而学或使之也"、"四海之内,其性一也。其用心各异,教使然也"(简7—9)。所以竹简上篇有以物"动性"、以悦"逆性"、以故"交性"、以

---

[1] 梁涛:《郭店竹简与思孟学派》,第149页。
[2] 唐君毅:《中国哲学原论·原性篇》,中国社会科学出版社2005年版,第31页。

义"厉性"、以势"出性"、以习"养性"、以道"长性"之说。可以说，《性自命出》上篇的自然气性论向下篇的道德人性论有明显的过渡，表明其思想处于子思到孟子之间的过渡阶段。以后的荀子继承上篇的思想并有所发展，进一步提出"治气养心之术"、化性起伪的心性论，而孟子继承下篇的思想发展为性善论与养浩然之气的心、性、天相通的精神修炼法。

4. 孟子的浩然之气。

对于孟子"浩然之气"的解释众说纷纭，历代注家的争论集中在对于"其为气也，配义与道"、"是集义所生者，非义袭而取之"两句及"志"、"气"关系的解释上。我们这里化繁为简，把各派注家的要点勾勒一下，大体可以分成三种观点：

第一种观点如赵岐注、朱熹注把"义"与"志"对立起来，道义是人心对"气"的裁制，养气就是通过反省让事事皆合于道义而成为道义的辅助力量，由此让浩然之气充盈于体内。而至大至刚的气之所以"馁"是气不合于道义而导致"饥乏而气不充体"的缘故。①

第二种观点如黄俊杰、杨儒宾、李泽厚等现代学人用感性与理性的二元对立解释气与道义的关系。如李泽厚说孟子的"集义"是指"理性的凝聚"，"气"是指"感性力量"。因而"养气"是指"理性凝聚为意志，使

---

① "气与道义相配偶俱行"、"集，杂也。密声取敌曰袭。言此浩然之气，与义杂生，从内而出"。（赵岐注）"配者，合而有助之意。义者，人心之裁制"、"人能养成此气，则其气合乎道义而为之助"、"集义，犹言积善，盖欲事事皆合于义也。袭，掩取也，如齐侯袭莒之袭。言气虽可以配乎道义，而其养之之始，乃由事皆合义，自反常直，是以无所愧怍，而此气自然发生于中。非由只行一事偶合于义，便可掩袭于外而得之也"。（朱熹《孟子集注》）

感性行动成为一种由理性支配、主宰的力量"①。"孟子强调的正是凝聚了理性的感性。人是凭着这种'集义而生'的感性（'气'）而与宇宙天地相交通。"②他认为这与孟子讲的"存其心，养其性，所以事天也"（《孟子·尽心上》）等同。③如梁涛总结的，他们的解释是"通过理性的凝聚以逐渐作用、渗透于气，使气日趋于伦理化，由自然存在上升为道德存在"④。

第三种观点如梁涛认为孟子的"浩然之气"隐含着一种不同于血气、情气的"德气"的概念。但是孟子没有点明这一点，成为他思想中的一个缺环，而在出自孟子后学之手的《五行》篇说文明确提出"仁气"、"礼气"、"义气"的概念之后，这个缺环才被补上。⑤因此，"义"与"气"不是对立的关系，而"义"本身就是一种"气"。梁涛指出，以往注家的错误是把浩然之气与前面的"体充之气"等同起来。⑥由于在孟子那里志与气是二分、对立的关系，因此，只有"自气言气"才能从根本上解决志气对立的问题。因为志对气的统摄、控制时时有中断之虞，如"今夫蹶者趋者，是气也，而反动其心"（若颠簸的与快跑的人，是气的专一，反过来会动摇心志）。因此，若扩充培养德气，以气（德气）控制血气、情气，才能打破心、身的对立与二分。⑦"从孟子的观点来看，气与志应该是一不是二，并非是用义来裁制、影响气，而是义本身就是一

---

① 李泽厚：《中国古代思想史论》，第50页。
② 同上书，第51页。
③ 同上。
④ 梁涛：《从简帛〈五行〉"经"到帛书〈五行〉"说"——兼论孟氏之儒对子思之儒的继承与发展》，载杜维明主编：《思想·文献·历史——思孟学派新探》，第137页。
⑤ 同上书，第138页。
⑥ 同上书，第136页。
⑦ 同上书，第139页。

种气,二者不过是一体之不同面向而已。"① 浩然之气应是发自心、志的"德气",即上博简"得(德)既(气)塞于天地"(《民之父母》)之气,是发自于仁义之心、贯穿于全身的气,在价值层级上高于血气、情气。梁涛指出,正是由于孟子学一派扩展了"气"的概念(德气、情气、血气),才发展出了"以志帅气"与养浩然之气的两方面精神修炼之术,而不同于荀子单方面的治气养心之术。②

5.《五行》篇说文的"德气"论。

《五行》篇说文在解释"德之行"时提出了仁气、义气、礼气的概念。③为了详细说明此中义理的演变,我们把相关经文与说文的对照详列如下:

(经12章)不变不悦,不悦不戚,不戚不亲,不亲不爱,不爱不仁。

---

① 梁涛:《从简帛〈五行〉"经"到帛书〈五行〉"说"——兼论孟氏之儒对子思之儒的继承与发展》,载杜维明主编:《思想·文献·历史——思孟学派新探》,第137页。
② 同上。
③ 关于《五行》的作者,在1973年马王堆汉墓出土帛书《五行》(有经有说)后,庞朴断定《五行》的作者是战国后期思孟学派的余波。他的贡献是判定《荀子·非十二子》所批评的子思、孟轲之徒倡五行就是《五行》的思想。韩仲民认为作者是思孟学派的门徒,池田知久认为此篇是汉代人所作。1993年湖北荆门郭店一号墓出土的郭店竹简《五行》有经无说,证明经与说非同时完成。竹简《五行》入葬于公元前300年,应在孟子之前。庞朴依据竹简与《缁衣》同抄一卷,修正《五行》作者为子思,而说文是孟子后学针对荀子的批评拾掇其老师遗说补作的。陈来注意到说文与孟子思想的相近,认为只有肯定子思作经文,孟子作说文,才能坐实荀子批评的"子思唱之,孟轲和之"。陈来认为荀子正是看了(署名上)子思唱之于经、孟轲和之于说的帛书《五行》才那样批评。因此,很有可能是孟子(或以孟子之名)所作(作于孟子从学于子思时的中年,与晚年退而写《孟子》七章的思想有所差异),后来经过孟子后学的若干增饰。本书比较认同梁涛的说法,《五行》经文的作者定为子思,而《五行》说文的作者定为孟子后学。

（说12章）"不变不悦"，变也者，勉也，仁气也。变而后能悦，不悦不戚心……

（经13章）不直不肆，不肆不果，不果不简，不简不行，不行不义。

（说13章）不直不肆。直也者，直其中心也，义气也。直而后能肆，肆也者，终之者也；弗受于众人，受之于孟贲，未肆也……

（经14章）不远不敬，不敬不严，不严不尊，不尊不恭，不恭无礼。

（说14章）不远不敬，远心也者，礼气也。质近者弗能敬之，远者，动敬心，作敬心者也。……恭而后礼也，有以体礼气也。

（经18章）见而知之，智也。知而安之，仁也。安而行之，义也。行而敬之，礼也。仁，义礼所由生也……

（说18章）……知君子所道而然安之者，仁气也；安而行之，义也；既安之矣，而然行之，义气也；行而敬之，礼也；既行之矣，又愀愀然敬之者，礼气也；所安、所行、所敬，人道也；仁义，礼之所由生也……①

首先需要知道，《五行》经文在开篇区分了"德之行"与"行"的概念（相当于德性与德行之别）。经1章说："仁形于内，谓之德之行；不形于内，谓之行。智形于内，谓之德之行；不形于内，谓之行。义形于内，谓之德之行；不形于内，谓之行。"②这其实很接近孟子讲的"由仁义行，非行仁义"与"尧舜，性之也"，以强调仁义内在（仁义礼智根于

---

① 以上简文出自李零：《郭店楚简校读记（增订本）》，第101—102页。
② 帛本以"仁智义礼圣"为序，竹本作"仁义礼智圣"。

心)。"德之行"并非仅仅遵守符合仁义的标准,而一定要"形于内",即形于孟子意义上的"本心",发自内心之诚。陈来认为子思(《五行》经文的作者)特标"行于内"即内在性作为"德之行"的特征,与"行为"区别开来,表明了"德"的内面化趋势。^①而《五行》经 12 章到 14 章正是从恋、悦、戚、直、肆、远、敬等心理感受与情感体验讨论仁、义、礼等德性的发生过程。德注重内在性,所以与内心感受活动状态联结在一体,"表明作者兼重道德意识与情感体验的特点"^②。

"变"通"恋"(帛书本作"恋"),是眷恋不舍之情,这种情内在于心,进而发展为与人亲近的好悦的心情(戚、亲),由此层层外推,便可达到仁。"直"(直其中心也)是内心的正直感,是义德的心理发端。"远"与"敬"都是指一种与人保持距离的敬畏的情感,是礼德的心理发端。^③可以说,变(恋)(直、远)是仁、义、礼形于内的心理感受、状态,是仁之端、义之端、礼之端。陈来认为这种说法为孟子的四端说奠定了基础,仁之行、礼之行是从内心发端而扩展开来的。"实际上是从内心发作的端绪到发作完成的自然过程,这可以说为孟子的'四端'说的思想方法奠定了基础。特别是仁之一行之端,悦、戚、亲、爱,可以说都是情,这与孟子以'恻隐'论仁之端,只有一步之遥。而'不远不敬,不敬不严,不严不尊,不尊不恭,不恭无礼',也已经接近孟子所谓'恭

---

① 陈来指出,西周以来的德目表大多指"德行",而"德性"的观念还不明朗,表明当时"德"的观念还没有内在化。而《五行》篇区分了德性(virtue)与德行(moral conduct,合乎道德原则的行为),表明"德行"的内在化是该篇的主题。参见陈来:《竹简〈五行〉篇与子思思想研究》,载杜维明主编:《思想·文献·历史——思孟学派新探》,第 15、18 页。
② 同上书,第 21 页。
③ 陈来指出,经文以亲爱论仁,以果简论义,以恭敬论礼,其对仁与礼的理解与春秋以来的德行论相同。参见陈来:《帛书〈五行〉篇说部思想研究——兼论帛书〈五行〉篇与孟子的思想》,载杜维明主编:《思想·文献·历史——思孟学派新探》,第 46 页。

敬之心,礼之端也'。"①

关于情感在德性的发生过程中所起到的作用,我们会在之后的章节中详细讨论。这里我们关注的是《五行》说文对经文的创造性解释。经文中的"变"本来是眷恋不舍之情,而说文解释为"勉也,仁气也",经文中的"直"(内心的正直感)被解释为"直其中心"的"义气",经文中的"远"(远心、尊敬感)被解释为"礼气"、"恭而后礼也,有以体礼气也"。关于如何解释"仁气"、"义气"、"礼气",学界存在较大的争论。以下我们简要勾勒一下学界对此问题的争议。

陈来认为说文把情感、意向、心态等"前道德意识的内心状态和意向表现"②界定为仁气、义气与礼气,是提出了一种"德气"说,把气作为道德行为的动力性要素,表达了对德性内在化的理解。"是用气表达行为之前的心理状态和活动,如'仁'不是仅仅指一种现实化了的行为,行为未曾现实的时候,内心已有仁气的活动发展。"进而,说文认为一切正在现实化的行为都依据于气。德气说提出的意义"即用气来说明德行的心理动力机制和德行的进行时态",这表明,除了理性(道德意识)之外,德气作为道德行为的动力是不可或缺的。据此,陈来认为孟子的浩然之气作为一种"德气"与说文的"义气"相同(用说文的语言表达就是"义气")。③陈来主要是就"气"作为动力性要素探讨其在道德行为的

---

① 陈来:《竹简〈五行〉篇与子思思想研究》,载杜维明主编:《思想·文献·历史——思孟学派新探》,第27页。
② 陈来:《帛书〈五行〉篇说部思想研究——兼论帛书〈五行〉篇与孟子的思想》,载杜维明主编:《思想·文献·历史——思孟学派新探》,第47页。
③ "这种气不是外在的东西,而是人之身心内部所生,孟子正是用这种内在的浩然之气反驳告子的义外之说。"陈来说文的思想,如五行"仁义礼智圣"行于内、大体小体说、践形说"明则见贤人,见贤人则玉色,玉色则形",以及"义气"与浩然之气的等同,表明《五行》的思想与孟子非常接近,进而断定《五行》的作者就是孟子。参见同上书,第72页。

第一章 对先秦儒家重情特质的一种思想史解读

发生过程中的作用，并没有明确界定"德气"与道义、情气、血气之间的关系。从他对理性与德气之间的区分来看，他还是认为德气是不同于道德理性的一种存在。①

杨儒宾认为《五行》说文的"道德之气"比较符合孟子学"以志帅气"的设定——"志至之，气次之"，任一行的"德之行"可以带来与之一致的"德之气"，"即道德意识所及之处，即有与之相应的气跟着流行"②。"志，显然就是要带动气的流行，去撞击并同化原先为道德意志所不及的生理结构区域。"③ 显然，在杨儒宾这里，志（道德意志）与道德之气还是对立的，然而他强调孟子学里的气是道德意志的另一个面向，道德之气伴随着道德意志的活动而来。在一项道德行为中，先天的道德之气与先验的道德意识一齐呈现，是一体的两面，道德之气随着道德意识而扩充，逐渐转化原有的生理结构，使所有的生理现象都成为精神的面相，此即孟子的践形思想。④ 因此，杨儒宾着重阐发的是孟子及《五行》说文的"践形"观（即"身体的精神化"）。在这方面，孟子后学发掘了孟子的心性论，道德实践的效果及性与天道相通的效果更加显著。⑤ 孟子践形观在《五行》说文中的体现是：仁气、义气、礼气是"形于心且

---

① 陈来指出，《五行》在解释仁、义、礼时使用了仁气、义气、礼气，但没有使用"圣气"、"智气"解释圣、智。他认为这是古人用"气"来表示理智德行与实践德行的区别，前者（圣、智）与闻见关联，属于"知"，不需要气的参与，而后者（仁、义、礼）是实践德性，偏重于行，需要气的参与。这表明，道德行为不仅是道德意识的直接现实，还需要理性之外的动力性的身心要素（气、内心的情感、情绪等）的参与与支持。参见陈来：《帛书〈五行〉篇说部思想研究——兼论帛书〈五行〉篇与孟子的思想》，载杜维明主编：《思想·文献·历史——思孟学派新探》，第47—49页。
② 杨儒宾：《儒家身体观》，上海古籍出版社2019年版，第311页。
③ 同上书，第319页。
④ 同上书，第320页。《孟子·尽心上》说："形色，天性也；惟圣人，然后可以践形。"
⑤ 同上书，第5页。

形于颜色容貌的气"。这体现了孟子学"形—气—心"的一体论，是由道德之气—情感的显现—身体的状态所构成的一种同质性的连续体，即由仁气推扩而至容貌颜色的精神化，"玉色则形，形则仁"。① 杨儒宾更是通过阐发孟子学"形色可以为天性"的身体观批判朱熹"性即理"（超绝的性体概念）不符合孟子学"道器同一"、"心性天同一"、"心气流行"、"感官是良知的发用"等大本大宗。这是因为朱熹所极力批判的"作用是性"恰恰更符合孟子学的义理方向。②

梁涛否认杨儒宾的看法，认为说文恰恰是孟子后学对孟子为克服志与气二分的问题而提出的一种新型的气论的延伸与发展。"说文并非在'德之行'之外又提出了'德之气'，而是把'德之行'具体化为'德之气'，'德之气'成为道德生命的内在基础和动力，其活动、发展即体现为'德之行'。"③ 梁涛认为，仁气、义气、礼气的提出把经文中"不形于内"的四行拉向了"形于内"，使四行与五行没有了实质性区别，使"为

---

① 杨儒宾：《儒家身体观》，上海古籍出版社2019年版，第313—314页。
② 杨儒宾实际上是依据牟宗三对孟子学的解读来评判朱熹的理学。在他们看来，孟子的"性善"与"尽心知性知天"的养气论代表了儒家性与天道相通的圆融之教旨。性善论建立了超越的道体、性体，大本既立，学者可顺其性情承体起用，直接与超越的道体睹面相照或"觌面相当"（牟宗三语）。同时，尽心知天建立了心性天相通的工夫论与由道德开存有的境界形态。在圆教的义理中，形色可以为天性，按照陆九渊，这是彻上彻下的简易工夫，即作用可以视为性，作用是指包含感官知觉在内的身体的作用。杨儒宾依据孟子的践形论阐发了孟子学的"形—气—心"一体的身体观。"意识与气是身体的显示向度与隐暗向度"、"身体是心灵交错感应的有机体"，孟子所谓的"生色"指道德实践后身体朗现的精神向度。在杨儒宾看来，孟子的践形工夫必然导致尽心知天、天人合一、身心一如、物我不分的极高明之境，由道德实践直透存有的境界。打破了内在与超越的隔阂，也是"经验人随着其躯体之转化而回归至（原初）（存有论意义）的宇宙人之历程"。参见杨儒宾：《儒家身体观》，第4、5、135、139页。
③ 梁涛：《从简帛〈五行〉"经"到帛书〈五行〉"说"——兼论孟氏之儒对子思之儒的继承与发展》，载杜维明主编：《思想·文献·历史——思孟学派新探》，第129页。

德"、"为善"的二元论发展为"为德"的一元论。① 这是说文提出三气的原因与目的所在,是对古代气论的发展,为孟子语焉不详的"浩然之气"提供了理论基础和说明。孟子的义理发展方向是必须承认仁义也是一种气,才可以解释得通圣人践形论。只有仁义礼智本身就是气,才能贯穿于躯体之中,"睟然见于面,盎于背"。"孟子之所以没有点明这一点,主要是由于他还没有形成仁气、义气的概念,故在表述中尚有'滞辞'存在。"② 因此,孟子说浩然之气"难言也"。孟子的这个缺环在《五行》说文中被孟子后学补充上了。说文 18 章表明仁气、义气、礼气可以相互转化,而转化的基础是它们都是道德生命内在基础与动力的气。道德实践使仁气、义气、礼气、智气充盈、混合为一,就可以达到金声玉振、睟面盎背的践形效果。

因此,浩然之气就是发自于仁义之心的德气,具有与血气、情气不同的来源与特点。血气指人、动物自然生命的内在基础与动力,由血气决定了人的生理欲望、冲动;而德气是"道德情感、理智活动的基础和动力",它可以涵盖、融摄血气、情气的性质与功能。这样,人在精神修炼时(如养勇),气与义同时而生("集义所生"指合生)而并非由义来"裁制"气,浩然之气便与仁义相伴而生。进而,德气会贯穿、流动于身

---

① 《五行》经章 1、2 提出了形于内的"五行"与不形于内的"四行"的区别:德之行五,和谓之德;四行和,谓之善。梁涛认为这是提双重道德律:自主、自律的道德实践活动为"德",外在的、他律的道德实践活动为"善"(不形于内)。参见梁涛:《郭店竹简与思孟学派》,第 205 页。同时他认为,为德与为善的区别与《中庸》的自诚明、自明诚的意思相同。说文的作者不满于子思的双重道德律,而把形于内与不形于内都拉向形于内的为德一元论、内在道德律。将善拉向德、用德统一善。参见梁涛:《从简帛〈五行〉"经"到帛书〈五行〉"说"——兼论孟氏之儒对子思之儒的继承与发展》,载杜维明主编:《思想·文献·历史——思孟学派新探》,第 112 页。
② 同上书,第 137 页。

体、带动、融摄、提升血气、情气,使之融为一体,从而打破小体与大体、身与心的对立。① 这形成了孟子"持其志"与养浩然之气的两方面精神修炼术,而不同于荀子以理性心知对治情气、血气的治气养心之术。

正如杜维明先生评价的,梁涛结合思想史、考据和哲学诠释的方法对《五行》说文的研究很具有创造性,他所着重阐发的是孟氏之儒(帛书《五行》说文)对子思之儒(简帛《五行》经)的继承与创造性转化。② 因为,这个结论(即孟子思想蕴含着一种本身具有道义属性的德气、义气的概念)能帮助我们理解孟子强调的"夜气"、"平旦之气"。如果按照一般的理解,以"义"来裁制气,或通过理性的凝聚使感性的气受理性的主宰、支配等,显然不能很好地解释"夜气"、"平旦之气",因之本身就是具有道义属性的,不需要"义"的裁制。杨儒宾把它们解读为"某种前意识的精神内涵"(心属于意识层、形与气属于非意识,形在表层、气在底层)、"尚未意识化的前形——心之流行"、"始源之气"等,与始源之心(四端)、赤子之心、始源之形(婴儿形体)等都是善的。③ "夜气"的意义表明气除了具备道德含义外,它作为一种前知觉的存在,表明人与世界在本源上的合一,当气由潜能变为现实时,人与世界源始的合一成为可以被体证的朗现状态。④

由此,我们可以看到,杨儒宾对道德意识(志)与德气关系的解读侧重于开显孟子学尽心知性知天、即内在而超越的存有论形态,由精神

---

① 梁涛:《从简帛〈五行〉"经"到帛书〈五行〉"说"——兼论孟氏之儒对子思之儒的继承与发展》,载杜维明主编:《思想·文献·历史——思孟学派新探》,第136—139页。
② 同上书,第3页。
③ 杨儒宾:《儒家身体观》,第12页。
④ 同上书,第167页。

修炼（养浩然之气）达到肉身的精神化，从而实现天人合一、由潜存到朗现的存有状态。这不只是工夫论（境界上）的修养所达到的主观境界（类似于神秘体验），而是由践仁知天、由心性通达超越的道体（对越道体），而道体并不是超绝的、超离的个体化的无限存有，而是内在于人的心性实体（道德实体）。只要挺立这一内在超越的道体，道体的承体起用、纵贯直下是无往而不善的，即可当恻隐即恻隐，当羞恶即羞恶，当恭敬即恭敬，当是非即是非，毋须再区分德气和情气、血气。因为此时，气已成为道体的本质作用的表现。因为，道体是合性体、心体、诚体、神体为一的寂感真几、创造性实体，寂然不动，感而遂通。作为妙用之"神"的气就不再是朱熹意义上形而下的阴阳气化之气，而上提至本体的层面成为道体的创生与遍润万物的作用了。形而下的情气、血气等可以经过道德实践的工夫修养而上提至本体的层面，而成为道体的承体起用的表现。在这个意义上，毋须区分何谓德气，何谓情气、血气，道德实践可以把一切非意识的气转化为妙万物之神的作用，这是就体证圆融义或道体承体起用的创生义而言的。"儒家的气实即代表本质作用之'神'。孟子说的浩然之气当是心体的作用义，心体的作用义再往性体、道体提升，它就变成'妙万物而言'的道体妙用之'神'了。"① "人身心连续体的极处即是大化流行之处。"②

综上，我们简单地勾勒了气的概念在先秦时期的思想史脉络，由《左传》时的自然血气发展为《性自命出》的"情气"再到孟子的"浩然之气"以及《五行》篇说文的"德气"、"义气"、"礼气"等，表明轴心

---

① 杨儒宾：《儒家身体观》，第14页。
② 同上书，第16页。

突破前后精神内向化运动带来的精神修炼术（或曰工夫论）的成型、发展以至成熟。以往研究的分歧在于争论自然之气是否本身具有一种道德性，一方坚持认为自然之气经过精神修炼（理性凝聚、集义）才能提升为道义之气，另一方坚持认为有一种自然的道义之气。不管分歧如何，本书关注的是，作为一种道德实践的动力，情气或德气在道德意志发动以及转化为具体实践过程中发挥着重要的动力与辅助作用，因而如何养气、治气、调养气质，使得它能推动道德实践，成为儒家工夫论最核心的议题。

第三节 儒家所谈的情与西方理解的情之不同

本节想要表明的是，西方对先秦儒家的情以及哲学上对情感的理解明显与中国语境中的含义不同，前者对情的解释基于心理学的视野以及感性（经验）、理性（先验）二分的哲学架构，而先秦儒家情感的内涵具有多样性与层次性，不能简单地以心理学上的情绪、倾向、刺激—反应的模式来理解。在此基础上，本节借鉴海德格尔的"现身情态"概念以及以往的研究成果表明中国情感思维的特征。

一、情感研究的西方之镜

首先，我们来看西方汉学家对先秦儒家"情"的含义的研究。依据西方汉学家，先秦的"情"是人在与外物发生关联时一种带有强烈情感色彩的反应的倾向。那么，"情"的概念就不是指那些具体情感如喜怒哀乐爱恶欲的总称，而是指一种内在的回应外界的倾向与反馈机制。正如学者所言,"汉学家认为'情'应当通过关联性而非用本质主义的话语来理解"①。葛瑞汉认为,先秦语境中的"X之情","即X中所真的是X者(what is the genuinely X in it)",亦即"X本质上所是者(what X essentially is)"。②此即表示,"情"到底是如何(真的)是其所是,试图从本质上为"真"来确立事情之"情"。③

陈汉生(Chad Hansen)认为我们必须找到"情"的单独的、完整的意涵。他的建议是:"情"意指"事实反馈"④(reality feedback)或者"事实输入"(reality input)⑤。"总体而言,'情'意味着由事实诱发的区别或者造成区别的反应"⑥,这些反应包括诸如此类的事情——快乐、愤怒、悲伤、恐惧、爱、憎恨、欲望,但是"情"意指"事实反馈",而不是这些情感状态本身。⑦

南乐山(Robert Cummings Neville)把荀子《天论》中的"天情"(好恶喜怒哀乐)界定为感觉(feelings),把"天官"(耳目口鼻触)界定为感官(sensibilities)。⑧普鸣指出,先秦文本中"情"的概念有宽泛的语义范围,包括了诸如基本的趋向(basic tendencies)、倾向(inclination)、意向(dispositions)(包括情感的意向 emotional dispositions),以及基本的

---

① 温海明:《本体论意义上的"情"何以是伦理的?》,《中山大学学报(社会科学版)》2013年第2期。
② A. C. Graham, *Studies in Chinese Philosophy and Philosophical Literature*, Institution of East Asian Philosophies, 1986, p. 60.
③ 刘悦笛:《"情性"、"情实"和"情感"——中国儒学"情本哲学"的基本面向》,《社会科学家》2018年第2期。
④ Hansen, "*Qing* (Emotions) in Pre-Buddhist Chinese Thought", *Emotions in Asian Thought*, State University of New York Press, 1995, p. 196.
⑤ *Ibid*., p. 201.
⑥ *Ibid*., p. 196.
⑦ *Ibid*., pp. 196-197.
⑧ Robert Cummings Neville, *Boston Confucianism*, State University of New York Press, p. 27.

特性（fundamental qualities）等含义。①

安乐哲、郝大维认为"情"兼具作为事实的"情实"与作为价值的"情感"的含义于一身，正说明了古典儒学并没有将对事实的描述与针对事实的因应之道区分开来，正如同"是非"既意味着"是这个/不是这个"（事实），也意味着"赞同/反对"（价值）。那么，"情"不仅仅是回应的倾向与能力，更是一种塑造处境和角色的感情特征的情感性的东西。"无论是'性'还是'情'，都不只是对于其他某种东西的回应。当'性'和'情'是由发动和承受这两方面构成的事件时，一个人就完全是共同创造者，他最大限度地对经验有所赋予，也最大限度地从经验中有所获得。"②

以上梳理只是管窥一豹，略窥西方汉学家眼中先秦儒家的"情"与情感思维的特征。必须指出的是，汉学家把"情"解释为一种刺激—反应的机制不能完全说明先秦儒家情的内涵与种类，如悲悯、恻隐、忧戚等情怀并不一定针对具体的对象而发，而是主体当下即有的一种"情态"，此即所谓的常怀悲戚之心。因而，这种情态是先于主客、物我二分的源始性现身情态，已经不属于心理学分析的范畴，而成为存在论（或生存论）分析的范畴。在西方哲学中，这是由海德格尔开启的对此在的生存论分析带来的视角。若把情感研究置于整个西方哲学背景中去考察，我们可以看到西方形而上学分解性的思维塑造了他们对情感与理性的看法。从古希腊柏拉图理性—激情—欲望三分的灵魂架构到康德感性—理性二分的人类学主体架构，再到心理学"知—情—意"三分的架构等，西方哲学总是把

---

① Michael Puett, "The Ethics of Responding Properly: The Notion of *Qing* in Early Chinese Thought", Halvor Eifring ed., *Love and Emotions in Traditional Chinese Literature*, Brill, 2004, pp. 37-68.
② 〔美〕安乐哲、〔美〕郝大维：《〈中庸〉新论：哲学与宗教性的诠释》，《中国哲学史》2002年第3期。

情感与理性界定为两种不同的形式、功能与范畴,两者界限分明、不容混淆。这种情感与理性的二元论导致了西方哲学一系列二分:先验与经验、形而上与形而下、本体与现象、先天与后天,应然(应当)与实然(是)。如在康德理性主义的道德哲学中,人类学的主体架构是理性、感性二分的:理性的功能是给予法则,是主动的、先验的、形式的;情感属于感性,其功能是感受外物的刺激而形成表象以提供质料,是被动的、接受性的、经验的。这种区分导致了康德需要去艰难弥合形而上智性世界(应然价值)与形而下感性世界(实然现象)之间的鸿沟。

针对感性理性二分架构导致的问题,马克斯·舍勒在其《伦理学中的形式主义与质料的价值伦理学》一书中做出批评,并提出了一种新的"价值感"的概念。"一种纯粹的直观和感受、一种纯粹的爱和恨、一种纯粹的追求和意愿,它们与纯粹思维一样,都不依赖于我们人种的心理物理组织,同时它们具有一种原初的合规律性,这种合规律性根本无法被回溯到经验的心灵生活的规则上去。"[1] 简言之,舍勒批判了康德的二元性主体架构(先天的=形式的=理性的,后天的=实质的=感性的),认为先天的未必就是形式的,而是存在一个先天而又实质的领域,即第三个领域:先天的—实质的—感性的。这种领域被舍勒称为"感知",它有别于情感,因为情感与其对象并非自然地关联,而"感知与其对象(即价值)间的联结是直接的,并非藉由事后的活动而发生;换言之,感知与其对象在意向中同时呈现"[2]。因而感知与价值的关联是一种根源性的自我关涉、自我指涉。舍勒称其为"价值感",就是对于价值的意向性的

---

[1] 〔德〕马克斯·舍勒著,倪梁康译:《伦理学中的形式主义与质料的价值伦理学》,生活·读书·新知三联书店 2004 年版,第 308 页。
[2] 李明辉:《四端与七情:关于道德情感的比较哲学探讨》,第 48 页。

领会，属于精神的情感层面。

　　从中西哲学会通的角度，李明辉的《四端与七情：关于道德情感的比较哲学探讨》是结合舍勒"价值感"学说阐发孟子"四端之心"的力作。他认为康德"自律"概念与现象学伦理学的"价值感"概念对于"四端与七情"的问题具有直接的理论相关性。李明辉首先追随乃师牟宗三先生的观点，既肯定了孟子的心性论符合康德的"意志的自主自律"，也批判了康德将理性与感性绝然二分的主体性架构，因其将道德情感排除于道德主体（实践理性）之外，使得实践理性缺乏将道德法则的意识转化为具体行为的动力，道德法则被悬空。只有把道德情感上提到道德主体的层面，使它与实践理性相结合，才能克服康德的困境。而在这意义上，舍勒的现象学伦理学所提供的"情感的先天性"与"价值感"概念弥合了理性与感性之间的沟壑，为解读四端与七情的问题探讨提供了参照系。进而，李明辉指出孟子所说的"四端"当属于舍勒所谓的"感知"，因为"孟子所说的'本心'并不仅是一个理性主体，而且带有明显的情感性，因此可以表现为恻隐、羞恶、辞让、是非四端之情。如果我们将四端之情视为本心之直接呈现，则他们显然不是一种被动的情感，而毋宁表现出本心之主动性（或者说意向性）"①。因此，舍勒的价值伦理学对于"价值感"的阐发有助于解决康德将道德主体局限于理性主体的困境，使其"意志的自主自律"获得感性的助力而不再落空。

　　对于以上李明辉的创造性诠释，本书是深表赞许的，他基本上沿袭了牟宗三、唐君毅对孟子"四端之心"的思路。以牟宗三、唐君毅、李明辉为代表的海外新儒家借鉴西方哲学资源诠释儒家道德情感的先验性、

---

① 李明辉：《四端与七情：关于道德情感的比较哲学探讨》，第 53 页。

超越性，基本上符合先秦儒家情感哲学的精神气质。如牟宗三对康德把道德情感只看作感性经验层面的批评，如唐君毅对儒家"天情"概念的哲学阐发，他们所做的工作是突破西方哲学理性、感性（先验、经验）二分的架构，把道德情感提升到本体的层面发掘它的超越性，以论证儒家心、性、天相通的"即内在即超越"的道德形而上学与重视通过道德实践（践仁知天）以体证本体的"即本体即工夫"的心学特质。

除此外，李泽厚借鉴海德格尔的"心理成本体"对先秦儒家情感的哲学建构也是值得借鉴的。首先，正是由于"情"字兼有"情实"、"信实"、"诚实"的含义，中国哲学才不会"不顾经验的实质对象而死守先验的绝对法则"，而康德把感性经验之"实"作为"质料"完全从道德法则中排除出去，从而建立了"无情"、"非情"的知性形而上学。① 尽管情大多属于感性经验的现象存在，是感官在不同情境下做出的后天心理反应，但是中国哲学是"先天而天弗为，后天而奉天时"的，是在现象中见本体，本体即在现象中，先验通过经验来体现，两者不曾割裂。② 对于中国情感思维的如是特征，海德格尔对此在的生存论分析可以提供一种西方式的参照与印证。

二、海德格尔的基础存在论分析：烦、畏与操心

首先，海德格尔的存在论要终结西方传统形而上学（ontology）对"人的本质是什么"的追问。他首要关注的是"存在"与"是"，因为"是"原本比"什么"更为根本，因而人本可以在"无关乎"什么的情况

---

① 余治平：《性情形而上学：儒学哲学的特有门径》，《哲学研究》2003 年第 8 期。
② David Wong 在他的论文《孟子思想中有理性与情感之分吗？》中指出不能用感性理性二分的架构去套孟子的思想。David Wong, "Is There a Distinction between Reason and Emotion in Mencius?", *Philosophy East and West*, 1991(41).

下思考"是"的问题。"是什么"是一个知识问题,是不能向存在论的"存在"提出的。① 存在是最原始的,先于主体与客体的分化,先于一切知识,先于实践理性与理论理性的分化。

海德格尔发明了"此在"(Dasein)这个词,展开了对此在的存在性质的分析,即生存论环节,这被认为是基础的存在论。Da 指的是"这里"、"那里",指随便哪种确定的地点和时间。海德格尔说:"一个'我这里'的'这里'总是从一个上到手头的'那里'来领会自身的;这个'那里'的意义则是有所去远、有所定向、有所操劳地向这个'那里'存在。……'那里'是世界之内来照面的东西的规定性。只有在'此'(Da)之中,……'这里'和'那里'才是可能的。"② 这表明此在是通过现身、领会把存在本身展露开的。作为一种特殊的存在者(Sein),此(Da)之在就是它的展开状态,它的"在"即"是"(being):去"是"它的"此"。

海德格尔认为,此在的展开在生存论建构上有三种最源始的方式:现身情态、筹划领会和话语。③ 即此在在被抛的境况中是带有情绪

---

① 叶秀山:《思·诗·史——现象学和存在哲学研究》,人民出版社1998年版,第144页。
② 〔德〕海德格尔著,陈嘉映译:《存在与时间》,生活·读书·新知三联书店2012年版,第154页。
③ 海德格尔的此在(现身情态)Da 与中国儒家的情相似。Dasein 的 Da 有三重结构:现身情态、筹划领会、沉沦(生存论的分析)。将它翻译为"亲在"的"亲"是在亲身、亲自、亲爱、亲情的意义上使用的,这与 Befindlichkeit(情感状态上的现身在此)的意义相投。这如同中文说的"亲身感受一下"、"亲自做一下"等,进入一种现实现在现身现事的情境,这种"亲"的情境不是西方传统心理学意义上的主观情感,而是在中国传统哲学中的一种不分主客、先于主客,乃至于先于个体分离状态的亲情交融。《孟子》、《中庸》解"仁"为"亲亲"就有这个意思。第二重结构:筹划领会——Da 为永不止息地向其可能性之筹划的"能存在"。(朱熹解读"亲"为"新":"新者,革其旧之谓也,言既自明其明德,又当推以及人,使之亦可以去其旧染之污也。")第三重结构:亲=至(《说文》解释"至"为"鸟飞从高下至地也"),符合"沉沦",而很少海德格尔批判的传统西方形而上学的极强的超验性含义。转引自陈嘉映:《从感觉开始》,华夏出版社2005年版,第98—99页。

的现身,通过寻视让存在者照面而领会、筹划着自身,在闲言碎语中沉沦于常人的世界。这就从整体上完成了对此在的存在结构的生存论组建。

所谓"现身情态"(Befindlichkeit),意指此在是在情绪中现身,此在以情绪的方式先于一切认知和意志。对于海德格尔所说的"情绪"(Stimmung),陈嘉映认为它的含义有调弦、定调的意思,是参情参理的"感"。① 叶秀山认为 Stimmung 是本源性的,"是一种概念、情感、感觉尚未分化的状态",是一种朦胧的、原始的"觉悟之情"②,是它真正使人成为人。例如,必须有怕的情绪的现身,我们才能认知到可怕的东西。③ 同时,海德格尔说,一切领会也都是现身的领会,而领会是带有情绪的。正是在"情绪"(或"现身情态")这一展开方式中,生存的基本实情即"此在存在着且不得不存在"才绽露出来。"现身情态"是此在最源始的展开方式。

海德格尔认为,尽管我们可以凭借知识和意志成为情绪的主人,但是情绪是本源始的,它超出前二者的展开程度而对它自己展开。"现身远不是经由反省的,它恰恰是在此在无所反省地委身任情于它所操劳的

---

① 翻译为"感"比"情"更妥当些,因为"感"参情参理,很难单独放在情绪论或认识论条目下来讨论。
② 人有一种"Da"的意识,即发现了自身的存在、在那儿,我在那儿、物在那儿,这里一种原始的感觉,也是一种原始的理解。有了这个"发现",有了这种朦胧的"觉悟",有了这个 Befindlichkeit(原义为"发现",引申为"感觉",状态,情境),人就脱离了万物成为"出现的存在"。这种觉悟之情(Befindlichkeit)真正使人成为人。从存在论来理解 Dasein,一方面把人的情感的部分以"理智"来充实,使它有一种"觉悟"、"理解"。人不是一般的 Sein,而是 Dasein,这个 Da 是离不开理解性的,这种特殊的心境(Befindlichkeit)即"理智性的情感"。参见叶秀山:《思·诗·史——现象学和存在哲学研究》,第 171 页。
③ 〔德〕海德格尔著,陈嘉映译:《存在与时间》,第 160 页。

'世界'之际袭击此在。情绪袭来。"①此在的现身也同样源始地把世界、共同此在和生存展开。②在世就是在世界之中,这里的"在之中"不是传统西方形而上学主客二分的认识论架构,先有一个现成的客体世界存在,然后把主体我放置其中,而是此在现身的同时一起把世界与共在打开。③因此,分析此在如何与世内存在者及与其他此在打交道就成为生存论关键的环节。

此在与其他此在打交道的方式是对世内存在者的"操劳"与对其他此在的操持。操劳(Besorgen,又译为"烦")是指对事物的料理、执行、整顿等。海德格尔说,消散于(寓于)上手状态的存在者是"在之中"的方式之一,被称为"操劳"。此在依寓世界而存在就是消散于所操劳的事物之中。此在消散于上手状态的用具之中,这是第一种沉沦。④我们此处关心的是海德格尔对此在与其他此在如何打交道的讨论,因此讨论重点放在"操持"上。

对其他此在的操持(Fürsorge)不同于操劳,操持的方式包括:互相关心、互相反对、互相怂恿、互不需要、陌如路人、互不关己等。海德格尔区分了操持的两种性质:非本真的操持是越俎代庖,把别人操持的事情揽在自己身上;本真的操持,即把他人应该做的事还给他,让他人自己去操持。日常的共在处于两极端之间:此在在他人的共在中消散于

---

① 〔德〕海德格尔著,陈嘉映译:《存在与时间》,第159页。
② 同上书,第160页。
③ 同上书,第63—64页。
④ 操劳于存在者分为两种状态:上手状态和现成状态。海德格尔举了使用锤子的例子说明上手状态:当此在沉浸于用具之中达到称手的状态时,意识不到用具的存在,用具作为它本来所是的东西被此在领会。反而当它不上手的时候,人们对用具越多地触目凝视,犹如现成的东西摆在手边一样暴露出来。〔德〕海德格尔著,陈嘉映译:《存在与时间》,第81页。

第一章　对先秦儒家重情特质的一种思想史解读

闲谈、好奇与两可之中，即沉沦于常人的平均状态。"共处同在本身为平均状态而操劳。平均状态是常人的一种生存论性质。常人本质上就是为这种平均状态而存在。"① 海德格尔将这种平均状态称为此在的非本真状态，因为此在不立足于本身而是以常人身份存在，失去它的本真，消散于闲言碎语与公众意见之中。② "在世向来是为它自己之故而存在。但这个自己首先与通常是非本真的，即常人自己。在世总已沉沦。因而可以把此在的平均日常生活规定为沉沦着开展的、被抛地筹划着的在世，这种在世为最本己的能在本身而'寓世'存在和共他人存在。"③

对沉沦状态的分析之后，海德格尔转入对"畏"的现身情态的讨论。这是因为畏（Angst，又译为"忧思"）④ 是最基本的现身情态，只有在畏的情绪的展开中，此在被抛的事实才赤裸裸地展现出来。由上文可知，此在的现身就是现身在被抛状态中，然而此在总是不正视、试图背离这个事实，而沉沦于常人所操劳的世界。此在总是在它的"此"面前逃避，总是逃避"无家可归"的事实，消散于常人的非本真状态。海德格尔说："此在消散在常人中，消散在所操劳的'世界'中，这样的消散公开出：此在在它本身面前逃避，而这就是在本真的能够自己存在这回事面前逃避。"⑤ 因而，对畏的考察能知道在畏的现身情态中展开什么样的世界，从

---

① 〔德〕海德格尔著，陈嘉映译：《存在与时间》，第 147 页。
② 同上书，第 207 页。
③ 同上书，第 210 页。
④ 叶秀山把 Angst（畏）意译为"忧思"，以表达这种无法避免的威胁的存在论的特殊心境。忧思是对自身的有限性、时间性、必死性的一种现身情态（Befindlichkeit），忧思是对 Da 的发现。对具体对象的怕都是以这个本源性的"忧"为根底。对具体对象的怕都是对非对象的"无"的"忧"。参见叶秀山：《思·诗·史——现象学和存在哲学研究》，第 165 页。
⑤ 〔德〕海德格尔著，陈嘉映译：《存在与时间》，第 213 页。

而可以提供把握此在源始存在的整体性的现象的基地。

那么，畏是一种怎样的现身情态？它又是怎样把此在从沉沦中抽回来而回归其本真呢？海德格尔首先区分了怕与畏这两种情态的结构：怕是有条件的、有对象的；畏是无条件的、无对象的；怕以畏为基础，怕是非本真的现身情态，畏是本真的现身情态。怕是因为某个有害的对象造成的威胁而怕，"怕之所以怕总是一个世内的、从一定场所来的、在近处临近的、有害的存在者"。如人对虎狼的怕，会因为怕的对象的消失，怕也随之消失。而畏不因任何对象而畏，"威胁者乃在无何有之乡"。畏是不会消失的，是常萦于怀的，是一种由于无家可归而"茫然失其所在"的情绪。畏之所畏者（das Wovor der Angst）就是在世本身。"畏所为而畏者把自身暴露为畏对之生畏者：在世。"①

畏之所以能把此在从消散于世界的沉沦中抽回来，是因为畏把世界作为世界开展出来，通过把此在个别化为"唯我"（solus ipse）而带来本真的生存。② 也就是说，畏切断了此在对世内存在者与常人的因缘联系，让这些生存的背景、所操劳繁忙的存在与他人全部隐没，造成了一个孤零零的此在，让它突然间意识到一种"空无"，茫然失其所在，从而不得不独自面对，回到本身来领会自己的存在。

所谓"个别化"的在世，海德格尔称之为"无家可归的状态"。在他看来，此在最本真的存在恰恰是无依无傍、无家可归的，这是此在的被抛所注定的。而人们常常逃避这种"无家可归"的本己事实而沉沦于"在家"的状态，逃遁到由闲言碎语编织的常人的"家"中。殊不知自己

---

① 〔德〕海德格尔著，陈嘉映译：《存在与时间》，第 215—217 页。
② 同上书，第 217 页。

本来只是无家可依的孤魂游子，常人的"家"只是丧失了本真的暂时歇脚的地方。海德格尔说："无家可归在畏的基本现身情态中本真地暴露出来；它作为被抛此在的最基本的展开状态把此在在世摆到世界之无面前，而此在就在这无面前，在为其最本己的能在的畏中生畏。"① 也就是说，畏把此在展开为能自己选择与掌握自己的自由的存在。这就是最本己的在世的存在，本质上就是向各种可能性筹划自身。畏把此在带到"为……"的自由存在之前，这才是存在的本真状态。而非本真的状态（沉沦）是把自己的能在的筹划交付给常人来处理。

海德格尔对畏的现身情态的分析，最终是为了说明合操劳与操持的操心（Sorge，又译为"萦怀"或"牵挂"）② 是此在存在的整体性，是此在在世本质。操心的整体性结构包括三个环节：此在现身于被抛状态中，然后领会并筹划着能在，沉沦着寓于存在者。因此"操心"被定义为"领先筹划着自身的、已经被抛入一个世界的、正沉沦着寓于世内存在者的存在"。操心结构的首要环节是"先行于自身"，操心总是在此在的行为之前，这样此在才能领会自身而向着最本己的能在筹划、做出决断，从而摆脱沉沦状态实现本真。所谓"先行于自身"，标明了一种"到时"、"时机化"的时间性，这不同于流俗理解的线性物理时间观。海德格尔说，到时、时机（Zeitigung）是时间性的本质。"只有从时间性出发，操心这种此在之存在的区划勾连的结构整体性才能从生存论上得到理解。"③ 一切生存的可能性都从将来的"到时"来获得先行领会并筹划、做出决断。此

---

① 〔德〕海德格尔著，陈嘉映译：《存在与时间》，第 317 页。
② 叶秀山把 Sorge 意译为"萦怀"，张祥龙把它意译为"牵挂"。参见张祥龙：《海德格尔思想与中国天道》，中国人民大学出版社 2010 年版，第 242 页。
③ 〔德〕海德格尔著，陈嘉映译：《存在与时间》，第 270 页。

在从将来方面领先筹划出、开展出此在自己的可能性（包括死亡）。在向死而存在的分析中，先行于自身的环节体现得最为明显。

此在必须先行知道作为"悬临"着的可能性——死亡，才能向着最本己的能在筹划自身。"操心的这一结构环节在向死存在中有其最源始的具体化。"在本真的向死存在中，操心的整个结构体现为：就是在先行到死的情况下把死亡的紧迫感带到眼前，生命之弦紧绷了，从而摆脱消散于日常生活的沉沦状态，独自面对莽苍、惨淡的人生，决断出本真的生存意义。只有人这种存在者能死，如果我们像云雨一样不会死，是根本不会忧虑烦愁的。"死，就其存在论的可能性着眼，奠基于操心。"①

操心是本源性的，它与因担心某件事做不成的担心、恐怕不同。"操心作为源始的结构整体性在生存论上先天地处于此在的任何实际'行为'与'状况'之前。"②因而操心不能被还原为意志、愿望、嗜好、追求之类，这些反而是植根于操心的。③因此，"此在"结构最基本的层次是"操心"。此在在世始终是操心着、忧劳着，"此在之在绽露为操心"④。这是一种标志此在"在世"存在方式的存在论术语。操心不仅具有存在论的意义，揭示了此在存在结构的整体性，它还有德性论的价值。这是因为操心造就了人的完善，在海德格尔看来，人的德性就在于生存于"本真状态"。"人能够为他最本己的诸种可能性而自由存在，而在这种自由存在（筹划）之际成为他所能是的东西，这就叫人的完善（perfectio）。人的完善是'操心'的一种'劳绩'。"⑤

---

① 〔德〕海德格尔著，陈嘉映译：《存在与时间》，第288—289页。
② 同上书，第223页。
③ 同上书，第67页。
④ 同上书，第211页。
⑤ 同上书，第230页。

综上，海德格尔对畏与操心的生存论分析表明，他显然把操心作为存在的本体来讨论。此在只要存在就在操心（或曰忧思）着，此在一旦被抛入它的"此"（da），它就觉悟（Befindlichkeit）到"此"的有限性（生命必将死亡），因而先行到将来做出筹划与自我的决断。因而，也可以说，此在是历史性的存在。诚如叶秀山评价的，正是由于人的有限性，海德格尔的"现身情态"是以"忧思"（Angst）和"思虑"为基础，"在这个基础上，把人的一切心理现象都从存在论的立场加以审定"①。

三、心理成本体

对于本书来说，海德格尔对忧、畏、操心等的存在论与现象学分析给我们提供了一种考察先秦儒家情感的重要视角，即相比于心理学的情感，儒家所重视的情大多属于海德格尔这种作为人本真性存在的现身情态或心境（Befindlichkeit），如圣人之忧（本真性的忧）、孔颜之乐（本真性的乐）、恻隐之心（本真性的同情）等都不是对某种对象的反应，而是主体自身所萦怀的心境与情态。在这个意义上，仁是一种内心不安不忍感的醒觉，如牟宗三对诸葛亮"揭然有所存，恻然有所觉"一句所做的哲学分析：

> 此是著重在恻然之觉之本身，不是顺"所"字去觉一个对象。……如常有不安不忍之感、悲悯之怀，不必问所不安所不忍的特殊对象是什么，也不需要问所悲悯的特殊对象是什么。悲天悯人、天与人已经很笼统，并非一特定的对象。……只看这悲悯之怀之自身，只

---

① 叶秀山：《思·诗·史——现象学和存在哲学研究》，第171页。

看这不安不忍之感之自身，这便是仁了。"鼓万物不与圣人同忧"，不必问圣人所忧的是什么，只这忧自身便是圣人之襟怀，便见圣人之仁体呈现。……然则于此"恻然有所觉"，能起不安之感，那便是仁了。仁不仁着重在安不安之本身，不着重在所安与不安的对象。这才是以"觉"训仁的切义。①

李泽厚也基于海德格尔"生存情态"的概念指出，情感不只是心理学上外物引起的反应，还应包括日常生活中非常实在且常在的情结、激情、心境。即使是无喜无悲、无怨无爱，也是一种情境、心绪。他高度评价海德格尔的哲学贡献（此在的生存情况本身是本体），把它概括为"心理成本体"。他指出，海德格尔提出的烦（Besorgen）、畏（Angst）、操心（Sorge）并不是心理情感，也不是意识，它们是人们现时代实在的感性生存状况本身，具有本体的性质（此本体非形而上学的 onto，而是指最本质的实在、本根）。李泽厚批评了心理学对情感的片面认识，区分了 emotion（即"有思想的情感"或曰理性的情感）与 feeling（肉体感觉）：Feeling 是感情，从感到情，从外到内。Emotion 是情感，从内到外。感和情是两个层次。心理学讲的基本情感（快乐、惊奇、悲哀、害怕、愤怒）这些只是最外层的情感，或者说是感觉，是人对于外在变化的直接反应，里面没有思想。而真正复杂的情感是有思想的，是有理性渗透进来的。②

在这点上，蒙培元指出的"人是情感的存在"之存在论也是汲取了

---

① 牟宗三：《心体与性体》第三册，第 307 页。
② 李泽厚：《李泽厚对话集：中国哲学登场》，第 177—178 页。

海德格尔存在论的灵感所致。① 人是情感的存在是指"情感是人的最基本的存在方式或存在样式。人的存在的意义和价值问题，首先要从这里寻求解决"②。此外，李景林也将思孟学派的"情"或道德情感阐释为一种生存论的概念。这种情（如恻隐）本身包含着认知，是指"人心'能一知'一体的先天结构以情应物的当下情态显现"，"'知'内在于'情'并依情而发用，或表现为在情的实存活动中的一种心明其义的自觉作用"③。因而，儒家将"以情应物"视为人关涉自身和周围世界以至整个宇宙的最原初的方式，它是情态性的而非认知性的。

然而，海德格尔把本真和非本真分开（本真是个体化存在，非本真是沉沦于与他人的共在），这样，他的本真性存在就脱离人际间情感而成为空的了，实际上走向了虚无。无怪乎，他的哲学（此在的"本质"在于它的生存 [Existenz]）进一步发展就走向了"存在先于本质"的存在主义，并激发了后现代所注重的"碎片"与"当下"。因此，李泽厚的情本体是要以世间人际的情感（眷恋、珍惜、感伤、了悟）填补空洞而不可解决的"畏"与"烦"。因为，人之为人的内在精神资源不是来自先验理性的上帝和基督的爱，而是来自此世间人际的历史积淀。"情感乃交感而生，是 being-in-the-world（活在世上）的一种具体状况。"经过历史实践与族群生活的积淀，"生物—生理"的情就被渗透了各种不同的具体人际内容，具有了社会性、历史性的情就是人的具体生存，就是烦、畏（心

---

① 蒙培元说他不从所谓本体论、认识论和知识论的角度研究儒学，而是从存在问题入手，讨论儒学在人的存在、价值及其人生体验问题上的基本主张。因而，蒙培元的儒学解释具有浓厚的生存论分析意味。参见蒙培元：《情感与理性》，第2页。
② 蒙培元：《人是情感的存在——儒家哲学再阐释》，《社会科学战线》2003年第2期。
③ 李景林：《先天结构性缘境呈现——孟子性情论的思想特色》，《船山学刊》2023年第2期。

理本体)的具体形式。①

因此,对于儒家,本真性的情态恰与海德格尔相反,与他人的共在、与宇宙的协同共在才是最根本的实在。情本体是把"人类自身实存与宇宙协同共在"作为根本的所在。诚如李泽厚所说:"海德格尔把康德的'人是什么'变为存在是什么,构造了个体向死而生的激情的基础本体论;海德格尔虽然从人是什么出发,却绝对摒弃人类学、心理学的一切经验阐释,突出活生生的个体有限性所应紧紧把握住选择和决定未来可能性的'去在'(此在)。但这个摒弃经验和科学的'去在'却成了危险的空洞深渊。只有回到'与他人共在'的'非本真'亦即人类学、心理学的世间生活中来,才能真正让个体紧紧把握这'去在',对命运作出自己的选择和决定。"②

这是李泽厚《己卯五说》的理路,即从海德格尔回到黑格尔,但不是从社会、政治、道德上,而只是从心理上回到黑格尔,即回到历史、回到关系。但不舍弃海德格尔,而且以心理成本体为前提。"即以海德格尔所揭示的死亡这无定的必然所造成的'烦''畏',即个体存在的心理本体的基础上,再次回到人际世间的各种具体情境中,亦即在有巨大深度的空渊('无')基础上,来展开这个'我意识我活着'所能具有的丰富复杂的客观历史性的'精细节目'('有')。"③

综上,本章借鉴海德格尔对忧、烦、畏等现身情态与操心作为存在本质的基础存在论分析,以及李泽厚的"心理成本体"的理论资源,试图表明先秦儒家对情的理解是多样性的、有层次性的。它包含了超越性

---

① 李泽厚:《李泽厚集》之《历史本体论·己卯五说》,第104页。
② 李泽厚:《李泽厚对话集:中国哲学登场》,第143页。
③ 李泽厚:《李泽厚集》之《历史本体论·己卯五说》,第97页。

的形而上"本情"（如上节的"未言而信"的美情等），也涵盖了心理学的刺激—反应之情（这些主要是"感于物而动"的喜怒哀乐好恶欲的七情），更包括超越感性与理性二分（既有先验超越性，同时又通过感性经验来实现）的道德情感（蒙培元称为"高级情感、理性情感"），如诚敬之情、戒慎恐惧、德性之乐、恻隐之情、圣人之忧、羞恶之心等。同时，情感还具有时间性、历史性与社会性，此即李泽厚说的"人化的自然"。"个体生理的七种情经过历史洗礼和文化积淀而成为社会理性的七种'人情'……得到了人化，即得到了'礼'的'人义'的安排和宣泄。"① 如《诗经》中抒发的个体情感经过历史的积淀，就由私己的情感升华为族群的公共性情感（如黍离之悲、《关雎》之乐、《卷耳》之忧、《小弁》之怨）。这也表明情感具有感通的性质，先秦儒家重视情意的感通而非理性认知。这也是此前儒家情感哲学研究所阐发的。②

本书研究的是"人情"，即情感意义上的情。首先，本书认为人是情感的存在，人与人之间的关系除了理性认知的关系外，更是情意感通的关系。本书仍然沿用传统的自然情感与道德情感的划分。借鉴李泽厚的说法，本书把自然情感归于 feeling（由外到内，从感到情），偏向心理学情感的一面；把道德情感归于 emotion（由内到外，由情到感），即人生在世的基本情调③，偏向海德格尔"生存情态"的一面。自然情感是人的

---

① 李泽厚：《李泽厚集》之《历史本体论·己卯五说》，第106页。
② 如蒙培元的一系列文章《中国哲学的情感理性》、《人是情感的存在——儒家哲学再阐释》、《论中国传统的情感哲学》，以及柴尚荣《论中国古代哲学的情感思维》等。
③ 陈立胜就是基于海德格尔的"现身情态"（情调）的概念，但是抽去它的"烦"、"畏"的内容而只借鉴它的形式、框架，来说明儒家的恻隐之心就是儒者在世的基本情调。参见陈立胜：《恻隐之心："同感""同情"与"在世基调"》，《哲学研究》2011年第12期。

内在本性在与外物交接时显发的具有好恶倾向性的心理情态。此即《礼记·乐记》所言："人生而静，天之性也；感于物而动，性之欲也。物至知知，然后好恶形焉。"情感好恶具有明显的指向性，或指向人或指向物，由此形成自我与外物、他者的情感关系，在关系的互动中形成一种内在的道德秩序与外在的社会秩序。

在方法上，本书对自然情感的研究借鉴现象学（把情感作为一种精神现象）与海德格尔的生存论分析的视角，并注重在儒家文献的基础上梳理儒家处理自然情感的原则，侧重考察儒家基于情感的伦理秩序与政治社会秩序的建构。对于道德情感，本书借鉴海德格尔"本真性"的概念来说明道德情感是人在世的本真现身情态，同时注重阐发道德情感的先验超越性，以及它在儒家道德实践（工夫论）上起到的作用。本书对先秦儒家道德情感与自然情感的分析希望能展示先秦儒家"重情"特质及其在处理情感问题上的整全视野。

第二章
先秦儒家道德情感的哲学分析

上一章我们已经提到《性自命出》中的仁爱、忠、信等儒家重视的道德情感，并指出这些道德情感是人伦教化与成德的重要依据。对于先秦儒家来说，有些道德情感比如忧患、德性之乐（孔颜之乐）、诚敬（戒慎恐惧）、羞耻感、真诚恻怛（不安、不忍）等，有着巨大的伦理建构的价值。同时，儒家如何看待、处理美德与幸福的关系问题，儒家如何达到德福一致，这也是关乎儒家情感哲学内涵的重要方面，尤其是在跟佛教苦业意识、基督教原罪意识相比较的视野下，更能凸显儒家哲学处理美德与幸福之关系的特色。本章结合中西哲学比较、现象学的方法对这些道德情感展开哲学分析。

第一节 忧患意识与原罪意识

一、忧患意识与人文精神觉醒

徐复观认为，圣人的"忧患意识"正是中国哲学从原始宗教的恐怖与蒙昧中轴心突破的精神动力。原始宗教下布满的是人对无常天命（人格神）的恐惧感，而哲学突破之后，恐惧感被人对天命的敬畏之感代替，这是一种对人所背负的道德责任与使命的敬重。在徐复观先生看来，这种责任感与使命感的体现就是忧患意识。"'忧患'与恐怖、绝望的最大不同之点,在于忧患心理的形成,乃是从当事者对吉凶成败的深思熟虑而来的远见;在这种远见中,主要发现了吉凶成败与当事者行为的密切关系,及当事者在行为上应负的责任。忧患正是由这种责任感来的要以己力突破困难而尚未突破的心理状态。所以忧患意识,乃人类精神开始直接对事物发生责任感的表现,也即是精神上开始有了人的自觉的表现。"① 因此,在儒家看来,责任意识便产生于这种忧患意识。

忧患意识的出现表明了西周人文精神的觉醒,把殷商时期人格化神意味浓重的天命观转变为敬德保民、以德配天的人文化的天命观,标志着人作为德性主体的觉醒。宇宙不再是高高在上的天神主宰一切,天的意志依据人的行事而转移,"天听自我民听,天视自我民视"。圣王就必须承担起吉凶祸福的责任,深谋远虑,为政治共同体确立大经大法。所以《周易·系辞下》说:"《易》之兴也,其于中古乎?作《易》者,其有忧患乎?"王弼注曰:"无忧患则不为而足也。"孔颖达疏曰:"若无忧患,何思何虑,不须营作。今既作《易》,故知有忧患也。身既患忧,须垂法以示于后,以防忧患之事,故系之以文辞,明其失得与吉凶也。"这里标举的"怀忧"就不是一般常人以自我为中心的私忧,而是为天下、为他人的公忧。

儒家是肯定圣人之忧的,圣人的忧患意识促使他仰观天象俯察物理推演八卦,以知来藏往。《周易·系辞下》曰:"鼓万物而不与圣人同忧。"相比于道的自然无为,圣人有经营天下之忧。侯果曰:"圣人成务,不能无心,故有忧。神道鼓物,寂然无情,故无忧也。"(《周易集解》)王弼曰:"圣人虽体道以为用,未能全无以为体,故顺通天下,则有经营

---

① 徐复观:《中国人性论史》,第14页。

之迹也。"孔颖达疏:"道则虚无为用,无事无为,不与圣人同用,有经营之忧也。道则无心无迹,无忧无患。"(《周易正义》)

那圣人是为何而担忧呢?《周易·系辞下》又曰:"圣人以此洗心,退藏于密,吉凶与民同患。"圣人以易经的卜筮涤荡万物的疑心,让百姓万物日用其道而不知它的来源,把功用藏于隐秘之地。圣人以占卜表明吉凶的象,与百姓同一忧患。圣人之忧是"吉凶与民同患",这句话深藏着中国哲学对"本真之忧"的理解。牟宗三在《五十自述》中自述其从小读《易》时还未理解圣人忧患意识所体现的"悱恻心",他以哲思的语言道出了初读《易》时的震荡感:

> 我读着《易经》,是直想着伏羲画八卦是在宇宙洪荒原始混沌中灵光之爆破。那是一种生命之光辉,智及之风姿。全部《系辞传》是智慧之光辉,是灵感之周流。那光辉更润泽、更嘉祥;那灵感更清洁、更晶莹。无丝毫烟火气。正投着我那年轻时之单纯,想像之开扩,原始生命从原始混沌中之向外觉照,向四面八方涌现那直觉的解悟。我也想到"文王囚羑里而演周易","作《易》者其有忧患乎",但我当时对这方面并无深切悱恻之感。我只喜悦那"鼓万物而不与圣人同忧"的坦然明白,"天地无心而成化"的自然洒脱,而不能感知"圣人有忧患"的严肃义,"吉凶与民同患"的悱恻心。①

这表明,圣人之忧不是忧自己,而是以百姓之忧为忧的大公无私的境界。在牟宗三看来,圣人吉凶与民同患是儒家内圣之教的第三关所臻

---

① 牟宗三:《五十自述》,台北鹅湖出版社1990年版,第28页。

至的化境。成圣的第一关是挺立大体（道德本心），是克己复礼的关；第二关是孟子所说"充实而有光辉之谓大"，充实是指以仁义礼智存心、配义与道，由此而显崇高的伟大相、道德相（有严峻相、紧张相、敌对相等）；第三关是孟子所谓"大而化之之谓圣"，能把此道德相化掉而归于平平，吉凶与民同患，就臻至圣人的化境。"'以其情顺万事而无情'，不特耀自己，望之俨然，即之也温，和蔼可亲，此非'冰解冻释，纯亦不已'者不能也。到此境便是无相原则之体现。"① 马一浮解说《论语》大义之春秋教："知此则知圣人虽忧天下之深，而其大用繁兴，不动声色，因物付物，从不伤锋犯手，而其化至神。"②

二、忧的现象学分析

首先，我们来分析忧作为精神现象的结构要素；其次，再来分析"担忧"的正面伦理含义。

"忧"作为一种重要的精神现象，其组成结构包括两个方面，"即预判与未经验证，具有指向时间向度的意义"。"它还是一个时间性的经验。……由于人是一种能不断筹划着前途的存在物，忧本质上具有指向未来的意义，也是一种折射生命本质的意识。"③ 从生活体验来讲，担忧是为尚未发生的事情的不确定结果而忧虑，是对前途、命运的担忧，因而担忧必然要从时间性来理解。依据海德格尔，此在（人）是一种有限性、时间性的存在，此在现身于被抛境况的同时就觉悟到自身的有限性（终有

---

① 牟宗三译注：《牟宗三先生全集16——康德判断力之批判》，台北联经出版事业有限公司2003年版，第82页。
② 马一浮：《复性书院讲录》，江苏教育人民出版社2005年版，第82页。
③ 陈少明：《释忧》，《学术月刊》2016年第10期。

一死），因而此在总是"畏"着。海德格尔把这种"畏"（Angst）作为最基本的现身情态（Befindlichkeit），它是理智、情感兼而有之的一种浑然的"心境"。对于那终将会到来的、不可逃避的死，此在总是心存忧思（Angst），萦怀于心。"生年不满百，常怀千岁忧"或许是对这种心境的最恰切描述。对于此在来说，先行到死是一种存在的可能性。此在被抛入它的"此"（Da）的存在方式就是它的种种可能性，从可能性出发来领会自身，也就是把自身筹划到这些可能性上去，而最本己的可能性就是死亡。① 因而，人忧思着死、畏着死，就是面向未来的向死存在。

作为负面人生情态的情绪而言，忧会造成心理负担，与愠、怨、惑相似，都是要避免与消解的，消除忧愁才能通达快乐。荀子说："喜则和而治，忧则静而理。"（《荀子·不苟》）乐与忧是相对反的心理状态。"去私忧、怀公忧是儒家存乐的首要功课。"② 儒家并没有像海德格尔把忧思（或曰操心）作为心理本体来论述，却看到忧的正面伦理建构的价值。③ 后面我们会提到儒家把"乐"作为心之本体（区别于佛教的苦业意识），然而乐境的达到必然通过忧的消解。这是因为，忧心便足以确立人在道德意义上的自我。儒家看来，人之所以忧是因为没有充分推展开仁义之心。忧是内在性的反躬自省，看看自己为仁是不是做到了应有的诚。在这点上，忧与患对立，患是指外部世界投射我们内心的那些忧虑，只关涉我们外部的安危而已。如《论语》与《孟子》中对"忧"与"患"的讨论：

　　德之不修，学之不讲，闻义不能徙，不善不能改，是吾忧也。

---

① 〔德〕海德格尔著，陈嘉映译：《存在与时间》，第210页。
② 陈少明：《释忧》，《学术月刊》2016年第10期。
③ 同上。

(《论语·述而》)

子曰:"君子谋道不谋食。耕也,馁在其中矣;学也,禄在其中矣。君子忧道不忧贫。"(《论语·卫灵公》)

孟子曰:"君子所以异于人者,以其存心也。仁者爱人,有礼者敬人。爱人者,人常爱之。敬人者,人常敬之。……是故君子有终身之忧,无一朝之患也。乃若所忧则有之:舜,人也;我,亦人也。舜为法于天下,可传于后世,我由未免为乡人也,是则可忧也。"(《孟子·离娄下》)

君子所忧的是"德之不修,学之不讲"而非忧贫,不以外在的事情而忧乐。朱熹引尹氏曰:"君子治其本而不恤其末,岂以在外者为忧乐哉?"(朱熹《论语集注》)当君子忧道而致力于学习时,自然就能获得相应的福禄(孟子所谓士有代耕之禄),贫苦并不构成君子的忧。孟子所说君子有"终身之忧"而无"一朝之患",是指君子常以仁爱、礼敬存心待人,反求诸己而不苛责于人,就不会有一朝横来之患。因为我已仁至义尽,当别人以粗暴待我时,就并非自身过错所致。而君子有终身之忧,是忧不能成为尧舜那样的圣人垂法于后世、所行所为自然合于仁义之道(孟子说:尧舜性之也)。①

孟子实际上区分了忧与患,借用海德格尔的术语可以说,忧是本真的现身情态,是内在的,而患是非本真的现身情态,类似心理学说的由外物刺激而生的反应性情绪。因为,忧是内发的、切己的,它起于性,

---

① 在另外一个语境中,"终身之忧"表示子女对故去父母终身的思慕与怀念。如《礼记·檀弓上》:"君子有终身之忧,而无一朝之患。故忌日不乐。"

是"欲实现理想而生起的忧"、"是良心善性之见于感情者"①。君子所忧的修德、讲学、徙义、改过均是"求在我者"的性分之事,"有性焉,君子不谓命"。而患是外感的,起于欲望,"即物欲或难满足之忧"②。这些是"求在外者"的命分定限的事情,"有命焉,君子不谓性",因而君子不会牵挂于心。因此,儒家强调的乐以忘忧、仁者不忧的"忧"实际上是以耳目口腹之欲、安危祸福等外在于身的事情为对象的"患",而儒家所提倡的是为修德、讲学、迁善改过而忧的"本真之忧"。简而言之,仁者有本真的忧,即怀公之忧与德性之忧,而无私己之患。同时,仁者之忧同时亦可转化为仁者之乐("仁者不忧"),此乐并非以贫为乐,而是通达本体之后的不容已的自足之乐(乐天知命的乐境)。

以上儒家论忧体现了与西方神学背景下罪感的根本不同。于连指出《论语》中孔子所忧虑的都是具体事物,而非忧内心之罪。这是由于西方人格神宗教导致了苦难、原罪意识,西方的忧是建立在犹太教的被弃感(dereliction)之上的。"人自觉是被放逐在人间而在其中看不到自己生命的意义;对这一感受的深化,使他意识到了'他者'之超越地位,进而发现了普遍无限的爱;因此这种道德意识在根本上是与缺失和罪感(如原罪)联系在一起的。"最后都指向对生存之否定判断。"而儒家思想却与此相反,付人以良知的这份'忧'心并无任何软弱的本性,惟有它能令人以'肯定'的态度去面对世界。"③

---

① 庞朴:《儒家的"忧"与"乐"》,《中国文化报》2006年12月28日第6版。
② 同上。
③ 〔法〕弗朗索瓦·于连著,宋刚译:《道德奠基:孟子与启蒙哲人的对话》,北京大学出版社2002年版,第84—85页。

第二节 德性之乐

相比于佛教"苦业意识"与基督教"原罪意识",中国先秦儒家情感哲学比较重视德性之乐,尤其是以孔颜之乐为代表的儒家德性之乐。正如《论语》中所说"知之者不如好之者,好之者不如乐之者"(《论语·雍也》),孔子在齐国听到《韶》乐之后,感叹道:"不图为乐之至于斯。"(《论语·述而》)儒家哲学强调在践行美德之中体会到那种与天地共振交感的至乐,这体现了儒家不假外求、自得其乐的乐境,体现了儒家去忧得乐、乐以忘忧、忧乐圆融的境界追求。

一、孔颜之乐:乐以忘忧

常人是为耳目口腹之欲得不到满足、贫苦简陋的物质生活条件得不到改善而担忧,上文指出这是"患"。在《论语》中,孔子盛赞颜回之贤,他不以箪食瓢饮在陋巷的物质生活为忧,反而乐在其中:

子曰:"贤哉,回也!一箪食,一瓢饮,在陋巷,人不堪其忧,回也不改其乐。贤哉,回也!"(《论语·雍也》)

子曰:"饭疏食饮水,曲肱而枕之,乐亦在其中矣。不义而富且贵,于我如浮云。"(《论语·述而》)

子曰:"贫而乐,富而好礼。"(《论语·学而》)

子曰:"不仁者不可以久处约,不可以长处乐。"(《论语·里仁》)

"孔颜之乐"在后世宋明儒那里成为重要的哲学问题。这是宋明儒者面对佛老二家的挑战而特意突出的论域,"它要塑造与佛教中的苦业意识相抗衡的观念力量"①。周敦颐让来问学的程颐思考孔颜所乐为何,把对孔颜之乐的体验当作通达道学的门径。关于孔颜所乐为何,这里有一段公案。②古注何晏引孔安国说:"颜渊乐道。"周敦颐说:"颜子见其大而忘其小焉尔。见其大则心泰,心泰则无不足。"又说:"君子以道充为贵,身安为富。故常泰无不足。"这些注解表明孔颜所乐是"乐道"。而程颐不同意"乐道"之说,"使颜子以道为可乐而乐之,则非颜子矣"。小程子的意思是说若颜子所乐是道,那么"道自道,回自回",乐者与所乐之事的乐境统一体就被打成两橛。然而,程颐的说法太高,太玄妙,这类似于庄子所论"颜回初忘礼义、继忘仁义、终以坐忘"的境界,"但未免令后学无从下手"③。朱熹在集注《论语》时引用程颐的说法,为程颐辩护:

> 程子曰:"颜子之乐,非乐箪瓢陋巷也,不以贫窭累其心而改其所乐也,故夫子称其贤。"又曰:"箪瓢陋巷非可乐,盖自有其乐尔。其字当玩味,自有深意。"又曰:"昔受学于周茂叔,每令寻仲尼颜子乐处,所乐何事?"愚按:程子之言,引而不发,盖欲学者深思而自得之。今亦不敢妄为之说。学者但当从事于博文约礼之诲,以至于欲罢不能而竭其才,则庶乎有以得之矣。

朱熹点明孔颜并非以贫苦为乐,而是"自有其乐",即使外在贫苦的生活条件也不能动摇、牵累其内心自得之乐。可见,孔颜所乐是内心自

---

① 陈少明:《论乐:对儒道两家幸福观的反思》,《哲学研究》2008年第9期。
② 参见程树德:《论语集释》,中华书局1990年版,第499—500页。
③ 程树德所引《四书恒解》之语。参见程树德:《论语集释》,第500页。

得之乐,不依赖于外在条件。他认为程子之所以"引而不发",是因为孔颜之乐不是针对具体对象(即便是道),而是一种不能用言语表达的、需要切身体验的高妙境界。因而,只有从事于"博文约礼"的学习以至于"欲罢不能"的状态,才能臻至其境。这是非常切中程子要义的解读,因为后者也认同只有通过"尽心"之学才能自得其乐。程颐在《颜子所好何学论》中提出"仁义忠信不离乎心"、"学必尽其心"。颜子又是孔子弟子中最好学的,因而"颜子之德,可谓充实而有光辉矣"。在孔门弟子中,孔子独赞颜回好学,可见颜回是最能领会孔子"下学而上达"精神的门人。按照朱熹的说法,通过"反己自修、循序渐进"的为学进阶之路,就能上达天理之"人不及知而天独知之之妙",达到"私欲既去,天理流行,动静语默日用之间无非天理"的乐境。尽管朱熹自谦不敢妄为之说,然而他还是明确说了颜回所乐是克尽私欲、存天理之乐:

问:"颜子'不改其乐',莫是乐个贫否?"曰:"颜子私欲克尽,故乐,却不是专乐个贫。须知他不干贫事,元自有个乐,始得。"(《朱子语类》卷三十一)

可见,宋儒对孔颜之乐的探讨归结为"学做圣人"的内圣工夫。为学是向内自反、克尽私欲的修养工夫,而让天理(也就是性体)最后朗现的境界正是这种工夫要达到的结果。工夫尽了,本体自然呈现,这是宋儒重视探讨"孔颜之乐"的旨归所在。

须要注意的是,儒家称颂颜回安贫乐道,并不代表其对于财富持摒弃与否定的"执一"态度(执中无权也是执一)。儒家对于财富并不排斥,但由于货殖依靠外在机运与技艺,因而追求财富并不被置于第一位的价值序列。孔子说:"富而可求也;虽执鞭之士,吾亦为之。如不可求,从吾所好。"(《论语·述而》)《中庸》说:"德润身,富润物。"在儒家看来,财富是重要的外在善,追求财富是值得肯定的。荀子指出"夫富贵者,则类傲之;夫贫贱者,则求柔之"并非"仁人之情"(《荀子·不苟》),这样做的人是欺世盗名者(指田仲、史鰌)。因此,颜回的"乐道"并不是"执一"而无权的杨朱式极端个人主义(只顾自己逍遥,而不心系苍生的自了汉)。

总之,在宋儒看来,通过向内的学习,就如孟子所谓"掘井及泉"与"深造之以自得",就能让纯然无杂的天理朗现、充盈于本心之中,达到"心与理一"的境界。朱熹完全以"天理—人欲"对待的架构来解释孔颜之乐为"穷理乐天"(朱熹《论语集注》)。"天理"二字虽本自《礼记·乐记》,但它在先秦儒家语境中并没有获得宋明理学那样重要的地位。孔孟原儒大多谈"道"而少谈"理"(荀子是个例外)[1],因而天理与私欲相对待的架构是否符合孔孟原儒义理方向,是有待商榷的。《四书恒解》的说法很精当地阐发了这个意思,弥合了"道"与"理"的间隙:"道乃义理之统名,其实一性而已。性原于天,而具于身,……行之既久,得之于身,自觉心旷神怡,……而外物不足为加损,所谓乐也。"[2]这里强调,天理不假外求,只需向内求索,"尽其心,则知其性,知其性,则知天也"。总而言之,颜回的乐以忘忧是不假外求的内心自足自得之乐,是"下学而上达"天理的内圣工夫所臻至的化境。

---

[1] 朱熹说:"道字宏大,理字细密。"(《朱子语类》卷六)又说:"道者,事物当然之理。"(朱熹《论语集注》)
[2] 程树德:《论语集释》,第500页。

二、仁者不忧：乐天知命

本小节处理儒家对待死亡的态度，解释为何儒家如此重视生死问题。我们的参照对象是海德格尔对最基本生存情态"畏"或"忧思"（Angst）的生存论分析。我们想要指出，死亡对于儒家并不构成最根本的忧与畏，这是因为儒家有"仁者不忧"、"乐天知命"的乐观精神①，对终将来临的死亡采取"乐夫天命复奚疑"的态度。儒家经乐天知命通达安乐之境，对于天命既是敬畏，又是安乐。

虽则"所欲无甚于生者，所恶无甚于死者"（《孟子·告子上》），然而在儒家看来，死并不构成人生在世最终极的"忧"而因此操心、畏惮着，死虽然是生命的终结，但生生不息的天道运化却是周行不息、循环往复的。孔子面对不息之川流发出"逝者如斯夫，不舍昼夜"的浩叹，这是对道体流行不息、造化不已的赞叹。"死生亦大矣"，儒家也必须直面死亡问题，尤其在原始的鬼神信仰和祖先崇拜依然浓厚的时代氛围中。儒家把死亡看作盛衰自然之理中的一环，荣枯皆有定，对于生死采取"生顺死安"（朱熹《论语集注》）的态度，而非渲染死亡之后的阴森恐怖来耸动人们去信仰宗教。

那么，儒家如此重视对山川、鬼神、祖先的祭祀，是否意味着儒家认为灵魂不灭，死后有一个鬼神世界的存在，所以人必须虔诚侍奉之以祈神

---

① 由个体生命气质的差别，显现出命限的差别，这虽然是无可奈何的，却不是命定主义，重性分不重命，进德修业不可以已。这是儒家讲命的依归所在。牟宗三认为这是儒家所独有的概念，严肃、渺茫幽微的观念不使儒家成为命定主义，也不成为乐观主义，而只成为诚敬于进德修业之不可以已者。道德实践是超越了悲观的、乐观的主观态度而说的，不能用悲观、乐观来框限。是一个"求之在我，求有益于得，而又知其无穷无尽"的问题。参见牟宗三：《圆善论》，台北联经出版事业有限公司2003年版，第152页。

灵护佑呢？这个问题也曾萦绕于子路之怀，才有子路如何事鬼神之问：

> 季路问事鬼神。子曰："未能事人，焉能事鬼？"曰："敢问死。"曰："未知生，焉知死？"（《论语·先进》）

死是人人都会面对的，对于死的追问也是切身之问。然而孔子把鬼神是否存在的问题悬置起来，他更在意的是生的价值与意义，只有领悟了生，才能领悟死。朱熹说："然非诚敬足以事人，则必不能事神；非原始而知所以生，则必不能反终而知所以死。……程子曰：'昼夜者，死生之道也。知生之道，则知死之道；尽事人之道，则尽事鬼之道。死生人鬼，一而二，二而一者也。'"（朱熹《论语集注》）

在海德格尔那里，是先行到死而领会生的存在与价值；在孔子这里，是追源到生才能领会到死的意义，所谓"原始反终，故知死生之说"（《周易·系辞上》）。王弼注："死生者，终始之数也。"只有"原始反终"，才能理解生与死的整全之道；生与死是一而二、二而一的，儒家对丧礼所持的态度是"视死如事生"。这表明，儒家对于祖先、鬼神的祭祀之礼所注重的是"反本修古，不忘其初者也"的精神价值，是"慎终追远，民德归厚"的价值效用。

孟子对于死亡的探讨是把它置于性命对扬的关系中，采取尽性至命、修身俟命的态度。寿夭、吉凶、祸福在孟子看来，属于"莫之致而至者"的事情，人应该的态度是"顺受其正"，这是道德实践上的"正命"工夫。这也是知天、事天的体现，由此才能达到乐天知命的无忧境界。孟子说："殀寿不贰，修身以俟之，所以立命也。"（《孟子·尽心上》）朱熹集注："殀寿，命之短长也。贰，疑也。不贰者，知天之至，修身以俟死,则事天以终身也。立命,谓全其天之所付,不以人为害之。……愚谓尽心知性而知天,所以造其理也;存心养性以事天,所以履其事也。"所谓"不以人为害之",是指正命而死而非桎梏而死。孟子曰:"莫非命也,顺受其正。然惟莫之致而至者,乃为正命,故君子修身以俟之,所以顺受乎此也。是故知命者,不立乎岩墙之下。尽其道而死者,正命也。桎梏死者,非正命也。"(《孟子·尽心上》)

这里的"命"依据牟宗三,"不是'天命不已'的那个命,亦不是命令之命,亦不是性分之不容已之分定之定"①。它是气化方面的,落在"个体生命与无穷复杂的气化之相顺或不相顺之分际上"②。在牟宗三看来,生死是必然的,不是命,而在生死中却有命存焉,如幸福或不幸福、夭折或长寿或得享天年等这些才是命,因而"命"是一个虚意,不能用命题来陈说。为何有这样的遭际是无理由可说的,因为气化无穷复杂,不可预料尽知,故说"生死有命,富贵在天"。"命是个体生命或气化方面相顺或不相顺的一个'内在的限制'之虚概念。"③如感性的、气质的、遭遇的限制,这些吉凶祸福是天所命于人的,因而非人为所能至者。对待死亡,君子应该修身以等待"正命"(或夭或寿)的来临,而不可蹈于危险之地自取其祸、非命而死。尽道而死是正命而死,不尽道而死是不正命而死。对待不能被消除但可以被超化(即成为正命)的气化之限制,儒家以德润身,以等待夭寿的自然来临,这便是确立命限的唯一途径。④

对于孔子,人生所真正应当忧虑的是"道",这才是最本真的忧,而非死。人生最迫切的是求道、得道,"士志于道",人生最大的幸福也在

---

① 牟宗三:《圆善论》,第139页。
② 同上书,第140页。
③ 同上书,第139页。
④ 同上书,第139、129—130页。

得道中实现。孔子说:"朝闻道,夕死可矣。"(《论语·里仁》)在孔子看来,如果闻道,即便夕死也没有遗恨。孔子曾自道:"其为人也,发愤忘食,乐以忘忧,不知老之将至。"(《论语·述而》)孔子一生孜孜不倦于学,未得道时发愤忘食,已得道时乐而忘忧,甚至忘记老之将至、年数之不足了。朱熹说:"但自言其好学之笃耳。然深味之,则见其全体至极,纯亦不已之妙,有非圣人不能及者。"(朱熹《论语集注》)只有圣人才能达到如此境界。

同时,由第一章我们知道,轴心突破后的"天道"是一个超越的精神领域,然而孔子对"天命"的信仰仍然保留了此前巫术性宗教天命观的残留痕迹,更何况,"天命"的概念本来就是在巫术性—萨满宗教的背景中出现的,具有浓厚的巫术性色彩。然而在突破后忧患意识所推动的人文精神觉醒的潮流下,儒家对待天命不再是原始宗教式的惧怕与屈服,而是以主体的责任精神与道德意识承担起天命,尽心知性以知天,并从天人合一中获得巨大的自足与快乐(自慊)。"乐天知命,故不忧。"(《周易·系辞上》)王弼注曰:"顺天之化,故曰乐也。"孔颖达疏曰:"顺天施化,是欢乐于天;识物始终,是自知性命。顺天道之常数,知性命之始终,任自然之理,故不忧也。"

西周虽然有人文精神的觉醒[①],但是孔子陷于危难时对天命在身的勇

---

① 徐复观指出,体现为《诗经》中的命字有八十多个,其中天命的含义有四十个左右,西周初年与文王相关;《小雅》中"天命"有两处,商颂中三处"帝命",五处"天命",还有三处明显的表示命运之命(《国风·召南·小星》"实命不同"、"实命不犹",《郑风》"不知命也")。殷代称帝令、帝命,周初称天命,厉王时代称天而很少称呼天命,西周末年出现命运之命。这表明,西周末年,人格神的天命逐渐垮掉,过去信托在神身上的天命,自然转变为命运之命。天命有意志,有目的性,而命运背后无明显的意志,更无什么目的。帝表现出很强的人格神的意味,天命还是人格神的意味,天就与自然之天及法则之天相混,人格神的意味趋于淡薄。参见徐复观:《中国人性论史》,第35页。

于担当，表明人的行事正当性的依据还是来源于天命。唐文明指出，在天命笼罩的春秋时代，孔子强烈的忧患意识体现在他发明了"仁"道以标举人自身的道德能力，从而将人从无常的天命摆布中拯救出来。然而从孔子对天命所持的战战兢兢、临深履冰式的敬畏态度中可以看出他对天命的依赖。高举"仁者，人也"的道德主体性并不是去否定天命，而是发挥人的主观能动性去顺从天命。这是因为，"'仁'虽然是操持在我的，但'仁'的能力又是天命所赋予的，所以'依于仁'而行事就既是人自身道德能力的发用，也是人主动顺从天命的表现"①。孔子在面临绝境的情况下坦然自若、依然弦歌不辍所表现出来的大勇是来自于对天命不丧斯文的信念。这种大勇"表达出对天命的信任，是一种形而上的勇气。对天命的信任越是真确，忧患之感就越是弱化"②。这也是"仁者必有勇"的要义所在。诚如唐文明指出的，子思、孟子的"立命"、"尽性"观念是对孔子模棱两可的天命信任之重大推进。"子思孟子认为仁的观念所内涵的人自身的道德力量实际上禀之于天、由天命授予，这样，人靠自身的道德力量回应天命因而也就是人靠天命的力量回应天命。领悟到天命的在身性，忧患意识就被身处天命之怀抱的安乐之感所代替。忧患意识总是忧患于天命的靡常，安乐则来源于对天命的笃信。"③

三、得道之乐

所谓"得道之乐"是儒家所特重的德性之乐，是一种德性圆满自足

---

① 唐文明：《与命与仁：原始儒家伦理精神与现代性问题》，第58页。
② 同上书，第60页。
③ 同上。

第二章 先秦儒家道德情感的哲学分析

之乐,即心悦于理义之乐。典型者如《大学》中说:"所谓诚其意者,毋自欺也。如恶恶臭,如好好色,此之谓自谦。"又如孟子所说的"万物皆备于我矣。反身而诚,乐莫大焉"的快然自足之乐,以及"理义之悦我心,犹刍豢之悦我口"之"心悦理义"之乐。① 从境界论上看,这种乐是一种对自己不受欲望及自私欲求所左右的状态的满意,是"德性功夫成就后之化境"②。从哲学上分析,这种乐是理性之乐,是对感性之乐的超越。

在后世阳明心学看来,《大学》中的"自谦"是良知朗现所获得的内心自足。这种乐就是致良知本体(让良知本体如其本然那样澄明、自显、照彻)之后所达到的乐境。它不同于因感外物而生的七情(喜怒哀惧爱恶欲)之乐,这种意向性情感随物流转,依赖于外,且容易消逝。而且七情若是有所私意的"附着"与"计执"就堕为欲望,遮蔽了良知本体之明(七情有着,俱谓之欲,俱为良知之蔽),反而会造成行为主体良心的不安(稍有私意于良知,便自不安)。从工夫论上看,致良知才能获得最内在的快乐:"人于寻常好恶,或亦有不真切处,惟是好好色,恶恶臭,则皆是发于真心,自求快足,曾无纤假者。"③ 复得良知本体的快乐,是天地间无可替代的至乐。因而可以称它为"理性的得道的快乐"(庞朴语)。这种乐是对感性之乐(如天伦之乐、父母俱存、兄弟无故)的超越

---

① 仁义礼智就是理义,也就是康德所说的 moral law, moral law 就是理义。"理义之悦我心"是理性的,"刍豢悦我口"是感性的。"理义之悦我心"这个"心"不是心理学意义的心,而是道德的心,就等于康德所说的 free will。那个"心"就是 will,是理性的。牟宗三:《〈孟子〉讲演录》,第七讲,卢雪崑录音整理,《鹅湖月刊》2005 年 1 月总 355 期。
② 唐君毅:《中国哲学原论·原教篇》,中国社会科学出版社 2006 年版,第 291 页。
③ 王守仁撰:《王阳明全集》卷五,"与黄勉之"第二封信,上海古籍出版社 2011 年版,第 104 页。

与提升。

因而，修德之忧与得道之乐是一体两面、忧乐圆融的。庞朴指出，这种得道之乐恰恰就是那念念不忘的修德之忧。① 这种忧成为君子修身求道的精神动力而可以转化为本体之乐。"儒家也重视乐，但儒家对己是乐，对天下国家而言则是忧，所以孟子说：'故君子无日不忧，亦无日不乐。'因为儒家的乐，是来自义精仁熟。而仁义本身，即含有对人类不可解除的责任感，所以忧与乐是同时存在的。"② 正如泰州学派人物所言："君子终身忧之也；是其忧也，乃所以为其乐也。"（《明儒学案》卷三十二）这是一种即忧即乐、化忧为乐的体悟。高扬理性之乐，转化感性之乐（要与人分享、同乐乐才具有道德意义）是儒家对待忧乐情感的终极伦理态度。

综上，无论是以个人得失为关怀的私忧与患，还是以关怀天下与他人为特质的公忧，儒家都不把"忧"作为人生在世的本质来看待，这不同于海德格尔把"操心"作为此在生存的本质。"海德格尔对人生的描述，充满悲观情调。但儒家对忧的关注，则绝非想赋予它本体意义的位置。"③ 在海德格尔那里，死亡总是悬临着，这构成了此在的最本真现身情态——畏，畏把此在带到了"虚无"的境地，把此在从沉沦状态中唤醒到最本己地向着可能性筹划自身的存在。而儒家是在乐天知命的天命体验中、在反身而诚的工夫践履中把对死亡的恐惧、担忧转化为"顺受其正"及天人合一的德性之乐。

---

① 庞朴：《儒家的"忧"与"乐"》，《中国文化报》2006年12月28日第6版。
② 徐复观：《中国艺术精神》，华东师范大学出版社2001年版，第35页。
③ 陈少明：《释忧》，《学术月刊》2016年第10期。

第三节 德福一致：儒家的圆善如何实现？

所谓"圆善"就是最究极的善，就是德性与幸福合一的圆满具足状态。用孟子的话语表示，即圆善是孟子所谓"天爵"与"人爵"的综合、"所性"与"所乐"的综合。德性与幸福能够合一的问题构成了重要的实践哲学问题。下面我们将在中西比较哲学的视野下，依照康德哲学的义理与界定，来讨论先秦儒家如何实现德福一致，如何解决追求德性与实现幸福之间的沟壑问题。

一、所欲、所乐与所性

要了解儒家的圆善论，首先需要明白构成儒家人生幸福的基本要素。人生幸福离不开感官快乐，所以我们首先需要对先秦儒家（主要是《孟子》文本）中快乐的内容与层次进行哲学分析。《孟子·尽心上》中有两段提到君子的快乐：

> 广土众民，君子欲之，所乐不存焉。中天下而立，定四海之民，君子乐之，所性不存焉。君子所性，虽大行不加焉，虽穷居不损焉，分定故也。君子所性，仁义礼智根于心。其生色也，睟然见于面，盎于背，施于四体，四体不言而喻。
>
> 君子有三乐，而王天下不与存焉。父母俱存，兄弟无故，一乐也；仰不愧于天，俯不怍于人，二乐也；得天下英才而教育之，三乐也。君子有三乐，而王天下不与存焉。

所欲、所乐、所性是层层递进以透显价值标准的三个层次的事情，所欲是最低级的欲望、爱好，广土众民是人人所欲望的，这是满足感性欲望的、世俗的幸福，是利己之私，因而君子不以此为乐；中天下而立，定四海之民，即王天下，这是成就公共幸福、实现王道的政治功业（外王事业）的乐。这是有道德价值的、有功德于民众的事业，因而是君子所当乐的事情。这两者都是幸福领域的事。按照康德义理，这些都归于实践理性的第二条原则之下，它们都是以对象的获取、满足为乐，因而属于自利或幸福的原则下。

　　孟子讲的三种基本之乐也是幸福领域的事。第一是天伦之乐（依亲亲而定），第二是属于无愧怍的乐（依进德修身而定），第三是属于培育天下英才的快乐（依文化价值而定）；而王天下是政治功业的乐。这三种乐都涉及存在实然方面的限制，仍然是"所乐"，而非"所性"。父母俱存、兄弟无故是非常难得的，对父母的养生送死、兄弟间的和乐且耽以至得享天伦之乐是非常幸福的。然而其得不得是"有命存焉"的，因而是属于幸福者。仰不愧于天，俯不怍于人，本属修天爵之事，然而在修为过程中是否能无愧怍也是有命存焉的。只有圣人完全能做到无愧怍，而芸芸众生只能做到一时的无愧怍，做到此便已是最大的幸福。因为，无愧怍之乐既需要主观层的心安理得，也需要外在境遇与条件的辅助才能达成。"故此无愧怍之乐固是跟着心安理得而来，然而助成此心安理得者亦系于气命之顺适，即助成意志之坚定而于理无违亦有系于气命之顺适。"① 因而，无愧怍是一种难得之乐，是有缺陷的美，可称之为"悲剧之福"（牟宗三语）。君子一有愧怍，良心稍有不安，就减低了人格的价值。由于无愧怍之乐需要外在机缘的辅助，外在境遇顺适者更容易有无愧怍

---

① 牟宗三：《圆善论》，第161页。

之乐，因而它也不是"所性"，属于幸福的原则之下。再者，成就文化功业的乐更依赖于外在境遇与机缘，因而也属于幸福的原则下。王天下的乐是政治功业的乐，这种乐是以外在的功业为乐，因而其价值只是一时的。程明道说："虽尧舜之事，亦只是如太虚中一点浮云过目。"① 这种政治功业之乐被种种条件限制，所以不如三种基本之乐纯净而无私，不如其根本而持久。由此，我们排出一个乐的价值序列："广土众民"之所欲不如"王天下之乐"，而王天下之乐不如基本的三乐。这些都是"所乐"，都归入幸福的原则之下。

所谓"私人幸福"的原则是指以感性欲求作为意志规定根据的伦理原则，这也是质料的原则。"好生恶死是属于感性的，是以幸福为标准的。好善恶恶是属于理性的，是以道德为标准的。人皆有此好善恶恶之'仁义之心'的，不独贤者有之，贤者能勿丧耳。"由此，我们可以引申出康德的实践理性的第二定理：基于质料的意志规定根据的伦理学是经验的，归于私人幸福的底下，这是把私人欲望作为意志规定根据的伦理学，不能供给实践法则。而好善恶恶是基于较高级的欲望机能所建立的法则，是纯形式的法则，是道德法则，"纯以义理来建立。由此法则来决定意志以从事于行动便是德行。依孟子，好善恶恶之机能即是仁义之心之机能。由此心而立实践原则以成法则以决定意志之方向便是此心之立法性。"然而仁义之心不如康德那样是虚歉的，而是落实于舍生取义之心。在这个意义上，"仁，人心也"表示"人之超感性以上的能有通化作用之本心。能通化即不为一己之私所限"。②

---

① 《二程集》，第61页。
② 牟宗三：《圆善论》，第39—41页。

借用康德"分析"与"综合"的概念，牟宗三说"所乐"与"所性"的关系是"综合关系"："所乐"是以"所性"为条件，这是综合地备（统摄）于所性者（万物皆备于我，反身而诚，乐莫大焉）。所谓"综合关系"是用以说明一切求之在外的东西是"求无益于得"的，非性分中之事，尽其道而求也不能决定它的必得。按照康德的话语，这是因为道德原则与外在幸福、富贵之间的关系是综合关系，而非分析关系。用孟子的话说就是"得之有命"，是外在于我、非我能掌握的。依儒者之教，内圣必然函蕴着外王。外王之事必以内圣中的德为条件。然而，内圣与外王的关系是综合关系，而不是分析关系，这是综合的必然，而非分析的必然。① 这是说外王之事是"性分"所综合地函蕴者，但不就是性分之本身。因而王天下之乐不是"所性"之事。所乐者（包含基本的三乐）都是性分的间接地综合地所函者，不是性分之本身。"性分之直接地分析地所函者就是成德。"② 万事万物都是间接地综合地备（统摄）于所性的"求之在我者"，即仁义礼智所根于的本心。修天爵而人爵从之，也是间接地综合地从之。因而所性与所乐是两个独立而相关的本末的相关。

"所乐"都不是完全自足的，是有待于外的，它们的得与不得是有命存焉的，因而不是"所性"。而"所性"是绝对价值，是无条件者，是无待于外而自足的。对于所性的事情，人虽是大行其道，处处顺适，也不能于其所性增加一点，即便是穷居陋巷处处不得伸展，也不能于其所性减损一点。这是因为所性（所以为性者）是"所定之本分已经决定了之

---

① 牟宗三：《圆善论》，第 163 页。
② 同上书，第 164 页。

故"①，即根于心的仁义礼智，也是"性体"所在。顺应本心而表现为仁义礼智之行动，仁义礼智之行是"顺乎性体所发之仁义礼智之天理而行"②之行，就成就了人的绝对价值的人格。因此，"所性"是判断行为价值的标准，人的成德也就是让本心的仁义礼智由内而外显发出来，这是无待于外的、定然如此的。

由所乐的幸福原则不能建立定然的道德法则，而是全由所性而发。幸福之事虽然重要，然而诚如孟子所说"所欲有甚于生，所恶有甚于死"，人的意志的规定根据只能是定然的、无条件的实践法则，才能保证意志的自律。这才是真正的道德原则，保证生命不落于自然的因果法则，被交给他律的、被决定的原则。两者不可偏废，幸福的独立价值也不能被划除，两者的关联是本末的关联，是综合的本末的关联，而不是分析的关联。幸福必须以道德为条件，有德者不必即有福，有福者不必即有德。

二、圆善的康德式论证：德性与幸福之综合

在康德看来，最高的善（圆善）是德性（成德）与幸福的综合，最高善需要幸福才能圆满。用孟子的话语表示，即圆善是孟子所谓天爵与人爵的综合、所性与所乐的综合。如果像斯多葛学派那样说德性就是幸福，这意味着成就德性本身就是自得自足之乐，然而这种福只是成德中的主观心境。若这样，幸福就不是独立的，就成为德性的附属物，幸福就被德性所吞没。也就是说，美德与幸福是属于两种性质的事，不能以

---

① 牟宗三：《圆善论》，第157页。
② 同上书，第180页。

美德消解幸福的独立意义。美德是属于理性的当然之事，我欲仁斯仁至矣，而幸福是属于个体存在的事，在存在上需要外在善的条件来辅助，个体是感性的存在者，即有关于尊生保命，因而要求幸福属于应当的事情。幸福者是用来资助生命使其畅遂的条件。幸福属于存在之事，不属于理性（性分中固有、必定有）的事，因而不能保证其必得，所以是有命存焉的。社会全体也需要幸福资助其存在，这就是孔子为何盛赞尧舜的功业的原因。① 王天下是为了全社会的幸福，若一夫一妇不得其所，若己推而纳诸沟中。

在康德看来，德性是使幸福有价值者，是究极的善，而幸福总预设德性为其条件，幸福的分配若是能与道德形成准确的比例关系，那就实现了世界的最高善。因为圆善是德性与幸福的结合。② 这表明，所性者是评判标准，所欲、所乐是被评判者，它们必须预设所性为条件。在康德看来，是意志导向行动，实践理性的对象是善与恶（祸福不是其对象），但是善与恶不是先在的标准，而是由内在的道德法则而确定的（如果是先在的，那么怎么来判定其为善与恶呢？）。只有把先验的道德法则作为意志的规定根据，才成为定言的（无条件的），因为这个法则是意志以其自身为目的，而不以任何外在于它的对象为目的（假言判断，有条件的）。因而，善恶的概念必须由先行的实践法则引申出。无条件的纯善是实践理性的对象。在康德看来，圆善是善良意志的必然的对象，而促进圆善的实现也是善良意志的终极目的，所以它必须是可能的。

---

① "子贡曰：'如有博施于民而能济众，何如？可谓仁乎？'子曰：'何事于仁，必也圣乎！尧舜其犹病诸！'"（《论语·雍也》）
② 〔德〕康德：《实践理性批判·辩证部》第二章首段，牟宗三译注：《康德的道德哲学》，转引自牟宗三：《圆善论》，第168—169页。

圆善既是有限理性存在者的欲望的对象,也是实践理性的对象,最高善是意志的先验的必然的对象,而且不可分离地附随于道德法则。它是被先验地给予意志的,圆善的客观实在性(即德与福的综合联系)是随着道德法则的先天性一并被给予的,因而是实践理性的最终目的。如此,康德说,如果圆善依照实践规律是不可能的话,那么命令着"最高善必须被促进"的道德法则也必须是幻想的了。

康德表明,道德的意识与作为道德的结果的与之相称的对幸福的期望,这两者之间是异质性的。德属于目的王国(人把自身作为目的来看待),幸福属于自然王国。德性与幸福之间的联系是因果式的综合联系:道德需要落实在现象界(感触界)的行动中,因而是实践的联系;幸福是落实于现象界的个体生命存在之事,因而不能由德性概念分析出来。德性作为原因与幸福这个结果的综合联系并不仅仅由意志的向善意向就能决定,还必须靠现象界的知识(如孝亲之事上的温清定省的动作、供养物资、对父母身体状态的了解等自然法则)以及为达到目的而使用自然法则的物理力量,才能实现德与福的一致。因而严格遵守道德法则不能期望在现实世界中必然带来幸福。然而人可以期望它们之间偶然的联系。那么,对于两者之间如何才能产生必然的联系,康德是如何论证的呢?

首先,善良意志必然对存在个体的行动产生或顺或遏的影响,若顺适存在的生命,就成为幸福,若造成痛苦、困厄,就成为祸。因此,德与祸福之间的联系是全称命题的联系,这两者之间不能同时为假,有德性不必然带来幸福,德与福之间的结合是偶然的。但是有德性并不意味着自毁,尽管不一定带来幸福。康德认为,我们在现实世界中可以期待德性与幸福之间的一种偶然结合。然而,我们不只是在现象界期望圆善的可能性,还必须在智思界中寻找其可能性的先天根据。康德如何保证圆善的可能呢?

在康德看来,德福的因果性不是现象界的因果性,而是意志的因果性。由此,他走向了智思界的上帝存在(一个睿智的自然之创造者)以保证德福的相配。康德认为德福一致的圆善如果不能在先天上保证,那么善良意志就会落空,成为虚假的。这种先天保证被关于德福关系的二律背反所威胁着。这就是伊壁鸠鲁学派认为的幸福带来德性(幸福必然蕴含着一个有德性的心灵),与斯多葛学派认为的德性带来幸福的观点,两者构成了背反。康德认为这是因为他们都把德福的联系看成是分析的,而不是综合的联系。如果两者是分析的关系,则从一个概念可以分析出另一个概念。康德认为,造成背反的原因是二者都只是把理性的存在者看成仅仅是感性世界的成员,若这样,就把德性作为原因、幸福作为结果的因果联系看成是感触界诸现象之间的联系,那么有德性的心灵必然地产生幸福这一命题就成为假的了。

在康德看来,因为人不仅是感性世界的成员,更是智思界的智思物(我之在其自己)存在,这是相对于现象我的"本体我"。所以,圆善的可能在于智思界的智思物对于行动的感触界中的现象的关系。也就是说,决定行动的原则是属于智思界的,不在感触现象中。若这样,德性(意志的道德性)是智思界的原因,而幸福是原因作用于感性存在者而在现象界的结果,这就解决了前面所说的二律背反。这样的话,圆善就必然成为可能的。德性(意向的向善性)作为智思界的原因,与现象界中被感触到的幸福之间必定存在一种联系。这种联系甚至是必然的,这是通过一个睿智的自然的创造者(上帝)的存在而保证的。因而德福之间综合而必然的联系只有靠智思界中的上帝的存在才可能。

然而其一，这种必然的联系是不可被感知、直觉的，而是实践地知之（依实践原则而来的诚"信"，相信其为真）；其二，德福之间的联系是超感性的联系，不能依照现象界的法则而被给予，其真实可能性必须转至超越者来保证；其三，我们对于圆善的实现是无能的，然而我们可以就直接存在于我们的力量之中者与那不存在于我们的力量之中者来保证圆善的实现。对灵魂不灭的肯定（设准）就是直接存在我们的力量之中者（遵守道德法则，使得心灵完全符合道德法则），而上帝的存在不为我们的力量所能思辨地证明之，但是我们能肯定（假设）之以补充我们的无能。"就灵魂不灭之肯定而言，我们期意志之神圣性，完成圆善中纯德一面；就上帝存在之肯定而言，我们期德福一致之保证，作为我们的无能于圆善之实现之补充。"① 既于德之必然完整一面，须肯定灵魂不灭，有限的理性存在者必须在无限延展的进程中才能无限地趋近意志的神圣性，也就是达到意志全部符顺于道德法则，因而必然推至灵魂不灭，以之作为实践理性的设准；又于"幸福之比例于德"一面，须肯定上帝之存在。

为什么必须设定上帝存在呢？德福一致必须是被预设为可能的。这个根据在康德看来，必须在"一切自然的原因"即最高的原因那里找到。必然要设定一个人格神——上帝（无限的存有、最高的睿智体），它作为自然的原因，是自然的创造者，因而是一最高的原因，当它创造一切自然时，必然含有德福间的必然联系的原则。最高原因的睿智与意志保证了自然与道德的原则相谐和、相一致，成为圆善可能的根据。这从实践理性上说是道德的必然的设定，是一种主观的需要，就实践目的上的

---

① 牟宗三：《圆善论》，第 203 页。

需要而言，它可以被叫作信仰，康德认为这是纯粹理性的信仰。

三、牟宗三对儒家圆善的证成

（一）儒释道之圆教形态：抛开思辨理性而只就无限智心说圆满

康德依据基督教的传统而设定上帝存在，牟宗三认为这是依照宗教传统而确立非理性的人格化神的缘故。依照儒家的传统，应该是由"无限的智心"（一个无限而绝对的实体性的心体）创造、担负存在。而康德依照宗教传统把这种无限而绝对的智心人格化而为上帝（神智神意），人格化为一个无限性的个体存有（上帝），这种人格化是理性外的"情识作用"（或曰超越的情识）。

牟宗三认为，把圆善的可能根据放在这样一个起于情识决定而有虚幻性的上帝是一大歧出。为何与人绝异的神智与神意就能"超越而外在地"使人的德性与其存在（物理的自然）的福相谐一呢？这是很难索解的。因为上帝无所谓应当，那么其智意的因果性就不必与人的道德原则的因果性相同。因为上帝的神意与神智只在于创造自然，而人的德性依然如故。其问题不在于神意与神智，而在于离开了人而拟人化一个异于道德心的创造性的、无限性的个体存有者，这种说明圆善可能的模式完全是依宗教传统而说者。这是非理性的决定，而儒释道三家是彻头彻尾理性的决定的说明模式。①

依照康德，由于幸福关涉个人存在及一切自然存在，而上帝创造了自然，所以它能保证自然与德相谐和，使现实中不能必得的德与福实现一致。儒释道三家都肯定无限的智心的存有（实践上的肯定），并未把它

---

① 牟宗三：《圆善论》，第236页。

人格化。牟宗三说:"其(儒释道)一本论之所以可作德福一致之根据乃是因为其理神(理极体)已消融于无限智心故(朱子无此义)。因此,我们绝不能以知解理性所虚构的人格神的上帝之概念来充当圆善可能之根据。"① 西方的做法是把超越理念个体化(真实化、对象化)、实体化、人格化的方法。而圆教的途径就是抛开上述途径,只就无限智心来说明圆善的可能,只就实践理性就可证成。理性的构造使用(圆成的使用)只能在实践理性的圆教途径中被呈现出来。② 在圆教中,目的王国与自然王国实现统一。儒释道三家的无限智心都是自实践理性上说,不涉及思辨理性的虚构。

康德说人性(儒家看来是道德本心、创生不已的仁心仁体)只是人性的特殊属性、人类的特殊的自然特征,或某种情感和性癖性好之类,这些只是气质之性或曰气性、才性。儒家的本心是纯粹的实践理性,是理性的心,有绝对普遍性。此心即性,当机指点,当下可以呈现,觉润万物,这就是从实践理性上证成一无限的智心。此即撇开思辨理性而说圆满。"由此无限而普遍的理性的智心,故能立道德之必然且能觉润而创生万物使之有存在。只此一无限的智心之大本之确立即足以保住'德之纯亦不已'之纯净性与夫'天地万物之存在以及其存在之谐和于德'之必然性。此即开德福一致所以可能之机。"③

圣人初说多为当机而说,很少是纯客观地如理实说或圆说,圆实之境大体皆是后来的发展或后人的引申。孔子之教也有圆实之境,此是后人的发展、引申,但是包含了前人的说法。在孔子那里,对仁者生前是

---

① 牟宗三:《圆善论》,第 247 页。
② 同上书,第 248 页。
③ 同上书,第 256 页。

否得福是不去讨论的，这不成其为问题。从他对冉伯牛得疾早逝的"命矣夫，命矣夫"的悲叹，从他对颜回不幸而早死的哀叹中，似乎看出他把夭寿、祸福之类的事情看成是"命"，有命限的意思，是令人无可奈何的。孔子更注重在德的一面尽力而为，造次必于是、颠沛必于是，学不厌，教不倦。① 因为这是"我欲仁、斯仁至矣"的事情。至于"仁者寿"的说法，孔子也只是顺着讲。

关于性与天道（这是儒家存有论的原理，是无限的奥秘、奥体），子贡说"不得闻也"。大抵这是很深密的事情，孔子说"子欲无言"，正如天之不言，"天何言哉？四时行焉，百物生焉"。因此之故，上天之载是无声无臭的。道体的幽微深密（於穆不已、生物不测，是形而上的绝对实体）下贯到人的身上成为於穆不已的性体，而体现在流行不息的本心上。在这个意义上，《易经·系辞上》说："圣人退藏于密。"孔子虽未明言天道与性，但蕴含了对於穆不已的道体的阐发。

而后，孟子十字打开，开始大谈天道与性命，提出即心言性的、仁义礼智根于心（仁义内在）的命题，人之贵于禽兽的真性（几希）就是根于心的仁义礼智。尽心知性以知天，存心养性以事天，"夭寿不贰，修身以俟之，所以立命也"（《孟子·尽心上》）。在孟子那里，安危祸福是属于命的事情，是"有之有道，得之有命，求无意于得，求之在外者"的事情，因而是"有命存焉"。孟子也提到了德与福的关系，在他看来是天爵、人爵的关系，所谓天爵是仁义忠信、乐善不倦，人爵是现世的福禄。古人修其天爵以要人爵，然而人爵不必定从之，这说明两者之间还

---

① 孟子引子贡曰："学不厌，智也；教不倦，仁也。仁且智，夫子既圣矣。"学不厌与教不倦被子贡认为是智与仁，以此称赞孔子为圣人。

是综合的关系。然而孟子并没有说修天爵就必然会带来人爵。在孟子那里，德福一致还没有成为问题被讨论。孟子说："君子所性，虽大行不加焉，虽穷居不损焉，分定故也。"（《孟子·尽心上》）这是"泯绝无寄地言之"①，是隔绝地看待德性与幸福之间的关系。而《中庸》所说的"君子素位而行，不愿乎其外。素富贵行乎富贵，素贫贱行乎贫贱，素夷狄行乎夷狄，素患难行乎患难。君子无入而不自得焉"，虽然自得，不免有悲剧意味。②

在牟宗三看来，德福一致的圆善只有到了宋儒胡五峰提出"天理人欲，同体而异用"、王阳明提出四句教、王龙溪提出四无之说后才在哲学上得到最终的解决。在这个意义上，圣人之迹无不是仁体之本的显现（迹本圆融），即便是天刑、天戮也是福。德之所在，就是福之所在，"命"的概念遂被消解。

（二）迹本圆融中德福之诡谲的相即

牟宗三说"迹本圆融"是儒释道三家共有的圆境。迹本圆中的德福一致既不是斯多葛与伊壁鸠鲁主张的分析关系，也不是康德所说由上帝存在来保障的综合关系。牟宗三把圆教中德福之间的必然联系称为"诡谲的相即"。③

牟宗三说道家的"圣人体无"也是迹本最圆的化境，是会通万物而无隔、和光同尘的境界。道家的圆境是"就无限智心（玄智）之体化应务（亦曰体化合变）与物无对（顺物者与物无对）而成全一切迹用亦即

---

① 牟宗三：《现象与物自身》，台北联经出版事业有限公司2003年版，第29页。
② 同上。
③ 牟宗三：《圆善论》，第295页。

保住一切存在而说",其缺陷是未对一切存在做存有论的根源之说明。①

儒家的圆教,从道德意识入手,"有一'敬以直内、义以方外'之道德创造之纵贯的骨干——竖立的宗"②,即仁心之不容已。儒家"以天地万物为一体"的圆境必须由仁体的创生性与遍润性来建立。儒家的大人(仁者)通过道德的实践以体现此仁体(无限智心),体现的极致就是以天地万物为一体。仁者以天地万物为一体,非主观臆想构造,而是"其心之仁(其无限智心之感通润物之用)本若是与天地万物为一体也"③。那么,无一物不是无限心的感通润泽,这是存有论的遍润性,使得一切存在为真实有价值,引起宇宙生生不息、造化周流六虚的境界。此即《中庸》所讲"诚者,物之终始,不诚无物"之意。每个人皆有此无限智心,圣人可以随时呈现,而一般人需要通过逆觉体证(操存涵养)而时时体现。

牟宗三指出,孔子的"践仁以知天"已约略隐含此圆教的规模。孔子通过践仁以默契(默而识之)那於穆不已、生物不测的形而上道体。"不怨天、不尤人,下学而上达,知我者其天乎?"(《论语·宪问》)天知我,必然蕴含着我知天。知天必须通过践仁成德以冥契那奥体。性体是能起道德创造的超越的性能,是无限智心(仁心)与天道之间居中的一个概念,这性能使两者合一。性能就是仁心。因而,仁体、性体、道体合一于仁心。一切存在皆含摄在这仁心性能之中。不能离开大人的践仁空谈天道,然而若离开了天道道体与存在,就不能晓得仁心性能的无限性与创生性,两者合一才是圣人圆盈之教的规模。这就是"夫子以仁

---

① 牟宗三:《圆善论》,第 293 页。
② 同上书,第 297 页。
③ 同上书,第 298 页。

发明斯道，其言浑无罅缝"的含义。孟子十字打开是把孔子约略浑含之言予以义理的撑开。

牟宗三认为阳明的致良知四句教是对朱子"即物而穷理"之歧出的扭转，然而只是把无限智心转为一终极之理（太极），无限智心的心义遂失落，因而还不是圆教、究竟教。① 只有到了王龙溪提出四无教，儒家究竟圆教才最终证成。

在阳明的四句教中，良知的明就是无限智心的自体之用，所以良知之虚灵明觉就是反证无限智心自己的绝对纯净性。因而，良知的心与知是超越层，"意之所在为物"，意与物是现象界的经验层。格物致知的实践工夫就是打通超越层与经验层的分界。致良知就是致吾心良知之天理于事事物物，事事物物皆得其理，那么就意诚了。"心正者，无限智心因良知之天理之呈现而复其正位而无忿懥、恐惧、好乐、忧患之谓也。"② 因此，牟宗三说致知以诚意正物而复心之正位（这种实践的工夫无穷无尽）表示心、意、知、物还在"有"的境界，仍是分别地说，未能达到浑化而无迹的境界。③

牟宗三说只有上升到王阳明后期所说"明觉之感应为物"才能到达德福一致。"明觉之感应为物"（即无物之物）不同于意之所在为物（这是经验层的物），是超越层上的物。"体用显微只是一机，心意知物只是一事"（《天泉证道记》）才是真正的圆教。④ 而王龙溪的四无教正是达到一种浑化之境。"知是无知之知"是表示良知没有经验层上的意与物为其

---

① 牟宗三：《圆善论》，第306页。
② 同上。
③ 同上书，第312页。
④ 同上书，第313页。

所对，而只是无知相之知如如流行。四无教是更彻底的非分别说的圆教，达到了无迹的化境。

在四无教中，心、知是本，意、物是迹，达到"全本是迹、全迹是本"的圆融境界。在这里，经验层与超越层的分别就被化掉。之所以有此分别，是感性的参与。明觉之感应是神感神应，因为在神感神应中，心意知物浑是一事。"吾人之依心意知物之自律天理而行即是德，而明觉之感应为物，物随心转，亦在天理中呈现，故物边顺心即是福。心与知是纵贯地遍润而创生一切存在，其所创生的一切也随着心意知而流转，这就是福，事事如意而无所谓不如意，这就是福。德即存在，存在即德，德与福通过这样诡谲的相即便形成德福浑是一事。"① 无限的心知有创生、润生的妙用，存在随着心转就是福。这样，德与福不是综合的联系，也不是分析的联系，而是诡谲的相即。这才是道德实践的真正圆教，是解脱的圆教。"圆圣依无限智心之自律天理而行即是德，此为目的王国；无限智心于神感神应中润物、生物，使物之存在随心转，此即是福，此为自然王国（自然是康德意义上的物自身，非现象层的自然）。"②

在"圆教"的论证上，牟宗三也受到胡五峰"天理人欲同体而异用"的启发，"同体相即"（天理人欲同体而异用）就是圆善。在四无教之中，德福一致就成为必然的联系，因而这之中没有"命"义，命已经被超化。因此，圣人的一切都是奉天时之变、生死之化，穷通遭际，从外观之，都是天刑，然而天刑即是福，是因为从迹能"冥契"迹本圆融。虽夷狄、患难、造次、颠沛都是天刑之圣迹，为圣者所不避。孔子自称为"天之

---

① 牟宗三：《圆善论》，第316页。
② 同上书，第323页。

戮民"(《庄子·大宗师》),这些固非幸福,然而高堂华厦也是圣者"天刑"之迹,转而为福累。圣人皆平等待之,"说吉,一是皆吉,说凶,一是皆凶,德性与幸福本无隔绝"①。天刑即是福,也就无所谓命,"命"的概念被超化了,一切迹用都随心转。(郭象经常用"冥"来形容主客合一的关系,冥表示相合而无相合之迹的意思)

综上,在康德那里,本体界的自由(遵守无条件的道德命令)与现象界的幸福(属于个体存在的事情)是截然分开的,两者的合一必须通过上帝存在来保证。这是康德实践理性未充其极的"别教"、"始教",而儒家把实践理性充其极形成圆教,其关键在于透至无限智心。牟宗三以儒家无限的智心(仁心、良知)代替人格化的神,通过王龙溪所阐发的四无之教,"明觉之感应为物",把经验层的物提升、纯化为"无物之物"(此物没有良知所知的对象相,也没有善恶意的正与不正相,因而相当于康德所谓物自身义的物)。这样,心知与意、物就都属于本体界、超越层,心知意物就成为一体。在这个意义上,物随心转,两者同体相即,达到了圆善。

对牟宗三晚年圆善论的证成,学界已有相关的评价。例如,彭国翔指出牟宗三以自由无限心代替上帝,实际上取消了人神之别、天人之间隔,把人等同于天,而他认为相比于康德以上帝保证德福相配,牟宗三以自由无限心保证德福一致,先秦儒家的"天道"概念可能更为恰当。因为天道既保留了天人间的间隔,同时又是道德行为与自然存在的价值之源、创造之源。②杨泽波认为德福一致即诡谲的相即,更是认为孔颜之

---

① 牟宗三:《现象与物自身》,第29页。
② 彭国翔:《儒家传统:宗教与人文主义之间》,北京大学出版社2007年版,第212—214页。

乐就是诡谲的相即。他强调"即"意味"靠近、接触",诡谲意味"奇异奇妙",因此诡谲的即表示不即不离的"辩证关系"。他认为牟宗三创立此概念,是为了表明道德之乐与成就道德过程中的牺牲不能分离,二者属于"同体相即"的关系。而孔颜之乐正好与诡谲的即之两层含义对应起来,孔子、颜回在成就德性的过程中都经历磨难、备尝艰辛,他们既享受得道之乐,也需做出牺牲。"孔颜乐处与牟宗三所着力彰显的'诡谲的即'的基本精神正相符合。"①

对于牟宗三以自由无限心开显儒家圆教圆善形态的证成,本书深表同情式的理解。我们看到,随着牟宗三对圆善之究竟义、了义逐级的提升,最后至于王龙溪"心、意、知、物浑是一体事"的迹本圆融之境,康德那里保持的自然王国与目的王国的界限就被打破,自然与道德之间的鸿沟就被取消。这是对康德二元论哲学的消化与改造,把康德那里不彻底的实践理性推其极,走向人虽有限而可无限的儒家成圣论。牟宗三对"仁者以天地万物为一体"的证成不只是境界层面的,而是在存有论上肯定这个"体"是先天存在的。我们认为,牟宗三对德福一致是诡谲的相即的创发,提供了一种区别于康德道德之神学的中国哲学论证。它给我们提供了一种反观"孔颜之乐"的新视角,在这个意义上,理学以"穷理乐天"来解释"孔颜之乐"仍然不够究竟,未至圆教的究竟义,仍然保留了理、气(理性与感性)二分的架构。在迹本圆融的圆教形态中,这些对待都被化掉。

尽管如此,回到孔孟儒家修身俟命的天命信仰,把天道、天命作为终极的实体(价值之源、创造之源)加以敬畏,默识体会,可能是在心

---

① 杨泽波:《"诡谲的即"与孔颜乐处》,《中山大学学报(社会科学版)》2010年第2期。

学走向末流之后所应回归的"中道"。对于一个有德性的人在现世是否能配享幸福这个哲学的终极问题,《论语》中的一则透露了孔子的态度。子曰:"回也其庶乎,屡空。赐不受命,而货殖焉,亿则屡中。"(《论语·先进》)在孔门弟子中,颜回在成就德行上做到了极致,而子贡在成就功业上做到了极致,这则语录是孔子对这两个典型的评价。在宋儒的解释中,孔子批评子贡不能安受天命,但由于其多言而臆料常中。① 在孔子的心中,世俗的富贵寿禄与领受、体悟天命相比并不那么重要,在下学而上达的知天过程中②,人能体验到最本质的快乐。这也是"不仁者不可以久处约,不可以长处乐"(《论语·里仁》)所蕴含的深刻意义。

第四节 诚敬之情

"诚敬"是儒家非常重视的道德情感,虔敬、敬畏、庄重以至于战战兢兢、如履薄冰等常被用来描述儒家修德工夫之中的情感状态。戒慎恐惧来源于儒家经典《中庸》:"君子戒慎乎其所不睹,恐惧乎其所不闻。莫见乎隐,莫显乎微,故君子慎其独也。"从字面意思来看,这是说君子

---

① "言子贡不如颜子之安贫乐道,然其才识之明,亦能料事而多中也。程子曰:'子贡之货殖,非若后人之丰财,但此心未忘耳。然此亦子贡少时事,至闻性与天道,则不为此矣。'范氏曰:'屡空者,箪食瓢饮屡绝而不改其乐也。天下之物,岂有可动其中者哉? 贫富在天,而子贡以货殖为心,则是不能安受天命矣。其言而多中者亿而已,非穷理乐天者也。夫子尝曰:"赐不幸言而中,是使赐多言也。"圣人之不贵言也如是。'"(朱熹《论语集注》)
② 有趣的是,汉儒与宋儒对"上达"的解释不同,前者为"下学人事,上知天命"(何晏引孔安国之说),后者为"盖凡下学人事,便是上达天理"(朱熹引程子之说)。本书认为,"上知天命"应该更接近孔子的原意。相比于朱熹的"理足以胜私,故不忧",邢昺"仁者知命,故无忧患"、"上知天命,时有否泰,故用有行藏,是以不怨天尤人也"的解释更能体现仁者乐天知命的境界。

在无人看到的地方更要谨小慎微，在无人听到的地方更要恐惧敬畏。戒慎恐惧作为一种道德修养中的情感状态，我们关注的是它们对君子修身与成德的作用与意义。

一、从敬畏天命到内在超越

从思想史看，先秦儒家思想对于天命的态度经历了从孔子敬畏天命到孟子心、性、天相通的新型天人合一的转变，成就了先秦儒学内在而超越的精神。以下，我们首先简要梳理思想史的演变，再对儒家内在超越的精神做出哲学分析。

先秦儒家尤其重视诚敬感。这种道德情感来自于原始宗教下对超自然力量的恐惧感。恐惧感来自七情，后来经过人文化、理性化为敬畏感。《礼记·礼运》提出"七情"的概念："何谓人情？喜怒哀惧爱恶欲七者，弗学而能。……饮食男女，人之大欲存焉；死亡贫苦，人之大恶存焉。"恐惧作为一种情感，孟子和荀子几乎没有关注。但是从孔子到《中庸》、《易传》都对恐惧感做了阐发。震卦的象辞说："震，君子以恐惧修身。"君子应当战战兢兢、不敢懈怠，看到上天发怒，君子恐惧天雷的威罚，更加注重修身省察自己的过错。《论语·乡党》中提到孔子"迅雷风烈必变"（朱熹集注："必变者，所以敬天之怒"），既表现了敬畏感，又有恐惧感。蒙培元认为，恐惧感的提出是儒家情感哲学的一大贡献，七情的"惧"带有宗教层面的含义。[①] 李泽厚也认为畏体现了儒学伦理的某种形而上的宗教意味。"敬畏排除了原始巫术、奇迹、神谕等等具体仪式活动，而留下其严重深厚的'宗教'情怀，这是孔子以来的儒学重要特征之义。"[②] 因而

---

① 蒙培元：《情感与理性》，第151页。
② 李泽厚：《论语今读》，第495页。

知天命可以就是"对自己存在及其有限性之深沉自觉（自意识），从而敬而畏，即在此有限性中更感生存之价值、意义与使命"①。恐惧感的宗教性维度及恐惧与天命信仰的关系，对于我们的考察富有启发意义。

由本书第一章的思想史梳理，我们已知，天命信仰脱胎于巫术性宗教下的人格神意味的上帝信仰。其间，最重大的思想史转变就是殷商的天命观到周人"以德配天"的天命转移说。在殷人思想中，天命一旦降下来就是永远在身的，不会转移，正如纣王所宣称的"我生不有命在天"（《尚书·西伯戡黎》）。而周革殷命，小邦周打败了大邑商，周人发明"以德配天"的天命转移说解释其政权合法性，认为天命会转移、"天命靡常"（《诗经·大雅·文王》），正是殷人失德，天命才转移到敬天保民的有德者身上。经过这场革命，殷人的"帝"、"上帝"（殷人的至上神）也转变为周人的"天"（周人的至上神）。正如赵法生所说："殷周之际的宗教变革，首先体现在至上神的转变，即从帝到天的转变上。"②一个重要的体现就是，周初诰辞中"天"字出现的次数要远远多于"帝"。同时，《诗》、《书》中的帝"被解读为天命，实际上已经'天'化了，成了一个具有道德意义的至上神。……完成了中国宗教史上最具有革命意义的一次变革，即从自然宗教到伦理宗教"③。

但同时，周人的"天"仍然继承了殷人"帝"的人格性与主宰权能，还保留有浓厚的人格神的残余。④这体现在，周人的"天"继承了殷人"帝"降福降祸的功能（《诗经》中有不少哀叹"天降丧乱"的诗篇），对

---

① 李泽厚：《论语今读》，第 495 页。
② 赵法生：《殷周之际的宗教革命与人文精神》，《文史哲》2020 年第 3 期。
③ 同上。
④ 陈梦家认为周之"配天"观念脱胎于殷人之"宾帝"。转引自赵法生：《殷周之际的宗教革命与人文精神》，《文史哲》2020 年第 3 期。

于人间事务具有审判赏罚的主宰权。甚至于西周末期出现了怨天的思潮，《诗经》中不少篇章表达了时人对天的失望、怨恨、愤怒与哀告之情。因此，在西周时期"德"的内面化运动之前，周人对于主宰性的天充满了敬畏感。《周书》和《诗经》中有大量作品反映了人们对天的戒慎恐惧的敬畏感。例如，在作于西周初期的颂诗《周颂·敬之》中，高高在上的天具有明显的人格神的色彩，它能支配日月运转，对人事起着照临监察的作用，显现出强大的威慑力量。"敬之敬之，天维显思，命不易哉！无曰高高在上，陟降厥士，日监在兹。"在宗庙祭祀的场合，群臣劝告周王不要因为天高高在上就不畏惧天的权威，强调天能照临监察人事，因而周王更应当"敬其事而行之"（孔颖达疏），对上天怀有一种恐惧与敬重之情。诗《大雅·板》表达了因畏惧天怒、天罚而心存肃戒敬畏的意思。诗曰："敬天之怒，无敢戏豫。敬天之渝，无敢驰驱。"孔颖达疏："言当畏敬上天，当敬天之威怒，以自肃戒，无敢忽慢之而戏谑逸豫。又当敬天之灾变，以常战栗，无敢忽之而驰驱自恣也。"这首诗中的上天具有更强烈人格神的意味，它会发怒，降下灾变，由此君主对上天更应怀有战栗敬重肃戒的情感，不敢稍有怠慢。这两首诗都强调了上天具有的强大权威及人对天威的恐惧与敬慎之情。

然而，殷周宗教革命一方面具有连续性之外，其革命性体现在西周人文精神的觉醒上，即赵法生所说周人的天是一种"伦理型宗教"下的"道德性的至上神"，这其中的关键是"敬德"与"保民"思想的涌现。经过西周初期"德"的精神内面化运动，原来作为天人交通的神秘力量的"德"（最初含有巫的神奇魔力和循行"巫术礼仪"规范等含义），转化为君王内在的道德品质与行为。经过周公的制礼作乐，存"德"于礼,实际上完成了"德"的内面化,即统治者修德(恤民、勤政、慎刑)来获得天命,以人为的德建立一套"礼"的人道秩序。修人事(敬慎行事),以配天德(或肖天德),这正是西周人文精神的觉醒。因此,周初对天的那种恐惧感并没有导向人对天神权威的宗教信仰,并没有迷失在恐怖与绝望中而放弃了自己的责任,反而是将恐惧感转化为主体内在的敬重之心与道德修养的意识。正如徐复观所论:"在忧患意识跃动之下,人的信心的根据,渐由神而转移向自己本身行为的谨慎与努力。这种谨慎与努力,在周初是表现在'敬''敬德''明德'等观念里面。尤其是一个敬字,实贯穿于周初人的一切生活之中,这是直承忧患意识的警惕性而来的精神敛抑、集中及对事的谨慎、认真的心理状态。……周初所强调的敬,是人的精神,由散漫而集中,并消解自己的官能欲望于自己所负的责任之前,凸显出自己主体的积极性与理性作用。"[1] 又如蒙培元先生所说:"对'天命'的敬畏,实际转变成人对其所负有的神圣的使命感、责任感的敬重,对心中德性的警觉、警醒、提撕(也就是'常惺惺'),因为这是天所赋予的。"[2]

然而,周公所成就的"德"仍然是王朝集体性质的,还不算真正意义上的"轴心突破"。在春秋战国时期,这场精神内向化运动继续发展,终于通过孔子以仁释礼才真正意义上实现了中国的轴心突破,即仁的突破。由此,作为一种集体性王朝美德的"德",最终转化为一种个体心性道德的概念。进而经过《中庸》、《易传》"天道下贯为性命"的本体宇宙论传统的创发,最终孟子以"尽心知性以知天"、"存心养性以事天"的

---

[1] 徐复观:《中国人性史论》,华东师范大学出版社2005年版,第15页。
[2] 蒙培元:《情感与理性》,第289页。

心性论完成了天道与性命的贯通。由此,先秦儒家的内在超越模式奠定。

由第一章,我们知道,孔子仁的突破之后,原来带有人格神意味的天、帝等概念转变为道—气不即不离的气化宇宙论的天道概念。一般的中国思想史叙述也认为,到西周晚期,随着人的主体性与人文精神的觉醒,人格神意味的天命逐渐垮掉,天的含义就越来越趋向自然之天、法则之天与道德之天。过去信托在神身上的天命转变为命运之命,转变为天道化育流行生生不息的运行过程。正如《周易·系辞》中所说:"天地之大德曰生。"那么,孔子一再强调的天命就可以从天的创生、化育流行的层面上来理解。在"生"的意义上,人的生命以及价值都来源于天,这种"生"就具有超越的意义。

蒙培元认为可以从自然目的论来理解先秦儒家的天命观(天赋予人要去实现善的目的),这个观察具有深刻的洞见,由此可以展开对儒家伦理特性巨大的阐释空间。"天的运行过程是'生生不息'即不断生成、不断创新的过程,而在这一过程中便有一种无目的的目的性,从而使人类获得一种道德的潜能,以完成其德性。"① 正是因为"天"是万物的本源,具有超越的和本源性的意义,因而从宇宙论和本体论上看,天总是先在的、根本的,因为天所命于人的才成为性,成为心。然而这并不是要人匍匐在天命的权威之下,而恰恰在"继善成性"的德性修养中彰显了人的主体性,天的大德("生")必须经由人的道德实践来完成。由此,在"天人之际"的意义上,天虽然不再是发号施令的上帝,然而却有一种神圣的目的性,体现在它赋予人以善性,并要求人去完成此善性。因而在孔子看来,天命的真正含义不是天神的命令,或者命定与限定性,而是

---

① 蒙培元:《情感与理性》,第287页。

在于天的化生之德经由人的道德修养而实现善的目的。这就是孔子所谓"天生德于予"(《论语·述而》)与《周易》所谓"继之者善也,成之者性也"的深刻含义所在。

由此,孔子的"知天命"就可以理解为他对"性与天道"问题的间接回答。孔子虽然很少直接讨论性与天命的问题(夫子罕言命、利与仁),然而并不代表他没有关注这个问题。从孔子强调"不知命,无以为君子"、"君子有三畏:畏天命,畏大人,畏圣人之言"以及"五十而知天命"的陈述中,我们知道孔子实际上思考并讨论过这个问题。然而孔子继承了西周以来原始宗教信仰的人文主义觉醒的传统,把原始宗教中人格化的上帝概念转变为一种生生不息、化育万物的天道流行的过程。① 诗经中所谓"唯天之命,於穆不已"②,於穆不已的天命是一种无声音的命令,要求人去实现他内在的善性。天命所赋予人的就是德性,这是灵魂的潜能,需要人自觉地做道德修养才能实现它。因而相对于原始宗教的虔敬是消解自己的主体性,把自己彻底皈依于神的强大权威之下,在孔子看来,对天命的敬畏就转化为一种在世的忧患意识,其重心就从"敬天"转向"敬德",转向对人的主体性的挺立与德性的修养与实践上。

从对外在力量的恐惧、敬畏转化为心中之诚敬,表现在具体行为上就是在对待任何事情都庄重严肃、心存敬意,尤其体现在祭礼中的敬。曾子引用《小雅》的"战战兢兢,如临深渊,如履薄冰"表现这种敬。

---

① 海外汉学家指出这个演化过程不是一蹴而就的,孔子时代巫文化的影响还非常大。因此,孔子的"天"不可能完全脱离巫文化的影响,更像是超越于宇宙万有之上的一种精神力量,道从此出,虽不具备人格神的形象,但在功能上与之相似。孔子虽然敬鬼神而远之,但他保有对天、天命的一种深挚的信仰(宗教情感),相信天命在身,这就是一般所谓儒学的宗教性、宗教向度。参见余英时:《论天人之际》,第48页。
② 於穆的意思是肃穆、威严,天的创生、化育流行是生生不息、永不停歇的。

"在进行实践时,就如同面对神明一样有一种'战战兢兢'的心理状态,丝毫不可轻忽,丝毫不可懈怠。这是儒家对恐惧之情的一种更深层次的解释,与敬畏之情有关系。"① 这就是孔子所谓的"祭神如神在",孔子在这里并没有肯定也没有否定人格化神灵的存在(模棱两可的态度),而是把这一问题悬置起来,把重点放在突出人的主体性上、突出作为德性修养的敬畏之心上。

海外新儒家往往强调西周人文精神的觉醒是人的主体理性的觉醒,强调这种人文精神是对原始宗教恐怖意识的摆脱,将其视为与宗教相对立的主体理性作用。然而,最近的研究如唐文明、赵法生都看到这是夸大了所谓殷商自然宗教与周人伦理宗教之间的区别,容易忽视西周人文精神与殷周宗教精神变革之间的深层联系。② 正如赵法生所说:"那种将西周人文精神简单视为对于宗教约束的摆脱的看法是过于简单了,……实际上,在西周伦理宗教中,对于天命的信仰越虔诚,由此激发的道德意识就越是庄严而坚定,宗教信仰和人文精神形成了一种正相关关系。……敬的对象绝大多数都是天与命,周人的敬的意识其实是来自天命的激发。"③ 这实际上是强调中国轴心突破前后天命观、宇宙观与思维特质的连续性,我们在第一章之中已经着力论证,此处不再赘述。

接下来,我们需要讨论孔子那里对天命的敬畏感发展到《中庸》、《易传》与孟子所形成的心、性、天相通的儒家内在超越模式,从中西哲学比较的视野,对先秦儒家的内在超越做出哲学分析,并探析诚敬的道

---

① 蒙培元:《情感与理性》,第151页。
② 唐文明就认为,一般把殷人的宗教作为自然宗教,而把周人的宗教作为伦理宗教的研究是夸大了二者之间的区别。唐文明:《与命与仁:原始儒家伦理精神与现代性问题》,第29页。
③ 赵法生:《殷周之际的宗教革命与人文精神》,《文史哲》2020年第3期。

德情感在其中发挥的作用,这涉及情感的超越性问题。

孔子之后,到了孟子、庄子时代,周人主宰性的"天"发展成为道—气不即不离的宇宙气化论的"天道"概念,诸子各家都以探求天道作为自己精神的超越向度,把"天"视作生命之源与价值之源。这种新型天人合一的模式体现为《中庸》、《易传》"天道下贯为性命"的本体宇宙论模式,最终由孟子以"尽心知性以知天"、"存心养性以事天"的心性论完成了天道与性命的贯通,即心、性、天相通的内在超越模式。这是一条海外新儒家着力阐发的儒学之宗教性的思想谱系。

由第一章可知,区别于西方轴心突破所形成的外在超越模式,中国的轴心突破所形成的新型天人合一是内在超越的模式。那么,这种超越性如何理解,突破之后形成的超越性的精神领域(即天道、天等)如何理解,天道与人的心性如何贯通,诚敬的道德情感在内在超越的模式下发挥怎样的作用,这些是我们下面讨论的重点。

二、超越之别:超绝(transcendent)与超越(transcendental)

为了理解儒学的内在超越性,我们需要宏观地勾勒一下其中的义理演变,尤其需要厘清超验、超绝与超越在古今中西不同语境中的含义及其演变。其中关键在于澄清:超越的确切含义是什么?是否只有存在一个超验的、不可被人经验到的绝对实体才能算作超越?超越的实体能否被"经验"(或"直觉")到?这是理解西方外在的超越与儒家内在的超越之不同的关键所在。

"内在的超越"是牟宗三为了回应基督教与佛教的挑战而提出的阐发儒家超越性的概念,其重点在于阐明儒学有没有超越的绝对实体。牟宗三在阐释《中庸》"天命之谓性"的宇宙论时指出:"天道高高在上,有超越的意义,天道贯注于人身之时,又内在于人而为人的性,这时天道又是内在的(immanent)。因此,我们可以用康德喜用的字眼,说天道一方面是超越的(transcendent),另一方面又是内在的(immanent 与 transcendent 是相反字),天道既超越又内在,此时可谓兼具宗教与道德的意味,宗教重超越义,而道德重内在义。"① 侧重于从天道与性命贯通来讲儒家的超越性是牟宗三 20 世纪五六十年代的思想,而到了晚年他侧重从改造康德"智的直觉"为中国心学的自由无限心来讲内在的超越。②

郑家栋认为牟宗三对康德道德的神学(宗教以道德为前提)的改造是要恢复"超越"的中世纪神学背景下的古义,即从知识的领域"超越"至存有与信仰的领域。中世纪神学背景下使用"超越"一词是不区分 transcendental 与 transcendent 的,而康德正式区分了两者的区别,他以 transcendental 表示"先验",即先于经验而存在而又建构(constitute)经验,表示任何经验知识得以成立的前提,如知性范畴与先天的时空直观形式等,人的认识就是运用先验范畴去"建构"感官获得的经验材料以形成先天综合判断,从而为自然立法。他以"transcendent"表示"超绝"、"超验",即超出经验的范围,就进入"不可知"的领域,而康德把这个领域界定为纯粹的形而上的"理智界"(或"物自身界"),其中存在的是不可被认知而只能被"思"的理念(noumenon 或 noumena,又译为"理体",表示现象背后的本体),如自由。康德出于实践理性的主观目的而设定的上帝存在、灵魂不灭也可以归属于这个界别。在这个意义上,康德就为思辨理性与实践理性(尽管它优先于思辨理性)都划定了界限。

---

① 牟宗三:《中国哲学的特质》,吉林出版集团 2010 年版,第 30 页。
② 郑家栋:《"超越"与"内在超越"——牟宗三与康德之间》,《中国社会科学》2001 年第 4 期。

第二章 先秦儒家道德情感的哲学分析

意志自由对于思辨理性来说是不能被经验感知的，只能被设定为消极意味的空的"理念"。而到了实践理性的领域，理性的实践功能虽然可以契接"不可知"的领域，通过道德律的"理性事实"（即意志的自我立法）而印证自由的客观实在性，但由于康德否定人有智的直觉，对于自由不能直接经验证实其为真，而只能推证其为道德律成立的必要前提，这是实践理性的极限。

正是在这个意义上，牟宗三认为康德并没有建立真正的道德形而上学，只是建立了"超绝形上学"（transcendent metaphysics）与道德的神学。然而，"康德哲学中 transcendent 的用法代表了一种重大的转向，……以'超验'取代中世纪的'超越'，正是康德哲学的着意之笔，由此阻塞了由知识直接通向形而上学与信仰的道路"[1]。康德强调这个界限是不可被"超越"的，超验的领域属于"不可知"的神秘领域，这个领域只能归属于信仰。这样康德就以他特有的方式重建了宗教信仰，但这建立的是"道德的神学"，上帝的存在只是为了保证德福一致与标示人作为被造物的有限性（宗教以道德为前提）。[2] 实际上，康德划定了存有与知识之间的界限，而中世纪神学的超越之义却蕴含着由知识直接超越至存有领域（即超越的绝对实体——上帝）。因此，康德强调思辨理性一旦越过经验的界限就只涉及"思"而非"知"与"存有"的领域，这就是康德砍掉自然神学的头颅所表明的意思。

郑家栋指出，中世纪"超越"的古义标示两种存有（本体与现

---

[1] 郑家栋：《"超越"与"内在超越"——牟宗三与康德之间》，《中国社会科学》2001年第4期。
[2] 康德强调神凡之别，也是为了防止人陷入道德的狂热，给人设定一个永远无法达到但可以无限趋近的"范型"（神圣意志）。

象、神圣与凡俗)之间的"界限",而康德的"超验"保留的界限是理念与存有之间的界限。因此,牟宗三以"超绝"、"超离"翻译康德的"transcendent"(包含了不能被超越的"界限"之义),以"超越"翻译康德的"transcendental",比国内通行的译法更为恰当。①牟宗三正是对于康德保留这个"界限"而不满,而通过阐发陆王心学的良知可当下朗现的要义来消解这个界限,打通现象与本体、知识与存有之间的界限。而要建立真正的道德形而上学,其中的关键就是改造康德的"智的直觉"这一概念。智的直觉在康德那里只属于上帝所有,以标明"神智"与"人智"的差别(人只有感触直觉或感性直观)。牟宗三认为,依据中国哲学的精神,人除了有"识知",还有一种"智知",可以直接"知"物自身与本体。知体明觉(良知本体、自由无限心)的灵觉、照察作用就是智的直觉。知体明觉(良知本体)返光自照就能"直觉"自身,而它的明觉所照之物即是物自身、心物为一之"物"。自由无限心的自照(智的直觉)就是良知的当下朗现。因此,自由无限心可以直接通达本体,以至于超越性的存有。

"牟宗三所从事者,就是要经过康德而又跨越康德,恢复中世纪'超

---

① 国内通行的译法是把"transcendental"翻译为"先验",把"transcendent"翻译为"超越"。郑家栋指出,汉语中"超越"一词不具有"界限"的含义。牟先生以"超越"翻译"transcendental",是因为超越是"往而复返"、"先乎经验而有,不由经验得来,但又离不开经验又返回来驾驭经验",这符合"先验"transcendental的特征。参见牟宗三:《中西哲学之会通十四讲》,吉林出版集团2010年版,第41页。蒙培元也说,理学家强调"思"的作用,主要是对"性理"的自我认识,即形而上的反思。"理学家所说的'尽其心'、'大其心',实际上是通过形而上的自我超越,返回到'天德良知';即对'天地之性'的本体认识。"参见蒙培元:《中国心性论》,第8页。牟与蒙对"超越"的诠释,应是中国哲学所谓的超越精神,即主要是对天德良知、本心性理的自我体认与自我超越。

第二章 先秦儒家道德情感的哲学分析

越'概念的古义:'超越'是就某种超越性的存有上说,而非就'超验'上说。"① 牟宗三在 50 年代使用"神性之实"表示此超越性的存有,即《诗经》上说的"维天之命、於穆不已"的宇宙创生实体,这是在"创生万物"、"创造"的意义上表述"超越的实体"。它既是创生万物的宇宙本体(存有论上),又是作为道德的超越根据的"道德实体",而且依据《中庸》的架构,天道下贯为性命(天道性命贯通为一),所以道德秩序即宇宙秩序,道德与存有之间并不存在沟壑。② 牟宗三认为,这是由孔子发明,经由孟子十字打开,再由《中庸》、《易传》所显发的本体宇宙论的纵贯系统。道德本心可以作为创生实体,是因为智的直觉"直觉之"即"创生之"。"无限心觉照之即存有论地实现之,此亦可说创造,但不是上帝的创造,因此,物客观地就是如此,就是这样有价值意味的物自身。"③ 需要注意的是,这里所创生的"物"(存有上的"是"、实然)只是"物自身"即本体意义上的"物"、本体的"是",而非现象的"物"与"是"。

这就是牟宗三通过阐发中国哲学智的直觉所开显的道德存有论,即自由无限心可以通达本体界。康德以"超验"阻断了由知识通达超越性实体(存有)的中世纪神学超越的进路,而牟宗三则通过人有智的直觉的心学资源把这条路重新接通,打通了知识与存有的间隔。他赋予"超越"概念以"创生实体"的内涵,并把它与内在的心性(道德实体)合成为唯一的实体(本体即实体)。这样,康德那里坚持的神凡之别、神智

---

① 郑家栋:《"超越"与"内在超越"——牟宗三与康德之间》,《中国社会科学》2001年第4期。
② 牟宗三:《生命的学问》,广西师范大学出版社 2005 年版,第 63 页。
③ 牟宗三:《现象与物自身》,第 18—19 页。

与人知的界限实际上被取消了,所以牟宗三竟直说"自由无限心就是上帝"。康德那里始终强调的人的有限性变成"人虽有限而可以无限",这是因为人有自由无限心。其中的关键就是物自身的价值意味,这是牟宗三批评康德只把物自身当作"事实概念"的原因,因为"价值意味"表明主体自身的价值追求而可以达到无限性。"无限性之意义是一个价值意味,不是说它是一个现实的无限存在。"① 因此,牟宗三虽然承认一个"超越性的存有"(绝对的实体),但他把宗教信仰的重心从客观的事(即对上帝的虔诚敬拜、祝祷)转换成主体内在的"修为、人文化成之事"。"这个意义上的儒学宗教化,可以说是儒家主体性进路的'为己之学'的极致。"②

简言之,西方的外在超越虽然也是"越出现象存在以外而肯定一个'能创造万物'的存有"③,但不能把它叫作"存有论"而只能名曰"神学",因为西方的超越性存有是一个"无限性的个体存有"(即人格化的神)。而中国哲学中,自由无限心(道德本心)不是个体化的人格神,而只是一超越的、普遍的道德实体(它可以涵盖乾坤、可以感通至宇宙万物),可以由人来体现。因此,西方的人格神是只超越而不内在,而中国的道德实体是既超越而内在,"它有绝对普遍性,越在每一人每一物之上,而又非感性经验所能及,故为超越的;但它又为一切人物之体,故又为内在的"④。因为超越的道体即内在于人心,学者只需逆觉体证,即可当下摆落凡态,对越道体。其超越的道体实际上是"对越在天,骏奔走

---

① 牟宗三:《现象与物自身》,第 13 页。
② 彭国翔:《儒家传统:宗教与人文主义之间》,第 117 页。
③ 牟宗三:《圆善论》,第 330 页。
④ 同上。

在庙"(《诗·周颂·清庙》)中人格神意味的帝与天的"改头换面"。①

综上，牟宗三论证儒家内在超越的路子是将中国哲学的自由无限心比附于西方的人格神上帝，即自由无限心就是上帝，由此论证儒学的超越领域是一个创造的实体（既是宇宙本体、又是道德实体），是人的心性实体，即《中庸》中天道下贯为性命的心、性、天相通的本体宇宙论模式。这样的话，牟宗三实际上把道德本心与天等同了，将"人心"（良知本体）等同于"天心"，这就取消了先秦儒家保留的"天"与"心"之间的间隔，实际上阐发的是"人而神"的理路。②这被唐文明批判为良知的"非法涨价"。③这实际上把"天"与"心"之间的一间之隔也取消了（即人即天）。如果超越的天道实体就是人的内在心性实体，那么"天"不依赖于人的无待超越性如何体现？

站在同情式理解的立场上，牟宗三的问题意识正是要回应来自基督教、佛教的挑战，即如果不存在一个超越的、个体化的人格神作为至高实体，儒学是否还能谈超越性。牟宗三肯定一个创生万物的超越实体（宇宙本体），这就肯定了一个超越的价值源头与生命之源，而与西方外在的超越不同，这个实体同时是本体宇宙论地下贯为人的性体、心体，

---

① "凡《诗》《书》中说及帝、天，皆是超越地对，帝天皆有人格神之意。但经过孔子之仁与孟子之心性，则渐转成道德的、形而上的实体义，超越的帝天与内在的心性打成一片，无论帝天或心性皆变成能起宇宙生化或道德创造之寂感真几。"牟宗三：《心体与性体》第一册，第25页。
② 丁耘认为，牟宗三本援康入儒，其弊在以心统天。参见丁耘：《哲学与体用——评陈来教授〈仁学本体论〉》，《哲学门》总第31辑，北京大学出版社2015年版。
③ "良知从一种天赋的、但绝不是本体的聆听天命的能力一跃而成为创生万物的'生生灵根'，这属于概念的非法涨价：孔子的'仁'并没有本体地位，而只是一种德行的名称，但逐渐转为德目的总名，乃至转为仁体，转为本体（如张载），良知也从觉悟能力逐渐转为本体。"参见唐文明：《与命与仁：原始儒家伦理精神与现代性问题》，第233页。

作为人的道德实体是内在的，是"於穆不已"、创生不已的性体，是寂然不动、感而遂通的心体。因此，牟宗三非常不满意康德为人的意志划定了一个可无限趋近但永不能达到的"神圣意志"的"范型"，而他是要取消这个界限，直接由凡俗的纯粹意志而通达神圣意志，此即由凡入圣。

可见，牟宗三是为了肯认与证成凡人可在人伦日用的修为中达致神圣，而不需要信仰一个体化的无限智心的人格神作为终极的保证。牟宗三通过智的直觉所证成的物自身界（超越的天命实体、道体）并不是李泽厚所批判的只是所谓"神秘体验"，而是人通过道德实践（践仁知天）的无穷尽工夫而通达本体。彭国翔指出："从理性主义的立场来看，儒家道德主体性与道德形上学的建立自然不必以种种形式的神秘体验为预设。"① 这个本体必须通过道德实践的工夫修养才能达致，虽然心学内部有重视"见在良知"的当下派（当下即是地呈现本心），但牟宗三所开创的通达本体的路径却是需要逆觉体证的工夫的（即工夫见本体）。然而从心学发展到末流（认欲为理、"情识而肆，玄虚而荡"）的实践来看，讲儒学的内在超越，还是需要重视先秦儒学"下学而上达"的模式，即回到牟宗三前期从《中庸》、《易传》的本体宇宙论层面，从超越的天命、天道的下贯讲起，进而由内在的心性修炼作实践的证知，而上达本体。这可能更为接近孔孟儒家的原意，因为孔子对"天命"的信仰、孟子保留的"事天"的向度等都并非"人知"即是"神知"的心学式天人合一。

在这层意义上，先秦儒学的内在超越精神应该回到对天命实体的信仰，在逻辑的优先次序上应该回到"由天而人——再由人而天"的本体

---

① 彭国翔：《儒家传统：宗教与人文主义之间》，第122页。

宇宙论与心性的道德实践论。这就是重回轴心突破后"天命"、"天道"之"天"的含义，保持天与人之间一定的距离与张力。作为"天命"、"天道"的天被理解为"一种终极性的创造根源"，但它不是一个与自然、人事相隔离的超绝的实体化人格，而是"内在于宇宙、人生之中来发挥其功能与作用的创造力"①。同时，天具有道德属性与指向，"在流行发用时，天道、天命有一种内在的道德合目的性"②，这样就可以作为"德福一致"的最终保证（保证幸福与德行的相配）。更重要的是，天的观念意味着对人的限定，由此人们需要"敬天"、"畏天"而不能与天等同。在这个意义上，"'天人合一'只是说人通过道德实践可以体悟天道的创造性与人的道德行为在根源上的同一性"③。

经过以上广泛的征引，我们可以明确，超越不超越的关键不在于是否拥有一个"超绝"的个体化的人格神作为终极的实体，而在于主体自身超越的蕲向。这与西美尔强调宗教性在于主体的宗教情感而不在于信仰超验的形而上客体有相似之处。④ 实际上，儒家的内在超越精神并

---

① 彭国翔：《儒家传统：宗教与人文主义之间》，第213页。
② 彭国翔认为，无论康德以人格化的上帝还是牟宗三以人的自由无限心来保证德福一致（圆善），都是不妥当的。前者把根源性存有人格化为超绝异在的神，容易走向求神祈福而忽略自身的修德，后者把人提高到了神的地位，最终转化了"圆善"的应有之义。彭国翔指出他们解决圆善问题都遵循一种个人宗教（private religion）的思路。而他认为由中国传统的"天"来保证德福一致更为妥当。参见彭国翔：《儒家传统：宗教与人文主义之间》，第212—214页。
③ 同上书，第214页。
④ 西美尔区分了宗教性与宗教。宗教性是宗教的内形式，是指献身、忠诚、依附与归属的情感倾向。而宗教是指体现为外部形式的宗教建制（超验世界、教堂、教义、救恩事工等）。这表明宗教信仰只是主体的一种灵魂功能，超验的绝对客体（如上帝）是否存在是无关紧要的。"宗教倾向（die Religiöse Farbung）并非源自所信仰的某种超验权力，进而投射到经验之中，而是情感自身的一种特殊品质，也就是说，是一种专注或涌动、一种奉献或悔恨，无论如何，他们本质上就是宗教性的。"〔德〕西美尔著，曹卫东等译：《现代人与宗教》，中国人民大学出版社2003年版，第92页。

不只是个体对天命的默识体会,不是自我孤立式的对越在天,而一定要在社群生活中践行礼仪而实现创造性的自我转化。正如杜维明所论,儒家理解的自我并非孤立的原子,而是处在以自我为中心向外辐射形成的同心圆式关系网络中。自我通过践行礼仪实现从非本真(虚假的自我selfish)到向着主体性(即诚实的、真正的、实在的人性)的转化(克己复礼为仁),这是在人伦日用中实现的自我超越。① 经过这个循环(从天到人,又从人到天;从个体到社群,再由社群到人)的提升,个体回到的已经不是原来的自然生命的我,而是转化后的道德我。如他所说儒家的宗教性在于一种终极的自我转化:"这种自我转化既是一种群体行为,又是对超越者的一种诚敬的对话性的回应。儒家的宗教性是经由每个人进行自我超越时具有的无限潜在和无可穷尽的力量而展现出来的。这里涉及个人、社群和超越者。"② 当我们在社群关系中践行学习如何做人(即自我的创造性转化)的本真道路时,我们的所作所为是为了"践履与天的'盟约'",因而具有了"深刻的伦理宗教的意义","因为我们不仅是尽力维护我们群体团结的世俗的社会存在者,而且也是宇宙的孝子孝女"。③

那么,可以如此理解先秦儒家的内在超越,即中国哲学不需要一个外在的超越的人格神实体,就可以依据自身的心性实体,在社群生活中(而非孤立于他人,绝对的自我中心),通过学习和践行神圣性的礼仪实现人所特有的美德或力量,将原生态的个人转化成具有美德的德性存在,

---

① 〔美〕杜维明著,段德智译:《论儒学的宗教性——对〈中庸〉的现代诠释》,武汉大学出版社1999年版,第92页。
② 同上书,第124页。
③ 同上。

正所谓"即凡俗而神圣"(secular as sacred)。①

三、慎独：戒慎恐惧

《中庸》说："是故君子戒慎乎其所不睹，恐惧乎其所不闻；莫见乎隐，莫隐乎微，故君子慎其独也。"对"慎独"的一般解释是说，即使在一个人独处时候也须戒慎恐惧，然而这只是皮毛性的解释。"独"的确有"独处"的意思，但"独"在《中庸》的文本中强调"自我"的单一性、独特性和其最内在核心。②实际上，独是"内"的意思，内其心，并非指独自一人，慎独也就是"诚于内"的意思，是针对"诚其意"而言的。③

我们接下来分析"慎独"中的戒慎恐惧之情感体验。蒙培元说："敬畏之心的进一步收缩、内化、实践化的结果，就出现了'慎独'之学。"④这个过程是如何展现的呢？首先，《中庸》表明，戒慎和恐惧的情感并非由于外界的压力，也不是源于任何特殊事物而产生，而是由于君子对内

---

① 芬格莱特指出《论语》中某些言论透显出孔子对某种神奇魅力的力量的信念，参与礼义行为本身就是神圣的，孔子把人类社群视为践行神圣礼仪的场所。人在践行礼仪的过程之中感到人类的尊严。"我所谓的神奇魅力（magic），是指一个具体的人通过礼仪（ritual）、姿态（gesture）和咒语（incantation），获得不可思议的力量，自然无为地直接实现他的意志。这种神奇魅力的施行者并不运用诱使神灵附体的策略和方术来作为达到其目的的手段；他也不能用强迫或物理的力量。在那种神奇魅力的施展中，……他只是在适宜的礼仪环境中，通过恰当的仪态和言词来希冀他的目标。"〔美〕郝伯特·芬格莱特著，彭国翔译：《孔子：即凡而圣》，江苏人民出版社2010年版，第4页。
② 〔美〕杜维明著，段德智译：《论儒学的宗教性——对〈中庸〉的现代诠释》，第126页。
③ 梁涛认为，中庸的慎独并非如郑玄所言是"慎其闲居之所为"，而是针对"诚其意"而言。《中庸》的慎独与《五行》篇"能为一，然后能为君子，慎其独也"是一致的。《五行》说文解经为"无与终者，言其舍其体而独其心也"，以及上博简《孔子诗论》中的"独"都说明，独是"内"的意思，内其心，并非独自一人。参见梁涛：《郭店竹简与思孟学派》，第20页。
④ 蒙培元：《情感与理性》，第296页。

在自我极为严肃认真的关切。为何君子要如此严肃认真地对待内在自我呢？这仍然是因为对天命的敬畏，天所命于人的就是纯亦不已的德性，就要求人随时随地做到谨言慎行，自觉地"明善"与"为善去恶"。相较于所睹所闻的外部对象，内在自我的运作既"隐"又"微"，既看不见又听不到，于是唤起了君子的戒慎与恐惧。这表明，君子的慎独工夫更为认真对待他的内在情感中刚刚出现的苗头。对这种内在真实世界的关切表明，君子将对自我的认识作为与外部世界打交道的前提条件。在杜维明先生看来，这表明人道和我们的日常生存的不可分离性。因为道为人性所固有，它的实现依赖于我们对内在自我的认识。道是真正人性的实现。《中庸》所谓的人道是"不可须臾离也"。一方面根植于天所赋予的人性之中，另一方面又普遍地体现在人伦日用之中。"作为儒家人格之楷模的君子，必须对人性作为道之彰显的内在过程有一种敏锐的意识。因此，完全可以设想，君子对内在自我的戒慎和恐惧是他意识到道与自己人性的不可分离性的自然结果。"①

慎独的精神修养工夫既是对君子主体性的深化，又是对超越性的寻求，通过在人伦日用之中的谨慎行事与躬行践履实现人道并发挥到极致，从而实现对自我生命的超越，与天地合其德。在自身的修养实践上突出慎独作为一种宗教情感的超越性。"慎独表明君子关切隐藏在行为背后的动因结构。君子的慎独是一个趋向不断深化的主体性的过程。戒慎乎其所不睹，恐惧乎其所不闻，就是有意识地察知内在自我表露的精细微妙的表征，从而充分实现所固有的人道。"② 慎独也就是实现内在的真我。如

---

① 〔美〕杜维明著，段德智译：《论儒学的宗教性——对〈中庸〉的现代诠释》，第3页。
② 同上书，第26页。

果能慎独,"就能听到我的真我所表达的天命所赐予我之性的那种品质,我也就因此而知道宇宙之'大本',因为我将知道究竟是什么使我得以真正成为人"①。这是因为:"只有当他把注意力集中到自己的主体性的深度上,他才算是'慎独'了。……慎独是一种精神训练方法,虽然是个人的,却不是主观主义的,当一个人察知到他内在感情的微妙征兆时,他同时也就对外在世界特别敏感。慎独实际上也是把一个人的心灵向外界敞开。……既然在儒家传统中总是把一个人设想为各种关系的中心,则他越是深入内在自我,就越能够实现人与人之间相关性的真实本性。"②

四、对孝敬的哲学分析

（一）孝亲：施与报

首先,我们认为孝悌（对父母的孝敬与对兄长的悌）是一种美德,但是这种美德主要是情感性美德,有着深固的情感基础与来源。从心理上看,孝悌的美德主要来源于一种报恩的情感原则,与人的生存体验、情感体验是密不可分的。"始者近情,终者近义"（《性自命出》）,基于对父母养育之恩的情感体验,人们既从心理—情感上感受孝敬的自然应当,也在理性认知上接受孝敬作为一种不可推卸的责任与道义。孔子对孝敬美德的强调既突出了亲爱的一面（亲亲为仁）,也突出了敬重的一面（正因为敬,对父母的养才不同于犬马之养）。以下,我们结合安乐哲的角色伦理学与列维纳斯的"他者不可被自我同一化"的理论（伦理学是第一哲学）分析儒家的孝与敬。

---

① 〔美〕杜维明著,段德智译:《论儒学的宗教性——对〈中庸〉的现代诠释》,第126页。
② 同上书,第27—28页。

安乐哲的角色伦理学重视考察人的生存体验与情感经验，因之吸收了杜威实用主义与怀特海过程哲学的理论资源，注重从社群的生存经验与角色扮演中阐发儒家的关系伦理。① 所谓"角色伦理"是指儒家伦理立身于生活经验之上，"所讲述的是人的实际生活经验，是把直接生活经验作为理念抽象的最终源泉"②。角色伦理重视中华文化的关联性特征，主张关系性的自我，个体在家庭、社群和国家等构成的角色与关系中成就自我，注重杜威实用主义与儒家哲学的一致性。"这两种哲学都源于一种关系性的和动名词性的独特的人的观念。这种观念全然不同于一种基础的个人主义的观念。这两种哲学坚持认为，要对任何的人类经验进行理论化必须以经验为依据，并且在每天的日常生活中找到它的最终保证。"③

安乐哲认为儒家伦理的实质是人际关系的良性增长。"《论语》只是为人们提供了一个道德生活的愿景，一个相互关联的、体验的和'仁'的叙事视角。""正是这种旨在最大限度地利用关联性生活以提高和改善我们的生活角色与人际关系的持续过程，促使我们把儒家道德描述为一种'角色伦理'，并主张儒家角色伦理学是一个有别于西方哲学而自成

---

① 安乐哲对中西文化哲学的比较研究指出，西方的文化是由上帝与经验世界的二元对立决定的。经验世界中的一切理由都由上帝决定，不在人的经验范围之内。由于这种宇宙观，西方文化形成了注重时间上先后、逻辑上因果关系的线性思维方式（linear way of thinking）。参见彭国翔：《全球视域中当代儒学的重构》，《中国哲学史》2006年第2期。在对儒家超越性的否定上，李泽厚曾引安乐哲为同道，认同安乐哲实用主义与儒家的伦理精神比较接近的观点，以说明他的"实用理性"。李泽厚也是以"超验"来界定超越，他借章太炎"依自不依他，语绝于无验"的说法，否定中国有"超验"的概念。
② 〔美〕安乐哲：《儒家角色伦理挑战个人主义意识形态》，《孔子研究》2014年第1期。
③ 同上。

一格的伦理学取向。"①《论语》中所描述的人际行为主要发生在日常生活中的施惠者与受惠者之间，而非个体或其他类似的关系之间。由此，我们就能更好地理解角色伦理。安乐哲从互惠互利的关联性生存是一个无可争议的、经验性事实的假设出发，认为人们都在扮演由特定生活模式、生活情景、文化语境与境域决定的角色。由此，在社会关联中实现完美的行为（仁）是一项伟大的成就。他从"体（體）"和"礼（禮）"两个字来理解作为代际传递的孝的动力②，从关系至上的角色伦理角度阐释儒家终身践行孝的角色的意义（这也是他对有子"孝悌，其为仁之本欤？"的解读）：即践行孝道是达成完美的人（仁）的必由之路（他把"仁"解读为完美的行为或者人）。

在这个意义上，孝（家庭尊重）是代际传递，在孝中实现肉体血缘的传递，实现祖先血脉的不朽。这表明"仁"隶属于人的关联性而非个体性。在《论语》中，孔子强调孝的确是人的卓越之本，而且，"'孝'和'教'之间还有同源性的关系，孝将儒家教育的本质界定为每一代将他们完满而非削弱地继承的文化传播给后代的庄严责任"③。

在孝的代际关系上，自然情感的原则是施惠与报恩，这种互惠关系不局限在同时代人之间，而可以跨代际，将遥远的祖先与未生的子孙联系起来。"关系是代际性的，因而须从施惠者与受惠者的角色去理解。这

---

① 〔美〕安乐哲、〔美〕罗斯文：《〈论语〉的"孝"：儒家角色伦理与代际传递之动力》，《华中师范大学学报（人文社会科学版）》2013年第5期。
② 身体的"体"与"礼"具有相似性，两者分别表示"生命体"和"体验的生活"，它们对于完成角色伦理的政治、经济和宗教功能的家族谱系非常重要。
③ 〔美〕安乐哲、〔美〕罗斯文：《〈论语〉的"孝"：儒家角色伦理与代际传递之动力》，《华中师范大学学报（人文社会科学版）》2013年第5期。此句是安乐哲对《论语·为政》"《书》云：'孝乎惟孝，友于兄弟，施于有政。'是亦为政，奚其为为政？"的阐释。

些依序展开的整体将会超越社会而产生事实性的宗教效应。《论语》总是力图阐明完善繁荣的人类生活的达成需要人们与后生者、与同侪、与先生者之间维持某种关系的平衡。正是在这种宗教意义的解读下,当子路问孔子最想做什么时(愿闻子之志),孔子的自传式的回应说:老者安之,朋友信之,少者怀之。"①

的确,儒家把报恩作为一种非常重要的情感原则,尤其是子女对于父母养育之恩的回报,这被认作孝敬德行的情感基础。孔子在为三年之丧的正当性辩护时说:"子生三年,然而免于父母之怀。"子女为父母守三年之丧期才能心安理得,这种报恩尽孝的行动是既合情也合理的。"儒家的'报恩',不是完成交易义务,因为施予者的行为是无条件的;如果是义务则只是道德义务,而非其他契约义务。故感恩者的回报也非交易意义的还债,它不能从量上计算。只要尽力而为,就可心中无愧。孝就是'报'最纯粹的形态。"②

同理,安乐哲的角色伦理学是"把直接生活经验作为理念抽象的最终源泉",指出孝亲美德的伦理角色最终来自于代际传承中施惠与受惠的情感体验。与此类似,李泽厚阐发了一种"内时间即情感时间"的哲学,即内时间是情感的绵延,这种本真的时间只存在于个体的情感体验之中。"主观心理的时间作为情感'绵延',与个体有限存在血肉相连。"③李泽厚认为从工具本体(承续马克思、改造康德)到心理本体(承续海德格尔、回到黑格尔)的行程中,时间由客观的空间化派生出主观的情感化,时

---

① 〔美〕安乐哲、〔美〕罗斯文:《〈论语〉的"孝":儒家角色伦理与代际传递之动力》,《华中师范大学学报(人文社会科学版)》2013年第5期。
② 陈少明:《心安,还是理得?——对〈论语·阳货〉"问三年之丧章"的解读》,《哲学研究》2007年第10期。
③ 李泽厚:《李泽厚集》之《历史本体论·己卯五说》,第85页。

间不再是物理时间,而"成为某种情感的强力绵延"①。"在西方,空间化的时间终止在上帝怀抱,那是既非理性又排除日常感性的情感体验。在中国,空间化的时间终止在人的怀抱,那是既融化理性又不排除日常感性的情感体验。"② 物理时间是留不住的,然而人们能留住的是时间感,留住的是过去的情感体验与记忆。因此,只有在情感体验中,时间才能获得它的本真性。内时间是情感的绵延,是生生不息的人类历史本体的具体存在形式。

由此,我们就可以从情感体验的内时间角度,对儒家视为"为仁之本"的孝亲进行哲学分析。张祥龙揭示,内时间意识是我们理解意义本身的生成的最佳结构之一。③ 他对孝意识进行的时间分析表明,正是由于人类幼子的脆弱以及需要很长的哺乳期,使得人的内时间意识被逼迫地拖长与深化。"如果意识域不够长,人类就无法保持过去的哺育经验,并产生对未来的筹划。"④ 父母在抚养自己子女的同时,自身被上一辈亲代抚养哺育的情感经验被唤醒、被激活,过去的被抚养的经验与当下抚养子女的经验就交织在内时间意识中,成为激发孝亲行为的最深层动力。"越来越多的'过去'被保持在潜时间域中,只要有恰巧应时的激发,那跨代际的记忆反转就可能涌现。此为人的意识本能的时间实现,与功利后

---

① 历史本体论包含两个本体:第一本体(工具本体)是承续马克思(人类制造、使用工具与生产实践中的度),改造康德的先验理性(通过注入经验情感)得出实用理性;这是从马克思回到康德,即由历史到心理,论证心理是历史的积淀物;第二本体(心理本体)是承续海德格尔回到黑格尔,得出乐感文化。共同点都是以历史为根本(从历史中建理性),统一于人类历史的本体。李泽厚:《李泽厚集》之《历史本体论·己卯五说》,第97页。
② 同上书,第107页。
③ 张祥龙:《孔子的现象学阐释九讲》,华东师范大学出版社2009年版,第213页。
④ 同上书,第199页。

果的考虑无关。"① 现象学对内时间意识以及原初意识体验（如情感体验）的研究对于探讨先秦儒家情感是一个很好的视角与路径。

（二）恭敬：他者与超越

下面我们结合列维纳斯的"他者"哲学（他者即上帝）对先秦儒家所重视的自我与他者之间恭敬之情展开哲学分析，从他者不可被自我所同一化（即他者的无限性正是超越）的角度阐释儒家所特重的"礼以别异"的礼敬精神（既是情感，也是法则）。

列维纳斯在《总体与无限》中探讨的主题实际上是"分离"与"超越"，即自我与他者的分离恰恰构成了总体的破裂与自我的超越，他者的陌异性、外在性对自我来说是一种超越。他者不可以被自我同一化，这意味着总体的破裂。由此，自我在与他者"面对面"的直接对话中，获得了超越（他者的无限性正是超越）。

所谓他者的无限性，是指他人之为他人是绝对他者，而绝对的他者是不能在场化的、不能内化到我的世界中，即不可被"同一化"。自我的实存就在于同一化，"成为自我就是拥有同一性作为内容"②。而他者的存在构成了对"同一"的质疑，列维纳斯说："对同一的质疑……由他者造成。我们把这种由他人的出场所造成的对我的自发性的质疑，称为伦理。他人的陌异性——它向自我、向我的思想和我的占有的不可还原性——恰恰作为一种对我的自发性的质疑、作为伦理而实现出来。形而上学、超越、同一对他者的欢迎、自我对他人的欢迎，作为他者对同一的质疑，

---

① 张祥龙：《家与孝：从中西间视野看》，生活·读书·新知三联书店 2017 年版，第 106 页。
② 〔法〕伊曼纽尔·列维纳斯著，朱刚译：《总体与无限》，北京大学出版社 2016 年版，第 7 页。

第二章 先秦儒家道德情感的哲学分析

就是说……形而上学先于存在论。"①

可见，自我与他者是不能被总体化的，自我与他者是绝对分离的。那么，处于世界之中的我们与不在世界中的绝对他者之间就有了一道距离。这种距离构成了"超越"，构成了形而上学得以产生的理由。②列维纳斯认为，距离产生欲望，对他者的欲望正是形而上学。"无限是一个作为超越者的超越的存在者的特性，无限是绝对他者。"③实际上，列维纳斯所说的"形而上学"就是自我与他者的关系伦理学（关系即为形而上学），在这个意义上，他提出了伦理学是第一哲学的命题。

他批评传统存在论（如苏格拉底、贝克莱、笛卡尔、黑格尔、海德格尔等）总是以一个中立项（概念或者感觉）来通达存在者的方式把他者同一化，以建立"总体"的哲学。列维纳斯指出，这些做法实际上剥夺了他者的他异性。因为，在概念作为中立项中，同一与他者相遇的震惊会减弱，他者退位到被思考的一般物中；在感觉中，实存着的客观性质与主观感受混淆不清。④他对传统存在论的批判表明：无限、陌生者不能被对象化、观念化与主题化。传统的超越哲学（如柏拉图）把真正生活安放在别处，逃离此岸；内在的哲学（如黑格尔）把任何他者都包含在同一中，以至于消失在历史的终点。列维纳斯认为，自我与他者的关系并不导致一种人类的总体，也不是历史的总体化，而是无限的观念。一种这样的关系就是形而上学本身。自我是面对他者而立的，"他者相对于自我而言始终保持着超越"⑤。

---

① 〔法〕伊曼纽尔·列维纳斯著，朱刚译：《总体与无限》，第 14—15 页。
② 同上书，第 11 页。
③ 同上书，第 21 页。
④ 同上书，第 15 页。
⑤ 同上书，第 24 页。

在自我（同一）与他者的关系中，面容是他者直接向自我呈现的"赤裸"与"贫乏"，是赤贫的陌异性（l'etrangete-misere）。①自我与他者相遇的感觉是直面孤儿、寡妇、陌生人面容中的赤贫所带来的震惊与诧异。因此，自我与面容的相遇、自我向他人的朝向，就意味着承认饥饿，意味着我把这个世界作为礼物馈赠给他人，而不是去占有。"他人的在场就等于质疑我对世界的愉快的占有。""面容的赤裸是贫乏（denument）。承认他人，就是承认饥饿。承认他人——就是给予。"②由此，自我与他者之间就建立起"话语"的关系。这种话语关系是对我自由的质疑，把我唤往责任，让我放弃占有，同时也是宣道、激励和预言。这种关系并不意味着他者在我的目光下被对象化为一个主题，而是他者面容的自行表达。"面容是一种活生生的呈现（在场），它是表达。……面容说话。面容的显示已经是话语。"③

因此，面容意味着存在者在哲学上有优先性；其次，面容意味着一种不能被还原到"回忆的内在性"（如柏拉图那样）的外在性，使面对面的"直接性"成为可能。④"一切社会关系，作为一种派生物，都回溯到他者向同一的呈现上。这种呈现没有任何图像或符号的中介，而只是通过面容的表达。"⑤与面容的相遇就是我对他者直接的、正面的欢迎，这是不可还原为总体的局面。当自我在面对面的直接凝视中，他者的陌异性赤裸裸地呈现在自我的面前。这意味着自我在话语中接受他人的表达，

---

① 〔法〕伊曼纽尔·列维纳斯著，朱刚译：《总体与无限》，第 199 页。
② 同上书，第 51 页。
③ 同上书，第 41 页。
④ 同上书，第 24 页。
⑤ 同上书，第 200 页。

意味着拥有无限观念。① 在列维纳斯看来，自我与他人的面对面正是通过社会关联通达他人的他异性。"我从我与他人之间所维持的社会关联出发通达他人的他异性。"②

总之，列维纳斯认为西方传统的存在论哲学是一种总体哲学，以作为总体的存在为最终的意义来源，抹杀作为个体的个人的意义与价值，充满了对他者的暴力。而与之相反，对面容的现象学分析表明，在面容中呈现的他人标志着绝对的外在性，是真正的无限，不可还原为内在性。进而，自我与他人的伦理关联既先于自我与他人的存在关系，也先于自我与对象的存在关系。在此意义上，伦理学先于存在论。《总体与无限》最终表明：自我与他人之间有着一种不可还原的非同一性，自我与他人的面对面是存在中最直接的与终极的关系。

列维纳斯对自我与他者关系的现象学研究给我们理解儒家父子关系中的"敬"提供了重要的视角。从现象上考察，新生儿一出生即面临着一个充满陌异性的绝对他者，如何与他者相处成为儒家建构家庭关系与伦理秩序的关键。上文我们已表明，亲代的施惠与抚养之恩导致孝之"亲爱"的一面，而自我与他者之间的距离与不可同一则导致孝之"敬"的一面。这是因为"敬"的态度实际上是一种距离感，即便是最亲近的亲属之间也应当保持一定的距离感。

使孝区别于单纯养活父母的是被称为敬的感情。敬既被描述为内在的感情状态，也体现为在外而来的对我的要求。敬总是指向我之外的他者。"敬是这些他者在我心中所能唤起的一种感情，或在我身上所能产生

---

① 〔法〕伊曼纽尔·列维纳斯著，朱刚译：《总体与无限》，第23页。
② 同上书，第101页。

的一种效果，一种也许被这样来形容的感情效果。"①他者的不可超越让我感受到了分开我与他者的根本性距离，这一距离同时构成了他者相对于我的超越性地位。在我之外始终已经有他者，他者远远超越于我。只有在我意识到我与他者的彻底分离并且能够意识到他者的超越性时才会产生敬的情感。"这一超越在我心中所唤起的肯定性感情承认就是敬。""作为对于超越我之他者的肯定性感情承认，我之敬同时又反过来承认和肯定着他者的超越。"②

《论语》中孔子所强调的孝敬父母的原则（如"几谏"、"敬不违"、"劳而不怨"等）都体现了对作为他者之父母的敬，依照列维纳斯，我对他者面容的凝视唤起了责任："构成兄弟关系（博爱，fraternite）之源初事实的，是我面对一个如绝对陌生人一般凝视着我的面容时的责任——而面容的临显与这两个环节相吻合。父子关系并不是一种因果性：而是一种唯一性的创建，父亲的唯一性既与这种唯一性相吻合又不吻合。"③

我敬他者的原因很简单，就是要承认和尊重我与他者之间的根本性距离。"敬产生于分离人我的那一根本性距离，同时又承认和肯定着这一距离。敬从根本上说乃是对于超越性存在者的意识，是对于超越性本身的意识。是那从根本上即超越我的他者唤起我之敬，而通过此敬，或此一肯定性感情承认，我成为能够'承一认'他者的主体。"④我的敬同时肯定了他者的超越性和我的主体性，一个能够在自己的思想之内容纳"超越的他者"这样一个观念的主体所具有的主体性。

---

① 伍晓明：《吾道一以贯之：重读孔子》，北京大学出版社2013年版，第179页。
② 同上书，第180页。
③〔法〕伊曼纽尔·列维纳斯著，朱刚译：《总体与无限》，第200页。
④ 伍晓明：《吾道一以贯之：重读孔子》，第182页。

从人—我距离的角度，我们也可以解释仁的一个重要面向，即"己所不欲，勿施于人"的"恕道"。从字源、字义上看，仁的本义即二人关系，表明仁就是自我与他者之间的区别（间）与关系（人我之间），因此仁者要尊重人我之间的差异。"最根本的仁，每一个我所应欲和可欲之仁，以及仁的实现和维持，首先就是尊重和护持这一间，这一分离/联系我于他人的根本性间歇。"① 仁的必要就是让每一个人都作为伦理主体而存在，同时维持人我之"间"，也就是让他人作为他人而存在，从而阻止一个至大无外、吞并一切的总体性的我的形成。

然而，尊重他者并维持人我之"间"，并不与儒家"己欲立而立人，己欲达而达人"的仁道的积极一面及《中庸》成己成物的"诚道"相违背。因为，在儒家看来，帮助他者成就自己，并非将自身的意志强加于他者之上，将人我之间的距离与差异取消，而是帮助他者成就其德行、完成他自身之目的。

因此，我们可以从"他者即上帝"的超越精神来分析儒家强调的行礼之时的"恭敬之心"，正是他者的陌异性为自我敞开了一个神圣性的空间。根据列维纳斯，他者是上帝在其中揭示自己者，当自我面对他人之时，他人的面容揭示了一个高度（神圣的维度），上帝即在其中显示自己，正如孤儿、寡妇、陌生人与我面对面的相视，以其赤贫的面容来恳求我们去馈赠。"他人并没有承担中介者的角色。他人不是上帝的肉身化，相反，凭借他在其中解肉身化的面容，他人恰恰是上帝于其中启示出自身的那一高度的显示。"②

---

① 伍晓明：《吾道一以贯之：重读孔子》，第89页。
② 〔法〕伊曼纽尔·列维纳斯著，朱刚译：《总体与无限》，第54页。

由此，我们就可以理解《中庸》所谓"仁者，人也，亲亲为大"所体现的父子关系的绝对性。正是从对父母的孝敬之中，我们可以看到儒家之中父的绝对形象。列维纳斯指出："所有那些不可能被归结为人与人之间的关系者都代表着宗教的一个永远原始的形态，而非其高级的形态。"① 而儒家正是看到了人伦关系本身之中蕴含着超越性、绝对性，尤其是父子关系的绝对性。罗贝特·贝拉讨论了中国儒家之中父子关系绝对性的两个案例。一个是《礼记·内则》所载子女该如何劝谏父母："父母有过。下气怡色。柔声以谏。谏若不入。起敬起孝。说则复谏。不说。与其得罪于乡党州闾。宁孰谏。父母怒不说。而挞之流血。不敢疾怨。起敬起孝。"另一个例子是明朝监察御史左光斗在1625年被皇帝以诬陷的罪名酷刑折磨致死，他也仍表现出对于君主的真正英雄式的忠诚，他在临死之前写给儿子们的书信中说："辱极，苦极，高极，痛极，何缘得生？何苦求生？死矣！死矣！愿以此报皇上，报二祖列宗。血点泪痕与数行读墨依稀断纸而已。"贝拉说从这些词句中可以看到"一个伟大文明的力量与绵延的根"，对父子关系的绝对忠诚。"儒教对于父子关系的论述阻断了俄狄浦斯情结产生任何结果，除了顺从——在最后的分析中顺从不是针对某个人的，而是针对一种个人关系的模式，人们持有这种模式是为了拥有终极的合法性。……在西方，从摩西启示的那个时代开始，社会关系的每一特殊模式在原则上都是从终极性（ultimacy）派生出来的。在中国，孝与忠却成为绝对（absolutes）。"②

---

① 〔法〕伊曼纽尔·列维纳斯著，朱刚译：《总体与无限》，第55页。
② 〔美〕罗贝特·贝拉著，覃方明译：《基督教和儒教中的父与子》，《社会理论》2008年第1期。

第五节 恻隐之心：中西哲学的比较

恻隐之心是孟子提出的印证性善论的核心概念，可谓是先秦儒家情感哲学中最重要的概念。从哲学史上看，恻隐之心最先由孟子提出，"恻隐之心，仁之端也"。同时孟子又说"恻隐之心，仁也"，以表明仁义内在于"本心"。由于中国哲学中的"心"兼具理性 mind 与情感 heart 之义，因而从理学家与心学家"性即理"与"心即理"的争论起，直到当代学者对恻隐之心是一种道德情感还是道德理性的争论，讨论始终没有停息。下面我们将结合已有研究，从中西哲学比较的视野来讨论恻隐之心在儒家情感哲学中的地位与作用。

一、恻隐之心：本体论的觉情

本小节要处理两个问题：第一，孟子的"四端之心"是不是一种感性的、经验的心理情感？第二，如何理解孟子"恻隐之心，仁也"与"恻隐之心，仁之端也"这两种表述的差异。

此前学界对恻隐之心的研究非常之多，这是因为恻隐之心对于儒家的存有论、本体宇宙论、工夫论以及政治哲学都至关重要，对恻隐之心的不同解释可以显示儒家哲学的不同面向，因此也导致基于不同诠释理路的争论。从哲学史上看，恻隐之心最先由孟子提出，"恻隐之心，仁之端也"；又说"恻隐之心，仁也"，以表明仁义内在于"本心"。因此，对恻隐之心的理解就关乎对儒家核心思想"仁"的理解。

从理学的理路来看，程颐、朱熹严格区分心、性与情，把仁义礼智作为"性"，把恻隐、羞恶、辞让、是非的四端作为"情"，以穷理尽性、格物致知的"顺取"路径来建构"仁性爱情"、"性体情用"的仁体论。

这条路向侧重认知与穷理，反对"以觉训仁"，提出仁是心之德、爱之理。从心学的理路来看，由程颢以觉训仁、从疾痛相感的感通上诠释仁者"与天地万物为一体"，继而由王阳明"良知是真诚恻怛之心"来完成心学仁体论。这条路向侧重直觉的体认、体悟（不同于感性直觉，牟宗三认为是智的直觉）与逆觉体证。

现代学界对恻隐之心的诠释与哲学建构的争论依然很激烈。概括而言，我们可以将这些经典研究分为五个方向，并简要梳理他们的观点。

其一，以梁漱溟、钱穆、李泽厚为代表，他们把恻隐之心理解为感性经验的心理情感，这是心理学的解释（心理成本体）。

其二，以牟宗三、李明辉为代表的海外新儒家，他们基于程颢以觉训仁的传统，把恻隐之心诠释为本体宇宙论的道德实体（即仁体）。"仁心"（本心）被实体化为客观的存有，这是宇宙本体、创生的实体，也是道德实体。

其三，蒙培元提出孟子的道德本心是从"四心"到"四德"动态提升的境界形态，在不断升华、自我超越的修养工夫之中，心理情感不断理性化、普遍化，具有了形而上的超越性，而并非先确立一个超越的形而上的道德实体，因此他反对牟宗三道德实体论的道德形而上学诠释（他强调，仁是从道德情感上说的，是情感经验的升华）。[①] 蒙培元说："孟

---

① 蒙培元认为，宋明理学讲形而上的性理并不是西方超绝的纯粹形式，而是性理离不开心，心和情不能分开的。因而体用不二，性不离情，这是在存在论上说的。从存在论上说，性或理作为人的"存在本体"，并不是实体（不是观念实体，也不是精神实体），而是情感之所以为情感者，是情感的存在样式。因而，蒙培元认为中国哲学是从作用上讲本体，从功能上讲本体，从生命过程讲本体。中国哲学虽然讲本体，讲"本心"，却从不承认有一个"超绝"的"物自身"。因此，儒家所说的"本心"或本体，不能理解为实体，无论是理学派所说的理，还是心学派所说的心，甚至气学派所说的气，都不是西方哲学乃至康德哲学意义上的本体即实体。蒙培元：《心灵与境界——兼评牟宗三的道德形上学》，《新儒家评论》第二辑，中国广播电视出版社1995年版，第64—82页。

子所说的心，从根本上说就是仁义之心或'良心'。它既是心理情感，又具有自我超越性，是基于情感而又超越情感的普遍的道德理性。这是一种内在的超越，因而具有极大的主体能动性。"① 之所以反对牟宗三的道德实体论解释，是因为蒙培元看到孟子"四端"与"四德"的关系是：四端（恻隐、羞恶、辞让、是非）是人人具有的心理情感（人区别于动物的标志）；"仁、义、礼、智之性，就是从这种心理情感发展而来的。道德理性来源于心理情感"②。蒙培元认为这就是孟子讲的"心性合一"与仁义内在的道德主体论（仁的内在化、主体化）。但是，相比于仁义礼智的道德理性，四端的心理情感更具有根源性，前者是从后者发生（升华）出来的。因此，他强调孟子注重从四心到四德的动态过程（"苟得其养"）谈论道德本心，而非作为超越的形而上的本心。

其四，以陈来、陈立胜为代表，他们基于朱熹的仁学宇宙论（气化宇宙论、人以"天地生物之心"为心）而非心学的资源建构仁体论。但是不同在于，前者主要借鉴了熊十力后期以本体为非心非物（摄体归用，体用不二）的资源③，后者借鉴海德格尔生存论的现身情态（情调）的概念把恻隐之心解释为儒者在世的基本情态④。陈立胜认为当代西方现象学

---

① 蒙培元：《中国心性论》，第8页。
② 同上书，第30页。
③ 陈来强调，这样构建的是一个仁体的本体论，而非唯心的本体论。仁体论是本体显现大用，仁体仍然是实体论的。中国哲学认为本体是实在的，现象也是实在的，并没有虚实的区别。仁体论是体用不二的，形上与形下不是割裂的。本书认为，陈来先生是想要与牟宗三基于心学的本体宇宙论区分开来，所以直追其师熊十力，判定熊十力前期把心作为宇宙本体建立的仍然是传统的唯心本体论。
④ 陈立胜对恻隐之心的本体宇宙论的诠释完全抛开了牟宗三对朱熹的判教，想要从朱熹的宇宙论（仁是生生不息的气化运动、仁是生物之心、仁包四德、以春生夏长秋敛冬藏比附仁义礼智等）建构基于恻隐之心的本体论、宇宙论。然而，他又借鉴了海外新儒家李明辉对"以觉训仁"、"觉情"，杜维明先生对"痛觉"（身体的感知、体知）等心学的资源来佐证其说。

和心理学对孟子"恻隐之心"的探讨均从移情（empathy，把他者的感受注入自我中）与同情（sympathy，设身处地想象他人的感受，与他人形成情感共鸣）的意向性构造分析是有问题的，无论同情或同感是指向自我，还是指向他者，这种意向性构造分析背后都预设了一种个体主义的自我观。[①] 而在儒家的语境中，恻隐之心并不单单是一种道德情感，而是一种涉及宇宙论、存在论的仁者浑然中处于天地万物之中、与天地万物一体相通的"觉情"，是儒者在世的一种基本生存情调，揭示了人之为人的一个共处、共享、共在的生存结构。

其五，以唐文明为代表的美德伦理学，他们反对牟宗三仅仅从恻隐之心来建构儒家的伦理，因为恻隐之心所显示的同情心（或移情）导向了单薄的利他主义伦理学。[②] 他主张回归孔孟原始儒家的天命信仰而非阳明心学的良知、良心，来建立人伦的终极依据。因为，人伦之理就是天命之伦，对天命的体认与践行（知天命）就是完成人的终极伦理。

其六，以耿宁为代表的现象学家，他对恻隐之心进行了现象学的考察，以区别于休谟、亚当·斯密说的同情同感（sympathy）。[③] 耿宁认为恻隐之心是人在面临孺子将要入井之情境的最原初意识（primary experience），这一原初意识中包含着行动的趋向（即采取行动去救助孺子）。这意识是当下即视的，因而不需要移情机制所要借助的想象与联想。我们已在绪论中阐述了耿宁的具体论证，此处不再赘述。

---

① 陈立胜：《恻隐之心："同感""同情"与"在世基调"》，《哲学研究》2011 年第 12 期。
② 恻隐之心的确含有"移情—利他主义"的心理机制（如心理学家巴特勒对移情的研究所揭示的）。在这点上，尼采对基督教同情心的道德（建基在同情、利他心之上的现代人文主义）持强烈的批判。尼采指出基督教道德来自于怨恨，是奴隶对贵族高贵德性价值的颠覆与造反。本书在第三章讨论"怨恨"的时候会详细解读。
③〔瑞士〕耿宁著，陈立胜译：《孟子、斯密和胡塞尔论同情与良知》，《世界哲学》2011 年第 1 期。

第二章　先秦儒家道德情感的哲学分析

我们先不急于评判上述各家观点，而是先从这些争论中提炼出围绕恻隐之心最基本的议题。那就是：第一，恻隐之心（以至孟子说的四端之心）是否是一种情？第二，恻隐之心强调对他人的关切是否必然导致利他主义，而消解了自身的主体性呢？①

关于第一个问题，即恻隐之心是否是一种情？这里涉及的根本问题是性与情的关系问题，也就是心学与理学争论的核心问题。李泽厚把该问题意识概括得很到位：情作为心理事实与其他的心理、生理、社会现实（文化—心理结构，比如不同文化系统中的人对同样的事物可能感受不同、感应不同）密切联结，不如纯粹理性原则的"性"那么超然独立，那么，在性情关系上，先秦儒家是一元还是二元？谁为本？谁支配谁？谁先谁后？理学（程颐、朱熹）认为仁是性，爱是情，性发用为情，性由情显。因此，朱熹把恻隐之心解释为情（一种道德情感）；陆王心学反对这种区分，认为本心即情，心、性、情、才是一回事。良知是真诚恻怛之心。戴震反对释性为理，肯定情、欲。

我们认为心学的解释更为符合孟子学的义理方向。因为在孟子那里，心、性、情、才实际上是一回事，他并没有确立性体情用（性为形而上之理，情为形而下之情，性由情显）的架构。在这点上，我们认为，朱熹区分性理与情用的理论形态非常接近康德，后者把一切情感作为经验质料从道德法则中排除出去，也强调理性法则与感性情感之间的张力。②这是因为朱熹也局囿于理性、感性（先验与经验）二分的架构中，在中

---

① 李泽厚：《中国古代思想史论》，第46页。
② 关于朱熹更接近康德，牟宗三在《现象与物自身》中指出朱熹介于康德与阳明之间。李泽厚在80年代写的《中国古代思想史论》也指出朱熹更接近康德，朱熹的性、理有如康德的抽象而绝对的先验律令，强调理性法则（先验的绝对命令）与感性情感（经验情感、欲）之间的张力，突出理性主宰、统治与支配人的感性活动。

国哲学的话语中，这被表达为理与气的二分（理在气先，理生气，理气不离不杂的关系）。接下来，我们将要指出，恻隐之心不止是一种心理情感（类似于同情心、怜悯），它更是有着一种实体性的本心，是本体宇宙论的道德实体。

恻隐之心具有先验与经验的二重性，这就说明不能以理性、感性二分的架构来解释它。正如李泽厚所说："孟子不但极大地突出了'不忍人之心'的情感心理，而且还赋予它以形而上学的先验性质。"① "以孟子为代表的中国绝对伦理主义特点却又在于，一方面它强调道德的先验的普遍性、绝对性，所以要求无条件地履行伦理义务，在这里颇有类于康德的'绝对命令'，而另一方面，它又把这种'绝对命令'的先验普遍性与经验世界的人的情感（主要是所谓'恻隐之心'实即同情心）直接联系起来，并以它（心理情感）为基础。从而人性善的先验道德本体便是通过现实人世的心理情感被确认和证实的。超感性的先验本体混同在感性心理之中，从而普遍的道德理性不离开感性而又超越于感性，它既是先验本体同时又是经验现象。"②

这是中国哲学体用不二、本体即在现象之中并通过现象表现出来的特征在伦理学上的表现。本书是认同这个判断的。然而李泽厚主要是在否定意义上来批判宋明理学对"仁"的先验形而上学解释，而一定要把仁（主要是恻隐之心）解读为经验性情感从而否定仁作为道德本体的先验性与形而上学实体含义（因此他批判宋儒的性即理是"理本体"），以此来论证"经验变先验"的情本体哲学，否定儒学的内在超越。对此，

---

① 李泽厚：《中国古代思想史论》，第 44 页。
② 同上书，第 45—46 页。

陈来对李泽厚的论证逻辑进行了比较清晰的评判。① 李泽厚认为，在宋儒的理学框架中，仁既是理性的，也是感性的，既是超自然的，也是自然的。本体就具有了二重性，就蕴藏着整个理学破裂的潜在可能。② 宋明理学想为世间人际的伦常政治秩序寻求一个超世间人际的根由，但由于没有超验世界或天国上帝的哲学—宗教背景，作为"性"、"心"、"理"的仁便始终不可能等同于康德那与经验无关的实践理性和绝对律令。这是因为，中国的上古圣典缺乏《圣经》中对耶和华、耶稣的那种有别于人间情感的畏和爱。宋明理学以充满人际世间的孝悌和恻隐之心来填入天理、性、心，便不可能超越这个世间。③ 因此，他认为宋儒追求建立超验

---

① 陈来站在"仁本体"的立场批评李泽厚的情本体只从经验层次上的爱来解读仁，认为他始终把仁解读为感性情感的恻隐之心，强调仁的情感性与经验性，而忽视了仁的多重向度的意义，尤其是本体论宇宙论的意义。"在我们的立场来看，仁是具有形而上学意义的实在，而爱的情感只是仁的显现之用，而李泽厚对仁的理解始终限制在'经验性的仁爱'，因此就不能肯定仁体的观念。又由于他的立场是某种马克思主义、后现代，反对以道德为本体，最多他也不过是想把情感性内容注入康德的理性伦理本体而成为实用理性（亦即情理交融的感性），所以他必然不能走向仁本体。"陈来：《仁学本体论》，第 417 页。陈来认为朱熹的仁体是作为"生气（意）流行"的实体来被理解的。这个意义上理解的仁就不再是静而不动的理、性了，而是在生气循环的意义上近于生气流行的总体。一气流行、周流贯通的"气"的概念使仁实体化了。加诸朱熹《仁说》以天地生物之心论仁（人得天地之心以为仁心），表示仁是宇宙生生不息的真几与根源。虽然朱熹承认生生不是仁，而仁是生生之理，但从天地之心理解的仁是活动流通的内在动因，即动之"机"。因此，从生气流行与动之机来理解仁，就不只是"所以然"之静态的作为法则、规律与根据的理，而是生生不息、流行不已的实体。参见陈来：《仁学本体论》，第 42—45 页。
② 李泽厚：《中国古代思想史论》，第 236、237、262、241 页。
③ 李泽厚指出，宋明理学追求超验的失败在于：理虽然是天理，但这天理总是与作为自然物质的经验生存混同在一起。宋明理学一方面强调"理为本"、"理在先"、"理为主"，但另一方面又强调"理在气中"、"离气不能言理"、"人欲中自有天理"，并经常以各种自然景物如季候、生物、生理等经验现象来做比拟和解释。这使得他们这个理和性，不仅没有摆脱而且还深深渗透了经验世界的许多特色和功能，所以，宋明理学追求超验或先验的理性本体即天理、道心在根本上是失败的。中国由于长久的巫史传统，很难产生经验先验、本体现象的截然二分的观念，绝对、普遍和超验的理、性离不开经验的、具体的情、气、欲。而康德却可以把经验世界和绝对律令截然二分。参见李泽厚：《实用理性与乐感文化》，生活·读书·新知三联书店 2005 年版，第 63 页。

本体的尝试是失败的。上文已经指出，儒家的超越不能囿于"超验"来界定，而李泽厚显然仍是以西方犹太—基督教的外在超越（人格神的超验与人的经验世界之二分）为参照，来否定儒学的宗教性与超越性，这是有待商榷的。也正如赵法生所说，情本体"与儒家道德思想中最富有特色的工夫论也失之交臂，也就无法对于情在儒家道德实践中的意义作出具体深入和系统的说明"①。

我们认为，之所以造成李泽厚的这种理论推断，是由于他依然没有脱离理性、感性（先验与经验）二分的哲学架构，所以他总是强调恻隐之心的感性经验层面来反对新儒家对恻隐之心的本体宇宙论建构。然而，正如牟宗三讲的，道德情感可以上下其讲，情感可以上提至本体的、超越的层面，那么，情感就获得了本体的意义。接下来，我们来看牟宗三对恻隐之心的本体宇宙论建构。牟宗三对恻隐之心的诠释是依照"以觉训仁"的传统阐发心、性、情是一的本心（本心即性，本心即理）。因此，恻隐之心并非情，而是道德本心，是本心性体的具体呈现。如果非说它是情，它也是超越的本情、觉情（是形而上的 ontological feeling）。心是本心，情是本情，不是心统性情之心，不是喜怒哀乐之以气言情。

首先，孟子的两处表达之差异（恻隐之心是仁，还是仁之端？）如何理解呢？② 关键在于如何理解"端"。牟宗三认为"端绪"是特殊之机，与仁心全体本质上是一。端对扩充而言，表示"端倪、端绪、端芽"。"端绪只是对应一特殊之机而显，好像不能尽仁心之全体，是以若与仁心

---

① 赵法生：《性情论还是性理论？——原始儒家人性论义理形态的再审视》，《哲学研究》2019 年第 3 期。
② 梁涛认为"恻隐之心，仁也"与"恻隐之心，仁之端也"的区别，表明本心与恻隐之心在理上是一致，在表现、相上不同。

全体对言之，此亦当只是局限与否的问题，而其本质的意义是一，亦如一钱金子与一两金子其为纯金是一。"① 这是具体的普遍，普遍之体全在此特殊事机中呈现。因此，程颐、朱熹认为恻隐之心是由仁性发用在外的端绪，仁与恻隐遂成为性与情之异质的两物，是不合乎孟子义理的。牟宗三说：

> 孟子的主要目的是在表明道德意义的仁与义皆是内发，皆是道德理性底事，即使含有情在内，此情也是以理言，不以感性之情言。②

> 孟子以本心说性，恻隐之心本质上就是仁。即使是端绪，亦只是开展广狭之不同，非本质上有形而上下之差异，故孟子言扩充也。伊川把恻隐恭敬等本心俱视为形而下之情，与喜怒哀乐等一律看，此显非孟子学之义理。③

> 孟子言仁义内在，并非视仁义只为一普遍之理，只以此普遍之理为性也。仁义之为理乃由于道德本心之自发自律而见，仁义之理即仁义之心，本心即性，本心即理也。并非仁义为理为性，乃形而上者，爱敬羞恶之心为情，属气，乃形而下者。爱敬羞恶之心乃本心之具体呈现，即使是情，亦是以"本心即性，本心即理"言之之本情，皆是形而上者，非是"以气言之"之形而下之情也。④

再来看牟宗三对"本体论的觉情"之论述。此仁心觉情是一超越的、

---

① 牟宗三：《心体与性体》第三册，第267页。
② 牟宗三：《圆善论》，第14页。
③ 牟宗三：《心体与性体》第二册，第312页。
④ 同上书，第321页。

创生的道德实体,这是就仁体的感通与润物而言的(仁以感通为性,以润物为用)的宇宙本体与道德实体。在道德实体(仁体)的意义上,可以理解是非之心与恻隐之心之间的关系。不安、不忍、恻然之觉体(仁体)一旦呈现,自能随事感通,当机而发,此即仁体的感润无方。相应于仁心的觉情,是非之心是智心的觉照(以觉照为性,以及物为用)。牟宗三这样解"以觉训仁"之"觉"字:

> 觉是一个本体论的实体字,而不是一个认识论的认知字,是相当于feeling(觉情),而不相当于perception(取相的知觉)。Feeling 是 moral feeling,cosmic-feeling 之 feeling,吾人可名之曰"本体论的觉情"(ontological feeling),而不可看成是"认识论的取相的知觉"(epistemological perception)。……此仁心觉情是一超越的、创生的道德实体。当机而动,直接相应其自体而显发是不安、不忍;对可羞恶的事,显其义相;对恭敬辞让的事,显其礼相;对是非辨别,即其智相。义礼智都以仁心觉情之超越体为其底据,是此体自身起了绉绉,显出纹路与脉络……有一特殊的定向,有了一曲折的局限,是相应于所当之机而绉起来的屈曲的局限与定向。①
>
> 仁心觉情在对特殊之机上澄然贞定收敛而为智相,其最初之收敛是孟子所谓"是非之心",是明辨道德上的是非者,常与羞恶之心连在一起合用。②

结合以上引文,我们看到,牟宗三对孟子的恻隐之心作了本体宇宙

---

① 牟宗三:《心体与性体》第二册,第308页。
② 同上书,第309页。

论的诠释：恻隐之心是能够创生道德行为的道德实体，是心、性、情合一的本心仁体。其所含的爱敬羞恶之情，并非感性之情，而是以理言的情，是形而上的本体论的情，是道德本心的具体呈现，是特殊的普遍性。而且，本心仁体又是一个知体，对于不同的事项会当机呈现不同的殊相。因此王阳明良知只是个"是非之心"，应当是对孟子是非之心的创造性发展。此非对象化的认知（见闻之知），却是道德认知（德性之知），但德性之知却离不开见闻之知（如孝悌的德行离不开对冬温夏清、奉汤侍药、晨省昏定的知识）。

综上，牟宗三把恻隐之心放在"以觉训仁"与仁者"与天地万物为一体"的哲学框架中，建立了基于一种"具身感受性"的"觉情"概念，它是宇宙大化一气贯通的生命的觉情。因此，恻隐之心（怵惕恻隐之心）就是不忍人之心、真诚恻怛之心。仁以感通为性，知疾痛相感就是仁，反之，麻木不仁即为不仁。正如杜维明先生对"以觉训仁"的阐发："痛感体验乃是为人之本质特征；无能感受痛苦既被视为是健康方面的一个重要缺陷，而且也被看作是道德方面的一个重要缺陷。人即可以感受到痛苦，无能于此即是有害于我们的仁。这种对痛苦的肯定态度是基于具身化（embodiment）与感受性（sensitivity）乃是仁的两个基本特征这一信念推出的。"[①] 正是这种"具身感受性"使得儒家道德本心在本质上是嵌在肉身之中的"觉情"，是"智性的觉识与道德的觉醒"。

因此，我们认为李泽厚只从经验性情感解读儒家的"仁爱"，将其解读为经验性的、形而下的心理学情感，从而往他强调的经验变先验的人

[①] Tu Weiming, *The Global Significance of Concrete Humanity: Essays on the Confucian Discourse in Cultural China*, Center for Studies in Civilizations, 2010.

类学历史本体上靠（实际上走向"无"本体），这样就把具有丰富形而上学意义的"仁"解释得太单薄了，容易掩盖中国哲学"本体即实体"的精神。而牟宗三对孟子恻隐之心的本体宇宙论诠释所阐发的"本体论的觉情"，以及道德情感可以上提至形而上本体层面，不失为考察先秦儒家情感之超越性、普遍性与感通性的富有启发意义的重要概念与讲法。我们将在下面章节中展开详细讨论。

二、为道德奠基：作为潜能的恻隐之心

对于第二个问题，即恻隐之心的本体宇宙论建构是否导向利他主义的片面道德哲学？要回答这个问题，就必须引入中西哲学比较的视野。下面我们将结合于连对恻隐同情的中西哲学比较的考察，讨论中国哲学的恻隐之心与西方道德哲学讲的同情、移情机制内在之不同。

我们认为基于恻隐之心的道德实体论建构并不导向利他主义的片面道德哲学。概言之，有两点原因：首先，恻隐之心的前提是自爱与自立，即挺立一个依自不依他的道德主体，或者说仁义之道德理性是由本心所自发之律则、自定之命令，是道德的自律，所谓"己欲立而立人，己欲达而达人"，这是"仁之方"。不可想象，一个连自己都不爱的人会去主动关爱他人。然而，这种自爱、自立又不是西方个人主义式的、原子化的自利。其次，恻隐之心所体现的是自我与他者处于一种"本源性的联系"之中，不忍人之心是自发的，这又表明儒家式自我并非孤立的、隔绝的个体，而是在本源上具有关切他者、与他者共在的生存属性。儒家伦理本来就是重视双向互动、对等、互惠的关系伦理，强调他者的优先性并不意味着削弱主体性。在这方面，法国汉学家于连对孟子与启蒙哲学为道德奠基之方式的比较研究提供了精彩的说明。

第二章　先秦儒家道德情感的哲学分析

于连指出，西方启蒙思想家为道德奠基（即道德的来源与基础）的方式分为理性（康德）与感性（卢梭、叔本华）两种。其中，卢梭与叔本华以怜悯心（被看作本源性的道德情感）为道德奠基的做法与孟子的恻隐之心有相似性，即两者都包含我对他人的关切与同情。然而，于连更为重视前两者与孟子论证的差异，这差异能更显明地表现恻隐之心的特征：通个体式、通感性，同时又不否认个体。

他指出，卢梭的怜悯心最终是以自身为目的，他首先把自爱设为人的基础，怜悯只不过是其变奏而已。第一，怜悯心需要设身处地于他人的痛苦境遇，怜悯情感的自发需要想象力的中介。那么如果对苦难见到得越多，天天可见，那就越缺乏想象而漠然置之。第二，怜悯心里包含着一种自利主义的逻辑：是因为自己不愿意受苦才不愿他人受苦，或者是因为我们为设身处地于他人受苦之境，人们为自己不受那种痛苦而感到快慰。因此，个人主义视角的设定背后是人必定从其个人自身出发去构想人生。此后，叔本华把道德建基于怜悯心的做法是：第一，否认怜悯心需要想象力的中介；第二，怜悯心意味着我与他人之间的认同关系，意味着我与他人界线的消除；第三，人我之界分是人为的，因而个体我也是虚幻的，我与他人是一个整体；第四，怜悯心体现了世界之真象，是根本的统一性，而我、个体（依照意识之先验格式而成）只是事物之表象。因此，叔本华为了消解怜悯心的个人主义预设，而干脆直接否认我的真实性。因此，无论是卢梭还是叔本华，都没能真正把道德建立在怜悯心的基础上。

于连指出，孟子的不忍之心却没有遇到上述两种问题，反而消解了它们。因为它有两个特征：第一，通个体性，并非孤立的主体我；第二，自我与他者处于本源性的互动关系中。不忍人之心是由于"我与他人的

195

共同生存"在他者那里遇到了威胁而自发的。他这样表达恻隐之心:

> 既不是个人主义的(从"我"出发来构想世界),也不否认个体性(因为所有的现实都是通过个体化而实现的),其视野可谓是"通个体式"的(生存由其整体看去,是自内"沟通",不断相互反应的)。怜悯心只是生存所特有的这种通个体、通感性的本质之体现。……个体的我不被设想为实体型的主体(自主先验的),他人不是被当作一个物体放在我的意识的对面,也就不再需要追问自己如何能与他人"认证"(比如通过想象力或认识力),这一现象本质上是二者之间的互动性。①

这里他所谓的"实体型的主体"是指康德的作为自我立法的道德主体"先验我"(或本体我,即我的"物自身",处于纯粹智思世界的理性我,是现象的感官的我之模型)。理性的我必须落实到经验世界中来才会具体真实,由假设变为现实。儒家的我是"万物皆备于我"之我。"我是接通于万物的,所以我是在本源意义上与万物相关。"② 人一旦反观自我,发现自己确实关心他者(即疾痛相感),就会意识到自己与天性相协调(即反身而诚),所以才会"乐莫大焉"。于连说:

> 仁义道德就在于通过我们的行为展发这原初的关系,在我们的生存过程当中将这个生命之本原意义上的融通关系具体化;按照人

---

① 〔法〕弗朗索瓦·于连著,宋刚译:《道德奠基:孟子与启蒙哲人的对话》,第25—26页。
② 同上书,第76页。

之"当是"去做人，就是把潜在于我身上的对别人的关心在我四周的生活空间中也实现出来。……后来的中国人以人的身体来把握仁之特性。①

这也是宋明儒者以身体的感觉来把握仁的特性的原因所在。在这个意义上，羞恶之心也产生于自我与他者的本源性关联中，如果没有他者作为镜子的反观之维，自我的羞耻感并不会那么强烈。因此，西方启蒙思想为道德奠基的两种方式都有问题。康德把道德归于无条件之必然性（这是理性主义的路子），最终走向了上帝（道德的神学）；卢梭、叔本华归之于人类天性的本然趋向（怜悯心等），这条经验的路子无法证明道德情感是否完全摆脱了一切杂质。而孟子论证的成功在于他把怜悯、羞恶作为潜能（四端）：在身体上，羞耻、怜悯的经验性反应所凸显的正是一颗本源性、基础性的良心（本心）。因此，孟子实际上是以先天性与本源性的良知、良能为道德完成了真正的奠基。见孺子入井的恻隐或惊牛之祭是"在经验与感性的层次上显示一种超出了经验层次，不为感性所限制的'理'——这即是我们的本心之理（本源性或基础性的）"②。

第六节 对羞耻感的现象学分析

接下来，我们对作为一种道德情感的羞耻感展开哲学分析。按照朱熹的解释，羞恶即"耻己之不善"（羞）与"憎人之不善"（恶）。羞恶之

---

① 〔法〕弗朗索瓦·于连著，宋刚译：《道德奠基：孟子与启蒙哲人的对话》，第76页。
② 同上书，第35页。

心分为两个层面:对己的羞愧与对人之不善的憎恶。仔细分析,对己不善的羞愧之心说明自身具有一种天然的道德感,那么自然就会对他人之不善产生憎恶的情感。也就是说,对己的羞耻感可以导向对他人不善的憎恶感,这两个层面是自然相联属的。因此,孟子所说"羞恶之心,义之端"既可以对己而言,以己之不善为耻而归正于义,也可以对人而言,憎恶人之不善而归于义。而狭义上讲的羞耻心主要是指对己而言的"耻己之不善",进而由己推人、由个体而及于群体社会皆以羞耻感要求于己身,那么个体完美人格与群体的正义谐和都可臻至。

一、羞耻感是一种"情感道德"

从精神现象上看,羞耻感是一种人类最基本的心理经验(或曰情感体验)。之前的中国哲学研究对羞耻感的关注不够。陈少明说:"耻不仅触及人类身一心互动的情感经验,也牵涉到自我与他人的关系,与其他德目同样丰富复杂。"[①] 在身心互动的层面上,羞耻感是由于自身做出不合义或羞于见人的不体面之事而在内心生起的愧怍,甚至是由于某个不善念头的兴起而自感羞耻,这种羞耻感并不因为他者的在场而产生。因此,孟子在讲葬礼起源时提到当子女看见亲人的尸体被虫蚁腐蚀而"其颡有泚,睨而不视"[②],强调子女感到羞愧而额头出汗并非因为别人在场看到而难堪,而是出自自身不忍之心而生的愧怍。

在这个意义上,羞耻感是内生而非外铄的,它是一种道德情感。儒家特别重视他者不在场(人所不知而己独知之)的情况下对自家身心的修

---

① 陈少明:《关于羞耻的现象学分析》,《哲学研究》2006 年第 12 期。
② 即额头上出汗,不忍心直视那种悲惨的场面。孟子说:"夫泚也,非为人泚。"(《孟子·滕文公》)

养，此即君子特重的"慎独"，因为"莫见乎隐，莫显乎微"（没有什么比隐秘更显见的，没有什么比微小更明显的），这一来可以体现君子修身重视"动之几"即做事的动机（戒慎乎其所不睹，恐惧乎其所不闻），更要紧的是说明君子在独自面对自己时常存戒慎恐惧之心（常惺惺）以警惕不善意念的生起。在某种程度上，慎独就是羞耻感起作用以防"恶念"于未然，或在恶念萌发时警醒其心加以制止的过程。这就可以理解儒家为何如此重视羞耻感的缘故：除了在正面大谈仁义道德的重要性，还要在反面强调没有羞耻感的人便丧失了道德感，会变得厚颜无耻与麻木不仁（孟子所谓"无耻之耻"是"无耻之尤"）。更重要的在于，对于自身而言，能有羞耻感说明了自爱、自重与自尊，其中包含强烈的自我意识。陈少明说："有羞耻感就意味着还有自尊心，爱面子就是懂得自爱的表现，它比一般的爱或恨之类的情感或许更能呈现自我意识的特质。"①

因此，从道德意识的现象学上看，羞耻感可谓一种尊重自身人格的道德情感，然而这是从消极面而言的。德国现象学家爱德华·封·哈特曼从道德现象学的角度讨论人类的道德体系，认为它是由情感道德（Gefühlsmoral）、理性道德（Vernunftmoral）和品位道德（Geschmacksmoral）组成的三位一体。但是他更为看重"情感道德"，无论是"和谐肤浅的圆滑品味道德"，还是"趋于迂腐的抽象理性道德"，都无法与充满"英雄气概的情感道德"同日而语。②下面我们依据哈特曼的道德意识现象学，并在中西哲学比较的视野下，展开对先秦儒家羞耻感的哲学分析。

---

① 陈少明：《关于羞耻的现象学分析》，《哲学研究》2006 年第 12 期。
② 〔德〕爱德华·封·哈特曼著，倪梁康译：《道德意识现象学——情感道德篇》，商务印书馆 2012 年版，倪梁康序。

按照哈特曼，羞耻感是一种消极意义上的"道德自身的情感"。所谓"道德自身的情感"是指"在道德方面的自身情感（Selbstgefühl）"，它是绝然的道德情感，"可以被标识为在自身意识中的伦常反射（Reflex）"。它产生的原因是："由于人意识到他自己是一个伦常的人格性，由于他在其人格性的伦理特征中认知他的人格价值的最纯粹的和最关键的尺度，因而在他知道自己是这个最高价值的承载者时会在他心中生发出一种舒适情感，并且会生发出在任何情况下都维持这个价值的努力。"① 在哈特曼看来，只要不处在绝对伦常的堕落中，或由于追求他律的道德原则而丧失"他的自然自律的伦常本欲动力"②，每个人都有道德自身的情感。换言之，道德自身的情感就是人意识到自身是人格价值的承载者时的自足感、自珍与自重。伦常的自珍（Selbstschatzung）与自重（Selbstachtung）就是建立在这个伦常自身情感的坚定性基础上。伦常自重的舒适感与保持此敬重不被玷污的努力相结合就是伦常骄傲（Stolz），即"对自身作为伦常人格性的骄傲"，这是道德自身情感的积极面。"积极的伦常自身情感的外部显现是尊严。"③

而其消极面就是羞耻感。"真正伦常的羞耻（即便在他人面前）仅仅是产生于骄傲中的那种在自己面前的羞耻。"④ 在哈特曼看来，羞耻感的产生仅跟自己有关，产生于人们所具有的道德弱点的暴露。这是因为道德自身的情感是潜藏的，只有通过反应才会被唤醒。"唯有在强求做一个有失尊严的行为时，伦常的骄傲才会苏醒，唯有在揭露本己的弱点时，

---

① 〔德〕爱德华·封·哈特曼著，倪梁康译：《道德意识现象学——情感道德篇》，第 25 页。
② 同上书，第 35 页。
③ 同上书，第 31 页。
④ 同上书，第 29 页。

伦常的羞耻才会苏醒。"①"当他（作为伦常的人）突然发现自己有一个不道德的欲求、一个为他的骄傲如此乐意地视作完全不可能的欲求时，他会发自全部内心地在自己面前感到羞耻。"② 因而，真正的羞耻是"自身情感对消沉的抵御和预防性胆怯，这种抵御与胆怯会将自身展现为羞耻"③。换言之，伦常的骄傲来源于自身人格价值的自足性，在情感道德的价值位阶上高于对他人赞赏的追求与对他人指责的逃避。当个人承受来自他人意见与评判的挑战时，个人所须做的只是增强道德自身的情感，即增强自身的尊严。而羞耻感恰好是骄傲面临沉沦时的自我防御机制，在这一点上哈特曼说它是消极面的。

可以说，哈特曼所说的"伦常的骄傲"很类似于康德所说的由于人遵守道德律而感到人格得到提升的积极效果。道德律由于抑制了人的主观偏向与爱好（即康德所谓病理学的情感）而造成痛苦的情感，然而从积极面来说，道德律造成人对道德律的敬重感，由此敬重而感到人格的提升。因为人遵守道德律就相当于成为意志自由（即自发命令、自作主宰的意志）的"物自体"，而不像动物那样只服从于自然因果法则，这就是人的尊严的提升。因此，哈特曼说康德是"用尊严来替代自律的道德自身情感"，"尊严扮演着一个规定他的整个道德之特征的角色"④。

然而，儒家重视羞耻感，还由于它涉及自我与他人的关系，这是因为人并非孤立的绝缘体，而是处于关系网络中的中心点。整个共同体是个体与他人（亲人、朋友、熟人、陌生人）共在的统一体。羞耻感虽不

---

① 〔德〕爱德华·封·哈特曼著，倪梁康译：《道德意识现象学——情感道德篇》，第35页。
② 同上书，第28页。
③ 同上书，第29页。
④ 同上书，第32页。

须他人在场即可油然内生，但他者的在场势必会强化羞耻感。这种强化是由于个人名不副实、没有扮演好特定社会角色而没有得到他人的尊重。因此，有羞耻感既是尊重自己、也是尊重他人的表现。而且，从精神现象上看，羞耻感带来的后果是自己连带亲属一起受辱，因此羞耻感"表明其中有自我与他人难以割舍的情感联系"①。传统社会对家族声誉的珍惜与重视表明家族是个一荣俱荣、一损俱损的荣誉共同体。东汉士族对名节近乎偏执的看重与追求也是把个体声誉放在家族共同体以至长时段历史中看待所造成的。因此，"羞耻心就有测试自己行为是否失当及感知自己被他人尊重程度的心理机制"②。

二、羞耻感与勇德

儒家重视羞耻感由于它不仅关系人格的尊严，关乎君子人格的养成，更关乎人文教化（政教）的效用。在君子人格的养成上，《论语》中具体而微地谈到了"可耻"的各种对象。君子所深以为耻的在于言行不一致（"古者言之不出，耻躬之不逮也"《论语·八佾》与"君子耻其言而过其行"《论语·宪问》），在于"巧言、令色、足恭"与"匿怨而友其人"（《论语·公冶长》），在于"邦有道，贫且贱焉"与"邦无道，富且贵焉"（《论语·泰伯》）等。而为君子所不耻的有"不耻下问"，以及孔子赞赏子路不以"衣敝缊袍，与衣狐貉者立"（《论语·子罕》）为耻。

在孟子那里，知耻是君子修身的关键，是"耻不若人"（《孟子·尽心上》）的积极进取与不甘人后。他更是强调知耻（即有羞耻心）是人区

---

① 陈少明：《关于羞耻的现象学分析》，《哲学研究》2006年第12期。
② 同上。

别于禽兽的一个标志,"无羞恶之心,非人也"(《孟子·公孙丑上》)。孟子所表达的对"无耻之耻"强烈的憎恶感说明他强调人禽之别是为了让人保住这一点"灵明",即人与禽兽的"几希"之处。以羞耻心的有无来说人禽之别虽然是实然的描述,但在孟子的"非人也"的价值判断下更是对人性的应然价值义的规范性定义。与哈特曼从道德自身的弱点来讲羞耻感不同,《中庸》与孟子强调了勇敢的美德与羞耻感的密切关系。作为"三达德"之一的勇德在《中庸》中被解释为"知耻近乎勇",勇敢的行为(即制止不义之举的行动)出于自身意识到的羞耻感。换言之,只有内心充满强烈羞耻感的人才能在面临不义之举时激发起义愤,从而鼓舞起强大的勇气去付诸行动。孟子所真正赞赏的并非"不肤挠,不目逃"、"视刺万乘之君,若刺褐夫"、"以必胜为主"(朱熹语)而不动心的北宫黝之勇(此为刺客之流的养勇),也并非"量敌而后进,虑胜而后会"、"守一身之气"(朱熹语)的孟施舍守气之勇(此为力战之士的养勇),而是"自反而缩,虽千万人,吾往矣"的曾子守约之勇(约,要也)。这是道德的大勇,而非如暴虎冯河般的逞一己血气的血气之勇。

在朱熹看来,曾子的守约要高于孟施舍的守气,这是由于孟施舍所守只是"一身之气",不如曾子反求诸己的"反身循理"("缩"即"直","自反而缩"即反身而直)更能得"守约"之要。这也是孔子经常批评子路之勇近于鲁莽、草率的宗旨所在。① 然而,曾子的守约(要)不一定是循理,但曾子反求诸己的守约之勇很大程度上是由羞恶之心激发的,所守的是不动心的大志,而同时致养充塞全体的浩然之气,以志

---

① 由于对子路性情的了解与判断,孔子曾预言子路不得其死,后来子路果然由于好勇而死于卫乱。

率气（志壹则动气），以气养志（气壹则动志），两者交相培养。孟子说浩然之气是"集义所生者，非义袭而取之也。行有不慊于心，则馁矣"（《孟子·公孙丑上》）。朱熹注曰："集义，犹言积善，盖欲事事皆合于义也。袭，掩取也，如齐侯袭莒之袭。言气虽可以配乎道义，而其养之之始，乃由事皆合义，自反常直，是以无所愧怍，而此气自然发生于中。"这就是说，至大至刚的浩然之气是由事事皆合于义的积善而慢慢培养的，积累得多了，便自然发生于心中。由此，反求于本心的时候便无所愧怍，因为自然的血气已经被积善的致养工夫转化为全然合于道义的了。

因此，孟子由曾子守约之勇而讲到"知言养气"的修养工夫是对《中庸》"知耻近乎勇"的继承与发展。经过"配义与道"的升华与转化，原本由不义之举所激起的刚强的自然血气被提升为反身合于义的浩然之气，如是，羞恶之心（羞耻感）才可谓是"义"的萌芽与端倪。羞耻心（知耻）与勇德之间的如是联系，诚如陈少明所说，表明儒家所推崇的君子人格并不仅是温润如玉的谦谦君子形象，更是能铁肩担道义、勇猛精进地力行仁义的人格典范。[①]

三、儒家的羞耻感与西方罪感的不同

由以上《论语》所见君子深以为耻的事情，即身处贫贱之位而不以贫贱为耻或以在邦有道时贫且贱为耻等，表明儒家所重的羞耻感与西方基督教背景与自由意志传统下的耻感非常不同。

按照芬格莱特，《论语》中的"耻"多与具体的外在财物、行为或人的身份地位相联系。"耻是一种道德情感，这种道德情感更多地集中于一

[①] 陈少明：《关于羞耻的现象学分析》，《哲学研究》2006年第12期。

个人和外部世界相关的地位和品行,而不是对一个人受到玷污的、败坏的自我的一种内向指控(内自讼)。"①而西方的耻感属于"选择—责任—罪感"的概念体系。所谓"自由意志"的概念最早由基督教教父神学家奥古斯丁提出,用以解决"神义论"的问题,即为何全知全能全善的上帝会创造出会作恶的人。在奥古斯丁看来,这是由于上帝所创造的人有自由意志,也就是在可以为善、可以为恶的自由选择中人选择了为恶,这是自由意志的体现。人们在犯错的时候可以有别的选择,因此人们就要为自己的选择而承担责任。这就是自由意志传统下的"选择—责任—罪感"的逻辑。对于孔子来说,人们犯错是没有遵循"道"的指引而生活,因此这不是选择的问题,而是德性力量不足的问题。"对孔子来说,核心的道德问题不是一个人要对出于自由意志选择的行为负责,而是他所面临的这样一种实际问题:一个人是否适当地得到'道'的教育,以及他是否愿意勤奋地学习行道? 对于不能遵守道德秩序(礼),恰当的回应不是因为一种虽然邪恶但却自由的负有责任的选择而自我谴责,而是自我的再教育,以便克服一种单纯的缺陷、一种力量的不足,——总之是人在'塑造'过程中的缺陷和不足。"②

在这个意义上,于连指出中西方为道德奠基的方式之不同在于:儒家(尤以孟子为主)不是按照"选择与行动这样的构架"(即"能—愿"的范畴)来完成,而是把道德作为人性的潜能与其具体现实化的植物生长的模式。③即道德在于对内心善的萌芽(善端)既不轻心、也不过于

---

① 〔美〕郝伯特·芬格莱特著,彭国翔译:《孔子:即凡而圣》,第30页。
② 同上书,第31页。
③ 于连这里与孟子相比较的是西方启蒙思想家(如卢梭、康德)出于"意愿"的自由意志为道德奠基的方式。首先,意志的概念来源于基督教,用以解释人作恶的原因,同时也说明了人的有限性。卢梭、康德把"意志"理解为行为的"动因",即选择或决

操心（既勿忘又勿助）的培育，让其自然地生长，"从事前准备好的条件情势中顺势而出"①。因此，由于孟子思考道德不通过"意愿"这一范畴，孟子就不会碰到康德所说的"根本的恶"的问题。② 孟子所谓"羞恶之心，义之端也"的说法表明羞恶的反应是作为一种"合乎道义的先天之质"被体验到的，是一种先天性的潜能，而不同于康德所说感性的病理学情感。后世的阳明学者曾经让被捉现行的贼脱掉裤子以指点他的良知。即便是道德感较弱的贼也羞于在公众面前赤裸身体，证明这种羞耻感具有先天性与本源性。这种反应是超越于传统的"理性"与"情感"的二元对立之上的。孟子正是以这些经验的与感性的反应显示一个超经验的、不受感性限制的本源性、基础性的良心（本心）。"任何人都具有合乎道义的先天之质——羞恶或怜悯等反应不过是使之显露出来而已。"③

（接上页）策的能力。于连认为中国由于很早就放弃了人格神的概念（人格神转变为自然秩序的大化流行的天道概念），而没有发展出"意志"与"目的因"的概念，因而儒家思考道德就不按照"选择—行动"的构架而是按照"条件—结果"的植物生长模式，把道德作为一个连续的演化过程让其自然地生长。因此，孟子不需要像康德的二元论把人区分为感官我与理性我、现象我与先验我（二重世界），他对人的"大体"与"小体"（贵与贱）的区分只是道德价值论上的，而没有任何形而上学的背景。参见〔法〕弗朗索瓦·于连著，宋刚译：《道德奠基：孟子与启蒙哲人的对话》，第46—101页。但是仅仅从孟子那里就断定先秦儒学没有发展出"意志"的概念，失之简单，因为孔子说的"我欲仁，斯仁至矣"以及孟子说的"可欲之谓善"，这种对仁、善的欲求也就是一种道德的意志。正如蒙培元说的，儒家心性论主要是以情感、意志为基础的道德理性主义或实践理性哲学，尤其"义"是从道德意志上说的。它表现为道德判断，即"应当如此"的绝对律令。而且，儒家也有自然目的论，人的目的是实现仁德，"我欲仁，斯仁至矣"之欲是建立在"学文"、"知礼"、"知天命"等一系列认识基础上的道德意志。参见蒙培元：《心灵与境界——兼评牟宗三的道德形上学》，《新儒家评论》第二辑，第7、25页。

① 〔法〕弗朗索瓦·于连著，宋刚译：《道德奠基：孟子与启蒙哲人的对话》，第101页。
② 在康德那里，根本恶是指对纯粹实践理性（几乎等同于意志自由）起阻碍作用的感性偏向、自然倾向、癖好等，这些是由于人的感官受外物刺激而引起的主观好恶的情感，被他称为"病理学的"情感。
③ 〔法〕弗朗索瓦·于连著，宋刚译：《道德奠基：孟子与启蒙哲人的对话》，第38页。

固然如此，孟子承认良知良能若没有得到较好的培育（如斧斤伐之、牛羊又从而牧之）就会如牛山之"濯濯"（《孟子·告子上》），因为"大体"之心在与物交的时候很容易"物交物"而"引之矣"，导致良心放失。因此，对于儒家，羞耻感的形成与强化还需要"道"的教育，不合于礼义的过失与不当并非通过良心有愧的自我谴责就能弥补，而是依靠自我的再教育使得内在德性力量的不足与缺陷得到弥补。可以说，羞耻感的形成离不开道德教化。所以孔子说："道之以政，齐之以刑，民免而无耻；道之以德，齐之以礼，有耻且格。"（《论语·为政》）在儒家的为政思想中，道德仁义的礼乐教化更为根本，侧重于道德引导、风化百姓，以礼节规整内心秩序，着重培养的是百姓的羞耻感。在没有羞耻感的情况下，民只是侥幸、苟且地免于刑罚而不知耻，而在羞耻感强烈的情况下，百姓会自觉地遵守礼义的规范而不逾矩。然而这并不意味着儒家不重视刑政，只不过刑政被置于礼乐教化之后，在教化行不通之后再施以法教刑罚，即所谓"不教而杀谓之虐，不戒视成谓之暴"（《论语·尧曰》）。总之，儒家强调礼乐刑政的一体化，德主刑辅，礼法合治。

第三章
从情感到伦理：先秦儒家对自然情感的伦理建构

在第一章，我们已经讲到，先秦时期盛行一种自然气性论（以气为基础的情生于性），尤以郭店竹简《性自命出》的"气性"（喜怒哀悲之气，性也）与《大戴礼记·文王官人》所说的"五性"、"五气"（喜气、怒气、欲气、惧气、忧悲之气）为典型。我们已经指出，在轴心突破所导致的精神内面化运动之下，"心"的概念日渐流行，治气养心之术日益成为重新实现天人合一的精神修炼之术。而"治气"之气主要指人的情气（当然也包括生理层面之气息）。在第一章，我们将这种"情气"层面的情感界定为自然情感，归于 feeling（由外到内，从感到情），偏向心理学情感的一面。自然情感是人的内在本性在与外物交接时显发的具有好恶倾向性的心理情态。这一章，我们将探讨先秦儒家如何看待与处理怨、好恶、喜怒哀乐、爱等自然情感，如何将自然情感纳入伦理的秩序建构之中。

第一节 怨的现象学分析

一、怨的道德心理学与价值现象学分析

怨作为一种重要的精神现象和人类情感，在人的道德建构中具有重要的含义与作用。德国现象学家马克斯·舍勒讨论了怨恨的道德含义：

第三章 从情感到伦理：先秦儒家对自然情感的伦理建构

"怨恨是一种有明确的前因后果的心灵自我毒害。这种自我毒害有一种持久的心态，它是因强抑某种情感波动和情绪激动，使其不得发泄而产生的情态：这种'强抑'的隐忍力通过系统训练而养成。"[①] 从怨恨的发生机制上，舍勒分析了导致怨恨形成的各种情感状态，其中，"报复冲动是怨恨形成的最适宜的出发点"[②]。然而，如果报复冲动可以直接诉诸行动的话，怨恨就不会形成。怨恨的形成还依赖于主体行动能力上的无能。"怨恨产生的条件只在于：这些情绪既在内心猛烈翻腾，又感到无法发泄出来，只好'咬牙强行隐忍'——这或是由于体力虚弱和精神懦弱，或是出于自己害怕和畏惧自己的情绪所针对的对象。"[③] 由于无能与懦弱，怨恨的人会无法获得自我价值感的满足，转而通过否定与自身相反的价值获得增值的满足感。因而，怨恨的心理会形成虚假的价值错觉与判断，制造"增值"的价值假象。"怨恨的主要功效正在于此——增值意识或等值意识又是通过伪造和幻化价值本身而获得的。"[④]

舍勒对怨恨心理的研究受尼采的影响很大，后者对基督教道德的谱系学研究揭示出怨恨心理是"从反方向寻求确定价值的行动"[⑤]，会导致价值颠覆。"这种怨恨发自一些人，他们不能通过采取行动作出直接的反应，而只能以一种想象中的报复得到补偿。"[⑥] 尼采称这种行动为奴隶道德的造反行动，是对正性价值、高贵德性与"非我"的否定。他认为基督

---

① 〔德〕马克斯·舍勒著，罗梯伦等译：《道德建构中的怨恨》，刘小枫编校：《价值的颠覆》，生活·读书·新知三联书店1997年版，第7页。
② 同上书，第8页。
③ 同上书，第10页。
④ 同上书，第23页。
⑤ 同上书，第6页。
⑥ 同上书，第5页。

教的利他主义仁爱植根于犹太人的怨恨,是最精巧的"怨恨之花",是犹太人在道德上的奴隶起义。其怨恨来源于软弱无能,他们转而否定与己相反的高贵、正面价值完成"想象中的复仇",构成一种对其敌人和制胜者(指罗马人)的价值的彻底颠覆,这是最具精神性的复仇。"所有高尚的道德都是从一声欢呼胜利的'肯定'中成长为自身,而奴隶道德则从一开始就对着某个'外面'说不,对着某个'别处'或者某个'非自身'说不:这一声'不'就是他们的创造行动。"① 所以奴隶道德把"不报复的无能"称为"善良",把卑贱的怯懦称为"谦卑",把向仇恨的对象屈服称为"顺从",认为吩咐他们屈服的人就是上帝。所有这些弱者的怯懦、等待、无能都被冠以"忍耐"与"宽恕"的美德。

然而,怨也有正面的伦理价值。因为,怨的心理机制要求施害者对受害者进行一种挽救性的补偿,以弥补受害者的损失。"怨恨则是一种只要某种行为对特定的人造成真正而且是实际的伤害就能正当激起的激情。"② 这种补偿有促成社会公正的积极作用。在亚当·斯密对正义美德的情感来源的分析中,施害者的行为是怨恨的恰当对象,是该受谴责的。客观中立的旁观者对施害者行为的憎恨之情正是形成正义美德的情感基础之一。"他们(旁观者)乐于同情受害者自然所产生的怨恨,施害者也就成为了他们憎恨和愤怒的对象。"③ 正是旁观者对施害者的憎恨与对受害者的同情构成了正义美德的消极情感与积极情感的两面。在两种情感的作用下,旁观者要求对施害者进行严厉惩罚的意向成为社会公正的要求。

西方哲学家对怨的讨论囿于政治社会领域,对怨的处理关乎社会的

---

① 〔德〕尼采著,赵千帆译:《论道德的谱系》,商务印书馆2016年版,第30页。
② 〔英〕亚当·斯密著,赵康英译:《道德情操论》,华夏出版社2010年版,第91页。
③ 同上书,第97页。

公正,而缺乏对发生在家庭之中怨的探讨。怨在先秦儒家伦理的讨论中占有非常大的分量,对于怨的处理构成了儒家处理人伦关系尤其是社会公正问题的重要准则。先秦儒家把家庭内外的社会关系区分为两个领域:门内与门外,主张"门内之治恩掩义,门外之治义断恩"(《礼记·丧服四制》)。家庭内部是基于血亲的亲情关系,家庭外部是与陌生人的非血缘的关系。那么,先秦儒家在处理亲人之间与陌生人之间的怨时,会采取什么样的原则,其背后的用意为何,这是我们要着重讨论的。

二、劳而不怨:孝敬与使民

首先,怨作为一种有破坏性的情感,与人的生存样式和道德状态有很大关系。儒家的人伦建构非常重视引导和疏解怨。在处理亲人间关系上,孔子强调孝子对父母的"敬"与"劳而不怨"。孟子强调孝子对父母的思慕,肯定在亲之过大的情况下子女可以怨亲,然而他推崇终身思慕父母的大孝。在处理陌生人之间的怨时,孔孟儒家强调"以直报怨",以公正无私的态度对待不义之举。这种"直道"是顺自然的人心人情之"直"而行动,而非出于有意之私。

孔子尤其强调子女孝敬父母时的"劳而不怨"。子曰:"事父母几谏。见志不从,又敬不违,劳而不怨。"(《论语·里仁》)这里提供的是当父母犯过错时子女应当如何劝谏的原则。历代注疏对此争议有二,首先是关于"几谏":何晏、朱熹认为是"微谏",何晏集解引包曰:"几者,微也。当微谏,纳善言于父母。"[①] 这是强调当父母犯过错时,子女应当和颜悦色、委婉地劝谏,不可犯颜直谏,其依据是《礼记·檀弓》"事亲有

---

① 程树德:《论语集释》,第350页。

隐而无犯"的谏亲原则。另解，王夫之提出"见微先谏"之说，即当父母过错将萌发之际，子女及时劝止。① 其次，关于"劳"的争议较大，有三种说法：其一，皇侃、邢昺训为"劳苦"。皇疏认为是"谏又不从，或至十至百，不敢辞己之劳，以怨于亲也"；邢昺疏认为："父母使己以劳辱之事，已当尽力服其勤，不得怨父母也。"其二，朱熹以"挞之流血"训"劳"，他接受《礼记·内则》的说法认为："劳而不怨，所谓'与其得罪于乡、党、州、闾，宁熟谏。父母怒不悦，而挞之流血，不敢疾怨，起敬起孝'也。"这是说在劝谏父母时即便挨父母捶打也不生怨；其三，王引之《经义述闻》以"忧"训"劳"，劳而不怨是承上"见志不从"而恐惧父母得罪于乡党，孝子为其担忧而不怨其亲。② 朱熹的解法与"小棰则待过，大杖则逃走"(《孔子家语·六本》)的精神有所违背，恐陷父母于伤害子女的不仁之地；且与《论语·宪问》"爱之，能勿劳乎？忠焉，能勿诲乎？"劳诲并称的用法不合。经过比较，我们认为皇疏、邢疏的解读更为合理。

孔子强调对父母的孝不能只停留在"犬马之养"的层面上，更重要的是内心的敬重感。对父母的敬意一方面体现在不直接忤逆他们的意愿而"微谏"；另一方面体现在侍奉父母尽心尽力，没有怨念，即便当父母不听从自己的劝谏时也不改尊敬之心。在慈爱与孝敬这一对双向伦理中，孔子更强调子代对亲代的孝敬，因为前者出自天然，舐犊之爱在天性上要比子代对亲代的爱更强烈。孔子为三年之丧的正当性辩护时说："子生三年，然后免于父母之怀。"(《论语·阳货》)子女为父母守三年之丧

---

① 程树德：《论语集释》，第352页。
② 同上书，第351页。

第三章 从情感到伦理：先秦儒家对自然情感的伦理建构

期才能心安理得。可见，儒家把孝作为对父母养育之恩的最纯粹的回报，这种回报有着深厚的情感基础。安乐哲从关系至上的角色伦理阐释践行孝道是达成完美的人（仁）的必由之路。角色伦理产生于日常生活中施惠者与受惠者之间的互惠关系，孝（家庭内的敬重）作为代际传递体现了施惠与报恩的情感原则。子女在终身践行孝的角色中实现祖先肉体血缘的传递与祖先血脉的不朽，这是孝道的宗教意义。"这些依序展开的整体将会超越社会而产生事实性的宗教效应。"①

劳而不怨不仅是孝子事亲的敬重原则。孔子还把它延伸至为政治民的领域。孔子主张仁者应以"如承大祭"的庄敬心态用民、使民，就能达到"在邦无怨"的效果。在《论语》中，孔子随处指点仁，多次提到无怨、不怨是仁者的境界。孔子回答仲弓问仁说："出门如见大宾，使民如承大祭。己所不欲，勿施于人。在邦无怨，在家无怨。"（《论语·颜渊》）朱熹集注指出在邦、在家的无怨是"主敬行恕"所达到的效果，"敬以持己，恕以及物，则私意无所容而心德全矣"。以敬使民则不会让民怨沸腾。《论语》终章子张问孔子如何从政，孔子答以尊五美，其中之一便是"劳而不怨"。孔子说："择可劳而劳之，又谁怨？"（《论语·尧曰》）朱熹集注引用尹氏曰："告问政者多矣，未有如此之备者也。故记之以继帝王之治，则夫子之为政可知也。"邢昺疏曰："择可劳而劳之，谓使民以时。"② 节用爱人、使民以时是诚敬之心在政事上的流露与体现，以使百姓各安其分、各得其所，达到劳而不怨的理想境界。这就道出儒门的外王必须以内圣为前提，"修己以敬"才能"修己以安人"（《论语·

---

① 〔美〕安乐哲、〔美〕罗斯文：《〈论语〉的"孝"：儒家角色伦理与代际传递之动力》，《华中师范大学学报（人文社会科学版）》2013 年第 5 期。
② 何晏注，邢昺疏：《论语注疏》，北京大学出版社 2000 年版，第 307 页。

宪问》），只有以诚敬之心修己，才能以诚敬之心待人。明儒邹守益（东廓）说："圣门要旨，只在修己以敬。敬也者，良知之精明而不杂以尘俗也。戒慎恐惧，常精常明，则出门如宾，承事如祭，故道千乘之国，直以敬事为纲领。……节用爱人，使民以时，即敬之流行于政者也。"①

在孔子看来，做到没有"克、伐、怨、欲"（朱熹集注："怨，忿恨"）的地步已经很难，然而还未上升到仁者的境界（《论语·宪问》）。他很少直接赞许某人为仁，然而他两次称赞过伯夷叔齐是无怨的"古之贤人"。一次是对于卫辄据国拒父蒯聩的事件，子贡问孔子是否帮助卫君。由于事件涉及父子相争，子贡以伯夷、叔齐相让逊国是否会怨（朱熹集注："怨，犹悔也"）间接地询问。孔子答以"求仁而得仁，又何怨"（《论语·述而》）。这是因为，"伯夷以父命为尊，叔齐以天伦为重"②，兄弟相让各得其志，"合乎天理之正，而即乎人心之安"③，因而视放弃君位犹如抛弃敝屣，求仁得仁，遂无怨悔。另一次是孔子说"伯夷、叔齐不念旧恶，怨是用希"（《论语·公冶长》）。邢昺疏曰："此章美伯夷、叔齐二人之行。不念旧时之恶而欲报复，故希为人所怨恨也。"④前一处是称赏伯夷、叔齐让位毫无怨悔，后一处强调他们不计前嫌所以很少遭人怨恨。可见，怨是一种具有破坏性的情感，很容易走向愠怒，导向报复的行动。

子曰："躬自厚，而薄责于人，则远怨矣。"（《论语·卫灵公》）《礼记·中庸》也讲"正己而不求于人，则无怨"。然而最彻底的远怨方法是

---

① 黄宗羲：《明儒学案》，中华书局2008年版，第336页。
② 程树德：《论语集释》，第597页。
③ 同上。
④ 何晏注，邢昺疏：《论语注疏》，第73—74页。

学,"学者,觉也"。《论语》开篇即强调学习的重要性,而在卒章孔子自明志向时又强调"下学而上达"乃为学之要(朱熹集注:"程子曰:'学者须守下学上达之语,乃学之要。'")。子曰:"莫我知也夫!"子贡曰:"何为其莫知子也?"子曰:"不怨天,不尤人。下学而上达。知我者其天乎!"孔子强调通过不断学习可以消解怨,达到"人不知而不愠"的状态,进而由下学而上达不怨天不尤人的乐天知命的境界。在张祥龙看来,怨正好与学相对。"怨恨与学习都是一种可自持续的含有'内在无限性'的意义机制,都与人的生存的、现象学意义上的时间有关,都要求自发进行着'时习之'。"① 学习可以从源头上涌发活泼泼的生机与快乐,防止道德形态的固化,所谓"学则不固"(《论语·学而》)。"孔子特别强调君子的不愠、不怨,就是为了避免陷入怨恨的强大机制,使人生从根本上被定向化和道德规范化(比如墨家、法家)、非境域化。"② 故而,孔子强调孝子与仁人可以做到无怨。

三、《小弁》之怨与诗可以怨

孟子论孝注重子女对父母的"慕",慕的原始含义是少年依恋父母的情感,赵岐解"慕,思慕也"。孟子推崇舜为大孝是因为他终身思慕父母,然而这种慕还带有因不见爱于父母的忧与怨,所以孟子说号泣旻天是怨慕。可见,孟子与孔子强调"劳而不怨"略有不同,他认可在亲之过大的情况下孝子可以怨亲,把子女是否应当怨亲置于父母所犯过错是大是小的具体情境中去考察。孟子讨论了更为复杂的道德处境,指出亲

---

① 张祥龙:《从现象学到孔夫子》,商务印书馆 2001 年版,第 241 页。
② 同上。

子关系中的怨与不怨关乎着亲疏。《孟子·告子下》记载了弟子公孙丑与孟子讨论《诗经》中两篇孝子之诗的对话：

> 公孙丑问曰："高子曰：'《小弁》，小人之诗也。'"孟子曰："何以言之？"曰："怨。"曰："固哉！高叟之为诗也。有人于此，越人关弓而射之，则己谈笑而道之，无他，疏之也。其兄关弓而射之，则己垂涕泣而道之，无他，戚之也。《小弁》之怨，亲亲也。亲亲，仁也。固矣夫，高叟之为诗也。"曰："《凯风》何以不怨？"曰："《凯风》，亲之过小者也。《小弁》，亲之过大者也。亲之过大而不怨，是愈疏也。亲之过小而怨，是不可矶也。愈疏，不孝也。不可矶，亦不孝也。孔子曰：'舜其至孝矣，五十而慕。'"

关于《小弁》为何是亲之过大者，毛诗和郑玄的说法是"父乱德政"，认为《小弁》"刺幽王也，大子之傅作焉"。据孔颖达疏："太子，谓宜咎也。幽王信褒姒之谗，放逐宜咎。其傅亲训太子，知其无罪，闵其见逐，故作此诗以刺王。"而赵岐注认为《小弁》是"伯奇之诗也"，"伯奇仁人而父虐之，故作小弁之诗曰'何辜于天'，亲亲而悲怨之辞也"。焦循《孟子正义》详细考证，批驳了赵岐不采《毛传》太子宜臼之事的说法而无法解释亲之过何以为大。① 《毛传》认为诗文中的"何辜于天？我罪伊何？"与舜的怨慕号天相似，孟子也认同《小弁》之怨等同

---

① 焦循认可《毛传》的说法，认为亲之过大者是因为放逐太子宜臼之事"以所关在天下国家之大，故较之《凯风》失在一身者则为小矣。此事关系国之根本，而若解读为寻常的放子就不足以称为'亲之过大'。参见焦循：《孟子正义》，中华书局1987年版，第817—820页。

于舜之怨。从"何辜于天？我罪伊何？"的凄厉哀号与仰天悲怨中，读诗者能感到孝子因父之不悯己而产生的恻怛悲情。齐国高叟认为《小弁》因为怨亲而为"小人之诗"①，孟子却认为在"亲之过大"的情况下，子女如果连一点怨念都没有，那就是愈加地疏远至亲，"亲之过大而不怨，是愈疏也"。在"亲之过大"的情况下怨亲恰是亲亲相戚的表现，而疏远至亲是不孝的行为。因为作为至亲，自己的父亲想要杀害自己，自己不可能不在乎与伤心，不可能没有怨念。与之相反，如果是与自己毫无关系的越人关弓而朝向自己射箭，自己根本不会在乎与伤心，是因为本来就与他很疏远。

关于《凯风》为何是亲之过小者，赵岐注："孟子曰：《凯风》言'莫慰母心'，母心不悦也，知亲之过小也。"关于《凯风》诗旨，《毛传》说："《凯风》，美孝子也。卫之淫风流行，虽有七子之母，犹不能安其室，故美七子能尽其孝道，以慰其母心，而成其志尔。"这里的亲之过是指母亲不安其室而欲改嫁，而《毛传》称美孝子不但没有责备母亲，而是感念母亲抚养七子之辛劳，自责没能尽孝道从而让母亲有改嫁之心。诗云："母氏圣善，我无令人。""有子七人，莫慰母心。"朱熹《诗集传》认为《凯风》"婉词几谏，不显其亲之恶，可谓孝矣"。在七子的感化下，母亲最终放弃改嫁的想法。所以《凯风》美孝子能安慰母亲之心，当母亲有过错之时，孝子当委婉劝谏，以诚感化，而不是直言怨怼，体现了温柔敦厚的诗教之旨。焦循说："盖温柔敦厚，诗教也。凡臣之于君，子

---

① 焦循认为高子是在《小弁》违背了"温柔敦厚"诗教之旨的意义上说其为"小人之诗"的。焦循认为，高子授予夏之诗，是懂得诗教讽谏之义的，不可直言和彰显君之恶。而《小弁》的诗文情辞愤激，与诗教相违背，所以高子认为《小弁》不忠厚，是小人之诗。参见焦循：《孟子正义》，第822页。

之于亲，朋友相规，兄弟相戒，均宜缠绵悱恻，相感以情而不可相持以理，宜相化以诚而不可相矜以气。……如《凯风》之孝子，以至诚之情自责，以感动其母，此诗教之常也。"①

孟子认为《凯风》之所以不怨，是因为亲之过小，"亲之过小而怨，是不可矶也"。赵岐注："矶，激也。过小耳，而孝子感激，辄怨其亲，是亦不孝也。"焦循进一步疏解为"母以不悦激发其子，子因其激发而遂怨，是不可耐此激发也"②。这样的解释稍显迂曲，有不畅达之嫌。关于"不可矶"，朱熹集注解读为"矶，水激石也。不可矶，言微激之而遽怒也"。朱熹的解释更为通顺，如果父母犯了很小的过错子女就勃然大怒，那就是不可矶，显然是不孝的。最后，孟子引用孔子的话称赞大舜的至孝。舜生长于很恶劣的家庭环境，父顽、母嚚、弟象傲，舜父勾结象曾经两度欲谋害舜，可谓亲之过大者。按照孟子，大舜也是会且应当怨念其父母的，即便到了五十岁依然怨慕号天，"孔子以舜年五十而慕其亲不殆，称曰孝之至矣，孝之不可以已也"（赵岐注）。赵岐认为《小弁》之怨同于舜之号泣，所以他说"当亲而疏，怨慕号天。是以《小弁》之怨，未足为愆也"。

孟子批评高叟不懂《小弁》之怨亲，认为在至亲犯了乱德政的大过、国家将倾覆的危险之际，子女仍然没有怨念、谈笑处之的话，那就是益疏之道。高子不懂得变通，但守其常，所以孟子认为他固陋、未达诗人之意，进而指出"不以文害辞，不以辞害志，以意逆志"的解诗宗旨。诗人通过《小弁》之怨表达的反而是对父母当亲而疏的怨慕，这不是

---

① 焦循：《孟子正义》，第 822 页。
② 同上书，第 821 页。

第三章 从情感到伦理：先秦儒家对自然情感的伦理建构

"小人之行"。孔子也说"诗可以怨"(《论语·阳货》)，何晏引用孔安国注曰"怨，刺上政"①，这很契合汉儒对诗经政治化的解读。汉儒毛亨解诗有美刺与正变之说，刺诗通过对上政的婉言微谏，起到毛诗序所言的讽谏的作用，"言之者无罪，闻之者足以戒"。朱熹解读为"怨而不怒"②，讲的是中正平和的人伦之道，把怨诽的情感控制在适当的程度上而不泛滥成愤怒，通过诗的诵习涵养平和的性情，这正符合"温柔敦厚"的诗教之旨。

> 万章问曰："舜往于田，号泣于旻天，何为其号泣也？"孟子曰："怨慕也。"万章曰："父母爱之，喜而不忘。父母恶之，劳而不怨。然则舜怨乎？"曰："长息问于公明高曰：'舜往于田，则吾既得闻命矣。号泣于旻天、于父母则吾不知也。'公明高曰：'是非尔所知也。'夫公明高以孝子之心为不若是恝。我竭力耕田，共为子职而已矣。父母之不我爱，于我何哉？……天下之士悦之，人之所欲也，而不足以解忧；好色，人之所欲，妻帝之二女，而不足以解忧；富，人之所欲，富有天下，而不足以解忧；贵，人之所欲，贵为天子，而不足以解忧。人悦之、好色、富、贵，无足以解忧者，惟顺于父母可以解忧。人少则慕父母，知好色则慕少艾，有妻子则慕妻子，仕则慕君，不得于君则热中。大孝，终身慕父母，五十而慕者，予于大舜见之矣。"(《孟子·万章上》)

---

① 程树德：《论语集释》，第1561页。
② 同上。

舜"号泣于旻天"见诸《尚书·大禹谟》："帝初于历山，往于田，日号泣于旻天，于父母。"在这里，万章不理解为何舜耕于历山时在秋季向天哭诉而向孟子问难。孟子答道这是因为舜对父母心有怨慕，"言舜自怨遭父母见恶之厄而思慕也"（赵岐注）。万章认为父母若疼爱子女，子女当欢喜而不忘怀；父母若厌恶子女，子女也应勤劳奉养他们而心无怨念，这样才算孝敬。这里指涉的伦理问题与上文相同，即当子女不见爱于父母之时当怨不当怨。孟子没有正面驳斥万章，而是借助曾子弟子公明高对其弟子长息的回答回应万章。公明高认为作为孝子之心在面对父母的不待见时不应该如此无忧愁（赵岐注：恝，无愁之貌），而应当怨悲。因为我竭力耕田，已然尽到做子女的职责与孝心。然而父母却不疼爱我，我到底做错了什么呢？焦循认为，"此即代述诉天之言也"[①]。孟子显然是认同舜对父母的怨慕的，这说明舜心里最在乎的还是作为至亲的父母，因为在乎，所以生怨。如果没有丝毫怨念，那就如同对陌生人的疏远态度一样毫不在乎。舜的至孝正是因为他以能获得父母的爱作为终身最大的快乐，即便是获得了世人都追求的富、贵与好色也不能让舜解忧。因此即便到了五十岁舜依然怨慕父母。一方面是对不见爱于父母的怨念，另一方面是对父母的思慕挂念。

　　孟子也在舜的例子中探讨了兄弟之间如何处理怨念的问题。兄弟和睦，家庭才能兴旺，然而兄弟之间很容易产生嫌隙，尤其当其中一方比较顽劣不守悌道之时。对待象的蓄意谋害，舜以仁道相待，"不藏怒焉，不宿怨焉"（《孟子·万章上》），仍然亲爱之；对待象的拜见，舜以悌道相待，"象忧亦忧，象喜亦喜"（《孟子·万章上》）。这不仅化解了兄弟之

---

① 焦循：《孟子正义》，第611页。

第三章 从情感到伦理：先秦儒家对自然情感的伦理建构

间的怨念，而且还让象受到了感化，并通过封弟于有庳、派官吏代其治理的创造性方案保全了兄弟之间的亲亲之恩。

四、以直报怨

上文探讨了孔孟如何对待亲人之间的怨，表明儒家把亲人之间的当怨与否当作亲疏关系的问题来处理，"当亲而疏"，生怨是很自然的，这是因为事亲没有去就之义。在生怨的情况下依然能敬重地侍奉父母，就如同大舜侍奉瞽瞍那样，瞽瞍也会受到感化（厎豫），就做到了至孝。那么，在处理陌生人之间的怨时，儒家采取什么样的态度呢？《论语·宪问》中的一则对话表明了孔子的态度：

> 或曰："以德报怨，何如？"子曰："何以报德？以直报怨，以德报德。"

"德，谓恩惠也。"（朱熹《论语集注》）这里所探讨的伦理处境是：当别人给予自己不正义的侵犯之时，自己该如何回应，应该采取以恩德报雠怨的态度吗？"以德报怨"见诸《老子》的文本，是老子所推崇德的忠厚之道。"四书"的英译者理雅各（Legge）曾指出这一点，并说："这可能是问者早已听过这句话并同意其说法，然后再征询孔子的意见……由这章我们可以看出儒家道德如何低于基督教的标准，甚至还不如老子。"[①] 杨联陞指出："理雅各的批评并不完全是正确的，因为'恕'字

---

① 杨联陞：《报——中国社会关系的一个基础》，原载《食货月刊》3卷8期，后被收录为《中国文化中"报""保""包"之意义》的附录第一篇。

221

（有时与宽宏或大量连用）确实在儒家思想系统中占着重要地位。中国人的道德劝告君子不要太计较别人的小错小恶，而最高的理想标准，所谓帮助别人而不求报偿，也是被儒家称颂的，但同时却认为有点不合实际。在这一点上，儒家着重的是公正的原则，不可受慈善的影响。"①

孔子认为如果对方侵犯了自己，依然给对方以恩惠，那么对那些给予自己恩惠的人，该如何报答呢？故而孔子推崇以"直"道报雠怨，以恩德报德惠。"于其所怨者，爱憎取舍，一以至公而无私，所谓直也"（朱熹《论语集注》），"直"是回报怨的最公正无私的态度与方式。朱熹认为以德报怨虽然看似忠厚，然而是"出于有意之私，而怨德之报皆不得其平也"，只有"以直报怨，以德报德"才能使"二者之报各得其所"。通俗地讲，若对方侵犯了我，我会还对方以"直"道，给予公正无私的还击，对于别人给予我的滴水恩惠，我会涌泉相报，这未尝不也是忠厚之道。所以，"然怨有不雠，而德无不报，则又未尝不厚也"。在儒家看来，"以直报怨，以德报德"是一种自然正当，天经地义，其间无丝毫私曲。

何谓"直"呢？为何"直"道那么重要呢？《论语·子路》中孔子与叶公讨论亲亲相隐的问题时双方表达了对"直"的不同看法：

> 叶公语孔子曰："吾党有直躬者，其父攘羊，而子证之。"孔子曰："吾党之直者异于是。父为子隐，子为父隐，直在其中矣。"

---

① 杨联陞：《报——中国社会关系的一个基础》，原载《食货月刊》3卷8期，后被收录为《中国文化中"报""保""包"之意义》的附录第一篇。

第三章 从情感到伦理:先秦儒家对自然情感的伦理建构

何晏引孔安国解读"直躬,直身而行"①。直躬因为其父把跑到自己家里的羊据为己有而告发父亲(何晏引周氏曰:"有因而盗曰攘"②),叶公以此夸耀于孔子。孔子认为吾党之直者会父子相隐,那么"直"就在其中。邢昺疏曰:"此章明为直之礼也,……子苟有过,父为隐之,则慈也;父苟有过,子为隐之,则孝也。孝慈则忠,忠则直也。"③在注疏"好信不好学,其蔽也贼"(《论语·阳货》)时邢昺又说:"若但好信,而不学以裁之,其蔽在于贼害,父子不知相为隐之辈也。"④这是表明忠信之质作为真诚质朴的品质还不够,一味讲求信实会流于贼害,还需要通过学习进于礼乐之"节文",接受礼乐的规范与提升。由此,邢昺的意思是说直躬告发父亲是"好信不好学"的表现,会贼害父子之情,不明"为直之礼"。

叶公以证父为直,孔子以容隐为直,两者对直的理解肯定是不相同的。⑤这里的关键是如何理解"直在其中"。关于此,朱熹集注:"父子相隐,天理人情之至也。故不求为直,而直在其中。谢氏曰:'顺理为直。父不为子隐,子不为父隐,于理顺邪?'"朱熹并没有直接定义何为"直",而是说父子相隐是至情至理,不刻意追求"直",而"直"就在其中,即"顺理为直"。在注解"斯民也,三代之所以直道而行也"(《论语·卫灵公》)时,朱熹集注说:"直道,无私曲也。"这是说夏商

---

① 程树德:《论语集释》,第 1191 页。
② 同上。
③ 何晏注,邢昺疏:《论语注疏》,第 201 页。
④ 同上书,第 269 页。
⑤ 两者的争论一定程度上显示了齐鲁文化与楚地文化的地域性差异,比如江熙云:"叶公见圣人之训,动有隐讳,故举直躬欲以訾毁儒教,抗衡中国。夫子答之,辞正而义切,荆蛮之豪,丧其夸矣。"程树德:《论语集释》,第 1193 页。

周三代用民无所阿私、直道而行。朱熹从天理人情的角度解读"直",给出了很好的视角。这透露出"直"既合情又合理,表明它具有双重含义。"直"在《论语》中出现凡二十二次。传统注疏一般把"直"解释为"无所阿私"的"正直之道"①,指公正。在《论语·卫灵公》中,孔子称许卫国大夫史鱼为如矢之直,子曰:"直哉,史鱼!邦有道,如矢。邦无道,如矢。"何晏引孔安国曰:"有道无道,行直如矢,言不曲。"可见,"直"又有刚正不阿、忠贞正直、不委曲求全的意思,与孟子所谓的"不枉尺直寻"等同。在另一个评价中,孔子批评鲁人微生高不为"直",子曰:"孰谓微生高直?或乞醯焉,乞诸其邻而与之。"(《论语·公冶长》)何晏引孔安国曰:"乞之四邻,以应求者,用意委曲,非为直人。"这里的"直"应理解为直率、坦诚,表示不应委曲。

梁涛认为:"'直'有直率、率真之意,也指公正、正直。前者是发于情,指情感的真实、真诚;后者是入于理,指社会的道义和原则。《论语》有时也称'直道',而'直'就代表了这样一种由情及理的活动与过程。""'直'的这一特点,与早期儒家重视情感与理性的统一密切相关。"②因此,孔子批评直躬是因为他只讲公正之理而不顾及父子真情,而"吾党之直者"代表了孔子理想的"直道",这是率真、率直与公正、正直的统一,是兼及情与理的真正的"直"。若这样,学界一般把"吾党之直者"的"直"解释为公正、正直,说父子相隐虽然违背法律但确是正直的说法,就显得迂曲。梁涛对"直"的含义做情感与法理的区分,就

---

① 如《论语·卫灵公》"斯民也,三代之所以直道而行也",何晏《论语集解》引马曰:"三代夏、殷、周用民如此,无所阿私,所以云直道而行。"邢昺疏曰:"此章论正直之道也。"
② 梁涛:《"亲亲相隐"与"隐而任之"》,《哲学研究》2012年第10期。

证实"直在其中"的"直"是指真诚、率直的情感,这是"直道"的具体表现,而非公正、正直。

然而梁涛依据出土文献为父子相隐增加了"隐而任之"的情节,这是说在父亲犯了较小的法律过错时,子女为父亲隐匿并且代替父亲去受过,这样才能"由情及理",兼顾亲情与法律正义。这种解读只把"直"看成情感上的直率与自然流露,有把本来兼及情与理的"直"打成两橛的嫌疑。"事实上,'直在其中'之'直',本来就有'明辨是非'之'直'的含义,只不过孔子认为父子间不主动告发而为对方保持隐默,本身就是在'明辨是非','明辨'人心人情之'直'。"① 这里的关键是,孔子批评直躬的直不仅因为其伤害了父子亲情,也是因为其有"沽名买直"的功利性嫌疑,并非情感的真实流露,在朱熹看来这是"出于有意之私"。孔子实际上预设了在父亲犯过错时子女为其隐匿而不告发才是最自然、真实的情感流露。孔子批评鲁人微生高不为"直",是因为如果自家没有醋,可以直言相告,不需要从邻居家借再给别人。这说明他的动机是有私意的,或为邀名,或为讨好邻人(朱熹集注:"夫子言此,讥其曲意殉物,掠美市恩,不得为直也")。

可见,虽然《论语》中"直"的确有公正不曲、正直、不徇私情的含义,如称许卫国大夫史鱼为如矢之直(《论语·卫灵公》),但是儒家更为重视人心人情的"直",强调本心毫无私意与委曲的自然流露。正如清代程瑶田批评直躬之行看似大公无私,实则是"枉己以行私"时说:"此非过公之言,不及公之言也。此一视同仁,爱无差等之教也。其端生于

---

① 张志强、郭齐勇:《也谈"亲亲相隐"与"隐而任"——与梁涛先生商榷》,《哲学研究》2013 年第 4 期。

意必固我,而其弊必极于父攘子证,其心则陷于欲博大公之名,天下之人,皆枉己以行其私矣。……'父为子隐,子为父隐,直在其中',皆言以私行其公。是天理人情之至,自然之施为,等级界限无意必固我于其中者也。如其不私,则所谓公者,必不出于其心之诚然。不诚,则私焉而已矣。"① 可以说,"直"出于心之诚,诚则无私。从字源学上讲,德的本字是上直下心,其原义是直心而行的负责任的行为。② 这也说明古人把直心(诚心)的行为看成有德的。

法家对这个案例也有讨论,"夫君之直臣,父之暴子也"(《韩非子·五蠹》)。法家显然从为君守法之公义与隐父之私情相冲突的伦理情境审视这场争论,要求以公废私,要求君主的法律正义大于任何家庭血亲之私情。法家的看法颇能代表当今法律学者对儒家支持"亲亲相隐"的批评,他们认为父子相隐是把血缘亲情凌驾于社会公正之上,容易导致徇私枉法,以家族私情压倒公法正义。但是,这种把亲属与陌生人一视同仁的"大公无私",在儒家看来却非"直"道,是"枉己以行私"。③ 正如郭齐勇所指出的,这充分说明儒家重视实践理性、具体理性的伦理特色。爱有差等是具体理性的体现,恰恰可以证成普爱,从亲亲到仁民

---

① 程树德:《论语集释》,第537—538页。
② 徐复观:《中国人性论史》,第16页。
③ 郭齐勇让我们注意《左传·昭公十四年》中的另一个案例:仲尼曰:"叔向,古之遗直也。治国制刑,不隐于亲。三数叔鱼之恶,不为末减。曰义也夫,可谓直矣。"在晋国的邢侯与雍子田产案中,代理法官叔鱼受命处理这一案子。雍子以嫁女的方式行贿叔鱼,叔鱼受贿卖法,判邢侯有罪。同是孔子,面对攘羊事,主张亲属"隐";而面对叔鱼卖法事,则肯定其"不隐",把叔向的"不隐于亲"称为"义"及"直",这体现了孔子视具体情况而识大体、辨是非的伦理正义观。参见郭齐勇、肖时钧:《也谈〈论语〉"父子互隐"章——兼与廖名春先生商榷》,《华南师范大学学报(社会科学版)》2014年第1期。

爱物不是一种逻辑的推导，而是生命的体证与实践。① 儒家重视道德的主体性，但这是交互主体性。"儒家人己、人物关系，是交互主体性的。成己、成人、成物等是仁心推展的过程。"②

五、普遍主义与特殊主义

这里我们要回应韦伯的中国命题，即儒家伦理表现为一种重特殊主义（重特殊情境、关系的个别化）而不重普遍主义（伦理法则的普遍性）的特性。特殊主义与普遍主义的对比，最初是由韦伯在其《宗教社会学》中提出，用来概括儒家伦理与新教伦理的不同。在韦伯看来，西方伦理的普遍主义是由外在超越的力量打破血缘共同体而造就的，从而斩断了氏族家庭血缘的纽带，冲破了伦理特殊主义的阻碍，走向非人格化的即事主义或切事化（对事不对人，就事论事），将一切关系都转化为纯粹的事务关系与理性的经营，而这成为西方能够发展出理性化资本主义的精神动力。而中国的儒家伦理建立在血缘亲情的基础之上，是人格主义的，始终无法摆脱亲缘或类似亲缘的纯个人关系的束缚，因而无法做到彻底的理性化与普遍化。韦伯说：

> 人格主义无疑是对客观化的一种限制，同时也是对客观理性化的一种限制，因为它力图将个人一再地从内心上与其氏族成员和以氏族方式与其联系在一起的同事牢系在一起；不管怎么说，他是被系于人，而非系于客观上的任务（"企业"）。……人格主义是宗教

---

① 郭齐勇：《中国儒学之精神》，复旦大学出版社2013年版，第180页。
② 郭齐勇：《儒家礼乐文明的人文精神及其现代意义》，《国际儒学论丛》2017年第2期。

伦理之理性化的障碍,……伦理的宗教——尤其是新教伦理的、禁欲的各教派——之伟大成就,在于冲破了氏族的纽带,建立其信仰共同体与一种共同的生活伦理,它优越于血缘共同体,甚至在很大的程度上与家族相对立。①

此后,韦伯开创的范式经由美国的韦伯研究专家帕森斯(Talcott Parsons)阐述、发挥,认为西方社会秩序的基础之一是其道德的普遍主义。帕森斯说:

> 我们(译者注:指西方)最高的道德责任,在理论上或实际上,绝大部分是"非个人地"应用于所有人身上,或者大部分其范围均无关乎涉及任何特定的个人关系。……在这方面,清教徒的道德代表的是将基督教普遍倾向强化的结果。它对于社会上的偏袒徇私具有极强的敌意,在这方面,儒家道德与之正相反,儒家道德认可的是一个人对另一特殊个人的"个别"关系——并且特别强调"仅只"这种关系。在儒家道德系统认可与接受之下的整个中国社会结构,主要的是一种"分殊主义"的关系结构。②

我们认为前些年那场关于"亲亲相隐"的大论战中,批评儒家伦理是血缘亲情至上因而导致徇私枉法与腐败的那些学者,其理路与视野并

---

① 〔德〕马克斯·韦伯著,洪天富译:《儒教与道教》,江苏人民出版社2010年版,第242—243页。
② Talcott Parsons, *The Structure of Social Action* (1949), pp. 550-551. 转引自杨联陞:《报——中国社会关系的一个基础》,原载《食货月刊》3卷8期,后被收录为《中国文化中"报""保""包"之意义》的附录第一篇。

没有跳出韦伯、帕森斯对儒家特殊主义伦理的判断，一定程度上，是继承韦伯的命题展开对儒家伦理的攻击。

对韦伯命题进行回应的学术研究已经有一些。经过上述对儒家"亲亲相隐"问题的讨论，我们认为，如果只是强调儒家也区分了内外与公私（门内之治恩掩义，门外之治义断恩），区分了公共领域与私人领域所遵循的不同原则（私人领域注重保护血缘亲情，因而恩掩义，公共领域要维护法律公义，因而义断恩，不徇私情，以法律公义为上），这样还是会局囿在西方自由主义所强调的公私权界划分的理论逻辑之中。实际上，儒学中能够比较好地回应韦伯等人对儒家伦理特殊主义批评的理论资源是程颐的"理一分殊"之说。在回应学生杨时"疑《西铭》言体而不及用，恐其流于兼爱"的疑惑时，程颐首次论述了"理一分殊"的道理：

> 《西铭》明理一而分殊，墨氏则二本而无分。老幼及人，理一也。爱无差等，本二也。分殊之蔽，私胜而失仁；无分之罪，兼爱而无义。分立而推理一，以止私胜之流，仁之方也。（程颐《答杨时论西铭书》）

程颐认为墨子提倡的"爱无差等"的兼爱是没有分殊，是"本二"。而儒家提倡"老吾老以及人之老，幼吾幼以及人之幼"是"理一"，是万物一体之广博仁爱（泛爱众），但是"爱有差等"是"分殊"，对不同的人有不同程度的爱（远近亲疏）。但是爱的"分殊"也不能过头了，否则就会"私胜而失仁"。那么，我们可以说，仁爱的"理一"体现了伦理的普遍主义，而"分殊"体现了伦理的特殊主义，因而理一分殊是兼而有之，将普遍主义与特殊主义结合起来。

因此，正如林端评论的，韦伯与帕森斯以特殊主义与普遍主义来分判儒家伦理与新教伦理过于简单化（当然这与韦伯"理想类型"的研究方法有关），他们只是看到了儒家伦理特殊主义取向的那一面，但"忽略了儒家在一多相融、内在超越上所做的努力。也许他们是西方文化的代表人物，习惯于外在超越、去个人化、即物化的普遍主义，无法把这种中国意义的、内在超越的、个人化的、人伦化的普遍主义也当成普遍主义来看待"①。林端提出，儒家伦理是一种脉络化的、人伦意义的普遍主义。这种人伦的普遍主义理想（天下为公）建立在脉络化的"情境主义"与"相互倚赖"的原则（父慈子孝、兄友弟恭……）之上，因而与去脉络化的、客观化的西方伦理普遍主义有所差异。②

中国这种普遍主义是建立在理一分殊、一多相融的中国哲学原则上。因此，我们就可以如此回应来自法律学界对儒家只顾亲情不顾法律、徇私枉法的批评：儒家在培护亲情的前提下，并非不重视法律公义，只不过前者的位阶高于后者（所谓仁重于法、礼先于法、德主刑辅、"情、理、法"）。"儒家在一多相融的原则下，并不会因为高举脉络化的、人伦意义的普遍主义，而完全忽略了去脉络化的、客观意义的普遍主义，对儒家重要的是，前者的位阶永远高于后者。同样的，在维持社会秩序的制度上，尽管讲求的是'情、理、法'、'德主刑辅'与'礼先法后'，但是儒法合流、礼与法并存的事实，也说明了重礼教的儒家，并不是绝对性地排斥法律，一多相融的精神，体现了其中国特色的法律多元主义

---

① 林端：《儒家伦理与法律文化：社会学观点的探索》，中国政法大学出版社2002年版，第99页。
② 同上书，第106页。

(重调解而不废判决，人情与国法兼顾）。"①然而，林端也指出其中的伦理困境，即普遍主义（天下一家、万物一体）与特殊主义（爱有差等）之间、一与多之间存在紧张关系。换言之，立基在有差等的自然关系之上的普遍主义仁爱是不容易推扩出去，特殊主义精神容易膨胀，又无法通过外在超越的力量克服这种困境。"哲学上的一多相融与内在超越，社会学上见到的却是一与多的紧张，普遍主义与特殊主义冲突，普遍主义拓展不开，深深陷在特殊主义的泥淖里。"②所以也无怪乎韦伯与帕森斯将儒家伦理归于特殊主义类型。

当然，这是另外一个大问题，涉及对中国哲学内在超越之有限性的评判（刘小枫正是认为中国天人合一的问题是超越性不够，最后不过是人人合一③），我们这里不做展开，而只是就中国伦理的"特殊的普遍主义"提供一种辩护与解释。杨联陞解释了这种现象的原因，在他看来，这是由于中国"个别化的关系有一种倾向，使得原来意图应用于普遍态度上的制度变得分殊化"④。他并没有完全否定韦伯的判断，而是指出儒家伦理中并存着特殊主义与普遍主义的二元道德标准（"君子"道德与"小

---

① 林端：《儒家伦理与法律文化：社会学观点的探索》，第107—108页。
② 同上书，第98页。
③ 刘小枫认为，儒家的性命创生论是"由生命大流的本然形态推导出礼法秩序和伦常人生的价值形态，等于由本然状态衍生出价值状态"，而非像基督教的上帝或希腊哲学的逻各斯那样，"从超越性价值形态衍生出生命大流的创生。所谓价值状态意味着对本然状态的超越，绝不与自然生命大流同格"。因而，儒学因为缺乏一个超验世界，天与人实质上就是一码事，天道与人道就是同一个道。新儒家再怎么讲天人合德、内在超越，实际上根本没有一个超越的界限和超越的彼岸，只有"用"而没有"体"（哪怕康德意味上的现象之后的"自在之物"），只有内在，没有超内在（世界之外）。因而超越性严重不足，一切都只是当下做人、现世生命与伦常人生。参见刘小枫：《拯救与逍遥》，上海三联书店2001年版，第102—103页。
④ 杨联陞：《报——中国社会关系的一个基础》，原载《食货月刊》3卷8期，后被收录为《中国文化中"报""保""包"之意义》的附录第一篇。

人"道德）：前者属于君子、大人的高位阶伦理，体现为一种理想主义精神（如孟子），后者属于小人、普通民众的低位阶伦理，体现为现实主义精神（如荀子）。儒家伦理中肯定有普遍主义的倾向（如还报是普遍主义的原则，如荀子重视法、重视生活的制度化，接近普遍主义）。前者可以容纳后者，甚至某些时候分殊主义会超越普遍主义，如"为父绝君"就体现了孝道超越了政治的公义，分殊主义超出普遍主义，又如孟子对"必"的反对（"夫大人者，言不必信，行不必果，唯义所在"《孟子·离娄下》），因为"义是指慎思后的正当行为，或者我们可以说，是分殊主义的正直行为"①。

经过以上对儒家门内（门内之治重恩情）与门外（门外之治重公义）的梳理，我们可以对韦伯命题做出回应。我们认为，仁体现了儒家人伦意义上的普遍主义，因为仁是可以超越血缘亲情的，从而突破狭隘的家族本位主义，走向身、家、国、天下的秩序建构。同时，我们认为儒家区分了公共与私人的领域，在门内与门外主张不同的道德标准（门内偏向特殊主义，门外偏向普遍主义），但是儒家的区分不同于西方绝然的二分，而是注重在特殊与普遍、私与公之间的连续性。由己到人，由身、家到国、天下是由特殊到普遍的连续性关系。而且儒家对于君子与小人有双重的道德标准与要求，君子的高位阶伦理不被要求普遍化为社会一般大众的道德法则，而君子却可以容纳普通民众的低位阶伦理，以维持社会的伦常秩序。

综上，孔孟如此重视怨，是因为怨与人的生存样式和道德状态有很

---

① 杨联陞：《报——中国社会关系的一个基础》，原载《食货月刊》3卷8期，后被收录为《中国文化中"报""保""包"之意义》的附录第一篇。

第三章　从情感到伦理：先秦儒家对自然情感的伦理建构

大关系。从现象学上分析，怨是因为缺乏行动能力而长久压抑心中而无法发泄的情感冲动，是心灵自我毒害的情感。儒家的人伦建构非常重视引导和疏解怨：在处理亲人之间的怨时，孔子强调孝子对父母的敬重之心，强调"劳而不怨"，进而由爱亲、敬亲扩大为泛爱众、使民以敬，做到"在邦无怨，在家无怨"；孟子强调孝子对父母的思慕，肯定在亲之过大的情况下子女可以怨亲，然而他更强调在怨亲的情况下依然终身思慕父母为大孝。在处理陌生人之间的怨时，孔孟儒家强调"以直报怨"，因为这关乎社会公正，以直报怨就是以公正无私的态度对待不义之举。在门内（家庭领域）注重培护恩情，亲亲相隐，事亲有隐无犯；在门外（政治、公共领域）注重公正之道，事君有犯而无隐。这表明儒家在实践理性上强调门内与门外的区别，门内以恩为重，门外以义为重，私恩与公义有明确界限，也"反映出儒家在伦理角色、伦理情境上的分寸感"[①]，注重实践理性与具体理性。

儒家所重视的"直"道是顺自然的人心人情之直而行动，无私意、无计度，不带任何理性的私虑、诈伪与机巧。这是自然而然的正当，"故君子有礼，则外谐而内无怨"（《礼记·礼器》）。对待亲人与陌生人之间怨的不同态度与方式，充分体现了儒家"门内之治恩掩义，门外之治义断恩"的伦理特质。

第二节　施与报

或曰："以德报怨，何如？"子曰："何以报德？以直报怨，以

[①] 郭齐勇、肖时钧：《也谈〈论语〉"父子互隐"章——兼与廖名春先生商榷》，《华南师范大学学报（社会科学版）》2014年第1期。

德报德。"(《论语·宪问》)

此节所论又涉及儒家伦理中非常重要的施报问题,也就是正义的问题。邢昺疏曰:"此章论酬恩报怨之法也。"酬恩报怨也就是原始的公正。从心理与情感经验上讲,怨恨的产生正是因为别人对己方施予了不公正的侵犯,如何报偿这种侵害,以补偿受害者的损失,涉及社会的公正。同理,感激的产生是由于别人施予恩惠给自己,自己该如何报答对方,以使因受人恩惠而生之歉意减轻。

德国现象学家爱德华·封·哈特曼指出,酬恩与报怨属于一种道德逆向情感(Gegengefühl),或曰回报欲。"由于一个行为的伦常特征首先是通过一个人本身所遭遇行为的反应性逆向情感而得到显示的,因而……逆向情感构成伦常意识的第一源泉。"① 在哈特曼看来,回报欲是一种本能中的无意识的理性。② 它的原则就是给予施予者以正当的回报,以恢复伦常的平衡状态,这是情感的自然反应。"这种反应自身首先表现为反行动(Gegentat),表现为一种针对伤害的对冲作用(Contrecoup)。"③ 正当防卫和复仇都产生于反应性的逆向情感。在这种意义上,家族血仇具有正当性,是神圣的义务。"对所遭受的不义的反应情感就必然会基于作为个人的对撞(Gegenstoß)、作为直接的回报而得到实现;……通过对施害者权利领域的类似侵犯去恢复伦常平衡状态。回报的侵犯因而不是不义,而是一个伦常义务的实现,因为它只是为恢复被破坏的伦常平衡

---

① 〔德〕爱德华·封·哈特曼著,倪梁康译:《道德意识现象学——情感道德篇》,第56页。
② 同上书,第58页。
③ 同上书,第49—50页。

第三章 从情感到伦理：先秦儒家对自然情感的伦理建构

状态、被中断的伦理的社会和谐而做的对撞，它是否定之否定。"①

在这个意义上，孔子所主张的"以直报怨"就是哈特曼所讲的为恢复被破坏的伦常平衡而"针对伤害的对冲作用"，因而是正义的行为。然而，哈特曼也强调回报欲的无意识、非理性的特征，因而它的正当性必须建立在回报与伤害等值的基础上，不能防卫过当。"回报中的正义就在于对这个等值物的正确权衡；因为，回报欲的无意识理性赋予这种回报欲与那种属于理性道德的正义感的亲缘关系必须在数量上是等值的。"② 哈特曼的思想与上文所述亚当·斯密对正义美德的情感基础的分析有异曲同工之妙。对施害者的惩罚具有天然的正义性，"对于惩罚的正义而言，它们的意义的基质始终还在于通过报复性的回报来为已形成的伤害赎罪的渴望"③。

与之相应，回报欲的另一种体现就是对善事的感激与回报，是反应性逆向情感的另一面。回报欲"以希望性的感谢作为赞成道德行动的积极动机"④。在哈特曼看来，感激性的回报是以积极的回馈方式来恢复伦常的平衡状态。感激的心理机制表现为："通过感谢来重新均衡因行善者的被抬高而形成的善行接受者的自身情感之相对消沉，以此而将自己同时从一种时而会变得相当不舒服的尽义务之压抑性情感中解脱出来。因而人们实际上是为了摆脱其感激才做出感谢；人们出于一种对行善者之先行地位的伦常嫉妒（Neid）而行善，为的是可以时而在不带有自责和异

---

① 〔德〕爱德华·封·哈特曼著，倪梁康译：《道德意识现象学——情感道德篇》，第52页。
② 同上书，第53页。
③ 同上书，第55页。
④ 同上书，第57页。

己批评的情况下不做感谢。"①

关于酬报德惠,儒家认为报答恩惠是自然正当的,是礼尚往来精神的要求。儒家并没有对受惠人的心理进行如情感现象学那样的细致分析,然而施报之间也并非毫无上述的心理机制存在,儒家更强调施报对于治民、导民、化民的作用。

> 太上贵德,其民施而不惟报。其次务施报。礼尚往来,往而不来,非礼也;来而不往,亦非礼也。(《礼记·曲礼上》)

这里从历史追溯了礼的来源与形成,展现了类似于道家所描述的德下降为礼的过程,"失道而后德,失德而后仁,失仁而后义,失义而后礼"(《老子》)。三皇五帝时,人们有淳厚的德行,崇尚德而不崇尚往来之礼,施予恩惠而不求回报。"茸荎之世,礼始兴焉"(郑玄注),到了茸荎之世,人们的道德水平有所下降,注重"往来"的礼开始兴起。"务施报"和"尚往来"成为新的时代精神——礼的原则,"施则望报"(孔颖达语)。礼尚往来也必然含着施报的要求。在《礼记·表记》的一处注解中,郑玄把"报"解读为"尚往来"的"礼":

> 子言之:"仁者,天下之表也;义者,天下之制也;报者,天下之利也。"子曰:"以德报德,则民有所劝;以怨报怨,则民有所惩。《诗》曰:'无言不雠,无德不报。'《大甲》曰:'民非后,无能胥以宁。后非民,无以辟四方。'"子曰:"以德报怨,则宽身之仁也;以

---

① 〔德〕爱德华·封·哈特曼著,倪梁康译:《道德意识现象学——情感道德篇》,第58—59页。

第三章　从情感到伦理：先秦儒家对自然情感的伦理建构

怨报德，则刑戮之民也。"

儒家非常重视对别人恩惠的报答，把施报上升到"礼"的价值意义来推崇。"报者，天下之利也"，郑玄注为"报，谓礼也。礼尚往来"，若施与报、往与来，则天下获利。恩惠要得到回报，才符合原始天然的正义。在儒家看来，这是应然，也是实然，所谓"无德不报"。甚至在《礼记》的编纂者看来，君民之间的相互依赖也体现了相报答之义。此处引用的《尚书》说明民若没有君主的引领，则民不能相互匡正以自安，君主若没有民的顺服，就不能开疆拓土、统御四方。以恩惠报答恩惠，那么民众会有所劝勉，以怨恨回报怨恨，那么民众会因惩治而恐惧（郑玄注："惩，谓创艾"）。《论语》中所载的孔子是不认同以德报怨的，而这里孔门后学借孔子的话说"以德报怨"是"宽身之仁"（郑玄注："宽，犹爱也"），然而，上文已述，这看似忠厚，却是有私意存其间，"爱身以息怨，非礼之正也"（郑玄注）。以德报怨并不能起到息止祸患的作用，而以直报怨才是符合礼的。而以怨报德的是凶恶的合刑戮之民，应受到天罚。

在儒家看来，施予恩惠是仁的体现。仁者，爱人，能施恩惠于人，是爱的力量的溢出。施惠也要注意度，不能过予。[①] 在谈到三代之治的精神时，《礼记·表记》突出了周人的"尊礼尚施"，这背后反映了施予恩惠是周礼"亲而不尊"精神的体现：

> 周人尊礼尚施，事鬼敬神而远之，近人而忠焉。其赏罚用爵列，亲而不尊。其民之敝，利而巧，文而不惭，贼而蔽。

[①]《孟子·离娄下》："可以取，可以无取，取伤廉；可以与，可以无与，与伤惠。"

周人崇尚施恩惠之事，尊重礼的往来之法，依据爵列的尊卑决定赏罚。由于礼的交接往来需要言辞的修饰，在政治衰败之后容易产生的积弊是：烦琐的礼节容易滋生文辞的便利机巧而丧失惭愧之心，导致尊卑位列失序，民人共相贼害而困蔽。"以其礼失于烦，故致然也"（孔颖达语），这就是周礼的文敝。孔子说"吾从周"，表明他对周代文教尊礼尚施的认可与继承，然而面对周礼堕落为繁文缛节的"文敝"，他又发出"礼云礼云，玉帛云乎哉！乐云乐云，钟鼓云乎哉！"（《论语·阳货》）的感叹，强调周礼背后"忠信之质"的内在精神。这体现了孔子对三代之治因革损益的"圣之时者"的时变智慧。所以董仲舒《春秋繁露·元命包》云："三王有失，故立三教以相变。夏人之立教以忠，其失野，故救野莫若敬。殷人之立教以敬，其失鬼，救鬼莫若文。周人之立教以文，其失荡，故救荡莫若忠。"

若按照《表记》所讲礼的精神在"报"的话，那双向的五伦关系都可以从"施与报"看待。子以孝报父之慈，臣以忠报君之仁，妇以听报夫之义，弟以恭报兄之友，友以信报友之信。可以说，儒家所强调的礼就是"施与报"的双向伦理。"孝道即是还报原则最恰当的说明。"①

第三节 仁与好恶喜怒哀乐

一、仁者：好恶发于至诚

《礼记》把好恶归在七情（喜怒哀惧爱恶欲）里，而《中庸》只提到

---

① 杨联陞：《报——中国社会关系的一个基础》，原载《食货月刊》3 卷 8 期，后被收录为《中国文化中"报""保""包"之意义》的附录第一篇。

第三章 从情感到伦理：先秦儒家对自然情感的伦理建构

"喜怒哀乐"四种人情，《左传》把好恶作为喜怒哀乐的基础性动力①。这里的问题是要界定好恶是否属情。有学者认为，应当将作为"心之大端"之好恶从普通的情感类型当中独立出来，并将之视为人类之"本情"，亦即以情来迎、拒的两类基本禀赋与趋向。② 此说富有启发意义。参照西方知、情、意的划分，本节首先要界定好恶是否为一种情，进而厘清仁与好恶之间的关系。

在中国古代哲学家之中，朱熹对概念的界定与区分非常清晰，因而我们可以借助朱熹的概念分梳来展开讨论。朱熹在回答弟子问情意之别时说："情是性之发，情是发出恁地，意是主张要恁地。如爱那物是情，所以去爱那物是意。情如舟车，意如人去使那舟车一般。"在另一处回答同样的问题时说："情是会做底，意是去百般计较做底，意因有是情而后用。"又另一处问："情、意，如何体认？"曰："性、情则一。性是不动，情是动处，意则有主向。如好恶是情，'好好色，恶恶臭'，便是意。""未动而能动者，理也；未动而欲动者，意也。"（《朱子语类》卷五）这几条语录表明，意是来确定好恶之情的方向，是"主张要恁地"，好恶之情的背后总是有一个意向或意念去推动，就如人（意）去使用舟车（情）一般。那么，既然情是性之发，性与情之间还需要一个中介性的"意"来发动那个情。这样，朱熹所确立的性、情、意的关系可以概括为：因性而后意，因意而后情。"性理"经过"意"的发动而指向对某种客体的"情用"，这就是性经过意而到情的发用流行。

因此，意是某种定向、意向，意必须经过情才能落实。好恶是情，

---

① 《左传·昭公二十五年》："喜生于好，怒生于恶；……好物，乐也；恶物，哀也。"
② 刘悦笛：《作为"心之大端"的好恶本情》，《人文杂志》2020 年第 7 期。

239

而之所以去好恶是意，意是情背后的那个意向、定向。所以《大学》里讲工夫强调"诚意"，诚意就是让内心实有之理（《朱子语类》卷六："诚者，实有此理"）真实化，也就是如好好色、如恶恶臭一样做真实的诚意工夫。因此，按照朱熹的区分，好恶是情，情由意念发动，而好善恶恶就是一种诚意工夫。那么，仁与好恶之情、好善恶恶之间又是什么关系呢？

仁与好恶之情的关系如此重要，是因为孔子在《论语》中多数情况下回答弟子问仁是以"仁之方"（即为仁的具体方法）来回答，而以好恶来解说仁正是直截道出仁的精神。《论语·里仁》中论述仁与好恶之情的关系有两处，分别为：

子曰："唯仁者能好人，能恶人。"

子曰："我未见好仁者，恶不仁者。好仁者，无以尚之。恶不仁者，不使不仁者加乎其身。有能一日用其力于仁矣乎？我未见力不足者。盖有之矣，我未之见也！"

关于前者，历代的注家解释因为有仁德者无私心系于物，所以能审查人的好恶。仁者无私心便得其公正。这是说仁者不以一己之好恶衡量人之好恶。① 钱穆指出历代注家都没有注意到这句关键在于"能"字，仁

---

① 比如，何晏集解引孔曰："唯仁者能审人之所好恶。"邢昺疏曰："言唯有仁德者无私于物，故能审人之好恶也。"朱熹集注："盖无私心，然后好恶当于理，程子所谓'得其公正'是也。游氏曰：'好善而恶恶，天下之同情，然人每失其正者，心有所系而不能自克也。惟仁者无私心，所以能好恶也。'"

第三章 从情感到伦理:先秦儒家对自然情感的伦理建构

者之所以"能"自有好恶,是因为仁者以内心真情实感待人。他说:"仁者直心由中,以真情示人,故能自有好恶。不仁者以有自私自利之心,故求悦人,则同流俗,合污世,而不能自有好恶。"① 仁者的好恶就是好仁而恶不仁。"好恶发于至诚,绝无掩饰顾忌。故曰仁者能有好恶,异乎巧言令色之徒也。"②

从心理体验上讲,人心不可能无好恶,若没有好恶之心,则其心已近乎麻痹而不仁。这也就是孔子从好恶之情(心)来立仁的缘由,这是着意于人生切近的生活经验而立论。在情感上,若社会上形成人人皆喜好仁而厌恶不仁的风气,那么,一则人人不敢为不仁,进而则人人都乐愿为仁。这是孔子所期待的"无以尚之"的境况。因此,仁与不仁即在好恶之情上区分出来,仁者是以无私之心(即真情实感)来好恶,应该好的就好之(如好善、好好色),应该恶的就厌恶之(如恶不善、恶恶臭)。这是发于内心至诚之意,所以能"好恶当于理"。不仁者揣摩他人意志而掩藏自己的好恶,这是以私心求媚于人。

在这个意义上,我们就可以理解孔子所谓的"求仁之方",即"己欲立而立人,己欲达而达人。能近取譬,可谓仁之方也已"(《论语·雍也》)。仁者是因为我有好恶而推知他人也同我有好恶的人,而不仁者是只知满足自己的好恶而不顾及他人的好恶的人。前者是公而无私的表现,而后者是自私自利的表现。所以求仁之方关键在于能"推"(或曰"近取譬"),"仁者推己之好恶,而知他人之同有此好恶。以不背于他人之好恶者,而尽力以求满足其一己之好恶焉"③。那么,"为仁由己"、"我欲仁斯

---

① 钱穆:《四书释义》,九州出版社 2010 年版,第 56 页。
② 同上。
③ 同上书,第 57 页。

仁至矣"就非常容易理解,只要我常存好善恶恶之心,那么仁道并不远,当下即至。可以说,仁就是好善恶恶之心。

二、克己复礼与好恶之节

然而,仁者只有好善恶恶的"直道"是不行的,还必须有"好恶之节"。孔子回答颜渊问仁以"克己复礼为仁"示教,表明仁作为"人我相与之道"还必须确立人我相交通的界限,即礼节的规范。

《礼记·坊记》说:"礼者,因人之情,而为之节文,以为民坊。"《礼记·乐记》说:"好恶无节于内,知诱于外,则凿矣。"孔子回答子张问崇德、辨惑时说:"爱之欲其生,恶之欲其死。既欲其生,又欲其死,是惑也。"(《论语·颜渊》)爱之欲其生、恶之欲其死就是好恶无节的表现,邢昺疏曰:"言人心爱恶当须有常……用心无常,是惑也。"这表明"克己复礼"是把我的好恶控制在不伤害别人的好恶的限度内,遵守人我之间的不可逾越的界限。

这也是仁者的相感通之道,仁即贯通人我。从积极面说,己立立人,己达达人,仁者以我之好恶而推知他人之好恶,使他人也能满足其好恶。这表明,己之所欲,又当施诸人。孟子说:"仁者得民之心有道,所欲与之聚之,所恶勿施尔也。"(《孟子·离娄上》)这是孔子、孟子都推崇的仁者境界与仁者心地,而且也是易行的,欲仁则仁。从消极面说,己所不欲,勿施于人,满足己之好恶的时候也不伤害他人满足其好恶,这便是"克己复礼"的精神。做到这两方面,就能达到既不怨人、也不被人怨的仁者境界。

可见,孔孟对于人欲是主张"寡欲"、合理地引导欲望。孔子在回答"克、伐、怨、欲不行"是否可以称得上"仁"的时候,说"可以为难矣。仁，则吾不知也"(《论语·宪问》)。孔子承认做到不好胜、不自矜功伐、不怨人、没有私欲是非常困难的，然而离仁者境界还有一段距离。这是因为仁者并非一只知存天理、灭人欲的苦修者，同时也要求他人苦修节欲，而是"自内言之，则为人我相通之心地；自外言之，则为人我兼得之功业"①。这也就是孔子虽批评管仲不知礼而赞许其为仁（《论语·宪问》"如其仁"）的原因所在。这是从管仲建立的功业上赞扬他的仁者精神，不管这个功业是偏重尊王攘夷、捍卫华夏文明之上（《论语·宪问》"微管仲吾其披发左衽矣"），还是在"九合诸侯，不以兵车"的制止残杀、安顿民生之上。这也合于孟子所谓仁政是君主要推其好色、好货之心及于百姓好色、好货之心的意思。② 正如焦循所说：

> 孟子之学，全得诸孔子。此即己达达人，己立立人之义。必屏妃妾，减服食，而于百姓之饥寒仳离漠不关心，则坚匏也。故克伐怨欲不行，苦心洁身之士，孔子所不取。不如因己之欲，推以知人之欲。即因己之不欲，推以知人之不欲。絜矩取譬，事不难，而仁已至矣。绝己之欲，而不能通天下之志，非所以为仁也。（《论语补疏》）

三、以理制情：仁与喜怒哀乐

荀子论情是先秦儒家思想中最完备、最体系化的，颇能代表轴心突

---

① 钱穆：《四书释义》，第60页。
② 《孟子·梁惠王下》王曰："寡人有疾，寡人好货。"对曰："昔者公刘好货。《诗》云：'乃积乃仓，乃裹糇粮，于橐于囊。思戢用光。弓矢斯张，干戈戚扬，爰方启行。'故居者有积仓，行者有裹粮也，然后可以爰方启行。王如好货，与百姓同之，于王何有？"王曰："寡人有疾，寡人好色。"对曰："昔者大王好色，爱厥妃。《诗》云：'古公亶父，来朝走马，率西水浒，至于岐下。爰及姜女，聿来胥宇。'当是时也，内无怨女，外无旷夫。王如好色，与百姓同之，于王何有？"

破之后精神内面化运动之下兴起的治气养心之术的趋势,而其中精神修炼的关键就是"心"对情气的制驭。下面我们围绕荀子的"制情"论与"养情"论为例,讨论先秦儒家如何将喜怒哀乐这样的自然情感纳入伦理的秩序之中。

仔细分析文本,《性恶》并非直说性为恶,而是强调人天生并不知礼义,礼义是后天积靡的,人性并非如孟子讲的"见父自然知孝、见兄自然知弟",若性已经是善的,那就根本不需要礼义的教化了。"子让父"、"弟让兄"、"子代父"、"弟代兄"的礼让美德,都是"反于性而悖于情"的。因而,荀子强调"性"(自然)与"伪"(人为)之别,强调"饥而欲饱,寒而欲暖……"的生理属性才是人的"情性",若"从其性,顺其情"就会走向"贪利争夺"的混乱。因此,圣王制定礼义法度,"以矫饰人之情性而正之,以扰化人之情性而导之",使人的情、欲都能有所养又有所节。可见,荀子论述的重心是强调性伪之分与后天积靡以"化"性,强调善出于后天人为,而并非人性的本然。在这点上,学界的研究已经公认荀子并非性恶论者,而是"性朴论"者。①他所主张的性应为"本始材朴"之性,经过后天礼义的教化与积靡(化性起伪)进于礼义之道,从而"长迁而不反其初"(《不苟》)。

正是在此意义上,荀子说圣王制礼乐以"治情"、"化性"。但同时,荀子又认识到"情"与"欲"密切关联,肯定了欲望的基本正当性。关于"情"与"欲"的关系,《正名》说:"欲者,情之应也。以所欲为可得而求之,情之所必不免也。"又说:"故治乱在于心之所可,亡于情之所欲。"欲是情之所应,这是说欲望是人情不可避免的"情之所欲",因此

---

① 这方面的研究颇多,代表人物有陈大齐、周朴初、梁涛等。

治乱之道不在于去欲或寡欲，而在于以合于道的心去"节欲"。"心之所可中理，则欲虽多，奚伤于治？"（《正名》）因此，荀子将人正常的情欲合理化、正当化，提出了礼义的目标在于"养人之欲，给人之求"（《王制》）。因此，荀子在《天论》中提到圣人"养其天情"，在《解蔽》提到"圣人纵其欲兼其情，而制焉者理矣"的观点，体现了以理节情、以理驭情的治气养心工夫。

在《天论》中，荀子将好恶喜怒哀乐视作"天情"，他说："天职既立，天功既成，形具而神生，好恶喜怒哀乐臧焉，夫是之谓天情。"杨倞注："人之身亦天职天功所成立也……天情、所受于天之情也。"梁启雄说"臧"与"藏"古字同。① 荀子把喜怒哀乐作为"天情"表明这些情感是人禀受自天，在天赋予人以形体与精魂之后就包藏在人身的。正是由于情禀受于天，圣人才重视对情的养护，"圣人清其天君，正其天官，备其天养，顺其天政，养其天情，以全其天功"。对天情养护的前提是让天君（心）清明不二、惟精惟一，统率主宰耳目口鼻之天官，以养喜怒哀乐之情，使其发而皆中节。相反，若天君（心）昏暗不明蔽于一曲，就会"乱其天官，弃其天养，逆其天政，背其天情"，即"声色臭味过度"与"好恶喜怒哀乐无节"。② 可见，能不能养天情的关键在于能不能治心，心是天君，对耳目口鼻的天官起主宰作用。

《解蔽》即讲到治心之要在于心"知道"，即"合于道"，心如何才能知"道"呢？荀子说只有"虚壹而静"才能知"道"，"未得道而求道者，谓之虚壹而静"（《解蔽》）。所谓"虚"，"不以所已臧害所将受谓之虚"，

---

① 梁启雄：《荀子简释》，第223页。
② 王先谦：《荀子集解》，第310页。

即心不蔽于一隅、一端而中虚,不以已经知道的妨害即将要知道的就是虚。所谓"壹",是指心在认知时要精专不旁骛,只有专一才能精,"知者择一而壹焉"(《解蔽》)。所谓"静",荀子把心比喻成"盘水",虚静的工夫就是保持清水不扰动,才能"沉浊在下,清明在上"。虚壹而静的心就成为知"道"的心,即大清明之心。进而荀子以空石之人(名曰觙)、孟子、有子的例子讲养心之法在于"导之以理,养之以清"。觙善于射覆(善射以好思),然而他是通过屏除耳目之欲(耳目之欲会扰乱思虑)、远蚊虻之声(蚊虻之声会挫损精诚)、不接于物而"闲居静思"的办法。孟子的方法是"自强"但"未及思也","孟子恶败而出妻"①(孟子厌恶妻子败德而出妻,可谓能自强于修身但未达到思虑的地步);有子的方法是"自忍"但"未及好也","有子恶卧而焠掌"(有子厌恶寝卧而用火灼其手掌,类似于锥刺股,可谓能自我克制,但未达到喜好的地步);觙的方法是"自危"但"未可谓微也","辟耳目之欲而远蚊虻之声"②(觙屏除耳目之欲而远离蚊虻之声,可谓能自戒惧,但还没达到精妙的地步)。

　　荀子说这三者都没有达到至人(即深入精微的境域者)的"清明内景"③的精微境界,只是达到了一般的"浊明外景"的精神境界。达到至人境界的人根本不需要自强、自忍、自危的刻意而为,而是"从心所欲不逾矩"的,至人的情欲自然而然合于理。因此荀子说"圣人纵其欲兼

---

① 原文错乱,依据郭嵩焘,把"未及思也"提到"可谓能自强"之下。梁启雄:《荀子简释》,第301页。
② 原文错乱,依据郝懿行改正为"辟耳目之欲而远蚊虻之声,可谓能自危矣,未可谓微也"。梁启雄:《荀子简释》,第301页。
③ 梁启雄认为这句还是以盘水比喻清明,指至人的大清明之心。"内景是指他的涵养工夫著于心蕴于髓。浊明指能自强、自忍、自危者的学未能得之于心,只是呈现于肤理。"参见梁启雄:《荀子简释》,第302页。

其情，而制焉者理矣"①（兼，杨倞注为"尽"，这是说圣人"纵欲任情而动，而受制的事物都有条理"②），即惟精惟一如舜那样的圣人可以从心所欲而不加检束，到达精妙之域，则"冥与理会，不在作为"③。荀子最后归结此篇为"治心之道"之不同：仁者在于"无为"则"恭"；圣人在于"无强"（全无违理强制之萌④）则"乐"。因此，"纵其欲兼其情"不适用于说明一般世俗之人的治心养情，而是经过虚壹而静而达到大清明之心后呈现的精妙境域，是只有圣人才能达到的境界。也正是因为圣人治心能达到如此境界，圣人才有起礼义、制法度的资格与能力。荀子曾说圣人"异而过众"的能力在于"伪"，"圣人积思虑，习伪故，以生礼义而起法度"（《性恶》）。如牟宗三先生所说："礼由何出？礼由心出。……由于圣人能澄明他的心，虚壹而静，……达到这样的境界，他才能制礼作乐。"⑤虽然圣人也需要通过积靡礼义学习道，然而经过不断积累学习，圣人之心能与理、道自然地"冥会"，从心所欲不逾矩。这也就是荀子讲的"积善成德而神明自得"的意思。

正如后世宋明儒对喜怒哀乐主要从工夫论讨论的那样，圣人之喜怒是应物而不累，物之当喜而喜，物之当怒而怒，但这是需要很高的境界才能达到的。对于普通人来说，喜怒哀乐是最普遍的自然情感。人的养心之要正是对于喜怒哀乐之情气的对治，喜当其理，怒当其理，使其无过与不及，达到中道。例如，怒是最不容易克制的自然情感，克怒是

---

① 王先谦认为"纵欲"应为"从欲"，是说"从心所欲"。参见王先谦：《荀子集解》，第404页。
② 梁启雄：《荀子简释》，第302页。
③ 王先谦：《荀子集解》，第403页。
④ 同上书，第404页。
⑤ 牟宗三：《中西哲学之会通十四讲》，第125页。

《大学》修身正心的重要方面。《大学》说:"所谓修身在正其心者,身有所忿懥,则不得其正;有所恐惧,则不得其正;有所好乐,则不得其正;有所忧患,则不得其正。"忿懥就是怒,程颐认为"身有所"之"身"应为"心",这是说心若有怒气、恐惧、好乐、忧患(这些全是"心之用"),若不能察识这些负面的情绪,则会"欲动情胜,而其用之所行,或不能不失其正矣"(朱熹《大学章句》)。所以君子必定注意省察心中的情绪萌芽与发作,常存此心,以克欲检身。《荀子·修身》说"怒不过夺,喜不过予,是法胜私也",即以公义胜私欲。

值得注意的是,孔子回答哀公问"弟子孰为好学"时却以颜渊能"不迁怒,不贰过"作答(《论语·雍也》)。这里引发我们对好学与克怒关系的探讨。何晏集解说:"凡人性情,喜怒违理,颜渊任道,怒不过分。迁者,移也。怒当其理,不移易也。不贰过者,有不善未尝复行也。"①朱熹集注说:"迁,移也。贰,复也。……颜子克己之功至于如此,可谓真好学矣。……程子曰:喜怒在事,则理之当喜怒也。不在血气,则不迁。若舜之诛四凶也,可怒在彼,己何与焉?如鉴之照物,妍媸在彼,随物应之而已,何迁之有?"②这两家注解都看到怒当其理才是正当的怒,物之当怒而怒,却又恰当其分,不越过界限。不迁怒、不贰过正是颜渊克己工夫所达到的效果,这正说明颜渊的好学是以"成人"(成就完美的人格)为目标。要做到不迁怒是非常难的,这必须靠精诚的涵养体察的为学工夫才能臻至。陆桴亭在《思辨录》中说:"不迁怒正颜子正心功夫到处。凡心最忌有所,有所便不正。迁怒即所谓有所忿懥也。喜

---

① 程树德:《论语集释》,第473页。
② 同上。

第三章 从情感到伦理：先秦儒家对自然情感的伦理建构

怒哀乐四者，惟怒最易有所。故颜子不迁怒，孔子称之以为难。"①

后来，宋代理学家在物我关系的论述中讨论如何克怒、治怒，认为怒当其理是我心去应物之时顺应物而不系于物。程明道在《定性书》中说：

> 人之情各有所蔽，故不能适道。大率患在于自私而用智。自私则不能以有为为应迹，用智则不能以明觉为自然。……圣人之喜，以物之当喜；圣人之怒，以物之当怒。是圣人之喜怒，不系于心，而系于物也。……夫人情易发而难制者，惟怒为甚，第能于怒时，遽忘其怒，而观理之是非，亦可见外诱之不足恶，而于道亦思过半矣。(《明道文集》卷三)

唐君毅说："此言系于物，乃所以遮其系于心。实则圣人之心于物来顺应，实亦不系于物。"②明道认为不能物来而顺应的病根在于人之缘其二病（自私、用智：知有内而自私，更以外为外而用智，以成其穿凿），不能"直心顺理以成其即感即应"③。病根在于自私此心知为我有，即自私用智，则"阻塞其应感之机，乃用智以成其穿凿，则反不见己呈现于前，而实已明白之物之当喜当怒之理"④。然而在怒时"遽忘其怒"的工夫很难，唯有天资高者才能一念契入，当下即"澄然无事"。顺天理而行，知善恶事，善之理当喜，恶之理当怒而喜怒。"此心之存此天理，乃自始不黏附于其所感知之物之善恶上。"⑤

---

① 程树德：《论语集释》，第474—475页。
② 唐君毅：《中国哲学导论——原教篇》，中国社会科学出版社2005年版，第86页。
③ 同上书，第87页。
④ 同上。
⑤ 同上书，第101页。

《定性书》是明道为回答张横渠"定性未能不动,犹累于外物"之问而作,因为张横渠仍有内外之对待(内之静与应外之动之分)。因为有此对待,以内应于外,则不免"牵己以从外,则外亦还累于内"①。而程明道《定性书》则直下忘此内外之分,当外物来应时,内心不再与之相对待,"而知其为一体之一感一应之两面,而感应无间,亦无二耳"②。唯有忘此内外对待之区分,才能解决应物而累(即定性)的问题。为学的工夫在于学习圣人体万物而无内外,内外两忘为学圣的工夫。

不系于物的心是包涵遍覆的心,是廓然大公、物来顺应的心,也就是仁者的浑然与物同体的心。此心能包涵遍覆、无偏私,以之体天地万物,故能无不中、廓然大公、浑然与物同体,因而也就是顺天理而行的心。天有包涵遍覆的意思,而心即天,所以天理就是"此心之包涵遍覆的意思中之天理"③。程明道说:

> 万物皆只是一个天理,己何与焉。至如言天讨有罪,五刑五用哉;天命有德,五服五章哉;此都只是天理,自然当如此,人几时与?与则便是私意。有善有恶。善则理当喜,如五服自有一个次第以彰显之。恶则理当恶,彼自绝于理,故五刑五用。曷尝容心喜怒于其间哉?(《二程遗书》)

这是说当喜则喜、当怒则怒是顺天理而行。善之理当喜,恶之理当恶,此为天理的内容。圣人依照天理而见善事则应之以喜,见恶事则应

---

① 唐君毅:《中国哲学导论——原教篇》,第85页。
② 同上。
③ 同上书,第100页。

第三章 从情感到伦理：先秦儒家对自然情感的伦理建构

之以怒。顺应之后，喜怒不会留于心，而善恶事之念也不会留滞于心，"此心之存此天理，乃自始不黏附于其所感知之物之善恶上"①，这就是定性篇所谓"物来顺应"的旨意。因而，圣人之喜怒是廓然大公的心依照物的当喜当怒之理而应之者，由此达到天理流行、无私意存其间的"化境"。在这个层面讲的情是圆通无碍的圣人之情，在此儒道两家相同。王弼说"圣人之情，应物而无累于物者也"，程明道《定性书》说"天地之常，以其心普万物而无心；圣人之常，以其情顺万事而无情"，讲的都是这种圆熟境界。

在这个意义上，我们可以理解文王之怒与孔子之歌哭、临终之叹。齐宣王因为孟子所提交往邻国的建议不合己意而以自己的问题在于好勇来搪塞孟子，孟子借题发挥，劝导他不要好匹夫之勇而应效法文王、武王一怒而安天下之民的"大勇"。所谓文王之勇是《诗·大雅·皇矣》说的"王赫斯怒，爰整其旅，以遏徂莒，以笃周祜，以对于天下"，所谓武王之勇是"一人衡行于天下，武王耻之"（《孟子·梁惠王下》）。文王、武王因为莒、商纣王的倒行逆施而发怒，兴师讨伐，一怒而安天下之民。这种怒的合理性是可怒在彼，文武王当怒而怒，没有私意存其间。孔子对颜渊早死之痛哭、对冉伯牛得恶疾而死的"命矣夫"之叹等，皆是因为可痛、可叹在彼，而不曾让喜怒哀乐的情感淹留于心。所以杨时（龟山）说："发而中节，中固未尝亡也。孔子之恸，孟子之喜，因其可恸可喜而已，于孔、孟何有哉！其恸也，其喜也，中固自若也。"（杨时《龟山集卷二十一·答学者其一》）

---

① 唐君毅：《中国哲学导论——原教篇》，第 101 页。

第四节 仁与爱

一、仁者：自爱与爱人

这里我们要讨论的是仁与爱的情之间的关系，以表明孔孟以爱说仁的真正意义。仁从字源、字义上说是"相人偶"，仁必然是二人关系。钱穆把"仁"解读为"人之相与以真情实感相待"，把仁道等同于直道，贵在内心真情之流露。

然而字义训诂的方法并不能深达仁的奥义。如果从字义上说，仁指涉二人关系，孔子说"仁者，爱人"、"唯仁者能好人、恶人"，子思《中庸》"仁亲以为宝"以及孟子"亲亲，仁也"、"仁者，人也"的说法，都把仁解读为对他人（由亲到疏的差等之爱）的爱。这导致汉、魏晋、唐代的注疏家都以"爱人"解仁。其中的代表观点有董仲舒的"仁之法在爱人，不在爱我；义之法在正我，不在正人"之说，他强调春秋是孔子以素王身份托古改制的新王大法，彰显春秋讲的是"仁义法"，以"人我之分"彰显"仁法"与"义法"之别。"我不自正，虽能正人，弗予为义。人不被其爱，虽厚自爱，不予为仁。"（《春秋繁露·仁义法》）

魏晋古注对"孝悌其为仁之本"的解读也是把仁解读为由亲爱到泛爱。①唐代韩愈著《原仁》提出"博爱之谓仁"的定义。这些注解都是在字义训诂的方法中所生发的理解。杨龟山后来继承韩愈的说法，强调博爱之大公无私的精神，公而无私才能博爱，引发了关于公与仁之间关系的讨论。当代李泽厚把仁解读为"人性心理原则"、"内的心理"、"内

---

① 如何晏注为"先能事父兄，然后仁道可大成"；皇侃解释为"此更以孝悌解本，以仁释道也。言孝是仁之本，若以孝为本，则仁乃生也"。

第三章 从情感到伦理:先秦儒家对自然情感的伦理建构

在的伦理——心理状态"①,指出孔子的仁学建立在情感性的心理原则上。他指出仁的四个层面——血缘基础、心理原则、人道主义、个体人格,四因素相互制约,其精神特征是实践理性。②然而,这些解读的共同点在于都把丰富的、立体的、多层次的"仁"狭窄化为单一的爱人之情。这是程颐、朱熹批评历来以爱解仁的原因所在。

在先秦儒家那里,仁的确主要指一种爱,包含着自爱与爱人的两个方面,如果单强调爱人的一面,就失掉了仁之为仁的主体性。可以说,爱人的前提是自爱,仁首先要确立"为仁由己"的主体性。"我欲仁,斯仁至矣"、"己欲立而立人,己欲达而达人"、"先难而后获"、"力行近乎仁"、"君子无终食之间违仁,造次必于是,颠沛必于是"等等,孔子的这些论述都在表明仁者必先挺立自身的主体性。《荀子》中孔子与子路、子贡、颜渊的问答道出了仁者首先应以自爱为前提:

子路入。子曰:"由!知者若何?仁者若何?"子路对曰:"知者使人知己,仁者使人爱己。"子曰:"可谓士矣。"子贡入。子曰:"赐!知者若何?仁者若何?"子贡对曰:"知者知人,仁者爱人。"子曰:"可谓士君子矣。"颜渊入。子曰:"回!知者若何?仁者若何?"颜渊对曰:"知者自知,仁者自爱。"子曰:"可谓明君子矣。"(《荀子·子道》)

孔子更为赞赏他最得意弟子颜渊"仁者自爱"的说法,颜渊是"默

---

① 李泽厚:《中国古代思想史论》,第22页。
② 同上书,第1页。

而识之"、能切身体悟孔子教诲的最好学的弟子。这表明历代以"爱人"解仁的解释与孔子的说法还是有一些距离,仁爱并非单纯的利他主义之爱。然而同情地去理解,历代的如此解法不免有为劝诫统治者以仁爱精神对待臣民而立说的用意。尤其考虑到董仲舒立说的对象是统治者,所以他强调仁法在爱人、义法在正我是希望统治者能"躬自厚而薄责于人"、施行仁民爱物的政治。同时从孔子"天之未丧斯文也,匡人其如予何"、"勇者不惧"透露出仁者的强烈担当意识。唐文明指出仁有很深的天命神学的背景,是天命之在我身的担当意识。这是从殷商、西周流传下来的宗教神学观念的影响。①

二、一体之仁

对仁与爱的情之间关系最完备的解读是朱熹。受到程颐仁性爱情的影响,朱熹确立了"仁是心之德,爱之理"的说法。爱是情,仁是性,爱是仁性发用流行之情。仁与爱是不离不即的关系:"仁主于爱",不能离开"爱"空说一个"仁";但仁不就是爱,仁是爱之理,仁是性,爱是性发出来的情(恻隐之情是仁性体现出来的"端绪"),两者是体用的关系。进一步说,仁是全德,仁可以包四德,恻隐之心可以统贯四端,正如元德可以包利、亨、贞,春气可以贯夏、秋、冬。朱熹在《仁说》中反对以知觉训仁、仁者与万物为一体的传统解法。

在朱熹以前,对仁的解释有以上所说三种。以知觉训仁起于明道以

---

① 唐文明认为只有顺从天命、认同终极伦理才能返回本真自我。"自我从根本上是由终极伦理构成的,人只有在天人之伦中方能确立自己。原始儒家的自我是天命的自我。因为人伦是天之所命,背后的根本是天人之伦,是终极伦理。"参见唐文明:《与命与仁:原始儒家伦理精神与现代性问题》,第69、234页。

手足萎痹形容不仁，这是从反面立说何为仁，麻木不仁、疾痛不相感说明身体气脉不通，已近乎枯槁死灰。仁者能疾痛相感的原因在于仁者以天地万物为一体，所以鳏寡孤独的疾痛就是我自身的疾痛，能疾痛相感就是仁。唐君毅认为，明道以"同气相贯、疾痛相感"说仁是承续孟子恻隐之心立说，也是顺着孔子以生命的感通来立说。① 孔子以"衣夫锦，食夫稻"指点宰我的不安、不忍之心与情。仁者有真诚恻怛之心，对于他人、外物的疾痛必相感痛。明道的《识仁篇》是直下以忘物我内外之分，首先识得无对待的仁道、仁理，依据（缘）此道、此理而能近取譬，以己立立人、己达达人，就是体仁之"体"。"近取譬者，如知一身之手足之气不相贯，疾痛不相感，为不仁；则知己与人之气不相贯，疾痛不相感，亦为不仁。"② 可见，明道也肯认仁是理。③ 但他肯定的是一个具有创造性之动态的、纵贯的"道"（理），此道与人的道德意识之间具有本质上的关联。在牟宗三、李明辉看来，这是程明道与程颐、朱熹认为理是只存有而不活动的一脉根本的不同。

从体仁出发，则天地万物都在我心所感之中，我就不是自私之我，而是"以天地与我为一体"的我。仁者一体的境界就是为学工夫所要顿悟的境界，此时以天地为一身、以品物万形为我的四肢百体。因此，明道的工夫论是要让学者在自己与别人、外物气息不相贯通、不相感应的地方，使它们相贯通感应，仁者的为学工夫就在于使气息相贯通。"仁者则恒欲通此隔阂，以求以己之气与人相感，即以己之仁心仁情，行乎其

---

① 唐君毅：《中国哲学原论·原教篇》，第88页。
② 同上。
③ 程明道：《识仁篇》："学者须先识仁，仁者，浑然与物同体，义礼知信，皆仁也。识得此理，以诚敬存之而已；不须防检，不须穷索。……此道与物无对，大不足以名之。天地之用，皆我之用。孟子言'万物皆备于我'，须反身而诚，乃为大乐。"

中，以成其相感；而随时随处，体会得此相感之事中，所形成之一体，即体此仁之体。"①

因此，"一体之仁"既是明道以疾痛相感说仁的前提与预设，同时也是为学工夫所要臻至的无我境界。通过工夫达到与天地万物为一体之后的境界也就是"仁者不忧"的乐境。仁者之乐境是善观天地之生意而自得之乐。人放下自持的自己，将自身放在万物中看，然而能觉悟到万物的化育就是我的化育。"人只为自私，将自家躯壳上头起意，故看得道理小了他底"(《二程遗书》卷二上)，因此，平等观物，"心无所系"是儒者的大解脱。这是天地间生意的流行，满腔子生意。这种乐境需要不间断地常存自家的诚敬之心才能获得。因而，人之心之仁，能感通于天地万物而浑然一体。

三、仁性爱情

朱熹接受了伊川仁是性、爱是情的性体情用的义理架构。朱熹也继承了程伊川"知觉不可以训仁"之说，反对以知觉训仁。谢良佐以知觉训仁的说法源自明道以感通说仁。明道言仁是直承孔子以不安之感来指点仁之实义。因而，谢氏所谓的知觉是就仁体的感通而言②。而朱熹所讲的知觉是指"分别是非"的能力，是智（作为仁义礼智之性的智性）的用。朱熹说："以名义言之，仁自是爱之体，觉自是智之用，本不相同。但仁包四德。苟仁矣，安有不觉者乎！"(《朱子语类》卷六）这里，朱熹认为仁作为全德已经包含智，以觉为仁就是以智为仁，而混淆了仁

---

① 唐君毅：《中国哲学原论·原教篇》，第89页。
② 同上书，第84页。

第三章 从情感到伦理：先秦儒家对自然情感的伦理建构

与智的界域。"觉是智，以觉训仁，则是以智为仁。"(《朱子语类》卷二十)他批判谢上蔡以知觉说仁，"缘上蔡说得觉字太重，便相似说禅"(《朱子语类》卷六)。然而，上蔡所谓的心有知觉是就本心当体呈现为不安之感、不忍之心而说，而非仅就智之德而说。李明辉指出，是非之心是道德判断，而非知识判断中的是非。"道德判断中的是非在本质上关联着意志的态度，即所谓好恶。"①

同时，朱熹也批判杨龟山仁者与万物为一体之说，认为此说"说亦太宽"："彼谓物我为一者，可以见仁之无不爱矣，而非仁之所以为体之真也。彼谓'心有知觉'者，可以见仁之包乎智矣，而非仁之所以得名之实也。……而知觉之云者，于圣门所示'乐山'，'能守'之气象，尤不相似。"②这里是说仁者万物一体之论说得太宽泛，虽能表示仁者无所不爱之义，却不能表明仁之为体的真义。而此真义就是"仁是爱之理"。《朱子语类》卷六说："此（万物与我为一）不是仁之体，却是仁之量。仁者固能觉，谓觉为仁，不可；仁者固能与万物为一，谓万物为一为仁，亦不可。"这也是朱熹反对张南轩"天地生物之心"一说的原因所在。因为张南轩此说背后预设了天地万物"一体论"，而朱熹并不预设天地万物一体。反过来，朱熹认为唯有能体现爱之理者，才能视天地万物皆为一体而无所不爱。朱熹说："若爱之理，则是自然本有之理，不必为天地万物同体而后有也。"③"故天地万物一体系仁者所追求的主观境界，而非仁体之本然。"④总之，在朱熹看来，血脉贯通（天地万物同体）并非吾性之

---

① 李明辉：《四端与七情：关于道德情感的比较哲学探讨》，第89页。
② 朱熹：《仁说》，《朱子全书》第23册，上海古籍出版社2010年版，第3280—3281页。
③ 朱熹：《答张钦夫论仁说》，《朱子全书》第2册，第1414页。
④ 同上书，第79页。

本然，而是爱之理具现的结果。

这是因为朱熹坚持仁性爱情的义理架构，他就非常反对以爱言仁的传统说法，认为这是不察性情之辨，是"以情为性"。在《仁说》及与湖湘学者关于"一阳来复"与"公"问题的往复辩论中，他最终明确了两者的关系，即仁与爱不即不离的关系：仁是爱之理，仁主于爱，爱是仁性的发用流行。①

在仁性爱情的义理架构下，仁被视为静态而不活动的理。仁是形而上的理，爱是形而下的情，两者之间是所以然、然的关系。仁是爱之体，爱是仁之用。这种体用关系依照李明辉属于垂直的体用关系。那么，这种理就是静态的、自身不活动的作为形而上根据的理。在这种架构下，仁、性、理是同类的，都是形而上界，而心、物、情是属于形而下界的，因此他认为天地万物一体之说是"夹杂说"、"太泛"。他特别反对张南轩的仁者与天地万物为一体，批评这是"视物为心"，而坚持"物自是物，仁自是心"。依据牟宗三，朱熹接不上明道（朱熹曾说："明道说话浑沦，然太高，学者难看"），只能顺着伊川之抽象的、分解的思路进入，以"心之德，爱之理"的定义把仁定死了。"其所了解之仁亦是抽象的、理智的、干枯的、死板的（以定义、名义的方式入），与《论语》之仁不相应。"②而心是本心、情是本情，不是心统性情之心，不是喜怒哀乐之以气言情。"是以能维持住其为仁体之义，而仍不失形上形下之分。"③

而程明道也讲仁是理，但这个仁理是能动的、起创生义的理，是与物无对的。因而这个理本身即体即用，公与爱就都是此道体本身的活动，

---

① 若仁是性，仁是心之德、爱之理，那如何解释孟子直接说的"恻隐之心，仁也"。
② 牟宗三：《心体与性体》第三册，第259页。
③ 同上。

即牟宗三所谓"承体起用"与李明辉所谓水平的体用关系，即把用视作体在同一存有层面上的具现①。在这个意义上，仁体即道体即性体即心体，由此才可以说逆觉体证此道体，才可以说仁者以万物为一体。因此，知觉就并非如朱熹所言只是认知意义上的"智"，而是就仁体的感通而言，是一种对道德本体的觉醒、体悟。"觉是仁体本身之直接呈现，而爱是指恻隐之心，是本心在一特殊机缘下的呈现，故相较于爱，觉具有更为根本的存有论意义。这种觉关联于天地万物之一体，故牟宗三以本体论的觉情（ontological feeling）称之；以现象学伦理学的用语来说，这种觉是感知（Fühlen），而非情感（Gefühl）。"②

---

① 李明辉：《四端与七情：关于道德情感的比较哲学探讨》，第79页。
② 同上书，第91页。

第四章
道德的来源、基础与判断根据

在上两章中，我们已经讨论先秦儒家对道德情感与自然情感的伦理建构，但是还没有从美德发生学或道德心理学意义上对情感如何发展成美德的生成机制展开讨论。这一章，我们将在中西哲学比较的视野下，聚焦于道德的来源、基础与判断依据等问题，考察情感体验在美德发生、道德判断上的作用机制，即情感在道德实践领域的动力与助力作用。同时，本章也将讨论朱熹心性论"性体情用"架构导致的哲学问题，进而讨论广义上的道德体系（即儒家礼乐）是如何奠基在情感之上，并以顺导情感为目标。本章也将讨论儒家情感伦理与苏格兰启蒙运动"同情"伦理学的会通，以及儒家情感伦理在何种意义上可以成为情感主义美德伦理。

第一节 道德的来源：心安与理得

一、礼之本：不安、不忍的道德情感

首先，道德（moral）与美德（virtue）是不同的概念，前者是普遍主义的人伦规范与伦理法则，属于义务伦理学的范畴；后者是特殊主义、个别化的品质、性情与德性，属于德性伦理的范畴；前者的判断标准是善与恶，后者的评判标准是好与坏，两者层次和内涵均不同。然而在本

第四章 道德的来源、基础与判断根据

节中，我们先淡化这两者间的差距，在宽泛意义上使用"道德"一词，表示儒家的人伦法则与行为规范。在这个意义上，我们可以把儒家的礼乐界定为"道德"，因为它本来用于规范人伦秩序。因此，在儒家的话语表达中，礼之本表达的问题即为道德的来源（或曰为道德奠基的方式）。

其次，儒家的概念中并没有"道德情感"一词（它来自康德），在儒家的话语体系中，与之相应的是不忍人之心、恻隐之心、不安、悱恻感、本心等概念。由第二章对恻隐之心的讨论可知，恻隐之心或不忍人之心还不能简单地归之于道德情感，这是由于儒家"本心"具有先验通过经验表现出来的特征。如于连指出的，恻隐或羞恶是"在经验与感性的层次上显示一种超出了经验层次，不为感性所限制的'理'——这即是我们的本心之理（本源性或基础性的）"①。因此，儒家的"本心"、"不忍人之心"就不能简单地用理性与感性的二元论来界定，可以说，它既是先验的、理性的，又是感性的、经验的。这也是牟宗三反对程颐、朱熹把本心拆分为心、性、情三分与性体情用架构的原因所在，因为后者在伦理学上就落入了康德理性与感性、先验与经验二分的哲学人类学架构中。而陆王心学确立的心、性、情是一的本心更为符合孟子的义理精神，在本心的层面上，本心即性，本心即理。仁义礼智既是道德理性，也是道德情感（这是本体意义上的情），心、性、情在本体层面就是一。这种讲法就比程朱分解性的思维更为圆融。牟宗三说："孟子的主要目的是在表明道德意义的仁与义皆是内发，皆是道德理性底事，即使含有情在内，此情也是以理言，不以感性之情言。"② 可以说，本心是情理不分的，它

---

① 〔法〕弗朗索瓦·于连著，宋刚译：《道德奠基：孟子与启蒙哲人的对话》，第35页。
② 牟宗三：《圆善论》，第14页。

的情（不安、不忍）是含有理的情，它的理是含有情（恻隐、羞恶）的理。所以蒙培元说恻隐之心表示一种"情感理性"，牟宗三说这是"以理言"的情，梁漱溟以"情义"界定理性（与功利计算、计较的理智区分开）①，表示的都是情理不分的意思。

尽管如此，为了论证的方便，我们暂且把本心的两个方面（道德理性与道德情感）分开来谈，做一种类似于马克斯·韦伯理想类型的纯粹划分，以表明儒家为道德奠基方式的重要特性。我们指出，儒家的道德的来源是"缘情制礼"与"礼作于情"，这里的情是指人的真情实感。孔子赞赏林放"礼之本"的提问，是为了说明礼之本在于仁，以指点出一个本心（尽管这个概念在后世才有），仁即本心，本心即仁。孔子把道德的来源规定为道德情感（不安、不忍）与合理性的结合。孟子与荀子有分途：前者强调本心的不忍、不安；后者既强调礼来源于情，但又强调礼对合理性的诉求（如指出鸟兽皆会怜悯同类之死，何以人不能呢？）②。下面我们通过孔子对"三年之丧"的辩护、孟子对葬礼起源的解释与荀子对祭礼起源及其意义的阐释这三个案例，表明儒家的礼乐来源于本心显发的道德情感。

---

① 梁漱溟将人的心思作用分为理智与理性，"知的一面曰理智，情的一面曰理性"。理智是计算数目、计算之心，是对客观物理的知性探求，是有对的；而理性是求正确之心，以无私的感情为中心，是无对的。表现在中西方差异上，西方重视理智、重物理，中国重理性、重情理，情理虽然表现在感情上，却是无私的超脱于本能的。在理性作用下，人类能达到无对的状态，即人与万物之间普泛关切的同体之情。可以说，理性是指人心的情义，中国是理性早启的，所以特重人与人之间的情谊，形成伦理本位的社会。梁漱溟：《中国文化要义》，第111、119页。
② 《荀子·王制》："人有气、有生、有知亦有义，故最为天下贵也。"

第四章　道德的来源、基础与判断根据

宰我问："三年之丧，期已久矣。君子三年不为礼，礼必坏；三年不为乐，乐必崩。旧谷既没，新谷既升，钻燧改火，期可已矣。"子曰："食夫稻，衣夫锦，于女安乎？"曰："安。""女安则为之！夫君子之居丧，食旨不甘，闻乐不乐，居处不安，故不为也。今女安，则为之。"宰我出。子曰："予之不仁也！子生三年，然后免于父母之怀。夫三年之丧，天下之通丧也。予也有三年之爱于其父母乎？"（《论语·阳货》）

丧期（三年丧）的礼制安排规定了服丧期间（实际上是二十五个月）不能兴礼作乐，以寄托对父母的哀思，这也是基于对父母三年襁褓之爱的感恩与守丧期间"食夫稻，衣夫锦"的不安、不忍之心。

宰我认为三年丧的丧期太长，君子若三年期间不习礼乐，礼乐必然崩坏。他主张服丧一年即可，给出的理由是"旧谷既没，新谷既升，钻燧改火，期可已矣"。这是依据"期年则天运一周，时物皆变，丧至此可止"（朱熹《论语集注》）的天道运化来论证服丧一年的合法性，这并非毫无根据。①针对宰我搬出的天道合法性与兴礼作乐的紧迫性的根据，孔子并没有正面回答，转而反问宰我在三年服丧期内"食夫稻，衣夫锦，于女安乎？"。然而宰我并没有体察出孔子探求其本心的深意，脱口而出"安"。这大大出乎孔子的意料。孔子本想通过心安与否的逼问，希望宰

---

① 与之相似的文字见诸《荀子·礼论》与《礼记·三年问》（两处记载相似）。如《礼记·三年问》："曰：至亲以期断。是何也？曰：天地则已易矣，四时则已变矣，其在天地之中者，莫不更始焉，以是象之也。"这是说人们应该效仿天地、四时的变易而除旧布新，天运一周（即一年）之后即可除丧。可见，宰我提出缩短三年之丧的丧期，是有一定根据的。前人猜测，是宰我鉴于当时三年之丧已经松弛的事实，而顺势提出的因革损益的建议。

263

我能"反求诸心,自得其所以不忍者"(朱熹《论语集注》),以启发与指点他的仁心,而非从外在的天道转移为丧礼寻找根据。听到如此冥顽不化的回答后,孔子有点生气,以略带激愤的口吻说:"女安则为之!夫君子之居丧,食旨不甘,闻乐不乐,居处不安,故不为也。今女安,则为之!"孔子两次强调"汝安则为之",一则是"绝之之辞"(朱熹《论语集注》),二则是反诘之辞,深深责备宰我没有不忍之心,希望能激发他内心的不忍之端。

可见,孔子是把居丧期间不为礼乐的理由诉诸不安、不忍之心。从伦理学上分析,这是从情感上探求丧礼(道德规则)的依据。"宰我出。子曰:'予之不仁也!子生三年,然后免于父母之怀。夫三年之丧,天下之通丧也。予也有三年之爱于其父母乎?'"宰我走后,孔子严厉批评他是不仁之人,对于至亲的爱竟然如此之薄,"使之闻之,或能反求而终得其本心也"(朱熹《论语集注》)。孔子进而从两方面解释了为何是三年之丧,其一是"子生三年,然后免于父母之怀"的事实,这是从情感经验上说明子女为父服丧三年是对其三年哺育的报恩行为,这样做才合乎天理。其二是说三年之丧是天下的通丧,是由来已久的古制,这是诉诸祖宗法制的合法性。①

以上疏解只是参照朱熹的集注通贯下来,然而参阅历代注家对此则

---

① 《礼记·丧服四制》:"《书》曰'高宗谅闇,三年不言',善之也。王者莫不行此礼,何以独善之也?曰:高宗者,武丁。武丁者,殷之贤王也。继世即位,而慈良于丧。当此之时,殷衰而复兴,礼废而复起,故善之。"《礼记》这段话说明,依照古礼,君主居丧三年期间不问政事是通行之制,而《尚书》之所以唯独赞扬殷高宗,是因为他遵守古礼,复兴礼乐。《礼记·三年问》也记载了三年之丧是行之已久的古制:"三年之丧,人道之至文者也。夫是之谓至隆。是百王之所同,古今之所壹也,未有知其所由来者也。"

第四章　道德的来源、基础与判断根据

对话的解读，才发现问题并未如此简单。历代注解关注的第一个疑问是宰我更改三年之丧的要求是否合理，这关系到经典对三年之丧及其原因的解释，即三年之丧是古制还是为孔子所改的新制；其次，宰我身为孔门十哲之一，且居言语科，如此知言的人为何提出如此违情悖礼的建议来；再次，服丧期间食稻衣锦是否心安，所关涉的德性应该是孝，宰我直言感到心安，本应批评他为不孝，为何孔子却严厉斥责他为"不仁"。孝与仁之间的关系若何？且孔子虽然没有轻易称许过某人为仁，却也并没有如此厉声诟骂某人为不仁，孔子如此动怒到底是因宰我触犯哪一项不可动摇的价值原则？况且宰我并未说要缩短到五个月或三个月（不同于墨家短丧，只不过"期已可矣"），而孔子对周礼也采取因革损益的态度，那么为何激起孔子如此大的愤怒？以及孔子为何要执着于三年之丧呢？对这些疑问的回答不仅涉及礼的形式规则与礼所象征的价值观念（如孝、仁）之间的关系，往更深一层分析，还涉及儒家对道德的来源与本质的理解。

　　总结历代注疏对上述三个疑问的回答，有三种观点：其一，三年之丧并非古制，上古时代丧期无数（所谓终身心丧），三代以下对丧期并无明确规定；《孟子》中滕文公欲行三年之丧，君臣都不同意，证明三年之丧自古并未实行过；康有为据此认为三年之丧是孔子所改的新制，是孔子特为父母加隆之恩，这一点在《礼记·三年问》与郑玄的注中有所印证；关于孔子是否改制，这涉及今古文之争（《礼记·三年问》是今文经），又是非常复杂的问题，于此不做讨论。其二，三年之丧是古制，然而由于周衰道微，三年之丧已经很松弛，难以实行，宰我鉴于这个事实顺势提出缩短丧期，以顺应当时的民俗。这是为宰我做辩护的一种解法。其三，另一种为宰我申冤的解读说，宰我鉴于三年之丧久已不行的事实，故意以时人的眼光设疑发难于孔子，激起孔子的责备以申明三年之丧的不可更改性，这是宰我的良苦用心，是"屈己以明道"。更有注家认为，若没有宰我挺身发问以激发圣人为三年之丧的强有力辩护，三年之丧制在后世不会流行起来。以上主要是唐以前的古注所关注的问题，意在为宰我做辩护，由此就更为凸显为何孔子严厉批评宰我的问题，对此问题的回答能揭示出儒家对道德的来源与本质的根本看法。①

本节开头的疏解之所以采纳朱熹的注解，是因为宋儒更注重义理的阐发，朱熹的注解侧重于回答孔子严厉谴责宰我的原因，以阐发儒家所首重的仁（所谓"仁，心之德，爱之理"）。在朱熹理学化的解读下，孔子诉诸"食旨不甘，闻乐不乐"的不安情感来指点孝子的"本心"，即仁心。宰我不能反求其本心的不忍、不安，因而被孔子诟骂为"不仁"，这是非常严重的道德谴责。皇侃于此处发问：为何不是不孝，而是不仁呢？他解释说："又仁者施与之名，非奉上之称，若予安稻锦，废此三年，乃不孝之甚，不得直云不仁。"② 这涉及两种德目即孝与仁之间关系的探讨。《论语》中有子有"孝悌，其为仁之本欤？"的说法，宋儒对此条有非常精深的辨析，牟宗三也是从孔子指点宰我此心的不安、不忍来谈仁，不忍的对立面就是程明道说的麻木不仁，以此说明仁的感通性。关于此，我们会在下文展开讨论。

二、情感体验能否作为道德判断的普遍根据？

这里我们关心的是，是否可以依不安的情感来判定一种行为的道

---

① 以上注疏参见程树德：《论语集释》，第1586—1596页。
② 同上书，第1595页。

德性,以及这种可行性在多大程度、范围内可行。不安是通过自省而感到心中有愧,可以说是一种道德情感。孔子由不安指点仁,似乎表明孔子把情感视为判定行为是否有道德性的根据。然而宰我出乎意料地回答"安",却说明把情感(安与不安)作为道德判断的依据是无法普遍化的。这是因为每个人的情感经验有很大差异,且有很强的主观性,面对同一件事情(如居丧),我们不可能期待每个人的情感反应都一致。这属于情感经验的事实层面的问题:首先,人的情感有薄有厚;其次,随着时间、地点的推移与转换,人的情感体验会变化,如随着亲殁后时间的推移,人们的悲痛之情会淡化。那么,宰我说他心安也说明了他的真诚,也无过分谴责的必要。因此,想从经验的事实层面推出道德法则的规范性与普遍性是不成功的。

这也就是康德批判英国哈奇逊道德感官派的同情主义伦理学,认为不能把质料(情感的、经验的)作为意志的规定根据的原因所在。康德把出于仁爱或怜悯心、同情心而去做一件善事称为实践的质料原则;因为人的情感是经验性的、主观性的,属于质料,把情感作为意志的规定根据不能建立普遍化的道德法则。实践理性的定理一是:"将欲求能力的客体(质料)预设为意志的规定根据的一切实践原则,都是经验性的,不能充当实践法则。这种原则缺乏被先天认识到的客观必然性。"[①] 在康德看来,情感依赖于感官,建立在主体的感受性之上。感官只能被动地去表象客体,由客体的表象激发主体感官的愉快或不愉快的情感,因而感性是被动性的,属于经验层。而知性是主动性的,是给予规则的认知机能。因此,从情感出发总是要依赖于外在对象,由此所建立的实践原则

---

① 〔德〕康德著,邓晓芒译:《实践理性批判》,人民出版社2002年版,第24页。

是假言的命令，而非定言的命令。而定言命令（道德命令）必须是无条件的、普遍的、不依赖于对象的，那就只能把形式作为意志的规定根据，此即实践理性的定理三。

  康德说纯粹实践理性自身就是实践的，"也就是可以只通过实践规则的形式来规定意志，而无须任何一个情感作为前提，因而无须那些快适或不快适的表象，即欲求能力的质料的表象，这种质料任何时候都是诸原则的经验性条件"①。因此，在康德那里，纯粹实践理性就是把普遍立法的形式作为其规定根据的意志。因为法则的单纯立法形式不在现象之中，不能成为感官的对象，"于是它的表象作为意志的规定根据就不同于在依照因果性法则的自然界中各种事件的任何规定根据"②。因此，这种意志就是自由意志。由此就推出纯粹实践理性的基本法则："要这样行动，使得你的意志的准则任何时候都能同时被看作一个普遍立法的原则。"③ 这就是说，纯粹实践理性本身就是直接立法的，是意志的自我立法，这就是积极意义上的自由。意志的自律原则就是道德的最高原则。"所以道德律仅仅表达了纯粹实践理性的自律，亦即自由的自律。"④ 由此，实践理性的定理四是出于一切质料（情感意愿、冲动、爱好等）而规定意志就是任意的他律。这样，意志就不是自己为自己提供法则，而"只是提供合理地遵守病理学上的规律的规范"⑤。而任意的他律不能建立任何责任、义务，不具有德性价值。也就是说，出于仁爱、同情或怜悯之心的行为只是合乎义务，而不是出于义务。

---

① 〔德〕康德著，邓晓芒译：《实践理性批判》，第 30 页。
② 同上书，第 36 页。
③ 同上书，第 39 页。
④ 同上书，第 44 页。
⑤ 同上。

总之，出于情感只能建立病理学上的规范，无法提供道德律令所要求的先天普遍的立法形式。由此，我们就可以解释宰我回答心安的伦理学意义：由于主体感受性的差异，孔子不能期望宰我也具有相同的情感体验。因此，若只从情感体验的安与不安来为三年之丧寻求正当性，是有缺陷的。但这种缺陷只是在康德伦理学理性与情感二元对立的架构之中才存在的，只是从主观的、形而下的、感性经验的层次上看待情感而言。"礼表征了源于经验而又高于经验的观念文化。"①这就决定了礼的形式与礼的精神会由于情（经验事实）与理（价值观念）的区分而产生不相符合的问题。"如果丧礼是情感（报）或伦理（孝）的价值象征的话，那么形式的规定同所表达的观念之间，不一定有固定的关系。"②礼作为规则，与理不能等同，"只有合理的规则才是合道德的规则"③。最理想的礼制应该既是合情的，又是合理的。

从康德的哲学义理来看，将道德判断的依据诉诸经验性的情感体验或反应是不够普遍化与客观化的，但是孔子以不安指点宰我的仁心，把丧礼（人伦法则）的基础拉向了人的内心情感，这是孔子仁的重大突破，其意义非常重大。"孔子把'三年之丧'的传统礼制，直接归结为亲子之爱的生活情理，把'礼'的基础直接诉之于心理依靠。这样，……又把'孝悌'建筑在日常亲子之爱上，这就把'礼'以及'仪'从外在的规范约束解说成人心的内在要求，……把一种宗教性神秘性的东西变而为人情日用之常，从而使伦理规范与心理欲求溶为一体。'礼'由于取得这种

---

① 陈少明：《心安，还是理得？——〈论语〉的一则对话解读儒家对道德的理解》，《哲学研究》2007年第10期。
② 同上。
③ 同上。

心理学的内在依据而人性化……"①

这就说明,在儒家看来,有一种本源性的道德情感(如不安、不忍人之心、真诚恻怛之心)可以作为道德判断的依据,这种本源性的道德情感(或称为"本心")可以发挥道德判断的作用。这种情感就并非康德意义上主观的、私己的、形而下的、感性经验的情感,而是具有普遍性、客观性、先验性的道德情感。所以,牟宗三批判康德没有真正解决道德情感的问题,就在于康德只把情感视为质料的、形而下的、经验的情感,而未能意识到,道德情感可以上下其讲,未能承认中国哲学"本心"的概念。

我们认为牟宗三的说法是具有启发性的,情感可以上提至本体的、超越的形而上层面,那么,情感就获得了本体的意义。比如,孔子这里说的"不安"、"不忍人之心"就是超越性的本情、本体论的觉情,"既具有先验本体的地位,同时又会落实、表现或作用在感性经验的层面"②。中国哲学讲的"心即理"的"本心"(本心即理)概念,能实现心、性、情、理在超越的层面(即本心)的合一,就把全部道德意识贯注在这一精诚恻怛的本心之中。"故理在其中,情也在其中,故能兴发那纯粹的道德行为、道德创造,直下全部是道德意识在贯注,全部是道德义理在支柱,全部是道德心、情在开朗、在润泽,朗天照地,了无纤尘。"③心体所发之情无不中理,心体所具之理无不含"觉情"之遍润。这样,牟宗三以心学的"心即理"实现了对康德自由意志的消化与改造:自主自

---

① 李泽厚:《中国古代思想史论》,第 20 页。
② 彭国翔:《从出土文献看宋明理学与先秦儒学的连贯性》,《中国社会科学》2007 年第 4 期。
③ 牟宗三:《心体与性体》第一册,第 132 页。

律的意志就是儒家讲的道德本心。把道德情感与"心"上提至"本心"、"本情",理性我与感性我紧张对立的问题也就不存在了。

然而,牟宗三所谓将道德情感"上提",其前提还是认为道德情感是在形而下的经验层次(当然这是顺着康德的思路讲的),因此需要上提至形而上的本体层面,使其成为"本心"(心体与性体合一的道德实体)所发的情。那么,这种情还是由本心所发出来的,或者说是本心具体的呈现。我们想要追问,这种"本情"与"本心"哪一个更为本源?牟宗三的逻辑还是,把形而下的情感上提至形而上的本体层面(先验的、超越的),才能保证其普遍性、客观性,但这里还是有明显的康德哲学的痕迹。但我们要问,在中国哲学的语境之中,道德情感为何必须要"上提"?它本身不就是超越的、先验性的本源性情感,而超越了形而上与形而下、理性与情感二分的架构了吗?

我们前面已经借鉴海德格尔生存论的"现身情态"以及舍勒的"价值感"的理论资源,揭示出儒家情感之中也有一种本源性的情感或先天性的情感,它不是由某种本体所发出来的,其本身就是本源性的。因此,我们可以说,孔子这里讲的不安、不忍人之心就是这种本源性的情感,它不一定针对具体的对象而发,而是主体当下即有的一种"情态"。这种情态是先于主客、物我二分的源始性现身情态,不属于心理学分析的范畴,而是存在论(或生存论)分析的范畴。海德格尔的生存论分析,揭示出忧、烦、畏、操心等并不是心理学的情绪,而是此在被抛与沉沦在世就带有的情态。而先秦儒家是把仁爱、恻隐、忧戚等本源性情感视为人生存在世的根本情态或情调。

正如黄玉顺的分析,儒家中有两种情感观念:一种是依附于主体的道德情感,作为"性"之所"发"的情感;另一种是孔孟儒家的本源性的情感观念，是先行于道德情感的，是一切价值观念的源泉。恻隐之情是一种本源性情感，由它的扩而充之造成了道德规范的建立。在孺子入井的本源性情境中，怵惕恻隐是这种情境的情感显现，它是先行于认知主体与客体的对立的。① 那么，孔子这里说的"不安"与孟子说的"恻隐之心"就比仁义礼智的道德理性获得了更为本源性的、源始性的地位，这样就可以超越于理性与情感二分、形而上与形而下二分的西方哲学架构，而成为一种儒家情感哲学的情感观念。但如果非要用理性与情感二分的架构来界定这种情感，那么，我们可以说，孔子这里说的"不安"（或者仁）既是道德理性，也是道德情感。

三、传统的正当性与报恩的合理性

孔子在动之以情后，又晓之以理，提出了两条理由：其一，子生三年才能免于父母之怀，因而服丧三年是对初生三年怀抱之恩的报答；其二，三年之丧是天下之通丧，这是孔子在诉诸传统的力量与普遍的规范来论证三年之丧的合理性。这种合理性的辩护能不能站住脚呢？或者说诉诸传统的正当性，我们还需要追问传统的正当性何在，也就是追问其"所以然之理"。孔子举出报答父母三年哺育之恩作为合理的说明，这也不是很充分。因为三年之后父母依然要养育子女，对于孝子来说父母的恩情是无穷的，三年的服丧也不足以报答尽。朱熹集注引用范氏给出了一个解释：

> 丧虽止于三年，然贤者之情则无穷也。特以圣人为之中制而不

---

① 黄玉顺：《再论恻隐与同情——儒学与情感现象学比较研究》，《中国社会科学院研究生院学报》2007 年第 3 期。

第四章　道德的来源、基础与判断根据

敢过，故必俯而就之。非以三年之丧，为足以报其亲也。所谓三年然后免于父母之怀，特以责宰我之无恩，欲其有以跂而及之尔。

这是本于《礼记·檀弓》所载子思所言"先王之制礼也，过之者，俯而就之，不至焉者，跂而及之"的发挥，讲的是圣人为人情"立中制节"的用心，这是希望不肖、无恩之宰我能被点醒，进阶于中正之道。三年之丧符合丧礼的无过与不及的中正原则。这依然没有解释为何三年才是中正的，康有为说他的解释真正阐发了其中的道理。作为今文经学家，他认为孔子以前实行的是"至亲以期断"的期年之丧，三年之丧是孔子改制所加隆的新礼。他说：

孔子乃发明必须三年之意，人义莫尚于报恩，……必历三年，而后子能言能行，少能自立，而后免于父母之怀。……虽其后爱育腹我之恩，昊天罔极，终身无以报之；然送死有已，复生有节，惟初生三年之恩，非父母不得成人，则必当如其期以报之也。……此为三年丧所以然之理。①

那么，在这个案例中，孔子对道德本质的看法是"心安"与"理得"的合一，即三年之丧既符合人们的不安、不忍的道德情感，又符合子女报答父母哺育之恩的道理，合情合理。陈少明提醒我们，孔子并没有表明两者孰先孰后、是否能获得一致，也许他并未充分意识到这个问题。这就给后儒的解读留下了思考的空间。朱熹说：

---

① 程树德：《论语集释》，第 1595 页。

> 然人之有三年之爱于父母,盖心之不能已者,而非有难明之理也,是其存焉则为仁,失之则为不仁,其间盖不容发,而其存不存,又不待于知之而后能勉也,亦系于吾心之厚薄如何耳。(《四书或问》)

孔子的原话中只有"安"与"礼",而后儒的解释创造性提出"本心"与理。朱熹这段话非常接近心学"本心即理"的讲法,与他平日讲由格物而一旦豁然贯通的进学致知路数很不一样。朱熹这里把丧礼的根据归于本心,三年之丧是"心之不能已",是心的不安、不忍情感的自然流行。这即是说本心的情感发用无不是德性之知。只要明心见性,自然就能通晓孝亲之理。这类似于《中庸》"自诚明"的讲法。然而对于朱熹来说,性即理,心不即是理而是"心具理"(心只是"盛贮"即含摄性理,而不等同于理),仁是性理,仁是心之德、爱之理。性理来自于天(吾儒本天),"心者,人之神明,所以具众理而应万事"(朱熹《孟子集注》)。可以说,朱熹回归本心,这种反常的解读不失为他为弥合"安"与"礼"(心与理)之间缝隙的尝试。① 孔子最后责问宰我"予也有三年之爱于其父母乎?",表明孔子还是探求本心,预设了孝亲是一种自然流露的道德情感,如果宰我没有这种情感,那他就是"不仁"。

综上,从根源上看,儒家还是认为本心的道德情感是制定礼仪的根

---

① 关于朱熹论"心",牟宗三认为朱熹之"心"属于"气"或"气之灵"(形而下层面)。而蒙培元认为,朱熹那里作为整体的"心",包括体与用,形上与形下两个层面,从形下看,性属理,心属气,从形上看,心即性,心即理;因而心贯体用,心兼形而上与形而下者。而陈来严判"心"与"性"之别,认为朱熹那里不可以说心即是性,即是理(心之体是性),而且否定朱熹有"本心"说。参见李煌明:《朱熹哲学研究的批判与反思:"心统性情"的意象诠释》,《云南师范大学学报(哲学社会科学版)》2020 年第 3 期。本书认为,朱熹仍是以知觉论心,但当心与理合一时,可以发挥类似"本心"的功能。

据，因为情感体验相较于认知性的理是更为源始、原初的。尤其在"心即理"的心学义理中，本心即性即理，道德情感的发用就是道德法则（天理）的流行，此即王阳明所说"良知就是天理之昭明灵觉"。两者之间孰先孰后、能否一致的问题从根本上被化解。通过牟宗三"心体即性体"的义理阐发，心、性、情、理全都一于本心（此"一"不是合一的"一"，而本就是"一"的心体与性体），这就是体用一源，显微无间，全体是用，全用是体的圣学奥秘。

四、不忍人之心与葬礼的起源

在孟子看来，葬礼的来源是因为人们不忍看到亲人尸体被野兽啃食而内心生的惭愧、不忍、不安之情。孟子对葬礼来源的讨论是由墨者夷之厚葬其亲的事件引发：

> 孟子曰："吾闻夷子墨者。墨之治丧也，以薄为其道也。夷子思以易天下，岂以为非是而不贵也？然而夷子葬其亲厚，则是以所贱事亲也。"徐子以告夷子。夷子曰："儒者之道，古之人'若保赤子'，此言何谓也？之则以为爱无差等，施由亲始。"徐子以告孟子。孟子曰："夫夷子，信以为人之亲其兄之子为若亲其邻之赤子乎？彼有取尔也。赤子匍匐将入井，非赤子之罪也。且天之生物也，使之一本，而夷子二本故也。"（《孟子·滕文公上》）

信奉墨家兼爱、薄葬原则的墨者夷之却厚葬自己的父母，为此他抬出儒家的理论根据为自己辩护，认为儒者所谓"若保赤子"（《周书康诰》）说的就是"爱无差等，施由亲始"的道理。针对如此援儒入墨、混淆视听的说法,孟子认为夷之是"以所贱事亲",是"二本故也"。孟子认为,夷之这里援引"若保赤子"是用人们也会去救即将入井的他人的赤子的例子来说明爱无差等的道理。然而他认为之所以会去救赤子只是因为赤子无知(参照赵岐注)。若以此认定爱无差等则是"未尽达人情者"(赵岐注),是"二本故也"。孟子申明儒家"爱有差等"(赵岐:差次等级亲疏)的原则,说儒者对自己兄长的赤子与对邻人之赤子的爱是不能等同的。孟子解释周书之所以用"若保赤子"取譬,是为了说明为政者对待百姓应该采取对待赤子的态度,百姓是因为无知而犯法,正如赤子因无知而入井,而不能责怪赤子一样(参照朱熹集注)。孟子说:"且天之生物也,使之一本,而夷子二本故也。"关于何为二本,赵岐注说:"今夷子以他人之亲与己亲等,是为二本,故欲同其爱也。"朱熹集注说:"且人物之生,必各本于父母而无二,乃自然之理,若天使之然也。故其爱由此立,而推以及人,自有差等。"此处朱熹的解释似更为合理,意指人们的生命一本于父母,由此根本之爱向外推扩,故而有远近亲疏之分。由于夷之厚葬其亲,孟子接下来从心理角度解释葬礼的起因,"以深明一本之意"(朱熹《孟子集注》):

  盖上世尝有不葬其亲者。其亲死,则举而委之于壑。他日过之,狐狸食之,蝇蚋姑嘬之。其颡有泚,睨而不视。夫泚也,非为人泚,中心达于面目。盖归反虆梩而掩之。掩之诚是也,则孝子仁人之掩其亲,亦必有道矣。(《孟子·滕文公》)

关于上世不葬其亲,《易·系辞》有"古之葬者,厚衣之以薪,葬之中野,不封不树,丧期无数"之说,丧期无数是指行"心丧"之礼终身不变(《仪礼·丧服》贾公彦疏)。

朱熹注:"泚,泚然汗出之貌。睨,邪视也。视,正视也。不能不视,而又不忍正视,哀痛迫切,不能为心之甚也。非为人泚,言非为他人见之而然也。所谓一本者,于此见之,尤为亲切。盖惟至亲故如此,在他人,则虽有不忍之心,而其哀痛迫切,不至若此之甚矣。"依据朱熹,孟子这里讲人们不忍心直视亲之尸体被狐狸、蝇蚋啃食的惨状,而从内心生发一种不安、哀痛悲切之情,以至"中心达于面目",因惭愧而泚然出汗。此非由于他人见到这种场景而惭愧难当,而是源于内心对至亲的亲爱,这进一步印证了爱亲源于一本。孟子此处把葬礼与厚葬的起因诉诸人的不忍、不安、哀痛、惭愧的内心之情,点明了儒家缘情制礼的精神传统。赵岐于此注:"中心惭,故泚汗然出于额,非为他人而惭也,自出其心。圣人缘人心而制礼也。"牟宗三说:"依孟子就直言礼是出于人的本心,此本心就是是非、恻隐、辞让、羞恶等四端之本心,故礼乃由本心而发。"①

五、志意思慕之情与祭礼的起源

> 祭者,志意思慕之情也。悾诡唈僾而不能无时至焉。故人之欢欣和合之时,则夫忠臣孝子亦悾诡而有所至矣。彼其所至者甚大动也;案屈然已,则其于志意之情者惆然不嗛,其于礼节者阙然不具。故先王案为之立文,尊尊亲亲之义至矣。故曰:祭者、志意思慕之情也。忠信爱敬之至矣,礼节文貌之盛矣。(《荀子·礼论》)

---

① 牟宗三:《中西哲学之会通十四讲》,第125页。

祭祀之礼是吉礼,《周礼·春官·宗伯》载:"大宗伯之职,掌建邦之天神、人鬼、地示之礼,以佐王建保邦国。以吉礼事邦国之鬼神示。"郑玄注:"礼,吉礼是也。"王先谦认为"情"当为"积",志意思慕之情是说"志意思慕积于中而外见于祭"①。这样解是说,内心对天神、地祇、人鬼的志意思慕积聚、充溢于外就是祭祀之礼。在《礼论》另一处"情之至也",他注"情"为"忠厚也"②。若把此处"情"理解为内心忠厚的情意,这就是说祭祀之礼表达的是内心对天神、地祇、人鬼的志意思慕之情。王先谦注曰:"惮,变也;诡,异也,皆谓变异感动之貌。唈僾,气不舒,愤郁之貌。……言人感动或愤郁不能无时而至,言有待而至也。"并注:"欢欣之时,忠臣孝子则感动而思君亲之不得同乐也。言所至之情甚大感动也。屈然,空然也。惆然,怅然也。嗛,足也。……言若无祭祀之礼,空然而已,则忠臣孝子之情怅然不足,礼节又阙然不具也。"③

这是说,在亲人去世后随着时间的推移,孝子的感动或愤郁之情变淡,不可能随时呈现,必须经过祭祀之礼才能兴发、唤起这种思慕之情。忠臣孝子在欢欣的时刻想到逝去的亲人不能与己一同享受欢乐,内心涌动(甚大动)愤郁之情而有变异感动之貌,于是通过祭祀的礼节文貌表达出来(惮诡而有所至)。在荀子看来,中心之情必须经由"礼节"的形式才能充分表达。情是形于中的,礼是节于外的,情之发要通过礼的节文才能符合中道。荀子说"故先王案为之立文","文"是"祭礼节文"(王先谦注),祭祀之礼是对志意思慕之情的"文饰"、"文貌"。圣王依

---

① 王先谦:《荀子集解》,第 376 页。
② 同上书,第 374 页。
③ 同上。

据忠臣孝子的"惕诡唈僾"而为之制定礼仪节文,这与上文孟子说的掩亲有道(圣人缘人心以制礼)是相通的。"故钟鼓管磬,琴瑟竽笙,韶、夏、护、武、汋、桓、箾、简象,是君子之所以为惕诡其所喜乐之文也。齐衰、苴杖、居庐、食粥、席薪、枕块,是君子之所以为惕诡其所哀痛之文也。"(《荀子·礼论》)在这个意义上,乐舞与丧礼是"惕诡"其内心喜乐之感与哀痛之感的"节文"。同时,祭祀的礼节文貌反过来能激发、促动孝子的思慕之情。

由上文可知,圣人因顺人之情而制礼,或缘人心而制礼,没有礼节文貌,情不能充分地表达。荀子说:"凡礼,始乎梲,成乎文,终乎悦校,故至备,情文俱尽。"(《荀子·礼论》)依据王先谦,此处的"梲"应为"脱",即脱略、疏略之义。"文"即"礼物、威仪也","情,谓礼意,丧主哀,祭主敬之类"。郝懿行依据孟子"于人心独无恔乎"训"校"为"恔",即悦快之义。[①]这是说:礼起于脱略,成于文饰,终于悦快。至备之礼是礼仪所要表达的情意与外在的礼节仪式达到的最完美的结合。在《礼论》另一处说"贵本之谓文",王先谦注"文,谓修饰"[②]。礼是对情感的文饰,由于礼的内在精神是"敬",所以荀子说文饰是"以敬饰之"。"凡礼,事生,饰欢也;送死,饰哀也;祭祀,饰敬也;师旅,饰威也。"(《荀子·礼论》)

荀子又说:"礼者,以贵贱为文。"这就突出礼文是"节文","节"即"明贵贱亲疏之节"(《荀子·礼论》),圣王制礼的目的在于确立贵贱有等的秩序。荀子说:"三年之丧何也?曰:称情而立文,因以饰群别、

---

① 王先谦:《荀子集解》,第355页。
② 同上书,第352页。

亲疏、贵贱之节而不可益损也。……齐衰、苴杖、居庐、食粥、席薪、枕块，所以为至痛饰也。"（《荀子·礼论》）又说："礼，以隆杀为要。"情通过礼表达，然而不能放纵情感的宣泄，要有所节限，使得情感的发作无过与不及，达到中道。此即荀子所说"故先王圣人安为之立中制节，一使足以成文理"（《荀子·礼论》）的"立中制节"之原则。所谓"制节"，《礼记·丧服四制》说"圣人因杀以制节"，这是说圣人依据情感的亲疏、贵贱依次降等、减杀礼的规制。在这个意义上，礼的精神可以说是"节情"，朱熹说礼是"天理之节文"。因此，礼文之"节"就有两层含义：一方面是确立亲疏、贵贱之节，规范人伦秩序；另一方面是节制情感的表达，使其合于中道。荀子说："故其立文饰也不至于窕冶，其立麤恶也不至于瘠弃，其立声乐、恬愉也不至于流淫、惰慢，其立哭泣、哀戚也不至于隘慑伤生，是礼之中流也。"（《荀子·礼论》）

因此，礼来源于情，由圣人因人之情而制作，一方面通过礼的演示（礼之节文）兴发、唤起人们内心的敬重、肃穆之情，引发情感共鸣；另一方面，可以节制人们情感的过度表达，不至于毁生灭性。礼是情的文饰，反过来规范情感，达到"情文俱尽"的至备状态。

第二节 孝悌与仁：本末抑或体用

一、何为本：本体还是本根？

上节我们提到孔子严厉指责宰我心安是"不仁"，这实际上关涉孝悌与仁的关系。作为儒家最重要的全德（仁是一种全德，是一切德行的总根源，可以涵盖诸德目），为何仁必须由孝悌开始呢？仁与孝悌之间的关系，到底是由本根（本心）生全体（全德之仁）的本末关系，还是宋儒仁是性、孝悌是仁性的发用的体用关系呢？这是本小节所要讨论的。

　　有子曰："其为人也孝弟，而好犯上者，鲜矣。不好犯上，而好作乱者，未之有也。君子务本，本立而道生。孝弟也者，其为仁之本欤！"（《论语·学而》）

　　关于此处文字有两个争议。版本考证上，依据《论语集释》，足利本、唐本、津藩本、正平本皆无"为"字，即"孝悌也者，其仁之本与！"关于"仁"字，清代注家如朱彬、黄宗羲等依据古人假借之法，认为"仁"是"人"的通假字，与《论语》中"井有仁焉"、"观过，斯知仁矣"的仁字均应作"人"解，与上文"其为人也孝悌"正好相应，其义更直接。[①]程树德认同此说，批评宋儒不通训诂，所以泥"仁"为仁义字，强事解释，生出种种谬说。"盖儒家之所谓道，不出伦常日用之间，故中庸言'天下之达道五'，又曰'道不远人'，孟子言'道在迩而求诸远'，即有子本立道生之说也。"[②]朱熹集注"井有仁焉""当作人"解，却在此处沿袭旧说，是由于他未深考。刘宝楠认为"仁"与"人"用法的出入是由于齐、古、鲁三家《论语》异文之故。

　　以下简单罗列历代注解的精义以辩说其不同。关于此处的"欤"字，是因为"礼尚谦退，不敢质言，故云'欤'也"（邢昺疏），此处并非质疑义。何晏集解："言孝弟之人必恭顺，好欲犯其上者少也。本，基也。基立而后可大成。包曰：先能事父兄，然后仁道可大成。"[③]何注认为孝

[①] 参见程树德：《论语集释》，第17页。
[②] 同上书，第18页。
[③] 同上书，第19页。

悌是仁的根基，犹如根基稳固才能长成参天大树。皇侃引王弼疏曰："自然亲爱为孝，推爱及物为仁。"① 皇疏进一步解孝悌是"自然亲爱"，这是从孝悌的自然亲爱推扩为仁民爱物之泛爱，与孟子讲的"老吾老以及人之老，幼吾幼以及人之幼"（《孟子·梁惠王上》）的"推恩"相同。邢昺疏："此章言孝弟之行也。……是故君子务修孝弟，以为道之基本。基本既立，而后道德生焉。"邢昺疏依然接着何晏、皇侃的意思来讲，认为孝悌是道德（仁道）的基本。关于"本"的解读，清代毛奇龄《论语稽求篇》认为何晏以"先能事父兄，然后仁道可大成"解便成为仁孝分先后论，这是混本末为先后，是西晋异学。② 尽管如此，这三家注解的共同之处是都把"其为仁之本"中的"为"解读为"是"，即孝悌是仁的基础、根基或曰基本。

与上述三家注不同的是程颐、朱熹的理路，他们反对孝悌是仁之本，认为孝悌是发用层面的行事，仁是超验的性理，是先在的，仁理要通过孝悌的发用才能见诸行事，得到具体的体现。因而孝悌不能是仁之本，而只能是"为仁之本"、"行仁之本"。那么，"其为仁之本"就应解释为"体现仁的行事要从孝悌开始"。

> 本，犹根也。仁者，爱之理，心之德也。为仁，犹曰行仁。……若上文所谓孝悌，乃是为仁之本，……故为仁以孝悌为本，论性则以仁为孝悌之本。或问：孝悌为仁之本，此是由孝悌可以至仁否？曰：非也。谓行仁自孝悌始，孝悌是仁之一事。谓之行仁之本则可，谓是仁之本则不可。盖仁是理也，孝悌是用也，性中只有个仁义礼智

---

① 参见程树德：《论语集释》，第19页。
② 同上书，第20页。

第四章 道德的来源、基础与判断根据

四者而已,曷尝有孝悌来?然仁主于爱,爱莫大于爱亲,故曰:孝悌也者,其为仁之本与?(朱熹《论语集注》)

这样的解读实际上把孝悌与仁道的本末关系颠倒了:仁成为孝悌之本。因为孝悌是爱,而仁是"爱之理",是先天超验的性理,它的发用流行与具体表现是孝悌的具体行事。依照上文古注,孝悌是仁之本,由孝悌之行自然生长为仁民爱物的仁道,这类似于孟子所谓培养善端、善的萌芽,使其自然生长、生发为充实而有光辉的美德。

揆诸中国哲学史,宋儒为了与佛家的"空性"相抗衡、为儒家的道德(儒家所谓"性")确立宇宙论与形而上学本体论的依据,必须确立性即理、性体情用、理气二分的义理架构。程颐依据《易·系辞》"形而上者谓之道,形而下者谓之器"的精神区分形而上与形而下的理气二分的宇宙论架构,那么"一阴一阳之谓道"就被解释为"所以为一阴一阳谓之道",即阴阳属于形而下的"气"的层面,而阴阳之气之所以然是形而上的"理"。[1] 在这种架构下,性即理,儒家所谓"性"就是超越的、抽

---

[1] 唐君毅认为"理"的原始含义指"治玉",引申为玉上的纹理,由此可再引申为"治理"的意思。在先秦思想中,孔孟老庄重道,而荀子重视礼与理,韩非子也重视理(客观物理)。唐君毅认为,先秦思想中的"理"主要是指"文理"(《中庸》所谓"文理密察,足以有别也"),是人伦人文之理,即人与人相互活动或相互表现其精神而合成之社会或客观精神中之理。而文理分为两种:其一是横的平列的"分别之理",在先秦典籍中是第二义或引申义,此即韩非子、戴震所说的"条分缕析"的理,这是静的、分位的分别。其二是纵的或先后的分别义,即"物有本末,事有终始"中的本与末、始与终的分别,是先秦典籍中第一义原始的分别之理,指动态的历程中分别的次序,且指人的内心思想态度行为的历程的次序条贯。动态的次序之理兼具分别义与总持义,是宋明理学"理一分殊"的来源。如孝之理体现为由晨省到昏定、由生养到死葬,有前后次序的分别。宋儒谈性理是就其总持义而言,针对人与万物的性理有同原而说天理。参见唐君毅《中国哲学原论·导论篇》,中国社会科学出版社2005年版,第3—16页。

象的形而上之理，是先天的、超验的，"先天而天弗违"。那么，仁义礼智就是性，是先验的抽象的性理，其中不能含有任何形而下的具体行事，所以程颐、朱熹都说"性中只有个仁义礼智四者而已，曷尝有孝悌来？"因此，孝悌与仁的关系就被程朱表达为"仁性爱情"的性体情用的关系。孝悌是爱亲，爱只是情，不能说仁便是爱，因为仁是性，然而"仁主于爱"，即仁性必须通过爱亲之情的发用才能具体地表现出来。

因此，这种解释的理论逻辑便成为从抽象到具体，从抽象之理到具体之发用。用更加明确的现代哲学话语说就是：抽象而普遍的理蕴含在具体而特殊的事物之中，在具体的孝亲仁民爱物的行事中把抽象而普遍的理表现出来。这就是朱熹所谓"理一分殊"以及在格物中通过积聚物理而一旦豁然贯通（众物之表里精粗无不到）所说的意思。① 而依据古注，孔孟的原意是从自然的爱亲行为生长、发育为广大博爱的仁道，这是从具体到抽象的理论逻辑。这一点李泽厚很早就注意到。②

---

① 牟宗三对"理"的原始义即"终始条理"的看法，与唐君毅是相同的。他认可李延平默坐澄心是对天理本体的本体论体证，天理本体即"理一"。通过道德践履使天理本体在不同的分际上有具体的、真实的呈现，此即达致分殊。若只停留在抽象的状态中，便是玩弄光景，必须渐证渐养至自然与纯熟，天理本体才能具有的呈现，才是洒然冰解冻释，这是"理一分殊"的圆融表现。普遍的理融于具体的分殊中，而具体的分殊也融于普遍的理中，这才是孟子所谓的"终始条理"。朱熹常讲理一分殊，一来是为分判儒、释，批评佛家没有分殊（即实事实理）；二来是通过博文穷理以达致天理本体，然而朱熹极其反对从逆觉以体证本心本体者，视之为禅。牟宗三批判朱熹讲理一分殊只落在"顺取"的博文穷理上，丧失了在践履过程中由抽象之理一达具体的分殊的纵贯的终始条理义。参见牟宗三：《心体与性体》第三册，第9—12页。
② 李泽厚指出：原典儒学孟子"仁之实，事亲是也；义之实，从兄是也"，由抽象走向具体；宋明理学则由具体的情境、情感走向抽象的理性本体。原典儒学以具体为实，后者以抽象本体为实，具体情感为虚。参见李泽厚：《实用理性与乐感文化》，第61页。

二、性体情用，仁性爱情

在注《孟子·公孙丑》"恻隐之心，仁之端也；羞恶之心，义之端也；辞让之心，礼之端也；是非之心，智之端也"处，朱熹更加明确地界定了心性情的含义：

> 恻隐、羞恶、辞让、是非，情也。仁、义、礼、智，性也。心，统性情者也。端，绪也。因其情之发，而性之本然可得而见，犹有物在中而绪见于外也。……此章所论人之性情，心之体用，本然全具，而各有条理如此。……（程子）又曰："四端不言信者，既有诚心为四端，则信在其中矣。"愚按：四端之信，犹五行之土。无定位，无成名，无专气。而水、火、金、木，无不待是以生者。故土于四行无不在，于四时则寄王焉，其理亦犹是也。（朱熹《孟子集注》）

这就明确表示心统性情，统即统领、主宰的意思。心是性情之主，心之主是兼体用而言，是"本然全具"。性是心之体，而情是心之用。性是理，是所以然，是"本"；而情是由性所发之用，是"然"。这样，朱熹就以形而上／形而下、所以然（理）／然（情）的体用关系解释孟子由恻隐、羞恶、辞让、是非的四端发而为仁义礼智四德的本末关系。

以上朱熹对"端"的解释为"因其情之发，而性之本然可得而见，犹有物在中而绪见于外也"，这就颠倒了恻隐之心（或曰善端、善的萌芽）与仁德的顺序。《朱子语类》卷六中说得更明确："仁是根，恻隐是萌芽。亲亲、仁民、爱物，便是推广到枝叶处。"孟子的原意是恻隐之心是仁之发端，赵岐注："端者，首也。人皆有仁义礼智之首，可引用之。"① 这是说，恻隐之心是仁德的端首、开头，从这个开头可以引而发之成为仁德。焦循引用《说文解字》说明"耑"是端的古体字，表示"物初生之题也"（"题"即"头"）②，并引用惠士奇《大学说》"在心为端"的说法表明由心的恻隐之端可以推而充之。也就是说，孟子以植物生长的模式表征仁德由内心的善端自然生长而成的道德生发机制，在新儒家看来，这是孟子以心善印证性善的逻辑。而程颐、朱熹却说"因其情之发，而性之本然可得而见"，把"端"理解为内在仁性因为恻隐之情的发用而见于外的"端绪"。这实际上是说，在逻辑上，先有仁之性，才有人心之恻隐。这样就与孟子恻隐乃仁道之发端的四端说大为不同。

焦循在疏证四端说时引用毛奇龄《四书剩言补》的一段话道出了程朱之解与孟子原意的区别："言仁之端在心，不言心之端在仁，四德是性之所发，藉心见端，然不可云心本于性。观性之得名，专以生于心为言，则本可生道，道不可生本明矣。"③ 这表明清代汉学家对程朱"仁性爱情"的批评，仍坚持孔孟原意是仁之端在心（恻隐之心），由本（孝悌）生道（仁）而非由道生本，即"本立而道生"（此句是古逸诗）的古义。而依照程朱，恻隐之情是仁性之发用，仁性藉心见端，此是"心本于性"之说。而依孟子，性之得名于"生于心"，这也印证了现代新儒家以心言性、以心善印证性善（性由心显）更符合孟子学的理路。关于宋儒"仁中只有仁义礼智，曷尝有孝悌来"的说法，明代儒学认为此与告子义外之说同病，清初汉学家对此的批评由毛奇龄的话可见一斑。

基于性体情用、心统性情的架构，性理是先在的，情气是发用，而

---

① 焦循：《孟子正义》，第234页。
② 同上。
③ 同上书，第235页。

心兼体（性）用（情），居间统合。由此，朱熹解读孟子"尽其心者，知其性也。知其性，则知天矣"时就颠倒了孟子"尽心"与"知性"的顺序："知性"才能"尽心"，"知此实理"则"心无不尽"。由于理在先，性是理，是心之体，那么通过克己工夫让性理充分实现，则满腔子都是天理的流行，满腔子都是恻隐之心，满腔子都是性理的发用流行。朱熹这样注解孟子这句话：

> 心者，人之神明，所以具众理而应万事者也。性则心之所具之理，而天又理之所从以出者也。人有是心，莫非全体，然不穷理，则有所蔽而无以尽乎此心之量。故能极其心之全体而无不尽者，必其能穷夫理而无不知者也。既知其理，则其所从出。亦不外是矣。以大学之序言之，知性则物格之谓，尽心则知至之谓也。（朱熹《孟子集注》）

在《朱子语类》卷五中，他又说："故孟子说'尽其心者，知其性也'，文义可见。性则具仁义礼智之端，实而易察。知此实理，则心无不尽，尽亦只是尽晓得耳。如云尽晓得此心者，由知其性也。"

在钱穆看来，这种说法是由于程颐、朱熹沿袭了汉儒以下以五行说性的传统①，并借用晚汉的"体用"概念来解读性情关系。汉儒论"性"

---

① 汉儒对儒学的贡献是引入阴阳五行说来建立儒家性情关系的宇宙论基础。汉儒以五行配四方、四时：东属木，为春；南属火，为夏；西属金，为秋；北属水，为冬；中央属信，为土。以五行（木金火水土）配五常（仁义礼智信）。朱熹非常赞赏汉人以五行来解"天命之谓性"，如《朱子语类》卷五："大抵言性，便须见得是元受命于天，其所禀赋自有本根，非若心可以一概言也。却是汉儒解'天命之谓性'，云'木神仁，金神义'等语，却有意思，非苟言者。学者要体会亲切。"又如《朱子语类》卷六："大而天地万物，小而起居食息，皆太极阴阳之理也。又曰：'仁木，义金，礼火，智水，信土。'"

是"仁义礼智信是五常,谓性中有此五者",但是汉儒以下,"乃说成由于性中有仁,发出端倪来而有恻隐之心"①。"故程子谓'仁是性,孝悌是用'。此处'性'字即所谓'性体',然'体''用'之别,先秦所未有,其说始自晚汉;此后佛家承用之,宋儒又承用之。故程子谓孝只是用,只是一种行为,或可说是一种德,却不能说是人之'性'。因性属'本体',德与行则只是本体所发现之'作用'。此乃晚汉以下之新观念,在孔孟时代未尝有,则宜乎其立说之相违矣。"②钱穆认为,依据孟子良知良能的说法③,孝悌乃仁之本是先秦儒家共同之义。

朱熹不但继承了汉儒以五行说五常的传统,而且更有创造性发挥,以四时(春统夏、秋、冬)、四德(元统亨、利、贞)的模式来阐发"仁包四德"的宇宙生化论。我们来看《朱子语类》卷六中的一条语录:

> 味道(即门人叶贺孙)问:"仁包义礼智,恻隐包羞恶、辞逊、是非,元包亨利贞,春包夏秋冬。以五行言之,不知木如何包得火金水?"曰:"木是生气。有生气,然后物可得而生;若无生气,则火金水皆无自而能生矣,故木能包此三者。仁义礼智,性也。性无形影可以摸索,只是有这理耳。惟情乃可得而见,恻隐、羞恶、辞逊、是非是也。故孟子言性曰:'乃若其情,则可以为善矣。'盖性无形影,惟情可见,观其发处既善,则知其性之本善必矣。"

---

① 钱穆:《孔子与论语》,第 242 页。
② 同上书,第 242—243 页。
③ "人之所不学而能者,其良能也;所不虑而知者,其良知也。孩提之童,无不知爱其亲者;及其长也,无不知敬其兄也。亲亲,仁也,敬长,义也。"(《孟子·尽心上》)

虽然朱熹认为仁是性,是形而上的理,但理是抽象的,无形影可见,要说明它还必须下落到可见的气与情的形而下层面上。朱熹进而把春夏秋冬之四时与恻隐、羞恶、辞让、是非之四端相配,说明两者之间"相互引生"①的关系。在上述语录中,朱熹都是从宇宙生化之序与四时之序说明"仁包四德",表明仁的统领性,这与《仁说》中借"春生之气无所不通"来说明仁之无不统是相通的。② 故而,这是宋儒结合汉代阴阳五行之说为道德确立宇宙论的根据(因为四时之序与五行之序都是宇宙论层面的说明)。

我们再来看朱熹《仁说》中的一段:

> 天地以生物为心者也;而人物之生,又各得夫天地之心以为心者也。……盖天地之心,其德有四,曰元亨利贞,而元无不统。其运行焉,则为春夏秋冬之序,而春生之气无所不通。故人之为心,其德亦有四,曰仁义礼智,而仁无不包。其发用焉,则为爱恭宜别之情,而恻隐之心无所不贯。③

这里的说法更明确了性体情用的义理架构,同时又表达了仁包四德

---

① 李明辉:《四端与七情:关于道德情感的比较哲学探讨》,第87页。
② 朱熹回答门人郑可学问"仁是生底意,义礼智则如何?"因为仁是春生之气,"天只是一元之气。春生时,全见是生;……仁义礼智割做四段……浑沦看,只是一个。"(《朱子语类》卷六)针对弟子问仁,朱熹说:"理难见,气易见。但就气上看便见,如看元亨利贞是也。……春时尽是温厚之气,仁便是这般气象。夏秋冬虽不同,皆是阳春生育之气行乎其中。"(《朱子语类》卷六)这说明义、礼、智是仁的生气流行发用的表现,都是生生之意的表现。朱熹让人在气上看仁是爱之理、心之德。春夏秋冬之气,春主生发,夏是生气之盛,秋是生气渐收敛,冬是生气收藏。与之相对,心不是死物,而是有生意的。心能生,乃能知辞让、羞恶、是非。
③ 朱熹:《仁说》,《朱子全书》第23册,第3279页。

的意思。恻隐之心之所以能统贯一切,是由于朱熹是从宇宙论的天地生物之心来比附仁心的创生之义。朱熹继承了程明道等以生意说仁(果仁、观鸡雏知仁、鸢飞鱼跃、上下察也、满腔子是恻隐之心等)的说法,然而他认为仁并不就是生物,因为生物只是气化层面的创生、演化,而仁是生之理,是生物之所以然之理。

其中的逻辑结构按照李明辉的分疏,分为四层:其一,从存有论秩序上看,元亨利贞是四德。其二,从宇宙论秩序上看,春夏秋冬是气化的过程,春生之气无所不通。前两者是理与气的关系。其三,从存有一伦理学的秩序上看,仁义礼智是性,是四德。其四,从伦理一心理学的秩序上看,四德发用为爱恭宜别之情(恻隐、辞让、羞恶、是非之心)。后两者是性与情的关系。① 故而,仁包四德的存有论与宇宙论根基便是"元无不统"与"春气无不通"。由此,存有论上的理对应着性,宇宙气化论上的气对应着情,理气关系对应着性情关系。这样,朱熹就为儒家仁学建立了天地创生、一气流行的存有论与宇宙论根据。这个根据就是仁理,即生生不息、流行不已的生理。

然而,牟宗三、李明辉认为朱熹所说的仁理只是即存有而不活动的静止形态、挂空的理,是天地生物之所以然之理,而仁不能等同于"生物"(因"生物"是气化层面的生生)。朱熹对理气做了区分:创生是气化层面的一气流行,而创生之理才是仁,是不活动的。所以朱熹才否定张南轩"天地生物之心"的说法,而强调"天地以生物为心"。朱熹继承程伊川理气二分的义理架构,性只是理,那么,心则下落于气,心是

---

① 李明辉:《四端与七情:关于道德情感的比较哲学探讨》,第67页。

"气之精爽"、"气之灵"①。朱熹经过与湖湘学派的往复辩论,提出中和新说,最终确立了理气二分、心性情三分、心统性情的义理架构。② 在这种架构之下,生物是阴阳气化的层面,心是形而下的"气之灵"层面。因而朱熹强调"复非天地心,复则见天地心",这同于程伊川区别阴阳者为气与所以阴阳者为道。伊川以一阳复生于下为"动之端"来说"天地之心"。在理气二分的存有论架构中,一阳来复属于气化的层面,因而"复非天地心"。伊川把天地之心推高一层归诸"理",表明天地之心是生生所以然之理,生不就是道。牟宗三认为,朱熹讲的天地之心是就理而言的,天地之心就是天地之理,并不包含情意、计度、造作的活动,所以是"虚说的心"。"天地以创生万物为其主要的意向",因为朱熹分解的思路,超越的实体只成为理,而心与神义都虚脱,实说的心与神只属于气,而不属于超越的实体,所以在天处没有实体性的心。而在人处实说的心,成为气之实然的心。③

---

① 朱熹说:"心者,气之精爽。"又说:"所觉者心之理也;能觉者,气之灵也。"(《朱子语类》卷五) 李明辉认为这就把心与理的关系纳入"能—所"结构中,而非"心即理"。能觉是心,所觉是理,心与理的关系变成心去认知、赅摄理。由于心成为"气之灵",心遂旁落为气,而理成为心气流行的根据。在这个意义上,理是不活动,而只有心在活动。这就导致仁义之理并非是由心所自发自命自定的理。所以,朱熹的理成为抽象的、静态的存有之理。参见李明辉:《四端与七情:关于道德情感的比较哲学探讨》,第65、67页。
② 黄勇认为,朱熹所讲的性、情、心三者的关系在一定程度上接近于柏拉图所讲的灵魂的三部分,即理性、欲望和精神之间的关系。在柏拉图那里,精神部分的作用是确保欲望部分追随灵魂中的理性部分;而在朱熹那里,心的作用是确保情从性那里恰当地发出。黄勇:《朱熹的形上学:解释性的而非基础主义的》,《社会科学》2015年第1期。
③ 牟宗三:《心体与性体》第三册,第288—289页。

第三节　性体情用架构导致的问题

本节要处理关于朱熹性情关系的伦理学问题：即如果理气分属形而上与形而下，性情分属体用，那么理是否能自动呢？这关系到道德动力与实践的问题，也成为心学攻击理学的着力点。因此，本节要讨论以下两个具体问题：其一，朱熹的理气关系；其二，朱熹的"理"到底能不能动，如果性具有动义，是何种意义的动？

一、朱熹的理气关系

首先，朱熹确立的宇宙论架构是理气二分的架构，这是为了说明万事万物的存有根据，即万事万物背后都有一个"所以然"的道理存在。所以朱熹说"性即理"，性是理的总称（《朱子语类》卷五："性是许多理散在处为性"），表示宇宙中任何事物背后的理即是它的性，可以说是规定性。用朱熹的话说就是"理也，所以然之理，当然不易之则"。

从逻辑上讲，理是先在的，事物未产生之前，理是存在的；而且理生气，理生出气后就挂搭、凑泊在气上。没有气，理也无所凑泊与附着。在万事万物禀气赋形之后，理气就形成不离不杂的关系：理挂搭在气上，理必须附着在气上才能作用①；气也离不开理，离开理，气就没有条理与秩序。此时，理就是形气的条理与依据，是气化运动所以然的道理与规定性。这种关系等同于太极与阴阳二气的关系，太极是理，阴阳是气，

---

① "或问：'必有是理，然后有是气，如何？'曰：'此本无先后之可言。然必欲推其所从来，则须说先有是理。然理又非别为一物，即存乎是气之中；无是气，则是理亦无挂搭处。气则为金木水火，理则为仁义礼智。'"（《朱子语类》卷一）"问心之动、性之动。曰：'动处是心，动底是性。'"（《朱子语类》卷五）

太极是阴阳气化运动的依据。在这个意义上，虽然理气二分，但理气的关系是不离不杂的，而且在生成论上说理生气。

朱熹又提出"理强气弱"之说，理一旦生出气后，气就由不得理的辖制，想要脱离理的统摄，造成气强理弱的局面，这就说明了现实中恶的成因。[1]因为理是纯善无恶、纯粹本然的性理，理一旦堕在气质中就成为不纯的、不净的，或说被气质中的渣滓污染、遮蔽了本来的清明。因此，朱熹就用理气关系上的理堕在气质中说明人物之性的产生及其差别的原因。[2]这是由于禀性的气质有清浊、偏正、厚薄、刚柔、缓急等的差别，由此形成的人物之气性就有了贤愚、善与不善、才与不才的差别。然而他们的本然之性确是纯善无恶的，即未禀气赋形之前的天地之性、本然之性、义理之性，程颐称它为"性之本"，与有善与不善的气质之性相对。

气质之性的概念是由张载首先提出，被程颐继承。朱熹认为这个概念的提出甚有功于圣门。因为天地之性与气质之性这一对子使得儒家的人性论趋于完备，既可以解释性善之旨，又可以解释人物之性的差别与现实中恶的来源。然而要特别注意的是，在张载与程颐那里，气质之性与天地之性是成对待（对反）关系的两个性，天地之性受到形躯的限制，气质之性是在"生之谓性"的层面讲，包括孟子说的"口之于味也，目

---

[1] "谦之问：'天地之气，当其昏明驳杂之时，则其理亦随而昏明驳杂否？'曰：'理却只恁地，只是气自如此。'又问：'若气如此，理不如此，则是理与气相离矣！'曰：'气虽是理之所生，然既生出，则理管他不得。如这理寓于气了，日用间运用都由这个气，只是气强理弱。譬如大礼赦文，一时将税都放了相似，有那村知县硬自捉缚须要他纳，缘被他近了，更自叫上面不应，便见得那气粗而理微。又如父子，若子不肖，父亦管他不得。圣人所以立教，正是要救这些子。'"（《朱子语类》卷四）

[2] "天地间只是一个道理。性便是理。人之所以有善有不善，只缘气质之禀各有清浊。""人所禀之气，虽皆是天地之正气，但羁来羁去，便有昏明厚薄之异。盖气是有形之物。才是有形之物，便自有美有恶也。"（《朱子语类》卷四）

之于色也,耳之于声也,鼻之于臭也,四肢之于安佚也"(《孟子·尽心下》)。而在朱熹这里稍有不同,朱熹认为气质之性是由天理堕在气质中而成①,并非另外有一个性与之相对。气质之性也就是理气夹杂的天地之性,因而是不纯粹的,即有不善的产生。因此,李明辉认为天地之性与气质的关系才能对应理气关系,而非天地之性与气质之性对应理气关系。气质之性与天地之性是同一个性"随其所在"而分别言之,是理气不离不杂关系的反应与气化的结果。

二、"性即理"混淆事实层面之理与价值层面之理

然而,这种理气关系的宇宙论以及对人物之性的宇宙论说明容易造成一个问题,或许是朱熹所未能注意到的。李明辉指出了这个问题,认为朱熹的义理不能区分自然意义的善与道德意义的善。②

朱熹站在理是万物的存有根据的理学立场上,认为理是纯善无恶的,那这个理是自然意义(事实层面)的道理,相当于客观不变的物理。这是实然层面的"是"(is),表示万物所本来的样子、所本来的面目。然而,他又从这个事实层面的理来推衍人物之性的产生,即通过理与气的相杂、气化的动态过程来说明人物之性的来源与依据。那么,在禀气赋形之后所讲的人物之性(主要是人伦意义上的性)就不是事实层面的"物性"、"物理",而是道德层面上的伦理了,属于价值层面的"应当"(ought)。"当他将性、情关系套入其理气论的间架时,性却成为情的

---

① "论天地之性,则专指理言;论气质之性,则以理与气杂而言之。未有此气,已有此性。气有不存,而性却常在。虽其方在气中,然气自是气,性自是性,亦不相夹杂。"(《朱子语类》卷四)
② 参见李明辉:《朱子论恶之根源》,收入钟彩钧主编:《国际朱子学会议论文集(上册)》,台北"中研院"中国文哲研究所筹备处,1993年,第551—580页。

'当然之则'，即从'存在之理'转为'道德之理'。"①这样，朱熹实际上就没有区分这两者，认为事实层面的理就等同于价值层面的理，自然意义上的善就是道德意义上的善。②启蒙运动之后西方伦理学所努力解决的事实与价值之间鸿沟的问题在朱熹这里是不存在的。这也就是程朱坚持"性即理"的宗旨所在。这就可以理解朱熹为何从元德之包四德（元亨利贞）、春气之贯四时、木气之统五行的宇宙论、存有论秩序来比附、对应仁包四德的人伦秩序。这是因为朱熹认为宇宙运行的道理（秩序、条理）与人伦日用的道理是相通的：春气（春意）的道理是生生，而人心（仁）的道理也是生生。

要辨析这个问题，就需要讨论，朱熹的"所以然之理"（物之实然之理）是否具有道德价值意义，还是只是一客观的、定然的实然之理（客观物理）？或者说，从物的实然之理能否直接推到物的应然之理、道德之理？我们需要回到朱熹的语境之中看他如何处理人物之性之差别。首先，从终极来源看，人与物（包括有生命的动植物与无机的物）都秉受了天理，但因为人物禀赋的气质有厚薄清浊偏正之差异，所以才形成人物之别。"天地生物本乎一源，人与禽兽草木之生莫不具有此理……所谓仁也。但气有清浊，故禀有偏正，惟人得其正，故能知其本。具此理

---

① 李明辉：《四端与七情：关于道德情感的比较哲学探讨》，第182页。
② 唐君毅也有类似的说法，即朱熹似乎并没有把当然之理（应然的）与事物自身的实然之理做截然分别，并为朱熹做辩护，指出朱熹并不欲明做此分别。因为在朱熹看来，心之理兼为物之理，应物之当然之理要依赖对物之实然之理之知才能豁显（如孝悌之理，必待父兄之物，才为吾人所知而后显）。此理可谓兼在心与物上。人若不即物穷理，则此心之性理亦不能显。因此，格物致知是一切心性工夫之始，见闻知识之扩充无不连于人之当然之理之知。"此当然之理，既对物而显，亦可说兼在物上；则对物之实然之理之知，即可与吾人之所以应物之当然之理之知，相连而起而显。"参见唐君毅：《中国哲学原论·原教篇》，第178页。

而存之，而见其为仁。物得其偏，故虽具此理，而不自知，而无以见其为仁。"①因此，他这样解释人与物、善与恶之别："人之性论明暗，物之性只是偏塞。暗者可使之明，已偏塞者不可使之通也。"（《朱子语类》卷六）也就是说，人物之别在于性之通蔽，人可以实现由暗到明，而动物却不能达到由蔽到通。不善之人只不过是其本性被私欲所遮蔽，才导致本性不明，但还是能够通过努力弃恶从善（暗者可使之明），"即使不道德的人也知道具有美德的方式才是人所独有的方式"②。而禽兽（社会性的动物）由于气之偏而蔽塞，则不可"使之通"，因此禽兽不能扩充其四种天赋品质。正是在这个意义上，在"理一"（理同而气绝异）的前提之下，人禽之别才体现出来。

黄勇运用西方著名美德伦理学家荷斯特豪斯（Rosalind Hursthouse）"刻画特征"（characteristic）的概念是规范性的说法，认为朱熹解决了从事实判断到价值判断的问题。"人之所以异于禽兽，是因为他们具有一种独一无二的能力，即将自己与动物同有的自然特质充分地发展为唯独构成人自身之特质的那些面相：仁义礼智。这样，任何一个缺少其中一个或更多面相的人，都是有伦理缺陷或不健全的，也就是不合人伦的。由于朱熹的人性说是以一个客观的描述性陈述表达的……而他关于人应该如何的规范性陈述又基于那个客观的事实陈述之上，我们就可以合理地认为，朱熹成功地从事实陈述推出了应然陈述。"③显然这里的逻辑是，人之所以异于禽兽，是人有"推"的能力（人能扩充其天赋的道德品质，而动物不能），如果一些人并不"以符合类的特征的方式"生活，那他就

---

① 朱熹：《延平答问》，《朱子全书》第13册，第335页。
② 黄勇：《朱熹的形上学：解释性的而非基础主义的》，《社会科学》2015年第1期。
③ 黄勇：《如何从实然推出应然——朱熹的儒家解决方案》，《道德与文明》2018年第1期。

是有缺陷的人。

　　黄勇对朱熹的维护是借鉴了美德伦理学人性的"功能性"概念或"德性品质"(good qualities)而展开的论证。在这种美德伦理之中，人与物都要实现其自然的功能或目的，这样才能实现其作为"类"的特征，完成其自己(类似于《中庸》所谓"成己成物")。这有类于亚里士多德讲的自然目的即目的因或"终成因"，一切事物都要按照其本性(nature)运动，完成其自己。一个人或者物要实现其自身，以符合其类特征(characteristic)的方式存在，这里的目的因并不同于康德的"道德目的"(即只有人将自身作为目的来实现，而非实现另一目的的工具或手段，即意志自由)，因而是自然的，并不具有康德意义上的道德价值(等同于"自由"，即不受自然因果律的支配，而可以自我立法并实现之)。因此，按照朱熹，如果一个人不能实现其天赋的本性、天赋的四种品质(这是一个事实陈述)，那他就不是整全的人而是有缺陷的人(这是一个应然陈述、价值判断)。从这个角度来看，黄勇说朱熹成功实现了从事实陈述到应然陈述，这一说法是值得肯定的。

　　但是，我们还需要站在朱熹的"性即理"的哲学立场上，具体分析他的内在理路，以及其中蕴含的张力。经过以上的辨析，朱熹所谈的"理一"是统天地万物而言的总持的"动力因"、"目的因"，属于牟宗三所说的"实现之理"(principle of actualization，或言生生之理)，并不属于"形构之理"(principle of formation)[①]。因为中国哲学说明一物存在不从be动词"是"来表示，而以"生"字来表示，其重点是说明一物所以存在的"超越存在之理"，即所谓"生生之理"。因而儒家重视总持地说

---

① 牟宗三：《四因说讲演录》，卢雪崑录音整理，上海古籍出版社1998年版，第44页。

的动力因与目的因("乾道变化"、"天命不已"是目的因、动力因),但在每个物散开说的层次上,需要进一步落到"各正性命"这个地方,进一步分解地说,这就是形构之理。① 在这个分野上,西方比较重视形构之理,所以能发展出科学,而中国则重视讲实现之理,甚至没有形构之理。即便是重视分解横摄的朱熹理学,其所讲的"太极之理"也是实现之理,而并非形构之理。② 但是儒家也意识到,光讲"天命不已"与太极的实现之理不够(实现之理是一),还需要讲落在天地万物上说的"目的因",即形构之理(形构之理是多)。

而朱熹对"理"的规定(所以然之理,当然不易之则)表面上看起来就包含了事实层面的理与应然层面的理,而且混淆在一起。因而,朱熹所谓即物穷理、一旦而豁然贯通的理到底是事实层面的物理,还是应然层面的价值之理,就变得模糊不清。而朱熹并没有明确区分两者,而是认为两者之间具有关联性,"心知"与"物理"在日久的格物工夫之中,可以连带着一起呈现。这就是他对《大学》"格物致知"注解所说的意思:"言欲致吾之知,在即物而穷其理也。盖人心之灵,莫不有知,而天下之物,莫不有理。至于用力之久,而一旦豁然贯通焉,则众物之表里精粗无不到,而吾心之全体大用无不明矣。"(朱熹《大学章句》)

但是,我们需要具体分析"心知"(人心之灵)与"物理"(众物之表里精粗)之间的联系与区别。这两者可否对应于张载所说的"德性之知"与"见闻之知"从而是两种不同性质的"知识"呢?在这点上,牟宗三的

---

① 牟宗三:《四因说讲演录》,卢雪崑录音整理,上海古籍出版社1998年版,第39页。
② 牟宗三说:"因为朱夫子讲太极,太极是'动力因',他那个'动力因'还是一元论。'统体一太极,物物一太极'两句说的太极是一个。一元论的太极是实现之理。""因为朱夫子说的'理'并不等于亚里士多德的那个form。"牟宗三:《四因说讲演录》,卢雪崑录音整理,第39、43页。

第四章　道德的来源、基础与判断根据

研究提供了一种精细的辨析，富有启发性。依照牟宗三，程颐、朱熹一系走向认知义的格物穷理的横摄系统，即从存在的实然推证其所以然的定然之理的顺取之路（从下往上说），而非本体直贯的纵贯系统（从上往下说）与反身以体证本体的逆觉之路。这是因为程、朱认为性只是理而没有心的活动义（本心不即是性、心理为二、太极只是理），导致他们把明道那里"即存有即活动"的天命流行之道体、性体简化与汰滤为"存有之理"，即与心知"所对"义的"只存有而不活动"的理（但理）。存有之理是"定然而规律之"的静态的、超越的形而上的理，这在人与物上是相同的，定然之理即为性是一的而非实多（本然之性），此即朱熹所谓"理一"、"枯槁有性"、"理同气异"与"统体一太极，物物一太极"。存有之理是一、遍、常，在这个意义上，朱熹才可以说"豁然贯通"。

牟宗三在"所以然"上简别"存有之理"与"形构之理"，为程颐、朱熹补上此层"形构之理"以说明"气异"。形构之理（principle of formation）是形而下的、描述义的"所以然"。此是实然的类概念，是气的凝聚所呈现的质性而有曲折之殊。因此，形构之理可以涵盖气质之性与"分殊"义，解释人物之别（类不同），由于气禀之异而使理有不同的表现，此即朱熹"气犹相近而理绝不同"。形构之理是定义中的本质之为"所以然"（例如"人是理性的动物"、"生之谓性"的定义，荀子所谓"生之所以然谓之性"的物理的、形而下的"所以然"之义），因而是知识论的概念。牟宗三认为朱熹通过即物穷理的方式而推证其所以然而"一旦豁然贯通"的应当是超越的、本体论的"存有之理"，而不是一般的经验知识、物理，而存有之理是实践论的概念，与形构之理的知识概念有别，这就混淆了道德问题与知识问题。这导致的问题是一方面不能反身体悟道体，另一方面也不能使积极的知识（见闻之知、形构之理所

代表的知识）真正地建立。这也说明存有之理与"归纳普遍化之理"不同，因为归纳活动只能施于"形构之理"之上（纳普遍化所成的理也是类概念，是实多的）。①

刘述先也认为，闻见之知与德性之知有本质上的差异。朱熹基于"理一分殊"（一理散为万殊）的理论，依靠见闻之知的积累而在分殊的万物上做工夫，这是顺取的途径。然而两者间的鸿沟不可跨越，必须经过德俗的训练以建立德性的自觉，经历一逆觉体证，彻底由见闻之知、经验对象知识的模式翻出来，作一异质性的跳跃。可以说，朱熹以理气二元的方式在本质上析心与理为二，在终极的体验上确实有一间之隔。②

因此，以性体情用的架构解释孟子的本心与四端之心是不恰当的。因为本心即理，本心的分别表现（呈现）就是理的分别表现（呈现），并非理为体（为性）、心为用（为情），也不是本心为体、分别表现（呈现）为用。本心与其分别表现（四端）并非体用关系，犹如康德论整全空间与部分空间，两者关系是含具（containing-relation），并非概念与概括在概念下的事例间的关系。本心与四端之心不是体用关系，而本心与由之以起的德行是体用关系，孟子的本心相当于《论语》的仁，而仁是全德、万德之源，并不只是理。③

三、朱熹的"理"本身是能活动的吗？

接下来，我们处理朱子哲学中一个极为关键、也是非常复杂的一个问题，即朱熹理气关系中的"理"本身是否能活动。这个问题之所以关键，

---

① 参见牟宗三：《心体与性体》第一册，第 81—107 页。
② 刘述先：《朱子哲学思想的发展与完成》，吉林出版集团 2015 年版，第 503—504 页。
③ 牟宗三：《心体与性体》第三册，第 291 页。

是因为它一方面关乎对朱熹宇宙论模式（宇宙如何创生演化及其动力）的理解，另一方面关乎朱熹理学中主体如何与本体合一（即道德行为创生之动力，即"理"的落实）的问题。在朱熹"性即理"、理气二分、性体情用的架构之下，性理被作为心之本体，是"所以然之理"与"所当然之则"，属于形而上的超越层面；而心与情则归属于形而下的气的层面（心是气之灵，有"湛然虚明"、"虚灵明觉"的知觉功能）。那么就会产生一个问题，即理的实现问题，即形而上的理如何落实、体现在形而下的实然世界之中（即理如何贯通形而上与形而下）。换句话说，在心、性、情的关系之中，心才是人起道德创生行为的主体，性理需要通过心这一虚灵明觉的感应体来实现自身。然而朱熹保持了性与心之间的间隔，那么，心如何与性理合一就成为朱熹要解决的道德行为创生的动力问题。

于是产生两种理解：理是摆放在那里不动的，作为人物气化层面运动之所以然的根据与法则，抑或理本身就是能动的，可以创生道德行为，并且主宰控制气的运转变化。在第一种情况下，理本身不动，是定然的实理与静态的存有之理，是客观性的体现，而能动、活动的是心与情（心具有活动义，而且是性情之主，起主宰作用），是主观性的体现。因而道德实践就是心主宰管摄着情气之发动，在性发而为情的时刻做提纯过滤工作，使过度与不及的情气归于正、合于理。同时，这也是心与理合一的过程，即心最终认识到那个理并与理合一。这是一种解释，以牟宗三、李明辉为代表的心学一系即持有对朱熹性即理的批判。

再来看学界对朱熹太极之理有动静的论证。他们认为太极之理能活动的主要论据是朱熹的"理生气"、理气不离不杂、理本论（理主宰气的变化）、理必然实现在气质层面等论述。如唐君毅认为朱熹的太极之理是动态的"生生之理"，最重要的依据在于朱熹言理气不离不杂，因而理必然行乎气之中而不离气,而气之生化不已必然源于生生之理"贯而主乎此气之生生化化之中,以使其相继,成为可能"①。他还依据朱熹"太极者,本然之妙也;动静者,所承之机也",强调太极并非乘动静之气之实(如此则太极黏附于气,随气的动静而动静,那就成为死理乘活气,"死人乘活马"),而强调太极所乘只是指"动静相生之机",因而太极未尝黏附于气,也不只是随气的动静而动静,而是居于气之动静之上,具有超越性,因而是活理乘活气,"活人乘活马"。唐君毅总结朱熹太极与理气动静之关系为:"太极既超越于气之动静之上,又内在于气之动静相生之机之中,以乘于此机之上,而行于气之动静之中。"②又如贺麟认为:"朱熹把太极说成理,无声无臭是无极,至高无上是太极,理有动有静。朱熹发现理是能动的,这是一绝大的贡献,可以与黑格尔媲美。"③贺麟依据黑格尔实体能活动之义(实体即主体),表明朱子的理可以实现于现实世界,此即为理之动,但他并没有明言理如何实现的问题。成中英认为:"朱子一方面说理'无作为',另一方面又说'未动而能动者,理也。未动而欲动者,意也'(《语类》)。可见朱子对理的了解有多层次多方面的含义,而不可简化为一单向面的静止之理。"④

又如杨立华认为,太极有动静是朱子关于理气动静问题的究竟说法。他认为,太极"有"动静与理必"有"气("理生气"的更准确讲法)是相统一的。他根据朱熹晚年之说(有仁之理,便有仁之气,有义之理,

---

① 唐君毅认为,这种生生之理是"统体之理",即一生生之理生生之道,相当于西方哲学所说的"实现原则",不同于一事一物之特定之形式构造相状而言之理,即西哲的形式之理。参见唐君毅:《中国哲学原论·导论篇》,第285—286页。
② 同上书,第291、292页。
③ 贺麟:《关于哲学史上唯心主义的评价问题》,《哲学与哲学史论文集》,商务印书馆1990年版,第525页。
④ 成中英:《合内外之道——儒家哲学论》,中国社会科学出版社2001年版,第211页。

便有义之气），认为理必有其固有倾向，必然有其气质层面的表现，也即理必有气。"天下没有不体现出某种气质性倾向的'孤露'之理。……太极是实有的生生之理。一切根源于太极生生之理的东西，有始必有终。……既然理必有气，气则在动静之中。"① 因而，必然得出理有动静的结论。

乔清举认为，朱子"动"、"静"概念可分为形而上、形而下两个层次。前者为理或太极的动静，可谓本体意义的动静；后者为气的动静，可谓现象意义之动静。他分别从理主气（太极使气运动）、理生气（太极之本体论的展开）、理之"应"、"继"、"行"（理之自我实现）、理之"神妙万物"（理对物的支配、主宰与决定）等方面论证太极之理形而上的动静。但是针对朱熹说的理乘气行、气强理弱情形，他指出这是理在形下之中的一种存在状态，而非其本然的存在状态。"故理主宰气是本体意义的，应然的；理随气之动静则非本体意义的，不是气对理本体上就有决定作用。毕竟，在理气关系中，理的决定性、主宰性是优先的。正如马行终究由人决定一样，在价值上，气之运动终究还是由理所决定的。"②

综上，以上代表性观点对朱熹太极有动静的论证，其共同点是强调理本身就是能动的，是活态的理，因而具有实现自己的力量，也必然落实于气质的层面。他们都共同诉诸朱熹理气"不离不杂"、"理生气"、"理在气先"（逻辑上在先而非时间上在先，因而是本体论的，强调理本）的论述，强调"洁净空阔"的理不能独立存在，它必然是要凑泊、附着在气上。但正因为理对气具有本体的地位，因而在形而上的层面上能够主宰、驾驭气之流行（在形而上的本体层面，必然是理强气弱，否则理

---

① 杨立华：《朱子理气动静思想再探讨》，《云南大学学报（社会科学版）》2015 年第 1 期。
② 乔清举：《论朱子的理气动静问题》，《哲学动态》2012 年第 7 期。

就丧失其价值性、本体性的意义,但在形而下的层面,则是气强理弱,因而才会有现实中的恶产生)。因而,他们所谓的理本身能动,意味着理具有使气产生、运转变化的能动性力量,可以调控主宰气的运动变化,因而是动态的"生生之理",但这是在应然的层面讲的(否则无法解释实然层面的恶之产生)。这是目前学界赞成朱熹的理有动静的研究的基本观点。

然而,以上的论述并不严格符合朱熹的理气二分、严判形而上形而下的义理。本书认为,朱熹严判形而上(理)与形而下之分(气),太极是形而上之理(即"神"),阴阳(二五)是形而下之气。太极既然是理,是无形迹可言的,因而无所谓动静。同时,朱熹对"理"也有"无情意"、"无计度"、"无造作"的说明。因而,太极自身无动静,有动静的只是气。而太极之理就是气之动静所以然的理(动有动之理,静有静之理)。朱熹又说太极之理是"动而无动,静而无静"的,这实际上是讲太极之理神而莫测的"神化"作用(神妙万物),即太极之理("神")贯穿在气的动静过程之中而为其依据。而且,从宇宙论上看,所谓"理生气"之"生"是"使之生",是理作为根据,使气从虚空中自己产生,并非从理中生出气来,并非"母生子"之生。此种"生"的意义,陈来、赵金刚等已辨之极详。①

---

① 陈来:《朱子哲学研究》,华东师范大学出版社2000年版,第91、92页。赵金刚认为:"在朱子那里,是理使气不断从虚空当中创生,理对气的创生并不是父子相生式的生成,而是理作为根据,使气从虚空中自己产生。……晚年的朱子,更强调理气没有时间上的先后,在'动静无端,阴阳无始'这一命题之下,朱子否定了一种创生式的宇宙论模式,强调宇宙整体的无始无终,……朱子强调'理生气',强调气生成背后的根据性与所以然。"参见赵金刚:《动静生生与"理生气"》,《中国哲学史》2014年第1期。

本书认为，乔清举的解读是混淆了理之"使之（气）动"与"（理）自动"的关系，也即混淆了理之"自动"与理之实现的关系。乔清举所列举的证明理动的材料，实际上都是表明理实现于现实世界的必然性，其实质是作为"生生之理"的太极具有使气产生、运动变化并调控主宰气的力量，这是理的实现，是气根据于理运动，而并非太极之理自身在动。换句话说，太极之理必须通过气的动静变化而才能实现自身。正如《朱子语类》中朱熹关于理气动静的几则对话所示：

问："'太极动而生阳'是有这动之理，便能动而生阳否？"曰："有这动之理，便能动而生阳；有这静之理，便能静而生阴。既动，则理又在动之中；既静，则理又在静之中。"曰："动静是气也，有此理为气之主，气便能如此否？"曰："是也。既有理，便有气；既有气，则理又在乎气之中。"（《朱子语类》卷九十四）

太极者，如屋之有极，天之有极，到这里更没去处，理之极至者也。阳动阴静，非太极动静，只是理有动静。理不可见，因阴阳而后知。理搭在阴阳上，如人跨马相似。才生五行，便被气质拘定，各为一物，亦各有一性，而太极无不在也。（《朱子语类》卷九十四）

"动而无动，静而无静"，非不动不静，此言形而上之理也。理则神而莫测，方其动时，未尝不静，故曰："无动"；方其静时，未尝不动，故曰"无静"。静中有动，动中有静，静而能动，动而能静，阳中有阴，阴中有阳，错综无穷是也。……直卿云："兼两意言之，方备。言理之动静，则静中有动，动中有静，其体也；静而能动，动而能静，其用也。"（《朱子语类》卷九十四）

由以上材料可知，朱熹所谓"太极动而生阳"，并非是太极自身动，而是说太极有动之理，气依据这动之理而生阳气。而朱熹几次使用"太极有动静"说的也是太极有动静之理，"气依其所具之动之理而动，而太极（理）亦随之而显动理相，气依其所具之静之理而静，而太极亦随之而显静理相"①，而非太极自身的动静。因此，在这点上，本书认同冯友兰与陈来对朱熹理气动静的解释。冯友兰在《中国哲学史》下册中提出："'动静是气也'，太极中有动静之理，故气得本此理以有动静之实例。……至于形而上之动静之理，则无动无静，所谓'不可以动静言'也。"②他明确指出："盖在朱子系统中，吾人只能言，太极有动之理，故气动而为阳气。太极有静之理，故气静而为阴气。"③"太极中有动静之理，气因此理而有实际的动静。气之动者，即流行而为阳气；气之静者，即凝聚而为阴气。"④在冯友兰晚年所编著的《中国哲学史新编》仍然可以看到："太极是不动的，但其中有动之理，……也有静之理。"⑤正所谓"动之理并不动，静之理并不静"⑥。陈来认为，朱熹"动而无动，静而无静"的太极之理，与亚里士多德所说的不动的动者是类似的。

陈来赞成冯友兰的说法，认为可以利用周敦颐《太极图说》的思想资料来理解朱熹的观点，即"理是动而无动，静而无静的"。陈来认为，朱熹关于太极动静的思想都是说，当气动时理随气动而自身未动，这就

---

① 牟宗三：《心体与性体》第一册，第403页。
② 冯友兰：《中国哲学史》下册，商务印书馆2011年版，第367页。
③ 同上书，第372页。
④ 同上。
⑤ 冯友兰：《中国哲学史新编》，《三松堂全集》第10卷，河南人民出版社2000年版，第160—161页。
⑥ 冯友兰：《中国哲学简史》，《三松堂全集》第6卷，河南人民出版社2000年版，第253页。

是"方其动时,未尝不静";当气静时理随气静,而理作为使气静极复动的内在动因,含有动之几,这就是"方其静时,未尝不动"。因此,陈来认为,从本体论上说,朱熹的理自身并不运动。在太极理气动静的问题上,朱子的太极之理更接近亚里士多德的动力因。"但朱子动静观中的'所以然'观念包含了动力因,但不止是动力因,因为朱子更加强调的是所以然的调控力量,而不仅是动力因素,这是二者重要的差异。"①

陈来的看法就与我们前述牟宗三对朱熹太极之理的看法近似,即都认为,从比较哲学来看,朱熹的太极之理类似于亚里士多德说的动力因,但这是统天地万物而言的总持的动力因,即亚氏说的实现之理(唐君毅也说朱熹的太极之理是统体之理,即西哲的实现之理,而非个体物之构造形式的形式之理)。因此,这个理就是自身不动者,却能够引起另一异质性之物(气)运动者,即太极之理能对气具有调控、管摄的力量,因为理主气,理的实现就必然落实在气质层面上。但是也要注意到,尽管朱熹强调太极之理对气具有主宰调控力量,但也强调理一旦"生"出气来就"管他不得",形成"气强理弱"、"气粗而理微"的局面。这正好说明,朱熹的理不是自动者能动者,而只是让气依循着理而运动,且无法完全管摄住气的状态与变化(显示出被动性)。这就推翻了上述学者为理有动静所做的辩护,也表明理只是静态的超越性的所以然之理。"此静态的所以然之形上之理只摆在那里,只摆在气后面而规律之以为其超越的所以然,而实际在生者化者变者动者俱是气,而超越的所以然之形上之理却并无创生妙运之神用,此是朱子之思路也。在此思路下,太极不能

---

① 陈来:《朱子理气论研究的比较哲学视野》,《船山学刊》2022年第2期。

动,理不能动。"①

然而,目前学界对朱熹之太极之理能动的论证,都局限在对朱熹理气关系做宇宙论的探讨之上,并没有将之纳入朱熹的性情关系中来考察性理是否活动的问题。这个讨论更关乎对朱熹道德哲学特性的理解,即作为道德行为的发动力是来自理本身,还是来自心对理的知觉作用,因而就关乎作为工夫的道德实践的动力及性理最终落实的问题,即朱熹如何处理道德情感的问题。下面,我们先来看几条朱熹将宇宙论的理气关系引入对性情关系讨论的材料。

> 或问太极。曰:"未发便是理,已发便是情。如动而生阳,便是情。"(《朱子语类》卷九十四)
>
> 梁文叔云:"太极兼动静而言。"曰:"不是兼动静,太极有动静。喜怒哀乐未发,也有个太极;喜怒哀乐已发,也有个太极。只是一个太极,流行于已发之际,敛藏于未发之时。"(《朱子语类》卷九十四)
>
> 因问:"太极图所谓'太极'莫便是性否?"曰:"然。此是理也。"问:"此理在天地间,则为阴阳,而生五行以化生万物;在人,则为动静,而生五常以应万事。"曰:"动则此理行,此动中之太极也;静则此理存,此静中之太极也。"(《朱子语类》卷九十四)

由以上材料以及前述李明辉的分析可知,朱熹将其宇宙论的理气关系(理气二分)运用于性情关系的讨论上。在性体情用的架构下,性是

---

① 牟宗三:《心体与性体》第一册,第388页。

理,情是性之所发。① 那么,如果理是纯善无恶的,其所发用的情也应是纯善无恶的。朱熹创造性地把四端解释为情,四端之心即爱、恭、意、别之情。四端之情是由仁义礼智之性所发,由于仁义礼智之四性是纯善无恶的,所以发出来的四端之情也是纯善无恶的,这样的说明没有问题。然而若此,朱熹该如何解释《礼记》中"喜怒哀惧爱恶欲"之七情是由哪个性所发,七情中的不善(不中节)之情也有不善的性与理作为其依据吗?还有《中庸》中"喜怒哀乐"之情也是由仁义礼智之性所发的吗?如果是,那为何七情会有善与不善、中节与不中节的差别呢?如果不是,那七情是由哪个性所发呢?换句话说,四端与七情是同性质的情感呢,还是由于其来源不同(即由不同的性所发)而属于异质、异层的情感呢?关于这些问题,朱熹只是笼统地说了一句"四端是理之发,七情是气之发",并未展开详细的解释与论证。在此后的中国儒学中,该问题也没有受到重视。然而,这个问题却在朝鲜引起了儒者的激烈争论,即发生在李退溪与奇高峰、李栗谷与成牛溪之间的著名的"四七之辩"(四端与七情之辩)。

由于朝鲜儒学的"四七之辩"问题已经逸出了本书先秦儒家情感哲学的讨论范围,而且学界已有专著对其展开精细讨论②,因而此处我们不再展开详细讨论。我们这里仅将"四七之辩"所涉的问题意识与论辩双方的核心观点加以概括,以揭示朱熹之性理本身能否活动的问题,以及朱熹性体情用与理气二分相结合的义理架构所造成的问题。

---

① 朱熹说:"有这性,便发出这情。"(《朱子语类》卷五)"性是心之道理,心是主宰于身者。四端便是情,是心之发见处。四者之萌皆出于心,而其所以然者,则是此性理所在也。"(《朱子语类》卷四)
② 参见李明辉:《四端与七情:关于道德情感的比较哲学探讨》。

李退溪援引《朱子语类》"四端是理之发，七情是气之发"的说法，将其修订为"四端之发纯理，故无不善；七情之发兼气，故有善恶"。然而奇高峰坚持理气不离的朱子理气关系，认为朱子那句话是"一时偶发所偏指之语"。他根据朱子"论天地之性，则专指理言；论气质之性，则以理与气杂而言之"之说，认为理之发必然是兼理气而言的，所以不能把四端与七情分属理、气，若这样解就把理气隔开了。如果七情只是气之发，那就容易让人误以为七情并无理作为它的依据。所以奇高峰批评退溪（实际上是援引朱子之矛攻朱子之盾）"七情不出于性，而四端不乘于气也"①。

经过往复论辩，退溪最终做出修正，认为："四端之情，理发而气随之，自纯善而无恶；必理发未遂，而掩于气，然后流为不善。七者之情，气发而理乘之，亦无有不善；若气发不中，而灭其理，则放而为恶也。"②他坚持四端与七情仍然属于不同性质的情感：四端是仁义礼智之性发见于外的"端绪"，而七情是形气外感于物而动于中引发的"主于气"的情感。在这里，退溪接受理气不离的观点，是对高峰的妥协。然而他强调四端的来源"主于理"，而七情的来源"主于气"，依然坚持以理气之别确认四端与七情之别。

而奇高峰从一开始就站在朱子气质之性与天地之性属同一个性的立场上，认为四端与七情都是发于仁义礼智之性，情之发都是兼理气的（因为心是理气之合）。四端虽然是由纯然天理而发，但并非不兼气，只不过气不起作用，"气不用事"③。所以，四端与七情一样都是理气之合而

---

① 参见李明辉：《四端与七情：关于道德情感的比较哲学探讨》，第178页。
② 同上书，第187页。
③ 同上书，第179页。

发。两者的区别是四端是发而皆中节的,而七情是那些发出去由于气强理弱、理管摄不得气而流于恶的情感,是发而不中节的情。因而,他坚持认为四端与七情是同质的。在这个意义上,他认为孟子所谈的四端只不过是把七情"中节"的那部分"剔拨出来"的,而子思《中庸》所谈喜怒哀乐的情感则是从总体上论说。①

综上,两者争论的关键是对"理"之发与动的理解。可以说,高峰坚持的义理是朱子学的立场,援引朱熹的"理无情意、无计度、无造作"之说,认为并非是理动,而是气动。因此,理之发就是气顺理而发,理本身是不活动的,理是气之发的所以然之理。而退溪说的"理发而气随之"也是有问题的,不符合朱子学的义理。后来栗谷就批评退溪,若说发于理,才发之初,气无干涉,而既发之后,气就会随之,它就不再是理了。退溪此说实际上承认气有始,就违背了程伊川"动静无端,阴阳无始"之义。因此,退溪心中隐含着把四端视为理本身的活动的义理方向,然而这就与朱子学的义理相悖。②

两者争论的关键在于如何理解朱熹的"性发为情"之发,以及朱熹所谓的"四端理之发"之发。朱熹的"理"与"性"本身是否能活动,是否能自发命令、自作主宰、自定法则,是"四七之辩"背后最根本的问题。四端理之发的"发"是否意味理本身的活动,还是仅意味着"理是四端的存有根据(ratio essendi)"③而其本身并不活动?这个问题并未浮现在文字表层,却隐含在双方的理论预设中。高峰严守朱熹的理只存有而不活动的立场,退溪则游移于孟子与朱熹之间。

---

① 参见李明辉:《四端与七情:关于道德情感的比较哲学探讨》,第178—179页。
② 同上书,第190页。
③ 同上书,第175页。

我们可以基本判断，朱熹所理解的"理"不具有活动义，它只是一种"存有之理"或"实在论"角度的理。朱熹所说的理是事物的所以然与所当然之则，偏重从事物背后的准则与根据来谈此理是不活动的，即没有自作主宰发出定然的道德命令的自动性能，而理只能挂搭在气上，随着气的变化运动（"理乘之"）而成为气化的根据。这是因为朱熹对周敦颐《太极图说》中的太极（作为诚体、性体、寂感真几、神体是一的道体）的理解有误。太极作为道体是於穆不已、流行不息的，是本体宇宙论的创生实体，因而是能够起创生、生化的诚、心、神、性是一的天命流行之体。而朱熹把太极道体只理解为"但理"，阴阳只是气，太极之理是阴阳气化的根据。这样就把道体本应有的"心"、"神"义旁落为气的层面，而"神"是指"妙万物而为言"的生化之用。在这个意义上，朱子所讲的理只存有而不活动。"在传统中国哲学中，气是运动的动力源泉之所在。没有气，抽象的道德本体不可能具备活动能力。"①

　　因此，按照朱熹理没有活动义的义理，我们可以对朱熹所谓的"四端理之发，七情气之发"做出一种合理的解释。在朱熹看来，性情关系就体现为理气关系，因而四端与七情是同质的，都属于气。理不能活动，因而"理发"之说是不成立的，这不是宇宙发生论意义上的"理先气后"之义。关于"情是性之发"如何理解，我们认为，朱熹的"性"表示存有的根据与所以然之理，因而"有这性，便可以有依这性而发动的情。……性自身实无所谓发也。发不发是在情而不在性"②。李明辉也说"发于性"是"以性为存有根据"之义，并非意谓着"性自身发而为情"，而是

---

① 赵法生：《气论视域下的孟子性善论》，《杭州师范大学学报（社会科学版）》2022年第4期。
② 牟宗三：《心体与性体》第三册，第525页。

意谓"情依理而发"①。因而,这里的"发"是虚说的,而非实说的。而七情是由气之活动所引生,所谓"气之发"是指心理学意义上的"引发",气之发是实说。②而朱熹说的"动处是心,动底是性"的"动底",也不能理解为性自身活动,而只是说性是"(心)活动之根据"③。心才是活动原则(因而是"灵处"、"动处"),心活动的结果是情。

"伊川、朱子亦常不自觉地顺习惯说性发而为情,实则严格言之,彼所说之性理实不能发也,只是心气依性理而发,统属于性,遂谓性之发矣。"④ 在这个意义上,朱熹的问题等同于康德的问题,即道德立法者是作为实践理性的意志,但由于康德把情感从道德主体中完全排除出去,其自身就欠缺将道德法则的意识转化为具体行为的动力。"唯有将道德情感上提到道德主体的层面,使之与实践理性相结合,康德才能摆脱这个困境。"⑤ 而对于朱熹,这个批评同样也可以成立。朱熹把本心拆分为心、性、情三分的架构,性是纯理的,而情是形而下的、感性的气。两者处于形上、形下的异质性两层,这就否定了情的先验性(因为情是性的发用,性是先在的),那怎能保证行为主体自发自觉地体认天理,并喜悦于天理(如果没有情感的助力的话)呢?

四、朱熹的义理形态近于康德

朱熹的理是"但理",即"然亦但有其理而已,未尝实有是物"(《朱文公文集》卷四十六);理是"无情意、无计度、无造作"的。理气是

---

① 李明辉:《四端与七情:关于道德情感的比较哲学探讨》,第267页。
② 同上书,第176页。
③ 李明辉:《儒家与康德》,台北联经出版事业有限公司1990年版,第75页。
④ 牟宗三:《心体与性体》第一册,第95页。
⑤ 李明辉:《四端与七情:关于道德情感的比较哲学探讨》,第275页。

不离不杂的关系:在抽象的层面(在理上看),二者是截然分开的。理先气后、理为但理。但这并非时间的先后关系,而是逻辑上存有秩序的先后关系,理是气的存有根据。李明辉认为:"'理是但理'即涵有'理本身不能活动'之意;能活动的是气。"① 理是形式原则(抽象的、超时空的),赋予万物的存在以形式。然而理是存有(being),而非"存在"(existence),存在意味着具体性,需要气,气是实现原则。② 气使万物在时空中成为具体的存在,赋予其特殊性。理需要借着气具体化(乘气流行)。

牟宗三、李明辉基于对朱熹心性情三分、理气二分的架构进行的批评,指出朱熹走向的是"他律"的道德形态。他们认为,恻隐四端之情并非与仁义礼智之性分属不同层面的情,并非形而下的感性之情。四端之心是本心。因而,所谓"他律道德"主要指朱熹的心是一个"认知心"而非自我立法的"道德本心":朱熹那里的心属于气,属于气之灵;心有知觉,心只是认知地赅摄理,因而"性之出于心"并非心理学意义的引发,也非形而上学意义的道德立法。③ 李明辉认为,朱熹的心是有限心,心的知觉其实是一种表象力(vorstellungskraft),是气之灵,无法超脱于气禀的决定。气禀不但决定知觉之有无,也决定其昏明。④ 因此,心不足以成为真正的道德主体,心发挥着性与情居间统合的作用。李明辉就此认为,朱熹的心虽有主宰的能力,但是受气禀的限制。由于心只是凭借知觉赅摄理,因而是认知心,并非理的制定者,因而是他律形态,并认

---

① 李明辉:《四端与七情:关于道德情感的比较哲学探讨》,第162页。
② 同上书,第218页。
③ 同上书,第164页。
④ 同上书,第275页。

为此是朱熹与康德伦理学的根本差异。

然而，我们认为牟宗三晚年在《圆善论》中对康德的界定更为恰当，即康德是介于朱熹与阳明之间者。判断依据在于：从意志的自我立法上看，康德的自律形态接近阳明学的道德本心，因为心是自我立法的，仁义内在于本心，是由本心所自定、自发的绝对法则。然而，在康德对良心、道德情感的看法上，康德的"良心"只表示一种主体的感受性、接受性能力，而非孟子意义上的超越的、能立法的道德本心。"此良心却不是道德底客观基础，却只是感受道德法则（道德义务）之影响于心这感受上的主观条件。"① 同样，康德的道德情感只是表示主体对道德法则的感受性，是指道德法则对主体产生的主观心理效果（如敬重感）。在康德看来，尽管这种情感来源于先验的道德律而具有先天的条件与根据，与一般病理学的情感（受外物刺激而产生的心理情感）不同，然而道德情感依然是感性的、落于经验层的。这是牟宗三所着力批评康德的地方，即康德没有正确地处理好道德情感的问题，这导致康德的道德律不能成为现实，而只是实践理性所逼出的必然性（自由是一假设，而非现实）。在牟宗三看来，康德的问题在于"只以理性说意志，而不以心说之"②。而在阳明心学的"心即理"的本心形态下，本心（良心）既是感受（并非只是感触性的，也包括智的直觉）的主观条件，也是道德的客观基础，这是把康德所谓的"良心"上提与理性融为一，即一个既主观而又客观的"心即理"之心（此心即是人之性）。从这一点来看，康德哲学更接近朱熹哲学。

---

① 牟宗三：《圆善论》，第30页。
② 同上。

朱熹区分了仁性爱情的义理架构，孝悌是爱是情，因而不能是本体，而仁是性是理，才能作为本体。因此他们解读为孝悌是"行仁"或"为仁"之本，而仁才是孝悌之本（此"本"应为"本体"之义）。在这种性体情用的架构下，仁义礼智是性，恻隐之情（爱之情）是仁性的发用，仁是恻隐之情的理。与之相应，礼性之用是辞让之情，礼是辞让之情的理。进而，朱熹的《仁说》一反前人以觉训仁、以爱说仁、以公说仁、以万物一体说仁、以生生说仁的说法，明确仁是爱之理、心之德、生生之理、因公而仁、因仁而爱、万物一体是因仁之理而后成等诸多义理。

在所有这些讲法中，朱熹始终强调仁只是形而上的理，与形而下的情气、情事区分开来，显然他是承继程颐"性即理"的义理而有如此的分判。这不得不说甚有功于儒门，因为如汉唐儒以博爱、爱人训仁，就把仁本应有的超越的形而上之理与宇宙生化之宇宙论含义遮蔽了。仁不就是爱，而是"爱之理"。孔子只是针对樊迟问仁而言"仁者，爱人"，因此朱熹的讲法即仁与爱是不离不杂的关系（仁主于爱）未为不当。然而若只把仁解读为抽象的性理（性中曷尝有孝悌之事），就把仁本应有的情感向度完全排除，用牟宗三的话说就是道体本应有的"心"、"神"义旁落为气的层面。

仁性、性理的讲法非常类似于康德的纯粹实践理性，这是把作为质料的情感完全排除出去的形式理性。康德认为，把因外物刺激而产生的感性好恶之情作为意志规定根据的原则都是质料的原则，由此不能建立道德律。实际上，康德把实践理性等同于自由意志，而所谓自由是指意志的自律，即意志以可以普遍化的先天立法形式（自我立法可以普遍化）作为自己的唯一规定根据，因而情感就因其主观性、后天经验性而被排除出道德主体，道德主体就成为一纯粹形式的实践理性。

综上，我们认为，从朱熹区分性理与情气、性体情用、仁性爱情的架构上看，虽然这是体用关系，不同于康德的理性与感性的二元论，但是从强调抽象性理的先天性与普遍必然性（如天理与人欲之别），把情感下落为形而下的情气以及否定一种"本体论的情"的上面，朱熹近似于康德的判断或许更为恰当（李泽厚在《中国古代思想史论》中也有此判断）。这个判断对于我们探讨美德发生过程中的情感体验以及情感作为道德之动力与助力的问题大有助缘。

第四节 美德发生学上的情感作用

一、情感作为动力与助力

首先需要说明的是，作为道德的动力与辅助的情感既包括喜怒哀乐等自然情感，也包括如恻隐、羞恶、恭敬、是非等道德情感，后者严格说来是四端之心，属于"殊相"的本心，但这里我们做一种宽泛意义上的界定，把它们视为道德情感。海外新儒家如牟宗三等人一般把仁义礼智作为"道德理性"（本心所自定的道德法则），把四端之心视为"道德情感"，虽然这样的区分又容易陷入理性与感性的二元论架构中（本心与本心之端的关系本来是特殊与普遍、共相与殊相的关系，后者是前者必然而特殊的表现与作用），但为了讨论的方便，我们还是借鉴这种区分，以表明儒家本心的道德情感在美德发生机制上的作用。

在第一章，我们已经提到王夫之对孟子"乃若其情"段的创造性解读，提到王夫之对性、情、才之间关系的界定。实际上，从先秦情感哲学看，王夫之对孟子性、情、才的注解引出了情感在道德（美德）发生机制中的作用问题。一方面，王夫之严判性与情，认为不善虽是"情之罪",但另一方面,为善与行仁没有情的发动力与助力则不能成功。原因在于,情并非性之所发,而是"吾之动几与天地之动几相合而成者"。他甚至以道心、人心之别来区分性与情。性始终"行"于情,性本来善,性动而"效"于情、才则无必善之势,不善是因为才随着情的流荡而迁移。他说:"性只是一阴一阳之实。情之始有者,则甘食悦色,到后来蕃变流转,则有喜怒哀乐爱恶欲之种种者,性自行于情之中,而非性之生情,亦非性之感物而动则化而为情也。"又说:"情便是人心,性便是道心。道心微而不易见,人之不以人心为吾俱生之本者鲜矣。故普天下只识得个情,不识得性,却于情上用工夫,则愈为之愈妄。性有自质,情无自质。"他说:"不善虽情之罪,而为善则非情不为功。盖道心惟微,须藉此以流行充畅也(自注:如行仁时,必以喜心助之)。""盖恻隐、羞恶、恭敬、是非之心,其体微而其力亦微,故必乘之于喜怒哀乐导其所发,然后能鼓舞其才以成大用。"喜怒哀乐之情虽然没有"自质",但它的"几"(发动的起始力量、动力)非常迅速与强大,所以必须以"性"加以节制,使"情"得正后,"才"则可以尽其用。然而他也强调为善、行仁离不开"七情"的辅助,因为道心比较微弱,若没有喜悦之情的辅助与动力,为善去恶恐怕也是很难成功的。船山显然是把七情中的喜怒哀乐作为道德的动力与助力。①

无独有偶,杨国荣也在情感作为动能的意义上解释孟子的"四端"。他说:"人心所蕴含的恻隐、羞恶等情感,主要为仁义等道德意识的形成提供了可能,潜在的可能(端)惟有通过一个扩而充之的过程,才能达到自觉形态的道德意识。"②

---

① 王夫之:《读四书大全说》,第 672—676 页。
② 杨国荣:《心学之思:王阳明哲学的阐释》,中国人民大学出版社 2009 年版,第 46 页。

第四章　道德的来源、基础与判断根据

　　从伦理学上看（或从美德发生学上看），这一点可以概括为情感在道德行动发生机制中发挥的作用问题。即便是将情感从道德主体（即为纯粹的实践理性）中完全排除出去，把道德律视为先天的纯然理性的立法形式的康德，也不得不承认道德情感（即敬重感）必须作为实践理性的动机（主观上的），才能真正完成一项道德的行动。①康德说这种情感先天地就与有限理性存在者心中对道德律的表象结合着，但它不同于病理学上的由内部感官受外物刺激而产生的愉快情感。它既不能算作快乐，也不算作痛苦，而毋宁说是对遵守法则产生的兴趣，即"道德的兴趣"，是纯然理性的兴趣。但是康德认为，人的理性无法解释人为何会对道德法则纯然感兴趣这件事（恰如人的理性无法解释人的理性本身就是实践的一样），这被牟宗三视为康德没有将实践理性推其极而不够彻底。道德情感本质上就是对道德法则能够产生兴趣的能力。②船山能看到这一点，实为独具慧眼。

　　在先秦儒家中，孟子比较重视道德情感的作用，如孟子强调"心悦理义"，心虽然是理性的，但也是感性的。然而，心悦理义对于康德就不能成立。因为他有理性与感性二分的主体架构以及人是有限的理性存在者这两条设定。这两条设定导致道德律对于主体的感性欲求是压制，因此道德律给主体造成痛苦并带来敬重感。依照牟宗三，"心悦理义"之

---

① 在《实践理性批判》的第三章"实践理性的动机"开头，康德指出由于人是有限的理性存在者（被造物），人从本性上不会自愿去遵从道德律。而要使得道德律成为意志的唯一规定根据，那它对意志的规定就必须既充分又必要。因此，人就需要一种动机，它是道德律对人的内心所产生的感性效果，如敬重感。人出于理性思虑认识到遵守道德律的必然性，同时又受到敬重感的推动，这样就会出于义务而行动，使道德律落实为呈现。而上帝的意志是神圣意志，是从心所欲不逾矩，因而他不需要这样一个动机。参见〔德〕康德著，邓晓芒译：《实践理性批判》，第98—99页。
② 〔德〕康德著，邓晓芒译：《实践理性批判》，第109—110页。

所以成立，是因为理义（仁义）是本心所自定、自命的法则，即自己颁布的法则，那么本心当然会喜悦之。但是牟宗三把"仁义礼智"只看作"道德理性"，也是有问题的，这是由他比附康德的自律道德学来论证儒家仁义的内在性与先天必然性所导致的问题。①

诚如郭齐勇指出的，在孟子那里，道德情感（四端之心）是"道德判断的能力和道德践履的驱动力，成为现实的道德主体自我实现的一种力量"②。他把道德理性与道德情感的关系概括为：前者需要后者的辅助或推动才能走向实践，从潜能变成现实，这就是孟子非常重视养气的原因所在。"孟子主张调动气来配合道义，不仅使理义集之于心，而且使理义之心有力量，可以担当，可以实践，可以使理想变成现实。"③此外，蒙培元也指出，儒学成就的是心灵境界，儒家的修身工夫"在很大程度上是情感的培养和修养"，从而形成"情感意识所构成的意义世界"。④本书

---

① 蒙培元批评牟宗三的道德形而上学并没有超越康德的情感—理性二元架构，因为牟依然强调理性与情感的对立。牟宗三解决康德道德情感问题的方法是"心之上提而为超越的本心"，即把经验层次的情感"上提"而为超绝的"无限智心"。"智心"或"知体"是超越一切情感的，实际上是"智"而不是"情"，这样就成了"纯粹理性"或"完全理性"。因此，其所谓上提的"本情"只是虚体字，理性法则和意志才是"实体字"。牟宗三所说的道德情感，只是"对道德法则感兴趣"，即所谓"悦理义"，他并没有触及道德情感的真正内容，如"良心"、"恻隐之心"、"仁义之心"等等。因此，牟宗三在这个问题上没有真正超越康德，不仅他所说的"理义"是形式的，他所说的"情感"也是空洞的。他只是把康德的道德法则变成了"本心"，而他所谓自主自律的道德法则同样是形式的。蒙培元认为，儒学的理性不是康德意义上的"纯粹理性"，而是道德情感的理性化，或理性化的道德情感，不是在情感之外有一个道德理性，而与情感相对立。参见蒙培元：《心灵与境界——兼评牟宗三的道德形上学》，《新儒家评论》第二辑，第64—82页。
② 郭齐勇：《孟子性善论所涵道德理性与道德情感问题》，《湖北大学学报（哲学社会科学版）》2013年第5期。
③ 同上。
④ 参见蒙培元：《心灵与境界——兼评牟宗三的道德形上学》，《新儒家评论》第二辑，第64—82页。

第一章对先秦气化宇宙论下的情气、德气与气作为实践动力的讨论（如《五行》篇中的仁气、义气、礼气概念）都充分说明了这一点。在这点上，我们认为，牟宗三批评康德缺乏一套道德实践的工夫论（心、性、天相通），指的正是这种养气论。

康德也比较重视道德情感，他说的敬重感作为一种道德情感是实践理性的动机，然而这是就道德律在行为主体的感官上所造成的效果而言，即对法则的易感性。① 道德感（敬重感）作为动机，是说道德律能够让人产生一种人格提升感而减少实践理性的阻碍（偏好、性癖等病理学的情感），从而促进行为主体自觉遵守道德律。由此，道德律作为意志的客观规定根据，敬重感作为意志的主观动机，两者共同作用于行为主体。而敬重感也表明，道德律因压制偏好、欲望等而始终给人内心造成压迫、痛苦的情感，这是敬重感必然所含消极的一面。这也就意味着康德否认人爱好义务的可能性，因为道德律作为义务是带有强制性的绝对命令，是与感性偏好相违背的。那么，尽管敬重感可以从主观上强化遵守道德律的动机，但毕竟内心不会自觉地欣悦于理义。这就与孟子讲的"心悦理义"是绝然不同的。

康德的形式伦理学的伟大之处在于把道德立根在人的理性上（确立人作为道德主体的主体性），而不是上帝或最高的抽象理念，指出道德

---

① 李明辉指出道德情感在康德伦理学中是个非常复杂的概念，在其伦理学不同阶段有不同的含义和作用。他归纳了康德晚期所使用的道德情感包含的两组意识内容：A. 对道德法则或义务的敬畏（Achtung）；B. 与德行意识相联结的愉快或满足之情，以及与原罪意识相联结的不快或痛苦之情，这又包括：1. 因意志活动符合或抵牾道德法则而有的愉快或不快；2. 因实际服从或违背义务而有的愉快或不快。康德并未如此划分，康德的表述各处均不一样，有时说 2. 才配得上道德情感，有时又说只有对义务的敬畏才是唯一真正的道德情感。参见李明辉：《儒家与康德》，第 25 页。

是意志的自律。然而这种建构也牺牲掉了情感与经验，在道德实践的领域有所不足（自由只是假设而非呈现）。"在道德实践领域，康德诚然肯定了主体能够自我立法，但这种立法同时又以克服、净化各种经验情感、感性偏向为前提，作为立法主体的善良意志在实质上表现为理性化的意志，后者同样首先被赋予形式的意义。形式与实质、先验与经验的划界，构成了康德哲学的特点之义。对康德而言，从实质层面考察人性能力，似乎便意味着限于或陷入经验之域，难以达到先验意义上的普遍必然。"①

康德的问题在于，如牟宗三所说是"尊性卑心贱情"，对道德情感重视不够。他把道德情感看成是形而下的、后天的经验性情感②，虽然它的依据与来源是先验的道德律。这就导致康德未能把道德情感上提为"本情"的本体论层次，而不能解决行为主体爱好义务的问题。依照李明辉，这是因为康德后期确立了理性—情感二分的人类学主体架构，把情感（质料）从道德主体（人作为物自体属于纯智性的"睿智界"，服从无条件的因果性即自由）中完全排除出去，而情感作为践履原则被归入感性领域而被打入形而下界（服从自然界的因果法则），这导致行为主体在实践上是虚歉无力的。"对于应当如何转化为现实的问题，康德未能给予充分的关注。黑格尔认为康德哲学是道德哲学，而道德哲学的特点限定于应然。在理论理性的领域，现象与物自体的划界，使康德无法真正解

---

① 杨国荣：《成己与成物》，人民出版社2010年版，第81页。
② 李明辉概括了康德"道德情感"的四个特征：1.道德主体仅仅是实践理性，道德情感被归于实质原则；2.道德情感不再是道德的判断原则，而是纯粹实践理性的动机；3.道德情感依然是感性的；4.道德情感是对道德法则的敬畏（感性我服从于理性我），是一种复合的情感（消极面的痛苦与积极面的崇高），真正的道德行为应当是出于敬畏，而非愉快或满足，否则流于"道德的狂热"。义务是出于对法则的敬畏的一个行为之必然性。因此，对于康德，"对于义务的爱好"是个矛盾的概念。参见李明辉：《儒家与康德》，第24—33页。

释从本然世界（物自体）到意义世界（知行之域中的世界图景）的转化，那么，仅仅执著'应当'，则使之难以对价值理想（应然之境）如何化为现实的意义世界这一问题，做出具体的理论说明。"①

康德处道德实践的动力问题如何获得解决呢？我们认为，依照中国情感哲学"心悦理义"的架构就可以获得解决，即将道德情感上提至本心，使道德法则成为必然的呈现。在康德理性与感性二分的架构下，道德情感与心（气之灵）只具有被动的意义。这是因为，康德把道德情感（主要指敬重感）、良心等都看成是感性的，是主体对道德法则的易感性，那这样它们就只有被动的意义。但是，当我们把道德情感上返回去、立于本心上，它就可以成为主动的。"返回去而与那自由自律的意志为一。此时，它不只是处于被动的状态而为一种感受之情，而却是主动地亦就是一种'道德的觉情'。……是从'主动的觉'说情。……返回去便恢复其主动性。它所感受的法则即是它所自立的法则。"②若只从被法则影响而说是它被动者，那它就被定死，所以牟宗三批评康德"忘掉意志即本心，即是兴发力"③。

道德情感可以上下其讲，若把道德情感上提至超越的层面，就可使它成为道德法则、道德理性的"表现上最为本质的一环"④。下讲的心与情感必然是夹杂欲望的，不纯粹的，有主观差异性的，不必心悦理义；而上讲的心与情是道德本心、本体的"觉情"，必然是悦理义的。"儒家将心（兴趣、情感）上提至而为超越的本心（心、情必须是超越的本心、

---

① 杨国荣：《成己与成物》，第22页。
② 牟宗三：《现象与物自身》，第73页。
③ 牟宗三：《心体与性体》第一册，第179页。
④ 同上书，第131页。

本情,'悦'就是一种必然的呈现),不是其实然层面才性气性中之心,摄理归心,心即是理;如是,心亦即是'道德判断之标准';同时是标准,同时是呈现,此为主客观性之统一;如是,理义之悦我心,我心必悦理义。"①

在本心即性即理的心学传统中,本心可以统摄康德所讲的自由意志、上帝存在与灵魂不灭这三个设准。本心即理,即本心能自作主宰、自发命令、自定律则,它会欣悦于它所自定的法则(本心所定的理则就是道德命令)。这就解决了康德爱好义务不可能的问题。这是因为道德情感经过道德实践(践仁以知天)而可被提升至本体界的层面,就成为本体论的觉情。这种情就是孔子说的愤悱恻怛之情和孟子讲的恻隐、羞恶、辞让、是非之情。那么,此心、性、情、理就实现了在本体上的合一。本心所发之理有觉情的遍润作用,而本心所含之情也有理则的贞定主宰之节。这是本心的全体大用、承体起用,全体是用,全用是体。

二、美德发生学上的情感体验

首先,我们要指出先秦儒家情感思维(相较于西方纯粹理性的逻辑思维)的特征,即被儒家所认同的理必须经过情感体验的认同与验证,才能被真正接受,从而转化为内心自愿的事情。如孔子讲的"知之者不如好之者,好之者不如乐之者"、"仁者乐山,智者乐水"(《论语·雍也》)。通俗地讲,一件事理或道理,如果从理性上我赞同其合理性,但是在情感上我并不接受它,那么我遵从这种事理就非出于自愿。这一点就是康德说的道德律,指理性的实践作用。但是儒家追求情理合一,我

---

① 牟宗三:《心体与性体》第一册,第171页。

对一件事理不仅是理性认知上的认同、也是情感上的接受，这样才会自愿去实践之。

造成这种思维的特征的根本在于儒家的心。在中国哲学中，心作为心理体验（经验），又是本体存在（先验），是存在与功能、本体论与认识论的统一。心作为本体，心即理，与天理人道融为一体；心作为官能，"心之官则思"，具有认知、思维的理性功能。人的喜怒哀乐等情感是心的活动，这是对象作用于心而形成的各种复杂心理情感倾向，是一种心理存在。心理体验作为一种情感思维，它真正指向的是情，即人的好恶心理情感，表明情感思维的主要形式是心理体验而不是逻辑推理。因此，儒家伦理学非常着重讨论美德发生过程中的情感体验，这是本小节着力讨论的。

其次，我们这里探讨的情感体验不仅包括美德发生过程中、也包括美德发生之后所产生的满足感、自足感（自慊），后者在本书第二章已经得到较为充分的讨论，表明儒家强调对美德的"好"，如好仁、乐道、好德、好善恶恶、"好之"、"乐之"（"知之者不如好之者，好之者不如乐之者"《论语·雍也》）等，强调好德如好色一样自然，强调好善恶恶就是诚意工夫。以下，我们主要就《五行》篇中忧、乐的情感在美德发生过程中的作用展开讨论。首先《五行》（经）区分了"德之行"与"行"（相当于德性与德行）。经1章说：

> 仁形于内，谓之德之行；不形于内，谓之行。智形于内，谓之德之行；不形于内，谓之行。义形于内，谓之德之行；不形于内，谓之行。①

---

① 帛本以"仁智义礼圣"为序，竹本作"仁义礼智圣"。

这其实很接近孟子讲的"由仁义行,非行仁义"与"尧舜,性之也",以强调仁义内在,"仁义礼智根于心"。"德之行"并非仅仅遵守符合仁义的标准来行动,而一定要"形于内"①,即形于孟子意义上的"本心",发自内心的真情实感,发自于心的"诚"。因为某些表面上符合仁义的行为并非源于其内心德性与真实品质的自然流露,而是为了获取利益或邀名而"行仁义"。这正如康德强调的"出于责任"与"合于责任"之别:他批评某些店主挂出童叟无欺的牌子,其用心可能不是真正出于责任和诚实,而是担心不这样做会有损店家声誉。因此,康德强调道德行为是善良意志的自律,必须出于无条件的责任、义务,以此强调道德律的定然性。而不出于责任的行为尽管表面上合乎责任,却不具备道德价值,是意志的他律。

在这点上,牟宗三、李明辉以康德的意志自律来比附孟子的"仁义内在"是有深刻洞见的,只不过康德讲的"意志"侧重于表明人在多种选项中可以去选择的能动性,与孟子讲的人有良知良能的"本心"还不太一样。孟子承认人实有(可以呈现为现实的,而非如康德假设意志自由)一个先天性、超越性的本心(可以从经验性的事件中如见孺子入井、见牛觳觫等朗现、醒觉出来)。因此,孟子对道德的认识是植物性生长模式(借用于连的话),让本有的道德心(实体性的本心)自然地生长,这当然需要人的道德意志去培养,但不能助长也不能忘记。而康德所谓的

---

① 梁涛认为竹简《五行》提倡区分正是孔子仁与礼两个概念分别表示道德实践中主体自觉与外在规范的发展。仁是主体自觉,是由内而外的显现;礼是制度化、习俗化的外在规范,通过践行礼可以转化内在的仁。孔子之后,孟子重视内在性,发掘仁,发展了"形于内"的德之行,荀子发展外在规范,隆礼义,继承了不形于内的"行"而否定了"德之行";《五行》正好是孔子到孟荀的过渡阶段,与郭店竹简《语丛一》的"人之道也,或由中出,或由外入"的"仁内义外"说表达的意思相同。参见梁涛:《郭店竹简与思孟学派》,第187页。

第四章 道德的来源、基础与判断根据

道德律是一种可以普遍化的具有先天必然性的法则，即自律的法则是我的意志所遵循的原则也应当被他人所遵循这一条形式法则。也就是说，道德律是指意志的自我立法可以普遍化，只有按照这条先天立法形式来立法的行为准则才能出于责任，才是"德之行"而非"行"。可以说，意志的自我立法（自律）与孟子的仁义内在有很大的相似性，但是康德自律伦理学所蕴含的理性主义、形式主义特征却不太符合儒家孔孟对德性的看法。近年来兴起的美德伦理学从行为者的特质来探讨儒家的美德伦理是一条新的路向。

孔孟不太讲美德发生学（美德发生的过程与心理机制），而《五行》篇（经、说）提供了很好的补充。在美德的形成过程中，情感与认知（知性）有重要的参与作用。本书第一章已经把《五行》篇所涉的德之行与行、情气、德气等概念放在先秦精神内向化运动的背景进行了讨论，表明德之行与气作为实践动力体现了当时德的内面化趋势。我们这里侧重讨论忧、乐的情感体验在美德发生机制上的作用。关于此点，《五行》篇（经、说）有多处表达：

简本《五行》（经2章）君子无中心之忧则无中心之智，无中心之智则无中心之悦，无中心之悦则不安，不安则不乐，不乐则无德。

帛书本《五行》（经2章）君子无中心之忧则无中心之圣，无中心之圣则无中心之悦，无中心之悦则不安，不安则不乐，不乐则无德。

（经11章）不聪不明，[不明不圣，]不圣不智，不智不仁，不仁不安，不安不乐，不乐无德。

其中，"不安不乐，不乐无德"在经文中多次作为结论出现。以上

经文两次强调忧、乐是圣、智的根源。这相当于说不忧不圣、不忧不智。按照忧、智、悦、安的顺序，忧表示某种关切，表示仁之端。本书第二章已经对本真的忧进行了哲学分析，指出忧是德性之忧。同时忧反映了儒家的忧患意识，从道义之忧转为德性之乐，正是忧与乐一体两面、忧乐圆融的境界。"忧是内心的焦虑与不安，是某种欲以己力突破困难而尚未突破时的心理状态，或者说是一种坚强的意志与奋发的精神，是人对自己行为的谨慎与努力，没有这种中心之忧，圣、智便无法真正表现出来，无法获得中心之悦，无法得到内心的安与乐。"[1] 陈来说："作者重视安—乐—德是一种逻辑推演，表示，安、乐都是内心的感受状态或者心境、精神境界，强调德始终与安乐等稳定的内心状态联结在一起，表明作者兼重道德意识与情感体验的特点。"[2] 再来看下面几段引文：

> （经12章）不变不悦，不悦不戚，不戚不亲，不亲不爱，不爱不仁。
>
> （说12章）"不变不悦"，变也者，勉也，仁气也。变而后能悦，不悦不戚心……
>
> （经13章）不直不肆，不肆不果，不果不简，不简不行，不行不义。
>
> （说13章）"不直不肆"，直也者，直其中心也，义气也。直而后能肆，肆也者，终之者也；弗受于众人，受之于孟贲，未肆也……
>
> （经14章）不远不敬，不敬不严，不严不尊，不尊不恭，不恭

---

[1] 梁涛：《郭店竹简与思孟学派》，第195页。
[2] 陈来：《竹简〈五行〉篇与子思思想研究》，载杜维明主编：《思想・文献・历史——思孟学派新探》，第21页。

不礼。

（说14章）"不远不敬"，远心也者，礼气也。质近者弗能敬之，远者，动敬心，作敬心者也。……恭而后礼也，有以体礼气也。

（说19章）颜色容貌温，变也。以其中心与人交，悦也。中心悦旃，迁于兄弟，戚也。戚而信之，亲也。亲而笃之，爱也。爱父其继爱人，仁也。

（说20章）中心辩然而正行之，直也。直而遂之，肆也。肆而不畏强御，果也。不以小道害大道，简也。有大罪而大诛之，行也。贵贵其等尊贤，义也。

（说21章）以其外心与人交，远也。远而庄之，敬也。敬而不懈，严也。严而畏之，尊也。尊而不骄，恭也。恭而博交，礼也。[①]

《五行》经文12—14章正是从变、悦、戚、直、肆、远、敬等心理感受与情感体验讨论仁、义、礼等美德的发生过程。这表明从变、直、远向外推的德性发生过程是建立在内心的情感体验之上的。

"变"通"恋"（帛书本作恋），是眷恋不舍之情，这种情内在于心，进而发展为与人亲近的好悦的心情（戚、亲），由此层层外推，便可达到仁。直（直其中心也），是内心的正直感，是义德的心理发端。"远"与"敬"都是指一种与人保持距离的敬畏的情感，是礼德的心理发端。[②] 可

---

① 此处所引竹简《五行》篇文字及章数，取自李零：《郭店楚简校读记（增订本）》，第100—102页。
② 陈来指出，经文以亲爱论仁，以果简论义，以恭敬论礼，其对仁与礼的理解与春秋以来的德行论相同，参见陈来：《帛书〈五行〉篇说部思想研究——兼论帛书〈五行〉篇与孟子的思想》，载杜维明主编：《思想·文献·历史——思孟学派新探》，第46页。

以说,变(恋)(直、远)是仁、义、礼形于内的心理感受、状态,是仁之端、义之端、礼之端。陈来认为这种说法为孟子的四端说奠定了基础,仁之行、礼之行是从内心发端而扩展开来的。"实际上是从内心发作的端绪到发作完成的自然过程,这可以说为孟子的'四端'说的思想方法奠定了基础。特别是仁之一行之端,悦、戚、亲、爱,可以说都是情,这与孟子以'恻隐'论仁之端,只有一步之遥。而'不远不敬,不敬不严,不严不尊,不尊不恭,不恭无礼',也已经接近孟子所谓'恭敬之心,礼之端也'。"①

在西方,把情感作为道德的来源、动力与道德判断依据的学派是苏格兰启蒙运动的情感主义派如大卫·休谟、亚当·斯密等,他们对美德的发生机制也做了一种心理主义式的考察,表明情感在美德的形成过程中起到了决定性作用。② 这可以与上述儒家美德发生学上的情感体验进行对话。然而,两者的不同在于,斯密他们总是会引入一个"第三者"的旁观视角作为情感是否合宜的评判者。

亚当·斯密试图把道德的根据建立在情感上,人与人之间的社会交往不是借助他们的理性而是借助他们的同情能力(即想象能力)而相互沟通(设身处地地为对方着想)。亚当·斯密认为同情是人天生的一种道德感(moral sentiment),他把同情作为道德判断的根据。他所谓的同情

---

① 陈来:《竹简〈五行〉篇与子思思想研究》,载杜维明主编:《思想·文献·历史——思孟学派新探》,第 27 页。
② 蒙培元认为,情感主义派哲学家确实看到了伦理与情感的关系,用情感解释伦理,他们否定了道德形上学,更加重视心理问题,但是,他们并没有否定道德形上学关于情感的基本观点,仍然认为情感是私人的、主观的、相对的、易变的。他们不肯承认,情感也有普遍的、客观的意义。参见蒙培元:《心灵与境界——兼评牟宗三的道德形上学》,《新儒家评论》第二辑,第 64—82 页。

不是指怜悯意义上的具体情感,而是指一种情感共鸣的心理机制。这种机制是上帝给我们的心灵设定的一套精妙的道德情感的系统,这是自然的智慧。人的心灵就像一个精巧的手表,而社会就像一个庞大运转的机器。这种机制具体表现为"行为者—公正无私的旁观者—行为的合宜"。行为者在表达激情的时候,为了获得别人的同情共感,就在自己的内心设想一个公正无私的旁观者来看待自己的行为,因此他必须把自己的激情控制在合宜、适度的范围内,才可以获得旁观者的同情。而对于任何一个现实的旁观者,当看到行为者处于某种情境中而产生的具体情感时,会设身处地地想象自己也处在那种情境中,因此他会产生与行为者相近的情感。如果旁观者与行为者的情感程度越是相近匹配,那么就说明行为者的行为越是合宜、越是正当、越值得赞许。在他看来,美德就是情感的合宜。由此,公正的旁观者的同情就成为判断行为合宜性的标准。亚当·斯密的道德情感论可以表述为:情感经过旁观者同情的赞许而达到行为的合宜,这就是由情感到美德的情感主义方式。

在斯密看来,在同情共感的基础上有两种方式可以通达美德——"可亲的德"与"可敬的德"。第一种是"旁观者努力体谅当事人的情感"[①],这种努力确立的是温柔、有礼、和蔼可亲的美德,及公正、谦让和宽容仁慈的美德。第二种是"当事人努力把自己的情绪降低到旁观者所能赞同的程度"[②],这种努力确立的是崇高、庄重、令人尊敬的美德,即自我克制、自我控制的敬德。其实在人际互动的过程中,这两种努力是同时进行的。对于现实的旁观者来说,他努力设想自己处于当事人的境地并判

---

① 〔英〕亚当·斯密著,蒋自强、钦北愚等译:《道德情操论》,商务印书馆1998年版,第27页。
② 同上。

断这种激情与引发它的原因是否相符,从而形成宽容、仁慈的美德;对于当事人来说,他为了博得别人对他激情的同情共感,他会站在一个与己完全无关的旁观者的立场上反观自己的激情,从而把自己的激情降低到旁观者能够同情的适宜程度,也就实现了自制的美德。在这个意义上,斯密所谓的美德的本质就是情感的合宜性。

三、感通之道,存乎情者

以上苏格兰启蒙运动"情感主义"伦理学是从道德心理学的角度探讨情感体验在美德形成机制上的作用,形成美德即情感的合宜性的美德生发机制。这实际上是一种自我情感的训练机制,是心理主义的。用中国哲学的话说,这就是一种基于情感共通性的感应、感通,与《大学》中讲的"絜矩之道"有相似之处。在中国哲学之中,戴震基于情的感通而阐发的"以我之情絜人之情"与苏格兰情感主义派阐发的情感的合宜性,可以实现会通。两者的共性是都将美德的发生机制阐释为一种心理主义的反躬自思。

戴震认为先秦的理是即物而理,是事物本身的条理、内在秩序,有如纹理,理在事上。与宋儒"性即理"、性体情用的架构相反,他指出:"天理云者,……以我之情絜人之情,而无不得其平是也。"①"絜"的本义是"度量、矩",引申为"衡量",天理就是以我的情来衡量他人的情,使各得其平。这其实就是《大学》说的絜矩之道,也是《论语》中的恕道(己所不欲,勿施于人)。这表明,天理意味着当人表达自己的情感时需要反躬自思,设想一下如果别人也以同样方式对待自己,自己会不会

---

① 戴震:《孟子字义疏证》,第 2 页。

接受，然后再行动。"圣人教之反躬，以己之加于人，设人如是加于己，而思躬受之之情。"①

为了反对宋儒建构形而上的抽象之理，戴震把宋儒赋予理的先验性与抽象性还原为事物本身的条理、秩序与自然属性，进而认为宋儒是舍情求理、舍事求理。因此，理在事情（有物必有则），不能离开日用饮食别求一个抽象的理。他说："理义在事物之条分缕析，接于我之心知。"②"理也者，情之不爽失也"③，"无过情无不及情之谓理"④，这是心之明。心的特征是感通，心能通，则必豁然，"心之所通曰知"⑤。孟子表明人心可通于理义，即"仁义礼智根于心"⑥，这才是性善之旨。

血气心知是人的自然之性，这相当于肯定了人情与人欲的合理性。圣人（仁且智的全德之人）要通（体）天下人之情，遂天下人之欲，做到通情遂欲就是仁，就是王道备。因为"无私为仁，不蔽为智"，仁是既要遂自己的欲，也要遂天下人的欲。欲出于性，是"性之欲"，"一人之欲，天下人之所同欲也"⑦。"欲遂其生，亦遂人之生，仁也；欲遂其生，至于戕人之生而不顾者，不仁也。"⑧"欲之失为私，不为蔽。"⑨"蔽生于知之失，欲生于血气，知生于心。"⑩"天理者节其欲而不穷人欲也；使无过

---

① 戴震：《孟子字义疏证》，第10页。
② 同上书，第5页。
③ 同上书，第1页。
④ 同上书，第2页。
⑤ 同上书，第28页。
⑥ 同上书，第6页。
⑦ 同上书，第2页。
⑧ 同上书，第8页。
⑨ 同上书，第9页。
⑩ 同上。

情、无不及情。"①

因此，戴震为人的自然情感、基本欲望的合理性做了辩护，从而为通情遂欲的仁政做了正当性论证。"人伦日用，圣人以通天下之情，遂天下之欲，权之而分理不爽，是谓理。"②

为了进一步论证情、欲的感通性，戴震提出"归于必然，适完其自然"的理论。他显然是将人的自然情感与基本欲望视为人的"自然"（即血气之自然，此乃人之"性"，"实体实事"），而将"善"（理义）视为人的"必然"，"归于必然，适完其自然"③。他说："生养之道，存乎欲者也；感通之道，存乎情者也；二者，自然之符，天下之事举矣。……血气者，天地之化，心知者，天地之神；自然者，天地之顺，必然者，天地之常。"④ 由此来看，戴震所谓情的感通就类似于上述亚当·斯密所说将自己的情感控制在合宜的范围内，只不过戴震这里不存在一个假设的内心公正的旁观者，以第三方的立场来评判自身的情感。而戴震说的感通是由于人有"心知"，即"心可通于理义"。"理义者，人之心知，有思辄通，能不惑乎所行也。"⑤ 因此，"圣人教之反躬，以己之加于人，设人如是加于己，而思躬受之之情"⑥。这也是一种经过自我反思而与他人相感应的心理机制（反躬自思），即当我把自身情感加之于他人的时候，应设想如果他者将这种情感加之于我，我自身能否接受，此即通俗所讲的"将心比心"，即《论语》中讲的推己及人。从"反躬自思"的絜矩之道来看，戴

---

① 戴震：《孟子字义疏证》，第 11 页。
② 同上书，第 54 页。
③ 同上书，第 44 页。
④ 同上书，第 64 页。
⑤ 同上书，第 28 页。
⑥ 同上书，第 10 页。

震的感通之道与亚当·斯密讲的情感的合宜性是内在相通的。因此,"归于必然,适完其自然"是指理义之必然恰恰是满足人的自然情欲而使其不爽失,"适完其自然"也不意味着放任情欲,而是有所节制,使欲不失(欲之失为私),不伤害他人情欲的满足。

站在仁即通情遂欲的立场上,戴震认为感通之道就存在于"情"的相通上(感通之道,存乎情者也)。对于人,生与死是人最大的欲与恶,因而怀生畏死是人最大的情与欲。他提出了一种心理主义的解读,即推己及人的感通之心。对于见孺子将入井而生恻隐之心的现象,他这样解释:

> 所谓恻隐、所谓仁者,非心知之外别有〔如有物焉藏于心〕也。己知怀生而畏死,故怵惕于孺子之危,恻隐于孺子之死,使无怀生畏死之心,又焉有怵惕恻隐之心?推之羞恶、辞让、是非亦然。使饮食男女与夫感于物而动者脱然无之,以归于静,归于一,又焉有羞恶,有辞让,有是非?此可以明仁义礼智非他,不过怀生畏死,……古圣贤所谓仁义礼智,不求于所谓欲之外,不离乎血气心知……①

这种心理主义的解读意味着,恻隐之心源自他者的生命处于险境所触发的自我之怀生畏死的情与欲,"不求于所谓欲之外,不离乎血气心知"。我们这里讨论的重点不是戴震对宋儒性体情用架构的批评,而在于揭橥戴震的这种感通哲学与苏格兰启蒙运动情感主义哲学之间的会通。这种情的感通,最终还在于"心知"的开通。所以戴震说:"人之气禀气

---

① 戴震:《孟子字义疏证》,第29页。

质异于禽兽，心能开通，行之不失，即谓之理义。"①

综上，戴震以理在事物（条理、纹理）、血气心知一本之性、仁即无私（通情遂欲）、天理即无过情无不及情、理义出于心知（而非心知之外别有一理）、归于必然（理义），适完其自然（血气）等理论对孟子的仁政思想做了心理主义的感通机制的阐发，与苏格兰启蒙运动情感主义的情感的合宜性，具有内在的相通性，可以视为先秦儒家情感哲学的一种心理主义解读。戴震凸显的基于情的感通之道（仁即无私即通情遂欲）比较符合孟子由不忍人之心到不忍人之政（王道）的政治哲学精神（所谓推己及人的推恩之道），这也是我们下一章所要探讨的主题，即先秦儒家基于情之感通的政教体系的建构。

第五节　儒家情感伦理与情感主义美德伦理学的会通

一、儒家情感伦理的特征

对儒家伦理的讨论经常会造成混乱，这是因为我们经常混用不同伦理学的概念，比如道德理性、道德意志、道德情感。义务、责任是属于义务论的概念；实践、自然目的、手段、德性品质、德目是属于德性论的概念。这里我们首先来界定这些概念的不同指向及其在不同语境下的含义，进而指出儒家伦理存在的多面向与层次性。我们将指出，这两套概念之所以可以同时应用于说明儒家伦理，是由于儒家的伦理可以兼顾普遍主义的道义论（义务论）和特殊主义的德性论。

首先，道义论（deontology）是普遍主义的，坚持道德法则的普遍性

---

① 戴震：《孟子字义疏证》，第37页。

与绝对性。如不能自杀（即便可以减轻痛苦）、不能撒谎等绝对命令。道义论最经典的命题是，即便一个人通过杀死一个人可以拯救成百上千的人命，他也不能故意地去杀害这个无辜的人。① 可以说，他们是法则—道义论者（rule-deontologists）。而德性论者却更加重视行为者（agent）的好品质（good qualities）而不是道德法则。这是因为普遍规则不能适用于某些特殊的情境中。万百安（Bryan Van Norden）说："德性伦理学的更激进版本会主张一个人在某种特定情境中自己决定何为正确的行动，而非执行某种道德法则，他宁愿通过反问自己在如此境地下一个有充分美德的人应该怎样做来行动。因此，强版本的德性伦理会倾向于特殊主义。"② 他认为儒家的"德"被用来描述个人的好品质与德性（如《中庸》的智、仁、勇之三达德），儒家的"德"意指行为者拥有的改造他人的力量（transformative power），而这种力量是通过自身拥有仁爱、智慧、勇敢的美好品质而获得的，正如《论语·颜渊》中说的"君子之德，风，小人之德，草，草上之风，必偃"。③ 因此儒家伦理更接近亚里士多德的德性伦理学而非道义论或功利主义伦理学。

我们首先来看美德伦理学（virtue ethics）的主要观点。依照万百安，美德伦理学的核心关切是有德性的个人及使他们有资格成就美德的那些内在的特质、倾向与动机（traits, dispositions and motives）。美德伦理确实允许普遍的道德规则甚至法则，但是这些一般被认为是派生的或者次生的。美德伦理学的最主要特征是它是基于行为者的（agent-focused）。

---

① Bryan Van Norden, *Virtue Ethics and Consequentialism in Early Chinese Philosophy*, Cambridge University Press, 2007, p. 30.
② *Ibid.*, p. 35.
③ *Ibid.*, p. 21.

其次，美德伦理学与道义论相反，它使用的伦理概念，如道德好的、值得赞扬的、有美德的等，来自于古希腊"卓越"一词，它把道义论的词汇看成是派生于这些高贵的行动。美德伦理主要在何为高贵与不高贵、值得赞扬与该受谴责、好的与坏的，而不是在何为义务的、何为被允许的、何为错的的意义上进行思考。因此，美德伦理学更为关注行动主体内在的品质，而不太关注结果。再次，亚里士多德仅仅强调对行为者与性格特征的评价，而非对行动的评价。对于他来说，一项行动是高贵的，仅仅是因为它是由一位有德性的人实施的。有德性的个体是美德的标尺。然而，亚里士多德仍然肯定无德性的个体可以在他人的指导下实施好的行动。① 总之，美德伦理学关注的核心是行为主体的美好品质（good qualities）以及特殊情境中的决断，而非义务、法则的普遍性。

在麦金太尔看来，古典美德伦理学建立在事实判断与价值判断合一的基础之上，即价值（应当）建立在事实（是）的基础上（可以从"是"推出"应当"）。"古典的亚里士多德传统中的道德论证——都至少包含一个功能性概念，即被理解为具有其本质特性和本质目的或功能的人这一概念。"② 在古典德性论传统中，人与好人，与表与好表是等同的，成为一个人就是扮演好一组角色，每个角色都有其自身的特征和目的。"'好'的这种用法的前提条件是：每一种可以恰当称作好或坏的事物，事实上都具有某种既定的特有目的或功能。"③ 因而道德的和评价的陈述能够被称为真假陈述，也就是可以从实然推出应然。正如前面黄勇对朱

---

① Bryan Van Norden, *Virtue Ethics and Consequentialism in Early Chinese Philosophy*, p. 33.
② 〔美〕A. 麦金太尔著，龚群、戴扬毅译：《德性之后》，中国社会科学出版社 1995 年版，第 75 页。
③ 同上书，第 76 页。

熹成功从实然推出应然的论证,在儒家伦理之中,如果一个人不能实现其天赋的本性、天赋的四种品质(仁义礼智之性),不能以符合其类特征(characteristic)的方式存在,那他就不是整全的人而是有缺陷的人,这就是从事实陈述推出应然陈述的论证。因此,我们可以说,朱熹"性即理"的伦理学与美德伦理学的精神若合符节。

因此,我们认为先秦儒学的伦理学是情感伦理。在接下来的讨论之中,我们将要探讨儒家情感伦理的三个特征:其一,是与应当的统一;其二,道德的来源是情感的感通(礼作于情、道始于情),奠基在情感的共通性与合宜性之上(以我之情絜人之情、同情共感);其三,道德判断的基础在于本源性道德情感(如本体论的觉情、自动自发的宇宙大情、天情、不安、不忍人之心、真诚恻怛之心等)。由于前面我们已经花了很大篇幅来讨论前两点,所以下面论述的重点是第三点,而且是在跟西方情感主义美德伦理学的会通比较之中,对儒家情感伦理学的展开做简要的论证分析。

首先,儒家伦理不存在是与应当(实然与应然)的断裂。如君君臣臣父父子子,前面一个"君"是对君的实然说明,后面一个"君"是价值上应然的规范,君就应该像君一样。牟宗三认为这体现了儒家的目的论系统,与亚里士多德讲的"目的因"是相通的。亚里士多德的目的因就是"每一物要完成它自己"[①]。同样,"人的目的就是能实现人之为人的人义,实现人之为人的人义就是人的'目的因'"[②]。这与儒家讲的"君君臣臣父父子子"(即君臣父子要像个君臣父子的样子,实现其为君臣父子

---

① 牟宗三:《四因说讲演录》,卢雪崑录音整理,第13页。
② 同上。

的恰当目的）与孟子说的"五谷者，种之美者也，苟为不熟，不如荑稗"（《告子上》，五谷的目的是要成熟完成其为五谷）讲的意思相同，都是属于目的论的系统。①而正如麦金太尔所说，古典德性论传统不存在事实判断与价值判断之间的鸿沟（即休谟命题：理性只能做出事实真假的判断，而不能做出应然判断）。

无独有偶，安乐哲、郝大维从经验主义入手，认为儒家的"情"兼具作为事实的"情实"与作为价值的"情感"的含义于一身，正说明了古典儒学并没有将对事实的描述与针对事实的因应之道区分开来，正如同"是非"既意味着"是这个/不是这个"（事实），也意味着"赞同/反对"（价值）。②这是事实与价值的合一，即事实陈述与价值判断的合一，这就是儒家作为美德伦理的特征。"情"在这里可以表示情实、实情、本质、真实，即 what is，同时亦指向价值判断，即 what ought to。

唐文明也认为："在爱亲敬长一例中，'爱'与'敬'是作为道德感情来看的，这些感情之所以有道德意义，是与这些感情的施与者和施与对象（亲、长）之间的伦理关系分不开的。无论道德上的'应当'的范围最终是由人的道德觉悟能力还是道德情感能力来判定，道德上的应当都不能不以'是'为根据。正是由于人与其亲、长之间的伦理关系是本真实在的，属于'是'的领域，而且人自然而然就对这些伦理关系的本真实在性有领悟、有觉解，并主动地认同这些伦理关系，所以，爱亲敬长才被看作是具有道德的价值，看作应当范围内的事情。这种认同性领

---

① 牟宗三：《四因说讲演录》，卢雪崑录音整理，第17页。
② 〔美〕安乐哲、〔美〕郝大维：《〈中庸〉新论：哲学与宗教性的诠释》，《中国哲学史》2002年第3期。

悟实际上就是一种承诺,也就是'应当'的来源。"①

其次,我们已经说明儒家道德(礼乐)基于人情而作(《礼记·坊记》"礼者,因人之情而为之节文"),儒家的礼乐是对情感(情质)的文饰。无论是孔子以不安指点本心,还是孟子以不忍人之心说明葬礼的起源,还是荀子以志意思慕之情解释祭礼的起源,都表明礼乐奠基在人的情感之上。再次,道德判断的依据在于情感的感通之上(如恻隐、不安的道德情感)。这一点尤其体现在孔子对宰我服丧期间心安于"食稻衣锦"的不仁指责上(不安则仁,安则不仁),这是严厉的道德谴责,带有道德判断的性质。我们认为,孔子后来以报恩的合理性只是为三年之丧做了补充性的说明,道德判断的依据主要还是仁心、仁情,宰我在服丧期间食稻衣锦而感到安就是不仁。这就说明,在儒家看来,有一种本源性的道德情感(如不安、不忍人之心、真诚恻怛之心)可以作为道德判断的依据。但是这种发挥道德判断作用的情感,在当代情感主义美德伦理学(如借鉴休谟而非亚里士多德的情感主义美德伦理学家斯洛特)之中常被认为是第二序的、反思性的情感体验(类似于一种有认知力、判断力的情感反应)。这正呈现出中西哲学对"情感"理解的根本差异,但并不妨碍我们对儒家情感伦理与斯洛特的情感主义美德伦理学做一会通的尝试。

二、情感主义美德伦理:从休谟到斯洛特

首先要说明的是,美德伦理学有两个分支,包括古典式美德伦理与现代的情感主义美德伦理。由麦金太尔提出的德性论是希望复兴亚里士

---

① 唐文明:《与命与仁:原始儒家伦理精神与现代性问题》,第228页。

多德意义上的古典德性论，他在全面批判现代情感主义伦理学与启蒙运动伦理学（如康德、休谟、斯密）的基础上，提倡回到古希腊的理性主义美德伦理。亚里士多德的伦理学强调实践的中道智慧，虽然与康德的义务论不同，但仍然属于理性主义的传统，即"伦理的理想与伦理的要求建立在理性或合理性之中"①。而近年来西方兴起了以迈克尔·斯洛特（Michael Slote）为代表的情感主义美德伦理学，主张回到休谟、亚当·斯密的"同情"（sympathy，或翻译为"移情"）概念而非回到亚里士多德的理性主义，阐发一种基于同情的情感主义美德伦理。

此前，我们已经讨论了儒家的重情主义以及情感在美德发生学上的作用机制，接下来我们尝试在儒家情感伦理与情感主义美德伦理学之间开展一场对话。我们所关注的是从休谟、亚当·斯密再到斯洛特的情感主义美德伦理学的理论谱系。

首先，休谟、斯密认为同情（sympathy）是人天生的一种同情共感的心理机制。他们的核心观点是：情感不仅是道德的来源与基础，而且还是道德评价的标准。即美德来源于情感，如亚当·斯密说正义的美德来自于旁观者对侵害他人行为的憎恨之情。同时，当人们对一项行为表达认同或谴责的情感态度时，他们就是在做道德评判。在他们看来，这种道德评判具有规范性的意义，而并非如康德批评的那样只是私人的主观性偏好、倾向的表达。因此，对于他们来说，假设一个公正无私的旁观者以保证道德评判的客观性，是其建立理论规范性的必要设定。

我们首先来看休谟的美德发生学，与上文提到的儒家内在德性的发生学做一个参照。休谟提出的最核心的命题是事实与价值的区分（是与

---

① 〔美〕迈克尔·斯洛特著，王楷译：《情感主义德性伦理学：一种当代的进路》，《道德与文明》2011年第2期。

应当、实然与应然),二者的鸿沟不可逾越,从事实的"是"不能推出价值的"应当",这被麦金太尔认为是对古代德性伦理的摧毁。这就意味着,道德(价值领域)的来源与动力是情感而非理性,理性的功能必须限定在事实领域去判断命题的真假,而不能提供价值上的应当。"理性是完全没有主动力的,永远不能阻止或产生任何行为或感情。""理性的作用在于发现真或伪。真或伪在于对观念的实在关系或对实际存在的和事实的符合或不符合。"① 在休谟看来,美德来自于同情(sympathy)的心理机制,即对他人感受的感同身受、同情共感的心理移情能力。这个过程相当于把他人的感受"植入"观察者的内心中,从而与他人"同感"。因此,该过程需要借助人类的两种知觉官能:观念与印象。而在休谟看来,把观念转换成印象的能力是联想与想象。因此,移情机制的过程体现为:观察者对他人的感受(如痛苦、欢乐)形成一个观念,然后经过联想与现象,把情感观念转化为情感印象,从而内化为观察者的自我感受。

同时,情感观念的形成过程也是对他人情感的判断过程。这种判断就是观察者对他人感受表达的或赞成或谴责的主观性评价。然而,由于现实中人们对于同一个情境的同情共感的程度存在很大差异,例如观察者不同的道德认知水平、不同的感受能力,以及观察者与当事人关系的远近亲疏等因素都会影响观察者对当事人情感的判断。为了解决这个问题,休谟设定了一个"明智的旁观者"(judicious spectator)的概念作为公正的第三方裁判者。每当观察者对当事人的情感进行评价时,都要在心中假设一个"明智的旁观者"作为对自己评价的参照。休谟就以明智旁观者的赞许与否作为判断当事人情感的标准。在这个意义上,德是

---

① 〔英〕休谟著,关文运译:《人性论》,商务印书馆1980年版,第497—498页。

"凡是给予旁观者以快乐的赞许情感的心理活动或品质"[①],相反,恶行就是给旁观者带来憎恨与厌恶的谴责性情感的那些行为与品质。

在某种程度上,斯洛特的情感主义美德伦理学是结合休谟的同情伦理学的"同情"与美德伦理学的美德而构建的伦理学。然而他的理论来源很多样,受卡罗尔·吉利根、内尔·诺丁斯等人的关怀伦理学(care ethics)的影响很大。它是反理性主义(anti-rationalist)、情感主义(sentimentalist)的,同时借鉴了当代心理学家巴特森的"移情—利他"假设。[②] 但是在规范伦理学与元伦理学的层面,他主要诉诸休谟的同情为关怀伦理提供美德伦理的基础(virtue-ethical foundations)。斯洛特以移情现象解释关怀的动机,帮助关怀伦理学解释并论证道义论。

斯洛特声称他回归休谟的"同情"(sympathy)概念,但他使用现代心理学的"移情"(empathy)一词概括休谟所表达的心理机制。[③] 他指出有两种移情:第一种是通过诱导而习得的帮助他人的移情关切,这种移情通过道德教育与诱导传输给人们。第二种是第二序的移情,对道德判断与道德理解更为直接和重要。[④] 他指出《人性论》结尾部分提到的一个人被第三方行为中所呈现的善意所温暖,被第三方行为所呈现的恶意而

---

① 〔英〕休谟著,曾晓平译:《道德原则研究》,商务印书馆 2001 年版,第 141 页。
② 心理学家巴特森(C. D. Batson)提出"移情—利他"假设,移情能力是感受他者的处境与需要,并之后采取有利于他者的利他行为,而非离开令其悲伤的处境。
③ 斯洛特指出,英文"empathy"一词是在 20 世纪早期对新创造的德语词汇"Einfuehlung"的英译。休谟虽然没有使用"empathy",但他描述的"sympathy"的心理机制等同于移情(empathy)的过程。
④ 斯洛特受到心理学家霍夫曼两种移情的影响。霍夫曼提出了"情感移情",即把他者的感受移植到自己心中,感同身受(接近休谟的 sympathy)。这不同于"同情",即因他者的处境而产生的某种感受,如怜悯并希望其处境得到改善,不需要通过移情把他者的感受自我化。斯洛特所说的移情正是在"情感移情"上说的。转引自陈真:《论斯洛特的道德情感主义》,《哲学研究》2013 年第 6 期。

感到寒心（chilled），这些移情现象是第二序（second-order）的。暖意构成了道德赞同，而寒意构成了道德谴责，这表明道德态度先于道德判断，后者源于前面的二阶移情。在这个意义上，一个人的道德能力就体现在他的第二序移情能力与反应上。斯洛特说："'对'（rightness）或者道德上的'好'（moral goodness）是那些将我们导向为其所显示出的友善所温暖的行为的显著特性。……正是那些行为作为移情关切行为显示出了友善这一事实。因此，'对'（rightness）或者'好'（goodness）只是在某些行为或者态度中所显示出的或反映出的对他人移情关切的显著特性。"①他正是用这种第二序的移情反应为休谟辩护，即道德上的正确就是我们对此行为表达赞同的情感态度，而这往往被康德形式伦理学认为是主观主义的。当我们表达刑讯逼供是错误的态度时，这种评价有某种客观的有效性，并非只是表达我们对该行为的反应，而是表达行为本身的道德状况及其属性。这是基于第二序移情反应的道德判断的客观有效性，主观性更少。②

斯洛特借鉴了克里普克式指称确定论（the Kripkean reference-fixing theory），他称之为"半克里普克式的道德指称确定论"（semi-Kripkean theory of moral reference-fixing）。按照这种理论，感受红色的经验让我们确定"红色"一词的所指。克里普克把道德术语与颜色词语类比，认为两者是同理的：对他人仁爱的行为感到的暖意使我们确定"正当性"（道德谓词）的所指，对残忍行为感到的寒意使我们确定"错误性"所指，

---

① 〔美〕迈克尔·斯洛特著，王楷译：《情感主义德性伦理学：一种当代的进路》，《道德与文明》2011年第2期。
② Michael Slote, *Moral Sentimentalism*, Oxford University Press, 2010, pp. 33-36.

这就表明了道德属性的客观性质。① 因此,斯洛特说:"善(或正当性)就是任何引起我们对行为者所展示的温暖而感到暖意的东西。"② 我们可以先天地知道让我们感到寒意的行为具有错误性。可见,移情能力与移情现象对于做出道德判断和理解道德判断的意义是必不可少的。这就意味着,当人们对他人的处境表达认同或谴责的判断时,人们就是在做一件规范性的价值判断。道德判断(规范性判断)可以从移情的机制(情感体验与事实陈述)中推导出来。我们做任何道德的事情都是移情反应的结果,而道德判断是由移情反应所决定的。

斯洛特指出第二序的移情反应与能力是自然的、不由自主的,并非有意识选择的结果,具有非理性的特征。他指出这种移情能力等同于中国哲学(程明道)的"仁者与天地万物为一体,莫非己也"。既然人有移情的能力,那就说明人不是孤立的原子式存在,而是在本体论上与他者相互关切、与自然融为一体的协同共在。他创造性地借用中国哲学的阴阳互动一体的框架来解释移情的发生过程。移情的过程包含两步:第一步是自我对他人感受的接受与内化,他称之为"阴"——代表移情的接受性、被动性的一面(侧重于"感"sensible);第二步是自我感知他人的感受后会产生采取行动帮助他者的倾向,他称之为"阳"——行动性、主动性(指行动的倾向与能力)。③ 如自我在感受他人的痛苦后采取行动去帮助他者缓解痛苦。在这个意义上,只有阴阳一体才能造就一项美德。如果只停留在对他者感受的"同感"之中,而不采取行动去改善他者的

---

① 参见陈真:《斯洛特是如何从"是"推出"应当"的》,《伦理学研究》2016 年第 4 期。
② Michael Slote, *Moral Sentimentalism*, 2010, pp. 61.
③ 〔美〕迈克尔·斯洛特著,李家莲译:《阴阳与道德情感主义》,《湖北大学学报(哲学社会科学版)》2017 年第 1 期。

处境，那就构不成一项美德。

　　移情以及对他人的移情关爱为人们提供了合理的道德评价标准。"一个体现行为者品性的行为是道德的或为道德义务所要求，当且仅当它反映或体现了行为者对他人的成熟的移情关爱。"① 他认为从移情反应与移情—关爱的情感体验上就可以建立规范性的道德法则。这是因为移情反应与直觉所认定的道德规范（道德义务）有着相当一致的对应关系，移情的程度与道德义务的程度有着相当一致的对应关系。在斯洛特看来，"在我们的移情倾向和我们对正当与错误或道德上的更好与更坏所具有的常识意义上的规范性判断之间存在一种相关性"②。"道德上错误的事情之所以会是错误的，是因为它反映出或表现出缺少对他人的移情性关切（或者这种关切不太充分），而正当的和道德上善的事情之所以会是正当的和善的，则是因为它显示一种高度的移情性关切。"③ 这种判断是通过移情—利他心理的三个特性来说明的，利他的倾向在下列三种情况中更为强烈：其一，亲眼所见强于听到的（知觉的直接性 perceptual immediacy）；其二，当下的强于遥远将来的（temporal immediacy 时间的直接性）；其三，对直接造成伤害或痛苦的，强于听任伤害、痛苦发生的（因果的直接性 causal immediacy）。④ 斯洛特指出，从第三点的移情—利他现象可以解释当代道义论的经典命题：即主动伤害一个人（以拯救更多人）比听任伤

---

① Michael Slote, *Moral Sentimentalism*, 2010, pp. 63, 98-99.
② 〔美〕迈克尔·斯洛特著，王江伟、牛纪凤译：《阴阳的哲学》，商务印书馆2018年，第127页。
③ 同上书，第129页。
④ 比如移情程度上，对亲人强于对陌生人。斯洛特的说明就可以解释为何我们会更赞同，当下救助被困矿井工人比以后节省财力改善救援设施更为正当。参见〔美〕迈克尔·斯洛特著，王楷译：《情感主义德性伦理学：一种当代的进路》，《道德与文明》2011年第2期。

害发生更值得谴责。

他对情感主义美德伦理学规范性的证明可以通过一个经典道德困境的解释来反映,证明移情—利他能对道义论做一种情感主义的解释。在西方伦理学一个经典的困境是当火车即将开进分叉的铁道之一,其中一条铁轨上有一个人,另一条铁轨上有五个人,这个时候应如何抉择。按照道义论的要求,任何一个生命的价值都不能拿来进行量化的功利评判,牺牲一个人以挽救更多的人会损伤道义的绝对性、严整性(有类于孟子说的"杀一不辜,行一不义"也绝不可以的仁道)。因此,坚持道义论的人可能会不做选择,不会做出像功利主义那样牺牲一个人以保全五个人的抉择。斯洛特论证,依照情感主义伦理学可以达到与规范伦理学(道义论)同样的效果。因为相较于想象牺牲一个人而保全五个人带来的满足感,看到眼前这个人被火车碾死带来的痛苦与不忍要远远强过前者。换句话说,人们对后者移情的程度要远远超过对前者的移情程度。这是由于人们对当下的、近距离情境的移情程度要超过对想象的、远距离情境的移情。

综上,斯洛特的移情—利他假设(道德义务都是利他的)为关爱伦理学(care ethics)提供了一种道义论的论证。从移情推出移情关爱,然后再推出道德义务。他通过道德指称确定论、道德判断先天性的论证为义务论提供了情感主义的规范性论证,表明情感主义也是一种规范性美德伦理学。移情反应或关爱是道德义务的最终依据。可以说,斯洛特对情感主义德性伦理学做出的论证是,无需任何经验,就可以从人们移情反应的事实陈述(对行为者感到的暖意、寒意)推导出应然的道德判断。然而,其前提是人们必须具有移情心和移情体验。反之,若一个人缺乏移情的能力与体验,正说明了他道德感的不足(冷漠无情的)。这实际上非常接近孔子断定宰我心安就是不仁，因为宰我的心安正表明他缺乏这种移情的能力与反应，正是由于他仁心的不足，或者更严重地说，是麻木不仁。

基于我们前面已经提到的儒家情感伦理的特性，如道德情感（孝敬、君仁臣忠等）既表明人的"是"，也表示人的"应当"（君君臣臣父父子子），表明儒家的伦理从"是"可以推出"应当"。儒家基于本心的恻隐、不安、不忍的情感来建立道德的规范（礼乐），把人情纳入发乎情止乎礼义的人伦秩序中。更重要的在于，恻隐之心显示了一种移情—利他的倾向，尽管不能局限于心理学的角度来解释它，但恻隐之心的确含有这种机制。儒家也正是把恻隐之心所显示的移情反应能力作为人的"性"（人性能力）、人之为人的本质，这就是孟子所谓"无恻隐之心，非人也"的意义所在。正是因为恻隐之心（殊相）显示了人的本心（即仁义之心），所以儒家也依据恻隐之心的强弱进行道德的判断。

因此，我们说儒家的情感伦理可以跟斯洛特的道德情感主义实现会通。"斯洛特主张道德义务完全可以从人类先天的移情能力和移情反应中推导出来，他的移情概念非常类似或接近孔子的'仁之方'、孟子的'恻隐之心'、张载的'天地之性'……陆九渊的'本心'、王阳明的'良知'等，这些中国哲学家无不将心灵的美德和体现伦理秩序的'理'归因于这种心理情感。斯洛特认为建立在移情基础上的道德判断先天可知，这与中国儒家主张仁义礼智信等美德规范有自己的情感基础，反身自求可得，……在总体精神上不谋而合。"[①] 这个论断可谓富有启发性。

不仅如此，我们认为儒家的"以觉训仁"、"仁者以天地万物为一

---

① 陈真：《论斯洛特的道德情感主义》，《哲学研究》2013 年第 6 期。

体"、"反身而诚,乐莫大焉"等都可以用移情——利他的心理能力与反应来诠释。这是因为移情反应的自然发动,不需要理性的介入,也不需要想象的迁移,当下即是,就如牟宗三所论"逆觉的体证",是良知的当下朗现,是自我与他者共在的宇宙协同性存在的呈现。自我对他者的关切在本体论宇宙共在的层面得到说明与印证。中国儒家把自我与他者的协同性共在作为仁者万物一体的宇宙本体,这一点也可以通过斯洛特心理主义的移情——利他机制得到诠释。可以说,斯洛特对移情——利他的移情反应与能力的解释正是对儒家本体论层面的恻隐之心做的一种心理学的创造性解读。尽管对斯洛特等重视情感的西方学者来说,中国哲学这种本体论的"觉情"比较难以理解。正如彭国翔所评论的,"对于'情'的理解,斯洛特仍然只能在后期康德或主流西方哲学的意义上将其仅仅限于经验现象和心理学的领域,而无法设想一种不为经验所限、不仅仅是一种心理构造而具有'本体'地位的'情'"[①],但这并不妨碍儒家情感哲学与西方情感主义美德伦理互相诠释的可能性。

  本书探究儒家的情感伦理,论证先秦儒家伦理的重情主义特质对于现代文明过于强调工具理性而导致的现代性问题有很好的对治作用。启蒙运动造就的科学与理性一方面既使人类征服与宰制自然的能力得到极大提高,使人类的物质生活发生翻天覆地的变化,但另一方面科学技术主义的登峰造极也给人的主体生命造成束缚和压抑,人们日益变成单向度的人,人与人之间的伦理关系变得愈来愈非人格化、利益化与疏离化。正如韦伯诊断的,理性化已经把这个世界完全除魅。体现价值理性的传统宗教信仰已然衰落,以追求最大效率为目的的工具理性日益膨胀,将人的精神生活

---

① 彭国翔:《牟宗三的情感世界及其"觉情"说》,《清华国学》第二辑,第 331—355 页。

笼罩在铁笼之下。因此，西方关爱伦理、情感主义美德伦理的兴起，正像是遥远先秦儒家情感伦理发出的当代回响。强调同情与关爱，强调真诚恻怛、推己及人、以我之情絜人之情的儒家情感伦理对于当今日益疏离淡漠的人伦关系与科层化、板结化的政治关系，不失为一剂良药。

第五章
情的感通——基于情的政教体系建构

在以上章节中，我们对先秦儒家基于情感的伦理秩序建构进行了讨论，但是从情感到美德再到秩序，先秦儒家最终还是要把情感安顿在政教体系之中。正如戴震所谓"感通之道，存乎情者"，情感的感通是先秦儒家政教体系建构的主要渠道。正所谓"圣人感人心而天下和平"，先秦儒家强调礼乐相较于刑政更具有优先性，就是基于道德感动模式而非道德强制模式。下面我们将从感通的概念、感通的类型、基于感通的政教体系建构原则出发，具体讨论先秦儒家的诗教、乐教与礼教如何奠立在情感之上，并对情感进行调控与引导，以达到中正平和的程度。

第一节 对感通的界定

一、仁以感通为性

"感通"是中国哲学的一个专业术语，最早被用于说明占卜时蓍草的感应效果。《易·系辞上》曰："易无思也，无为也，寂然不动，感而遂通天下之故，非天下之至神，其孰能与于此。"这是说当占卜时，蓍草是无思无为之物，是寂然不动的，当问卜而受命如响，则是感而遂通的。因此，感通最先是用于说明占卜时候的由寂到感的感应之神与效果。

宋明理学家如程颐使用"寂感"表明心的静与动两种状态：即心与

第五章 情的感通——基于情的政教体系建构

物未接时之静、心感物而动时之动,进而表示心之体用的关系架构。心未与物接时,寂然不动,此是心之体;心感物而动时,感而遂通,此是心之用。尽管心学、理学对心性情关系理解不同,对是否存在一个本心有争议,但都用"感通"一词来形容心的感受性与通达性(即寂即感,而非时间上先后关系)。借用康德的话语,"感"体现感官(心)对外物的感受性、接受性的一面,"通"体现了理性的主动性的立法功能。牟宗三创造性地以"仁以感通为性,以润物为用"表明本心(仁心)的感通无碍与觉润无方的两大特性,当然这是在"以觉训仁"的一体之仁的层面上,而非"仁是心之德、爱之理"的义理上来谈的。我们认为这是符合先秦孟子良知良心精神方向的创造性诠释(本体宇宙论的建构)。

将心学理学的争论搁置一旁,我们认为感通是心的感通,之所以能感通在于心是仁心,是不忍人之心,是怵惕不安之感。更具体来说,心的感通就是情的感通,因为理具有说服性、劝服性的功能,建立在认知之上(所谓晓之以理),而情的感受性是更具直接性的力量,打动人心更主要靠情的相通(所谓动之以情、"圣人感人心而天下和平")。这也就是戴震所说"感通之道,存乎情者也"①的意思。在这个意义上,我们可以说,絜矩之道就是仁心(即仁情)之感通,情的特征是感通。孔子说的心安与否、孟子所谈的恻隐之心(与他人的感通与推恩)、谢良佐以觉训仁、戴震所谓的仁即通情遂欲等讲的都是感通之道。在进入基于情之感通的政教体系的讨论之前,我们有必要疏解一下对情的感通之经典性研究。

孔孟并没有直接就感通来论述,然而以牟宗三为代表的海外新儒家创造性地诠释了孔孟基于不安、不忍的心而说的感通之道。牟宗三认为

---

① 戴震:《孟子字义疏证》,第64页。

仁以感通为性，以润物为用，这是基于仁心的本体宇宙论建构。在牟宗三看来，孔子对"仁"并非采取定义的方式，而是在具体行事上当机指点仁心。孔子以仁发明斯道，虽然是当机指点，然而是以"此心的不安、不忍、愤悱之不容已"来指点人的真实德性生命。从人心的怵惕不安、触之即动、动之即觉的本心来指点仁。仁甚至不是固定的一个德目，恭宽信敏惠都足以表示仁。仁是一切德性的总根源，是道德造成的总根源，所以仁是全德，仁不为任何一个德目所限定，而超越其上可以综摄一切德目（所以朱熹也说仁包四德）。

我们认为，牟宗三等海外新儒学主要从道德形而上学角度阐发一种"本体论的觉情"，这种"觉情"还不同于心理学上讲的同情恻隐之情，而是一种真诚恻怛之仁心之感通，是道德意识的觉醒、自我本心的内在醒觉，是先验的、内在的、形而上的，但又是能在经验界落实呈现的。牟宗三以"人心的怵惕不安、触之即动、动之即觉的本心"来阐发一种道德形而上学或道德存有论。在这种诠释下，觉就是因不安、不忍、愤悱之感而感通觉润，如时雨之润、温暖之贯注，因觉润而诱发外物之生机，故觉润即起创生。"仁以感通为性，以润物为用。"实际上，这种本体宇宙论的诠释，是基于程明道的一体之仁（仁者以天地万物为一体，莫非己也）的论述而阐发的"仁体"论，因为明道的论述已经含蕴着万物皆备于我、反身而诚（感通无碍、觉润无方）的两大特征。仁有成德上的本体性与根本性。"此仁心是遍润一切而'与物无对'且有绝对普遍性之本体，亦是道德创造之真几，故亦曰'仁体'。"[①] 在这里，仁心、仁体就与维天之命、於穆不已的天命流行之道体合而为一，所以程明道说

[①] 牟宗三：《心体与性体》第三册，第260页。

是"一本"。仁体必须通过道德实践才能挺立。

牟宗三晚年以阳明学的良知（知体明觉）的感应来说明仁心的感通，以至于与天地万物为一体。"由真诚恻怛之仁心之感通，或良知明觉之感应，而与天地万物为一体。……感应于物而物皆得其所，则吾之行事亦皆纯正而得其理。就事言，良知明觉是吾实践德行之道德的根据；就物言，良知明觉是天地万物之存有论的根据。故主观地说，是由仁心之感通而与天地万物为一体，而客观地说，则此一体之仁心顿时即是天地万物之生化之理。"①

二、与人物相感通的自发自动的宇宙情

唐君毅基于孔孟、《中庸》、《易传》阐发了一种与物相通的自发自动的宇宙之情。"如孔孟之操心、尽心，皆所以显全福之真性情。"② 唐君毅认为，《孟子》、《中庸》、《易传》中所说的性情是"实有一超个体生命而与一切人物相感通而成就之之心情"③。这种情不是被动的情，而是依于内在之性而与物感通的自发自动的情。在这种情上，人可以见性养性而存心。这是由于《孟子》、《中庸》、《易传》是从性情说心之虚灵明觉。儒家的心是虚灵明觉，然而由性情充实，性情即为心之本，性情保证了心的虚灵明觉不落为虚空（区别于佛老）。因为心必须通过与外物交接而发生感通，才能认知外物，形成知识，在感通中形成统贯的万物一体，自然生命能突破其自身限制。这全在于心与外物交感而实现成己成物的仁心。"故在感通之际，此心之虚灵明觉，必特殊化而具体化，复因有所感

---

① 牟宗三：《现象与物自身》，第458页。
② 唐君毅：《中国文化之精神价值》，广西师范大学出版社2005年版，第96页。
③ 同上书，第106页。

通而充实化。由是而见心之性虽虚灵，而又能充实，亦即心有求充实之性。"① "心又由性之见于情，乃能自见自觉其存在，由是而心之实在性乃依于性情之实在性。"②

同时，感通意味着无私，超越狭隘的个人主义，走向自我与他者的连续性存有。"吾人之心情，乃一超越于我个体之主观，而涵盖他人与外物于其内之一客观性的或宇宙性的心情。"③ 人的情是待心感物而生，这个心具有无限性、超越性、涵盖性、主宰性。即当心与物感通时，能够做到由感此而感彼，觉此而觉彼，因而由明此到明彼，由此可见心之虚与灵。

在这个意义上，唐君毅对人的情进行了种类与性质的划分。首先，他肯定饮食男女等自然之情是无善无不善的，这与戴震对自然之血气的肯定是相同的。这些情在孟子那里是"性也，有命焉"，孟子并未否定它们的合理性（毕竟民无恒产则无恒心，只有士能做到无恒产有恒心）。如果把饮食男女之情统摄于仁义礼智之心，那么就成为善的。"所谓隶属于仁义礼智之心，则为善者，因此而欲隶属于此心，则人将由自己之求饮食，而知人之求饮食，自己之求配偶，而望一切人之内无怨女、外无旷夫，是即王道之本。"④ 可见，自然之情经过感通与推己及人的作用即可成为善的。此论可谓深得孟子推恩之义。其次，淫乱、夺取、嫉妒、瞋恨等是恶情。产生不善情的原因是心在与具体的外物相感时被它的特殊性与实在性遮蔽了此心的普遍理性，使得心失去了它的虚灵性，而陷入昏昧。这种恶情遮蔽了大公无私的心，遮蔽了心的仁义礼智的趋向。这

---

① 唐君毅：《中国文化之精神价值》，第108页。
② 同上书，第109页。
③ 同上书，第107页。
④ 同上书，第111页。

第五章 情的感通——基于情的政教体系建构

其中,欲念的兴起使得心产生固执的念头。恶情产生的源头是心对概念、对自我的执着而导致虚灵明觉不显现。恶情的产生"是源于吾人之情之限制,及吾人'能形成概念与能自觉自我'之理性活动本身,又限制于'所接之物之类与情之类'之中,而成一对自我之执著;转以限制情之充拓与开辟"①。

因此,唐君毅认为情的本身并非恶的,然而若是顺遂人的欲念而执着、黏滞于概念与自我上,就会造成虚灵不昧的心被外物遮蔽与局限,流于偏狭的境地。与之相反,防止心被私欲遮蔽的办法就是感通,反躬自思,推己及人,以絜矩之道待人。"吾人之情随处与物相接而相感通,无所窒碍执著,即表现吾人性情之全量,而亦表示吾人之理性之全量者。而此义,唯中国正统儒者盖体之最深,故绝不以绝情为教,亦不只以自觉之理性活动说心之最高活动。"②可见,牟宗三、唐君毅对儒家感通之道的阐发,虽然是道德形而上学的阐释,强调情的普遍性、先验性与感应性,但从情能够感通、充拓、开辟这一点上,与戴震对情之感通所做的心理主义解读(仁道是通天下之情、遂天人之欲)有异曲同工之妙,都是对儒家仁心、仁政的恰当解读。正如《大戴礼记·哀公问》曰:"所谓贤人者,好恶与民同情。"

与海外新儒学不同,蒙培元从"境界"的客观意义来讲心灵的感通。境界虽然有主观性,但却具有客观意义,"它是主观的客观化,是主观与客观的统一",具有客观性、普遍性,具有某种"共通性",也就是中国哲学所说的心灵的"感通"或"感应"。"心灵是能够相通的,境界是能

---

① 唐君毅:《中国文化之精神价值》,第113页。
② 同上书,第114页。

够理解的,即便不用语言,也是能够'默识心通'的。"①

三、感通的两种模式:异类相感与同类相感

从宇宙论上,我们认为,先秦儒家的周易哲学(咸卦)阐发了一种宇宙感应哲学。例如"咸,感也",程颐正是据此阐发了有感必有应的感应哲学。君臣上下以至于宇宙万物都有相感之道:"物之相感,则有亨通之理。……君臣能相感,则君臣之道通;上下能相感,则上下之志通;以至父子、夫妇、亲戚、朋友,皆情意相感,则和顺而亨通。事物皆然,故咸有亨之理也。"②本书第一章讲宇宙气化论时已提及这种关联性宇宙观,体现为一种存有的连续性。根据干春松的观点,儒家思想的感通可以分为两种类型:一种是"异类相感"(相反相成),生成变化,这是以《周易》为代表的基于自然界的阴阳吸引(阴阳相感)而产生的"感受性"与感应,是宇宙万物的感应模式,"有感必有应","天地万物皆以气类共相感应"(孔颖达语)。正是由于天下万物之间因为气类共相感应,所以存在着普遍的关联性,是万物一体的。另一种是"同类相感",这是以《礼记·乐记》为代表的"感于物而动"的"同气相求、同声相应"的道德感发模式。"凡奸声感人,而逆气应之。逆气成象,而淫乐兴焉。正声感人,而顺气应之。顺气成象,而和乐兴焉。"(《礼记·乐记》)因此,儒家特别重视乐教,以感化人心,强调的是"礼乐刑政",德主刑辅,如果教化不行,就施以刑罚。因此,儒家推崇基于"感"的道德感动而非道德强制模式来构建道德共识,因"感动"而"化",所以周

---

① 蒙培元:《心灵与境界——兼评牟宗三的道德形上学》,《新儒家评论》第二辑,第64—82页。
② 程颐:《周易程氏传》,中华书局2011年版,第174—175页。

第五章 情的感通——基于情的政教体系建构

易《象》曰:"圣人感人心而天下和平。观其所感,而天地万物之情可见矣。""感"成为儒家亲亲—仁民—爱物能够不断推扩的内在机制,成为儒家开展政治教化与共同体建设的关键机制。[①]

因此,我们认为心是感通体,心能感受天地间的气而动于中、发于外,即表现为各种情感。通过气的感通以动心。[②]方玉润说:"思有贞淫,思有哀乐,皆二气之所感。"[③]《左传》说"天有六气",《性自命出》说"喜怒哀悲,气也",有喜气、怒气之说。心是个感通体,外物来感,则情动于中,发之于外就是声。《礼记·乐记》中所述的感通是气的感通,可以把情在内心的状态称为"情气"。荀子认为感通在于同类相应:"善其言而类焉者应矣。故马鸣而马应之,牛鸣而牛应之,非知也,其势然也。"(《荀子·不苟》)可见,在古人的气化宇宙论下,天地万物都处在气的相互感通之中,处在存有的连续性之中。

我们认为,儒家基于感通的政教体系建构属于上述感通的第二种模式,我们主要就仁心的相通(以觉训仁)、疾痛相感、同情共感的感通意义讨论儒家的诗教、礼教、乐教与刑政的政教体系建构(礼乐刑政)。在这个意义上,儒家强调情的感通之道,并不意味着强调无差等的普泛之爱,而是在己立立人、己达达人的差等之爱基础上的推恩、推扩之道。

[①] 干春松:《"感"与人类共识的形成——儒家天下观视野下的"人类理解论"》,《哲学研究》2018年第12期。
[②] 正如赵法生所论,传统中国人把握存在的方式是以气论为基础的感通。感通不是西方理性主义认识论所言的感觉,也不是人触景生情式的感触、感怀或感受(是具体有限的)。感通是经验,又是先天的;是质料,又是有形式的意义;是主体的,又没有形而上学化的主体那种僵硬和封闭的外壳。形而上学所划定的经验与超验的隔绝对立,在感通这里并不存在。参见赵法生:《从性情论到性理论——程朱理学对原始儒家性情关系的诠释与重构》,《广西师范大学学报(哲学社会科学版)》2021年第5期。
[③] 方玉润:《诗经原始》上,中华书局1986年版,第7页。

这就关乎儒家基于情感的人伦秩序与政治秩序的建构。首先我们来看先秦儒家基于情感驯化的政教建构逻辑。

第二节 情感驯化：以中导和的政教与工夫

《中庸》提出了先秦儒家驯化情感的"中和"哲学，这既是汉儒心中的政教原则，也是宋儒看重的儒家内圣工夫。下面，我们结合后世注疏考证来讨论。《中庸》集中表达先秦儒家如何驯化情感的文字是：

> 天命之谓性；率性之谓道；修道之谓教。道也者，不可须臾离也；可离，非道也。是故君子戒慎乎其所不睹，恐惧乎其所不闻。莫见乎隐，莫显乎微。故君子慎其独也。喜怒哀乐之未发，谓之中。发而皆中节，谓之和。中也者，天下之大本也。和也者，天下之达道也。致中和，天地位焉，万物育焉。（《中庸·首章》）

《中庸》中和问题的重要性可谓再怎么强调也不为过，毫不夸张地说，宋明理学的整个工夫论是围绕《中庸》中和问题展开的。对《中庸》中和问题的参悟关乎对儒家"大本"与"达道"的体认，朱熹就是由苦参中和问题入道与悟道的。其讨论的关键在于如何理解天命与性道、性与情（未发与已发）、中与和的关系。然而，宋儒为了与佛学抗争，论证儒家的内圣之学，而对《中庸》中和问题做了心性论的解释，这就把中和问题完全转化为工夫论问题。我们试图以经学与理学的双重解释呈现《中庸》中和问题所具有的心性论与政治哲学意涵。

首先，我们来疏解汉儒郑玄对《中庸》中和问题的解读，即汉儒发挥的政教自"中"出的经学诠释。"喜怒哀乐之未发，谓之中。发而皆中节，谓之和。中也者，天下之大本也。和也者，天下之达道也。"郑玄注曰："中为大本者，以其含喜怒哀乐，礼之所由生，政教自此出也。"孔颖达疏曰："言喜怒哀乐缘事而生，未发之时，澹然虚静，心无所虑而当于理，故'谓之中'。'发而皆中节谓之和'者，不能寂静而有喜怒哀乐之情，虽复动发，皆中节限，犹如盐梅相得，性行和谐，故云'谓之和'。"紧接着，对于"子曰：'舜其大知也与？舜好问而好察迩言，隐恶而扬善，执其两端，用其中于民，其斯以为舜乎！'"这一句，郑玄注："迩，近也。近言而善，易以进人，察而行之也。'两端'，过与不及也。'用其中于民'，贤与不肖皆能行之也。"①显然，郑玄是在圣人制礼用其中于民的政教意义上来谈中和问题。这是汉儒重视外王之道（荀子所谓"圣人，尽伦尽制者"）的风格，与宋儒喜谈内圣之道的风格不同。

在这点上，《中庸》与《礼记》、《荀子》在阐释情与圣人制作的关系上是大体一致的，都坚持圣以"中道"治民（或曰以"中道"制礼）的精神。揆诸《中庸》文本，只有圣人才能"不勉而中"、"不思而得"（从容中道，圣人也），圣人之情是发而皆中节，无不合于中道，不需要刻意而为。如孟子说"尧舜，性之也"，赵岐注为"性之，性好仁，自然也"，朱熹注为"尧舜天性浑全，不假修习"。从容中道是很难达到的境界，一般人的情发出来就有不中节而流为不善与恶的过与不及之弊，所谓"贤者过之，不肖者不及之"。过与不及都偏离了中道。郑玄从圣人以中制礼的角度出发解读中和问题。"中为大本者，以其含喜怒哀乐，礼之所由出，政教自此出也。"大本之中含有喜怒哀乐之情，表明"中"是一种喜

---

① 李学勤主编：《礼记正义》，北京大学出版社1999年版，第1423—1424页。

怒哀乐之情不偏不倚、中正平和的情感状态。在郑玄看来，政教从"中"而出，表明圣人制礼作乐是以情感的中道为目标。此即《中庸》下文所谓舜"用其中于民"的意思。因为在表达情感时，贤者容易过之，不肖者往往不及之，而"用其中于民"，则"贤与不肖皆能行之也"。圣人制礼作乐的参照系不是己身，而是取诸"中人"，即在两端（过与不及）中选择一个符合中道的点（朱熹集注："量度以取中"），让贤者俯就一下即可达到，让不肖者踮脚就可企及。

圣人用中以制礼的思想也见诸《礼记·表记》。"《诗》曰：'温温恭人，惟德之基。'子曰：'仁之难成久矣，惟君子能之。是故君子不以其所能者病人，不以人之所不能者愧人。是故圣人之制行也，不制以己，使民有所劝勉愧耻，以行其言。'"郑玄注："以中人为制，则贤者'劝勉'，不及者'愧耻'，圣人之言乃行也。"圣人制定礼节法度不以己身为标准，不因己能而苛责于人，也不因人所不能而怪罪于人，而是以"中人"为标准，让民众有所劝勉与愧耻，如此圣人之言才能有效地施行。《表记》又说："子曰：'无欲而好仁者，无畏而恶不仁者，天下一人而已矣。是故君子议道自己，而置法以民。'"郑玄注："'一人而已'，喻少也。'自己'，自尽己所能行。"不因欲求而喜好仁的人，不因畏惧而厌恶不仁的人，这样的人也就是出于自然而好仁（性之）的圣人，这是非常少见的。因此，君子谋议道理自尽己所能为，所谓"尽己之谓忠"（朱熹注"忠"语），而以恕道待人，制定法度以中人为准，不强人所难。

以上汉儒对中和问题的疏解是外王之道的路向，强调圣人依据中道制礼。但实际上，汉儒中也有将"中和"往修养工夫上疏解的。比如董仲舒说："中者天之用也，和者天之功也。……故君子怒则反中而自说以和，喜则反中而收之以正，忧则反中而舒之以意，惧则反中而实之以精。

夫中和之不可不反如此。"(《春秋繁露·循天之道》)董子此处所谓"中"是指无过无不及,表明汉儒均是在无过无不及的意义上谈论"中"的,而没有把它提升至宇宙本体的层面。

这种论说的基本预设是圣人是不勉而中、从容中道的人,所以圣人才有资格与能力制礼作乐,把普通人的情感表达纳入中正平和的外王秩序中。这与汉儒把六经作为圣王治道之载体的经学思想有关。然而,在宋儒看来,六经更是儒家修身成圣的内圣之学,天子以至于庶人,皆是以修身为本。因此,宋儒主要是在工夫论层面谈论中和问题,经过工夫通达本体,这是一种对终极实在所做的本体论上的体验。诚如杜维明先生所说:"因为对人性中原本的宁静状态的体验,不仅只是一种对于这些基本情感出现之前的平静状态所进行的心理学意义上的体验,而且还是一种对终极实在所作的本体论意义上的体验,或者用《中庸》中的话来说,是一种对世界'大本'的体验。"[①]

宋儒围绕《中庸》中和问题有非常多的讨论,牵涉的问题较为复杂。此处我们化繁为简,不做过多引申。我们这里以牟宗三的疏解为参照,简要评析其对《中庸》中和问题所作的道德形而上学的诠释。

《中庸》引起争议最大的问题就是如何理解"中"。关于如何理解"喜怒哀乐未发之谓中",宋儒有两种解法。第一种解法是程颐的"在中"说,即指"喜怒哀乐未发时之潜隐未分的浑然状态",那么发是心在与外物接时,这潜隐浑然状态之"激发出来",未发出来时即是喜怒哀乐之退藏于密,这就是程颐"在中"说的意思。然而牟宗三认为,如此解就大大减杀"中体"的超越义,是对天命流行之体(中体)的误解。第二种

[①] 〔美〕杜维明著,段德智译:《论儒学的宗教性——对〈中庸〉的现代诠释》,第4页。

解法是就《中庸》原意说，此即牟宗三强调的《中庸》原意："喜怒哀乐未发时见中体，非其不发自身便是中也。"① 在喜怒哀乐未发之静时见一超越的"中体"，此"中体"才是天下的大本。中体与喜怒哀乐之情是异质的两层，并非同质同层之一体而转者。牟宗三反对把"中"理解为"喜怒哀乐之情的潜隐未分的浑然状态"，而认为"中"是所谓大本，是一超越的"中体"。《中庸》原意是说喜怒哀乐（感性之情）在未发时见中体②，"静见中体之大本，此是截断众流、复以见体之意"③，就感性之情发而中节而说"达道之和"。因此，"致中和"的意思是说："本心之寂感无间呈现，超越之体驾临于感性层之喜怒哀乐之上主宰而顺导之，则喜怒哀乐之发自无不中节而和矣。如此讲，则超越之体与感性之喜怒哀乐之情分别既严，而超越之体之超越地顺节夫喜怒哀乐之情之义亦显。说实了，只是一本心之沛然莫之能御，而形气之发无不顺命也。"④

在这个意义上，致中和的问题就是在感性之情未发时见一个形而上

---

① 牟宗三：《心体与性体》第三册，第87页。
② 牟先生认为程颐说"喜怒哀乐之未发为在中"、"只喜怒哀乐不发便是中"是对《中庸》"中体"原意的误解。因为"在中"只是说喜怒哀乐之情的潜隐未分的浑然状态，而发只成为这潜隐状态的激发出来。如此解便丢失了"中体"的超越义，中就不能作为天下之大本与"天命之谓性"的性体了。牟先生进而认为朱熹中和第二书"方往方来、未发已发一体无间"之义是与程颐"在中"暗合。朱熹在该书信中认为："只一念间已具此体用。发者方往，而未发者方来，了无间断隔截处。"此即把体作为未发者（方来），以用为已发者（方往）。按照牟先生，这是把异质性的超越性体与感性之情移向体上平铺地将体拉成一条气机鼓荡的直线流。这样就全无超越层与感性层、形而上与形而下的分别，只成为一个浑沦无间的气化之流。这只是从气化之迹上说"天命流行之体"，是对未发已发的错置，未能注意到动静、未发已发都只能在经验之事、感性之情（喜怒哀乐）或气机之化上说，而在中体的"寂感一如"上是无所谓未发已发的。换言之，未发已发都是"用"上的事，而本心性体的动静是"动而无动、静而无静，神也"之动静一如的动静。牟先生认为，朱熹的这种错置来源于他恋恋不舍于程颐"在中"之说。参见牟宗三：《心体与性体》第三册，第94—103页。
③ 牟宗三：《心体与性体》第三册，第95页。
④ 同上书，第88页。

第五章　情的感通——基于情的政教体系建构

的超越的性体（中体），复返而由此体以主宰调适情之发，使情发而皆中节合度。揆诸《中庸》文本，致中和是直承"天命之谓性"、"道也者不可须臾离也"、"故君子必慎其独"而说，因而是从性体说慎独的进一步更具体的表示。因此，"中"作为天下之大本，就必不是喜怒哀乐未发时的潜隐未分的浑融状态（此即程颐的"在中"说），而是即通于天命之性体而言的。因此，致中和就是"由喜怒哀乐之情异质地跳跃至超越之性体"①。在这个意义上，观喜怒哀乐未发前之气象，就是在喜怒哀乐之情未发之际复返地、逆觉地体证到寂然不动的本心中体，并以此中体范导情之发，使其达到发而皆中节之和。这是由本体直贯的纵贯系统，是以中导和、超越的、内在的体证本体的工夫路径，即"本体论的体证"②。

综上，诚如杜维明先生所说，"中"指的是"喜怒哀乐之未发"的内在自我，它首先指一种不受外界扰乱的心灵状态，然而不只是一个心理学上的平衡的概念，"'中'指的是一种本体论状态，而非一种沉寂的精神状态"。"我们可以把'中'设想为存有的终极依据，即'天下之大本'，而把'和'设想为它的自我表达的展现过程，即'天下之达道'。"③牟宗三的解释坚持情与理、感性与理性、形而下与形而上二分的架构，将"中体"视为超越的纯理的异质层，而将喜怒哀乐视为感性情

---

① 牟宗三：《心体与性体》第三册，第71页。
② 所谓"本体论的体证"正如李侗通过默坐澄心（暂时隔离一下）去做超越的体证天理、本体的工夫，即在默坐危坐之隔离的、超越的体证中，本体从私欲、气质、喜怒哀乐之情变激发的混杂中澄然凸现以自持其自己，成为其纯粹自己的自存自在。这是一种对本心与中体的超越的致察，再由持守涵养以达至践履上冰解冻释所至的本心性体的具体呈现。参见牟宗三：《心体与性体》第三册，第8、14、20页。
③〔美〕杜维明著，段德智译：《论儒学的宗教性——对〈中庸〉的现代诠释》，第21页。

感，从而以理驭情、以理导情，这实际上还是没有跳出康德情感与理性二分的哲学人类学架构。但考虑到《中庸》中和问题主要处理的是喜怒哀乐等自然情感或心理情感，并非我们前面界定的具有先验性、本源性的道德情感，其仍在感性经验或情气的层面来讲。因此，牟宗三的这种诠释也可以说得通，正表明先秦儒家对自然情感的驯化。

第三节　兴于诗：诗教之感通

本节要处理三个问题。其一，诗教的基础在于诗言志还是诗缘情？在这个问题中，我们将讨论《左传》所说君子时代的赋诗言志、断章取义的传统，即诗作为外交场合的公共语言（外交用语）如何委婉地言情达意，这是诗的政治与外交用途，也体现了西周贵族教育的六艺之教（易、诗、书、礼、乐、春秋）。孔孟引诗也属断章取义的传统，然而赋予诗教以新意。我们将要解释儒家为何如此重视诗教的原因。我们将表明，儒家诗教的基础不仅在于诗言志，更在于诗缘情，其中的关键在于理解"情志"的概念。

其二，我们将解释诗何以是抒情的。其中关键在于兴，兴是一种志意的感发，读诗者被诗句中的情志所感染，形成感通，以达到敦风化俗、劝善惩恶的目的（社会功用上）。在个人修养上，儒家的诗教以培养"温柔敦厚"的君子为目标。因此，解诗、读诗的方法是以意逆志，读诗者与作诗者的情志相通。这个时候的情就不再是私人抒情，而是具有历史维度与公共性的情，感通就可以穿越时空、跨代际地实现。可以说，儒家的诗教正是一种情感的教育，引导人们如何正确地抒发性情。

其三，诗教如何发生作用，如何基于情的感通构建人伦的秩序，这

第五章　情的感通——基于情的政教体系建构

是孔子说"诗可以兴、观、群、怨"以及《毛诗·大序》"发乎情，止乎礼义"所说的深刻含义。

一、诗言志与诗缘情

> 诗者，志之所之也，在心为志，发言为诗，情动于中而形于言，言之不足，故嗟叹之，嗟叹之不足，故咏歌之，咏歌之不足，不知手之舞之足之蹈之也。（《毛诗·大序》）
>
> 国史明乎得失之迹，伤人伦之废，哀刑政之苛，吟咏情性，以风其上，达于事变而怀其旧俗也。故变风发乎情，止乎礼义。（《毛诗·大序》）

实际上，上引毛诗序两段提到了献诗陈志（在心为志，发言为诗）与缘情作诗（情动于中而形于言、吟咏情性）的两条线路，前者关乎政教，后者是吟咏情性。朱自清认为言志与缘情不可混为一谈。他认为先秦孔孟那里只有"诗言志"而没有"诗缘情"（即诗是抒发一己之情）的传统，因为诗言志传统下的诗关乎政教，都用于政治与外交场合（赋诗言志、委婉讽谏），因而不算是士大夫一己穷通出处的抒情。只有到了辞赋与乐府诗，诗才彻底走上缘情的道路，成为歌咏一己之穷通与人生义理的文学作品。[①] 我们认为朱说有些胶固，因为士大夫的穷通遭际本来就

[①] 朱自清认为诗言志的传统下有四种"言志"的方式：献诗陈志、赋诗言志、教诗明志、作诗言志。在赋诗言志的时代，诗来自于采诗、献诗，这种诗作为公共文本被用于讽谏其上、风化天下的政教用途，因而诗不是抒发士大夫一己的情感与志向，而是家国天下大事。到了作诗明志的时代（即楚辞大兴时），骚人（辞赋家）才真正开始歌咏自己。参见朱自清：《诗言志辨》，古籍出版社1956年版，第26页。

关乎政教。①

中国历来有深厚的"赋诗言志"的政教传统与深远的诗教传统,朱自清认为诗言志与诗教都指向政教,这确为的论。《诗》在被儒家经典化之前的西周诸子时代,长期被当作国子贵族教育的"教材"。《周礼·大司乐》记载:"以乐语教国子:兴、道、讽、诵、言、语。"尽管《周礼》被学界断为战国时所作,或为汉人托古所立理想制度的作品,但其中记述的制度应该是有所本的。这六种乐语都是用歌辞表示情意。《孔子家语》说:"诗三百,孔子皆弦歌之,以求合《韶》、《武》、《雅》、《颂》之音。"朱自清说:"以乐歌相语,该是初民的生活方式之一,……那时有所讽颂,有所祈求,总之有所表示,也多用乐歌。"②

因而《诗》在西周时期发挥的功能就并非只是现代文学所谓的私人抒情,而是有明显的政治教化的功能。《诗》的采集、创造、整理与编撰显然经过一个漫长的过程。诗篇的来源有采诗、献诗、陈诗、作诗等途径。在汉人司马迁、毛亨等对诗经的解读中,所谓采诗以观民风是当时王道礼乐政治的体现。"故古有采诗之官,王者所以观风俗,知得失,自考正。"(《汉书·艺文志》)周王命采诗官采集民间歌谣,命大师配以音律,由此成为《诗经》中"风"(讽)的部分。③宋儒朱熹也认为风诗多为民间里巷歌谣,主要用于乡党乡饮酒礼与乡射礼的场合。这里要关注的是"诗言

---

① 如《小弁》之怨,孟子认为是"亲之过大者"。焦循认为是因为太子宜臼被放逐"以所关在天下国家之大"。他引用刘始兴《诗益》的说法指出,《小弁》诗文中"踧踧周道,鞠为茂草。我心忧伤,怒焉如捣"有伤周室衰乱之意,都是关乎国家大事。参见焦循:《孟子正义》,第817、820页。
② 朱自清:《诗言志辨》,第8页。
③ 采诗官的名称见诸各书有不同说法,如"行人"、"遒人"、"轩车使者"、"遒人使者"等。焦循认为孟子所谓"王者之迹"等同于陈诗以观民风之制。参见焦循:《孟子正义》,第574页。

第五章 情的感通——基于情的政教体系建构

志"所言之"志"是何意？与我们所要探究的情感有何关系？

今文尚书《虞书·舜典》载，舜命令夔典乐以教胄子，并说："诗言志，歌永言，声依永，律和声。"郑玄注云："诗所以言人之志意也。永，长也，歌又所以长言诗之意。声之曲折，又长言而为之。声中律乃为和。"这应该是最早的关于"诗言志"的文献记载。方玉润认为此句为"千古学诗要言"①。之后的《左传·襄公二十七年》也有"诗以言志"的话。郑玄认为"志"是"志意"。近人朱自清引用闻一多《歌与诗》里的讲法，认为"志"的本义是"停止在心上"，可引申为"怀抱"。然而依据《左传》子太叔见赵简子时所说的"六志"与礼分不开，朱自清认为《诗经》中言志不出乎风（讽）与颂，而且风（讽）多于颂，所言志（自抒怀抱）是与政治、教化分不开的，多带有讽谏之义。赵岐注："志，心所念虑也"，"志，诗人志所欲之事"。（《孟子·公孙丑上》）郑玄注："辨志，谓别其心意所趣乡也。"（《礼记·学记》）又如《说文解字》云："意也，从心屮，屮亦声。"表明"志"的本意是"心愿所往"。仲尼燕居时也曾鼓励弟子"盍各言其志"，这是"志向"、"心愿"的意思。朱自清据此认为诗所言志非关修身、即关政治，均为"发抒怀抱"，赋诗以观人，有"表德"之义。②然而，当时的先民还没有"诗缘情"的自觉。③

总之，朱自清认为在赋诗言志的传统中（尤其是体现在《左传》所记外交场合的赋诗言志），赋诗者以诗表达志向，听诗者以诗"观志"、"知志"，此是借诗委婉地表达一国之志、诸侯之志，与献诗陈己志不同，也并非只关系己事（正得失）。这其中的不同在于：赋诗言志是"为宾

---

① 方玉润：《诗经原始》上，第7页。
② 朱自清：《诗言志辨》，第16页。
③ 同上书，第11页。

荣"见己德；献诗陈志在于自下而上讽谏其上，以正得失；而教诗明志是自上而下移风易俗。① 在孔子生活的时代，诗与乐已经分离，孔门便将它用于修身与致知上（即教化上）。读诗可以明志（表德）。献诗、赋诗都是讽颂政教。诗乐不分家的时代只重视听歌（乐歌）的人，不突出作诗者是谁，因而也无"诗缘情"的意念。②

然而，我们认为情与志是分不开的，无论是公卿大夫的赋诗言志、委婉讽谏，还是普通民众的里巷歌谣，无不是在抒发情志、寄意感兴。魏源说得好：

> 夫《诗》有作《诗》者之心，而又有采《诗》、编《诗》者之心焉；有说《诗》者之心，而又有赋《诗》、引《诗》者之心焉。作《诗》者自道其情，情达而止，不计闻者之如何也；即事而咏，不溯致此者之何自也；讽上而作，但期上悟，不为他人之劝惩也。至太师采之以贡于天子，则以作者之词而又以谕乎闻者之志，以即事之咏而又推其所以致此之由，则一时之赏罚黜陟兴焉。至国史编之以备矇颂，垂久远，则以讽此人之诗而存为讽人人之诗，以己人之诗而又存为处此境而咏己、咏人之法，而百世之劝惩观感兴焉。③

作诗者当然是有感而发，情动于中而形于言，这样才言之有物，才会真切动人，以情感人。言志传统的确是当时诗经运用于外交场合的体现，诗作为公共语言是被当时的君子所谙熟的。在外交场合的酬酢中，诸君子

---

① 朱自清：《诗言志辨》，第 20 页。
② 朱自清指出："诗乐分家以后，教诗明志，诗以读为主，以义为用；论诗的才渐渐意识到作诗人的存在。"参见朱自清：《诗言志辨》，第 26 页。
③ 魏源：《魏源全集·诗古微》，岳麓书社 1989 年版，第 54 页。

第五章　情的感通——基于情的政教体系建构

以断章取义的方式表达自己的志意，以乐歌的方式唱诵出来，这可谓粲然周文的体现。① 然而说当时没有诗缘情的自觉，这一点却值得商榷。

据孔颖达疏："此六志《礼记》谓之六情。在己为情，情动为志，情志一也。"（《左传·昭公二十五年》）《毛诗序》也说："志也，心之所之"，"情动于中而形于言"。此即后世"言为心声"的来源。《毛诗正义》说情是"哀乐之情"，情与志本来就是同义词，感于哀乐"以风其上"也就是"言志"。《汉书·艺文志》说："哀乐之心感而歌咏之声发"，"感于哀乐，缘事而发"，"各言其伤"。这就是《毛诗·大序》所说"国史明乎得失之迹，伤人伦之废，哀刑政之苛，吟咏情性，以风其上"的意思。正如张文江所说："观《小序》之设自成体系，诸《序》纵横交织，《诗三百》乃构成以周为中心、跨越数百年且显示各种情感关系之网络。此网络庞大复杂且变化多端，《诗》之为'诗'，魅力即在此。"②

虽然诗言志是古老的传统，然而在诗乐分离、诗义受到重视、诗书被广泛征引来阐发思想的诸子时代，儒家对诗与乐的重视并非停留在赋诗言志、献诗陈志以讽谏其上的意义，而是看到诗的缘情而发的特质，从而发掘诗教具有的"吟咏情性"、"敦风化俗"、提升人格的作用。受到近代疑古思潮的影响而否定"陈诗观风"的历史真实性的朱自清也不否认，在孔门那里，诗教的作用在于修身与致知。③ 然而这样的评价也把孔

---

① 方玉润认为战国时代竞尚游说之风，赋诗言志的风尚于是渐邈。参见方玉润：《诗经原始》上，第43页。
② 张文江：《管锥编读解》，上海古籍出版社2000年版，第24页。
③ 朱自清认为诗经中一半的诗为抒发情意的"缘情"之作，比如像《野有蔓草》这些讲男女私情的诗既非讽与颂，也无教化作用，便不是言志的诗。它们之所以被乐师保存下来并非由于其本身价值，而是由于它们的声调可以供歌唱。为了给这些诗找一个存在的理由，于是乎就有"陈诗观风"说。这些缘情之作的价值不在"缘情"而在表现民俗，以风其上。参见朱自清：《诗言志辨》，第24、26页。

子所赋予诗的政教、修身与格物的广大意涵给狭窄化了。"子曰：'小子何莫学夫《诗》。《诗》，可以兴，可以观，可以群，可以怨。迩之事父，远之事君，多识于鸟兽草木之名。'子谓伯鱼曰：'女为《周南》、《召南》矣乎？人而不为《周南》、《召南》，其犹正墙面而立也与？'"（《论语·阳货》）事父、事君可谓修身的层面，多识鸟兽草木之名可谓致知的层面。然而孔子更为看重的是诗的"兴、观、群、怨"，其中尤为重视诗的兴，而多识鸟兽草木之名的目的并非仅为致知，而在于各种物象（兴象）关联着兴发人事的道理。《礼记·学记》说："不学博依，不能安诗。"郑玄注云："若欲学诗，先依倚广博譬喻。"所谓"广博譬喻"是依靠各种各样的象来起兴与譬喻。因此，"兴、观、群、怨"就是"依"，多识于鸟兽虫鱼之名也是"依"。① 孔颖达疏："言诗人多记鸟兽草木之名以为比兴。"可见，格物致知附属于诗的比兴大义。

二、诗之兴：情志的感发

汉儒对孔子此读诗之法的解读偏重讽谏其上与王道教化的政教意义，如孔安国说："兴，引譬连类。"又曰："群居相切磋"，"怨刺上政"。郑玄曰："观风俗之盛衰。"马融曰："《周南》、《召南》、《国风》之始。乐得淑女以配君子，三纲之首，王教之端，故人而不为，如向墙而立。"关于"可以怨"，孔颖达引《毛诗序》说："《诗》有'君政不善则风刺之'，'言之者无罪，闻之者足以戒'，故可以怨刺上政。"这大致属于以上所说的采诗观风、赋诗言志以讽其上的言志传统。

宋儒如朱熹对该句的解读偏重"吟咏性情"的一面。朱熹解"诗，

---

① 张文江：《古典学术讲要（修订本）》，上海古籍出版社2018年版，第18页。

第五章　情的感通——基于情的政教体系建构

可以兴"为"感发志意"，解"可以怨"为"怨而不怒"。朱熹弱化了讽谏与王道教化的政教意义，而侧重在涵养情性上讲个体的修身之道。两者最大的差别在于对"可以兴"、"可以怨"的解读上。然而，孔子对诗与诗教的重视应该涵盖政教与性情的两面，这两者是不可分离的。子曰："诵诗三百，授之以政，不达；使于四方，不能专对。虽多，亦奚以为？"（《论语·子路》）这是对赋诗言志老传统的继承。然而孔子也说："诗三百，一言以蔽之，曰思无邪。"因为士大夫个人的穷通出处岂能不关乎政教？士人君子因君政不善或遭谄佞诬陷，心生悲怨而作诗怨刺上政，这难道不是缘情而发？一腔怨念而又不直斥其非，借助兴象、取譬委婉地讽谏，这难道不是"怨而不怒"，不是温柔敦厚的诗教之旨吗？诗经中引譬连类的物候兴象不也为了感发志意吗？因此，问题的关键在于解释孔子如此重视诗兴的原因及其意义。

　　兴是诗的六义（赋比兴风雅颂）之一，然而兴不仅是一种艺术手法那么简单，"诗非兴会不能作，或因物以起兴，或因时而感兴"①。那到底什么才是"兴"？

　　汉人一般比兴连用，解释为"引譬连类"。如郑玄说："兴者，托事于物则兴者起也。取譬引类，起发已心，诗文诸举草木鸟兽以见意者，皆兴辞也。"孔颖达疏说："比之与兴，虽同是附托外物，比显而兴隐。"刘勰《文心雕龙》阐发"兴"义说："观夫兴之托喻，婉而成章，称名也小，取类也大。关雎有别，故后妃方德；尸鸠贞一，故夫人象义。义取其贞，无疑于夷禽；德贵其别，不嫌于鸷鸟：明而未融，故发注而后见也。"诗经表达情志并非直抒胸臆，而是托喻于物象以"取譬"。如看到雎鸠鸟两

---

① 方玉润：《诗经原始》上，第7页。

两相伴在河上悠然地鸣叫，君子取象于此雎鸠鸟"挚而有别"，而兴发君子乐得淑女以婚配的美好情意，进而阐发"正人伦之始"的教化之义。物象与人事之间能相取譬，在于两者有种相似性与共通性。李泽厚说中国的诗歌所反映的思维特征是不重逻辑推论、不重演绎归纳，而重直观联想、类比关系。因此，孔子称赞子贡引"如切如磋"诗句来说明"贫而乐、富而好礼"与子夏以"礼后乎"解释诗经"巧笑倩兮"之句为真正懂诗的体现（始可与言诗），这是赞赏他们领悟了诗兴的精神，能触类旁通、举一反三（告诸往而知来者①）。这种师徒之间的相互启发、指点未免不是一种兴。孔子说"兴于诗"，如此重视诗教，与弟子们谈诗、论诗、引诗不仅仅是传授读诗之法，更重要的是强调诗的"感兴之效"。

朱熹认为兴是"先言他物以引起所咏之物"，不像汉人那样认为兴是间接的譬喻。朱熹特别重视兴的"感发志意"的作用。在注《孟子·尽心上》"待文王而后兴者"时解"兴"为"感动奋发之意"。他说："古人独以为'兴于诗'者，诗便有感发人的意思。"又说："读《诗》便长人一格。如今人读《诗》，何缘会长一格？《诗》之兴，最不紧要。然兴起人意处，正在兴。会得诗人之兴，便有一格长。"（《朱子语类》卷八十）朱熹抓住"感发志意"来说明兴的特征，这虽然是在志向、心愿所向的意义上说的，但很难说这种"感发"没有激发性情的意思在内。②"凡诗之言善者，可以感发人之善心，恶者，可以惩创人之逸志，其用归于使

---

① 何晏《集解》引孔曰："子贡知引诗以成孔子义，善取类，故然之，往告之以贫而乐道，来答以切磋琢磨者也。"参见程树德：《论语集释》，第74页。
② 朱熹集注《论语·泰伯》"兴于诗"："兴，起也。诗本性情，有邪有正，其为言既易知，而吟咏之间，抑扬反覆，其感人又易入。故学者之初，所以兴起其好善恶恶之心而不能自已者，必如此而得之。"

第五章　情的感通——基于情的政教体系建构

人得其情性之正而已。"① 因此，诗之兴可以概括为：其一，通过物象的取譬连类以触类旁通；其二，感发志意②，提升人格，偏重对志向的感发；其三，感发人的善心，偏重性情的感通。

然而，张祥龙认为以上解释尚未脱离兴者与被兴者之间对象化的联系。他借鉴现象学注重情境、视域（horizon）的视角，指出"兴"为一种"共举的力量"用于兴发、共举成一个意义生发的情境。兴之所以与现象学有亲缘性，是因为现象学对人的存在本质的规定是"非对象化"的境域式构成（即现象学构成）。"缘在与世界打交道的原初方式并非主体认知客体式的，而是以一种两者还未截然分开的、一气相通的境域方式'缘起'着的、牵念着的。人看世界，首先还不是一个主体意识在打量某些对象，而是缘在对于自己所处的周遭境域的'环视'，以及由这种环视带来的非主题的、非对象化的领会。"③ 因此，对于海德格尔来说，人的本性是境域式（da）的存在构成，而非"思想的主体"、"理性的动物"之类形而上学的设定。"人与世界的根本关系并非是主体与客体的关系，而是那在本源的发生中获得自身的相互缘构（Ereignis）和相互构成。"④ 那么，兴就是要兴起一种主客未分的本源的缘发

---

① 参见朱熹集注《论语·为政》"思无邪"章句。关于"思无邪"，历代注家争议较大。项氏、俞樾、程树德认为"思"是语气词，而非"心思"之思。郑氏《论语述要》考证"无邪"的"邪"古义并非"邪恶"，而与"徐"相通，是"虚徐"的意思。因为"思无邪"出自《诗·鲁颂·駉》，此篇本写牧马的盛意，解读为"虚徐"才与前后意连贯。因此，思无邪的意思应为："夫子盖言诗三百篇，无论孝子、忠臣、怨男、愁女皆出于至情流溢，直写衷曲，毫无伪托虚徐之意，即所谓'诗言志'者，此三百篇之所同也，故曰一言以蔽之。惟诗人性情千古同照，故读者易收感兴之效。"参见程树德：《论语集释》，第 85—87 页。
② "兴于诗"，皇疏引江熙云："览古人之志，可起发其志也。"程树德：《论语集释》，第 683 页。
③ 张祥龙：《从现象学到孔夫子》，第 65 页。
④ 同上书，第 189 页。

构成。

"共举"不是对象化的现成机制，而是非现成的"构成化"的意义机制。兴者与被兴者之间没有对象化的联系，兴句只是创造了一种情境，于此情境中，被兴者的意义才能得到恰当的理解。"兴是海德格尔讲的'dicheten'：创作、诗化出一个前行的视域，一种原本的押韵，因为这个押韵，我们才被发动、感动，觉得意义风起云涌，人生充盈着意趣、和谐（昌盛、趣味），由此而相信成为人或仁是最美好之事。"[①]因而，诗言肯定要唱出来才能尽"兴"，咏叹之不足则不知手之舞之足之蹈之。"诗，是以合乎心灵尺度的方式，到音—义初生的境界中去……诗言是以一种有内在尺度的方式到初生状态中去，诗就是一种充满尺度感或韵律感的兴发之言。"[②]兴是最少对象化的、最具音乐感的表达方式。"因为'兴'是语言表达中最有音乐感、最得音乐之兴发灵气的状态。原本的诗都以兴或兴的变体作为它最基本的表达方式。"[③]因而三百零五篇诗都是乐歌，是对内心情感、志意的长久咏叹。诗与乐是不分家的，诗通过兴而成为乐，乐通过兴而成为诗。在"共举"的情境中，有欢乐喜悦，有哀怨忧伤，有凄惘彷徨，有慷慨激昂。

海德格尔说，诗是最原始的语言。[④]本源语言不是后来主客分化以后的概念式、逻辑式语言，而是诗的语言。这种语言不是"说"一个对象，

---

① 张祥龙：《孔子的现象学阐释九讲》，第97页。
② 同上书，第82—83页。
③ 同上书，第168页。
④ "在这种语言中，语词的抽象意义与感性的意义没有什么裂痕，语言的意义、声调、韵律是结合在一起的，这就是为什么在原始民族中诗、音乐、舞蹈常是结合在一起的缘故。本源意义上的人，有话要说，也就是有歌要唱，有诗要吟。"叶秀山：《思·诗·史——现象学和存在哲学研究》，第180页。

而是"说"此在（Dasein）。此在感到有一种"意义"非表现不可而不得不说。诗人的使命就是通过诗歌把存在的本真揭示出来：诗人根据他所领会到的存在本身的旋律而歌唱。诗言（或者说诗兴）敞开了一个意义构成的世界（林中空地），让存在者的本真如其所是地显现，诗人所守护的正是存在者的"敞开"状态。

三、诗之兴：仁心与感通

整部诗经就是一部情感教育的典范。孔子大概正是看到诗与乐对情感的兴发与引导有本质性的作用才如此重视诗教与乐教。其实诗本来就是"声教"："故曰声音之微与性情通，非达天德者，孰能知之？"①孔子如此痴迷于雅乐以至于在齐闻《韶》而三月不知肉味，这是因为他深知声音之微既与性情相通，更关乎政教。这也是孔子在子游治下的武城听到弦歌之声而十分兴奋的原因，所以才以"割鸡焉用牛刀"的戏语揶揄子游。大抵他心中的"牛刀"就是声乐，他所憧憬的理想政治是弦歌雅乐并作、民人安居乐业（老者安之，朋友信之，少者怀之）的状态。

黄樗说："婴孩之嘻笑，童子之呕吟，皆有诗之情而未动也。"②诗以道性情，然而性情之发有哀有乐，有贞有淫，孔子特标"诗无邪"一语作为读诗的心法，正是要以"无邪"之思贞定情志，使哀而不至于伤、乐而不至于淫。所以他说："《关雎》乐而不淫，哀而不伤。"这也就

---

① 风雅颂体裁的不同与正变之分是由于声音的不同。"声出乎风，故首《风》。风之本乎天者嘘气而成声，风之本乎人者因时而为俗。本时势之风尚，发而为天籁之声。歌体近乎风者则风之体，近乎雅者则雅之体，近乎颂者则亦颂之而已矣。""曰风者，讽也，有类乎春风之风人也；雅者，大也，有类乎夏气发扬与秋令之广大而清明也；颂则隆冬收闭，万物尽藏，一岁长养，可告成功矣。"方玉润：《诗经原始》上，第8页。
② 转引自方玉润：《诗经原始》上，第46页。

是《礼记·经解》"温柔敦厚,诗教也"的旨归,也是《毛诗·大序》所谓"变风发乎情,止乎礼义"的意思所在。那么,诗教就不应只如朱熹所言阐发诗义以求志、存志为主①,更关键的是以声乐感动人心、风化天下。孟子曰:"仁言,不如仁声之入人深也。善政,不如善教之得民也。"(《孟子·尽心上》)孰不知,孔子之志就在自卫返鲁之后的"正乐"与修春秋。"盖欲学文王而不可得,则于周公制作中求之;欲行周公之道于东周而不可得,则寓之空文以垂来世云尔。此'四始'之义也。"②孔孟可谓深谙音声之道。

朱熹也承认,三代之时礼乐用于朝廷,而下达于闾巷。"夫《关雎》、《鹊巢》,后妃夫人之诗也,而乡饮酒燕礼歌之。《采蘋》、《采蘩》,夫人大夫妻主祭之诗也,而射礼歌之。"(马端临语)诗乐感人也深,深入民心,这就是《礼记》"礼乐行政"把礼乐置于刑政(政,谓法度禁令,所以制其外也)之前的原因所在。因为相比于冷冰冰的刑罚、强硬的政治措施,诗乐的旋律、声音更能打动人心,感发志意,"教,谓道德齐礼,所以格其心也"(朱熹《孟子集注》)。《礼记·乐记》载:"乐在宗庙之中,君臣上下同听之,则莫不和敬;在族长乡里之中,长幼同听之,则莫不和顺;在闺门之内,父子兄弟同听之,则莫不和亲。故乐者,审一

---

① 朱熹认为诗本为言志而作,乐因诗而作,声音只是辅助诗义的阐发。且古乐已不可考,不能以声求诗。因此,志为诗之本,乐为诗之末,解诗应以阐发义理为主。朱熹不重视乐,所以他以诗作的内容、作诗人来区别风雅颂,即风为闾巷风土民情之作,雅则燕享、朝会、公卿大夫所作,颂则鬼神宗庙、祭祀歌舞之作。参见方玉润:《诗经原始》上,第7页。
② 《毛序》有"四始之说",其微言大义是"不知诗、乐之相通,则不明'四始'之例"、"夫《毛序》四始之说,即其'正始'之说;正始之说,即其'正变'之说"。魏源认为毛公的意思为:以四部正诗为"四始"。参见魏源:《魏源全集·诗古微》,第26页。

以定和，比物以饰节，节奏合以成文，所以合和父子君臣，附亲万民也，是先王立乐之方也。"无论是关乎政教的讽谏（自下而上）与风化天下（自上而下），还是个人性情的吟咏涵养，诗教的关键都在于兴。"风之体轻扬和婉，微讽谲谏，托物而不著于物，指事而不滞于事。义虽寓于音律之间，意尝超于言词之表。虽使人兴起，而人不自觉。"① 虽然列国的风土、风气、民俗不同而有风化的不齐，同时也有音乐的不同（如《礼记·乐记》"郑声好滥淫志，卫声促数繁志，齐音傲僻骄志"），但是风化天下的礼是相同的。如温柔和煦的南风触物而物皆畅茂，人们听到其音，而不自觉地被感动、化育。那为什么诗兴能兴发、感动人的情志呢？

首先，兴是托物以起兴、因时而感兴，《国风》能风化天下依靠的主要是通过兴引发情感共鸣、感应而通。诗的兴必须通过乐才能成就教化的作用。再来看孔子论乐。子语鲁大师乐，曰："乐其可知也：始作，翕如也；从之，纯如也，皦如也，绎如也，以成。"这是说："让那摆脱拘束的始翕（变而发动盛大）态舒放开来，但又绝不让它散漫流衍，而是保持其纯粹的生发和谐的势头，以至放射出明亮清白的光辉，反复再三，曲尽其意，一气呵成。"② 由此可见，"兴"的兴发是与乐的内在状态相通的。"兴是一种在主客分裂前的起兴、风化，也就是论语中提出的'始翕从纯'态或语言的乐态，它以自由的方式凭空发生，蓬蓬浩浩而行，引导转化各种意识而不被规范，率性起止而绝不拼凑矫情。"③ 所以孔子说："兴于诗，立于礼，成于乐。"《论语·泰伯》这表明礼被诗引导，诗由于

---

① 章潢语，转引自方玉润：《诗经原始》上，第59页。
② 张祥龙：《孔子的现象学阐释九讲》，第76页。
③ 同上书，第96页。

乐而作①，而最终由音乐来成就。礼必须从诗兴中获得感发人心的力量才具有感染力，才能使人格挺立，而最终在乐声中得以升华、圆满，这就使道德人伦获得某种审美的价值与意义，使善与美合一。这样，诗、礼、乐构成一个首尾相贯的回环，成为孔子全部学说的纲领。"与诗乐相通之后的'礼'就不再只是枯燥死板的仪节形式，而是内具仁爱精神的意义生成机制，成为生活世界的富有人情味的共同范式。"②可以说，诗的兴与乐的"始翕从纯"精神贯穿整个六艺之教中，贯穿孔子思想与生命的始终。

例如，徐复观认为春秋教的兴发是一种历史意识与历史感的兴发。他说："孔子作《春秋》以为百世法，此时《春秋》中人物的言行，亦必破除其特定的时间空间与具体人物个性的限制，而把其中所蕴含的人的本质与事的基义呈现出来，使其保有某种的普遍性与妥当性。于是历史上具体的人与事，此时亦成为此普遍性与妥当性的一种象征。此虽较诗的象征为实质，但在领受者的精神领域中，都是以象征的意味而发生作用，则是一致的。"③徐复观仍然是在象征、譬喻的意义上理解诗经中的兴象。蒋年丰认为春秋教、易教与诗教在兴象活动上有共通之处。④所谓兴，意味着人的精神奋发兴起的现象。春秋经传尤其《公羊传》中的"微言大义"体现了见微知著的兴象精神。春秋兴象的特征是一字寓褒贬，语辞既凝重又具有强度感与紧张性。在表达义理上，见微知著，由小端倪

---

① 与朱熹看法不同，魏源认为古人因乐而作诗。"圣人制作之初，因礼作乐，因乐作诗。"魏源：《魏源全集·诗古微》，第27页。
② 张祥龙：《孔子的现象学阐释九讲》，第180页。
③ 徐复观：《两汉思想史·卷三》，华东师范大学出版社2001年版，第8页。
④ 庄存与曾经会通《易经》与《春秋》，刘逢禄更以春秋公羊学的精神诠释五经。

第五章 情的感通——基于情的政教体系建构

窥知可能的趋势，对人的处境与行为动机皆能有细密的体会。①

蔡振丰指出《论语》中师生问答之间以及整个《论语》篇章结构的布排上都有"兴"的意义生发。孔子教导学生注重愤悱启发、随机指点，多以诗之兴作为诠释与理解经典的手段，而不是通过抽象、逻辑分析的论理方式达成。"兴是一种注意力及自觉力的召唤，借此召唤使受教者发觉现时的处境或以往的经验，进而引发人对善的向往及实践的意欲。经由'兴'，人在面对文本时，并不以从事文字的解读工作为足，而是借由文字的触发'由此'—'在此'—'为此'对自身做深层的省视活动，在自觉之下达成对理想及道德的高度肯定。"② 在这个意义上，南容三复以《白圭》之诗兴发一生自洁的品质；子路以"不忮不求，何用不臧"兴发一生的志向与君子品格的追求；子贡以"如切如磋"兴发"贫而乐、富而好礼"的深意；子夏以"礼后乎"的领悟让"巧笑倩兮"的诗句兴发了礼以忠信之质为本的礼学真义。

兴作为一种召唤，不仅存在于师徒的问答与相互启发中，也存在于文本、文字的相互呼应上。"这种呼应不是得自于同一主题或意见的重复出现，而是存在于各种不同的主题间所可能存在的相同之意向。《诗》、《书》、《礼》、《乐》或许叙述着不同面向的内容，但它同时可以统合而归于孔子所论之《诗》，或荀子所论之《礼》，……如果'诗'之'兴'是情境及情操上的自我认识及诠释，那么文本结构上的'兴'或许可以视为是部分与整体间引发及引申式的诠释，由此二者所构筑的中国诠释传

---

① 蒋年丰：《从"兴"的精神现象论〈春秋〉经传的解释学基础》，载蒋年丰：《文本与实践（一）：儒家思想的当代诠释》，台北桂冠图书股份有限公司2000年版，第136—143页。
② 蔡振丰：《〈论语〉所隐含"述而不作"的诠释面向》，黄俊杰主编，李明辉编：《儒家经典诠释方法》，第122页。

统,是在传、注、疏、笺、义解之外的一个重要的传统。"①

以上研究都看到了兴所具有的"言近而指远"、"言隐而指近"的特征与感发志意与情感的作用。可以说,六艺经传中都洋溢着由此及彼、言近旨远的活泼泼的诗兴与盎然天机的乐感,充满着灵动的韵律感与节奏感。蔡振丰指出《诗》、《书》、《礼》、《乐》可以统归于诗之兴,实乃洞见。然而若只是从相互引发、由此及彼相贯通的诠释方法上讲六艺的统一性,还未能直探孔子精神的本源。

马一浮以"志气如一、浩然兴起"的"兴"诠释孔子的仁教(郭齐勇称为"经典诠释"、"本体诠释")。他认为六艺之教可以统摄于诗教之仁,诗教之仁全靠诗的感发兴起。在这个意义上,兴便是没有"私系"之心的感而遂通,因此也便是仁。正是因为没有己私系于心,仁心才能感物而兴起,呈现盎然的生意与天机不容已的流行。他首先指出兴味的特征是贵在"引申触类"、"言此意彼":

诗人感物起兴,言在此而意在彼。故贵乎神解,其味无穷。圣人说《诗》,皆是引申触类,活泼泼地。其言之感人深者,固莫非《诗》也。天地感而万物化生,仁之功业。圣人感人心而天下和平,诗之效也。程子曰:"鸡雏可以观仁,满腔都是生意,满腔都是恻隐,斯可与识仁,可与言诗矣。"②

他把诗兴与仁心等同,诗能感发起兴正是由于仁心的感通,而仁心

---

① 蔡振丰:《〈论语〉所隐含"述而不作"的诠释面向》,黄俊杰主编,李明辉编:《儒家经典诠释方法》,第122页。
② 马一浮:《复性书院讲录》,江苏教育出版社2005年版,第57页。

第五章 情的感通——基于情的政教体系建构

能感通是由于心无"私系",是活泼泼的。

> 故圣人始教,以《诗》为先。《诗》以感为体,令人感发兴起,必假言说,故一切言语之足以感人者,皆诗也。此心之所以能感者,便是仁,故《诗》教主仁。说者、闻者,同时俱感于此,便可验仁。……人心若无私系,直是活泼泼地,拨着便转,触着便行,所谓感而遂通。才闻彼,即晓此,何等俊快,此便是兴。若一有私系,便如隔十重障,听人言语,木木然不能晓了,只是心地昧略,决不会兴起,虽圣人亦无如之何。须是如迷忽觉,如梦忽醒,如仆者之起,如病者之苏,方是兴也。兴便有仁的意思,是天理发动处,其机不容已。《诗》教从此流出,即仁心从此显现。[①]

进而,马一浮以诗教的仁去统摄六艺之教。这是因为《孔子闲居》揭示了礼乐之原是仁。因而,六经都可以统摄于仁教,也就是仁心:

> 总显一心之妙,约之则为礼乐之原,散之则为六艺之用。当以内圣外王合释,二者互为其根。前至为圣,后至为王。……更以六艺分释,则《诗》是内圣,《书》是外王。《乐》是内圣,《礼》是外王。《易》是内圣,《春秋》是外王。《诗》既摄《书》,《礼》亦摄《乐》。合《礼》与《乐》是《易》,合《诗》与《书》是《春秋》。又《春秋》为礼义大宗,《春秋》即《礼》也。《诗》以动天地,感鬼神,《诗》即《易》也。交相融摄,不离一心,塞于天地,亘乎古今。易

[①] 马一浮:《复性书院讲录》,第56页。

> 言之，则《诗》之所至，《书》亦至焉。《书》之所至，《礼》亦至焉。《礼》之所至，《乐》亦至焉。《乐》之所至，《易》亦至焉。《易》之所至，《春秋》亦至焉。五至之相，亦即六艺之所由兴也。五至始于志，故六艺莫先于《诗》。①

在马一浮看来，诗教的兴是一种感通生发的力量，是仁爱之心无障隔的发显，也就是天理的流行不已。"合《诗》与《书》是《春秋》"，春秋经就兼具历史记载的经验启发与诗教志气兴发的感染力。"《易》是内圣，《春秋》是外王"，点出了《春秋》经传注重权变、与时消息的历史理性与时变精神。六艺之教是内在相通的。

六艺之教是以诗教为首，诗教又是兴仁（感发兴起仁心）。心若不能感而遂通是由于王阳明所说的"由自家躯壳上起意"，即私欲障隔了仁心的感通，此心便会麻木而不仁。由此，孔子首重诗教与诗之兴，便是从"感发兴起"处识仁心，"兴便有仁的意思"。无私欲障隔的仁心之兴发便是天理的流行。可见，马一浮是以此试图调和心学与理学的分歧。蒋年丰认为作为经学基础的"兴的精神现象学"的规模是在马一浮手中确立的。② 在这个意义上，孔子指点宰我心安与否便是兴发他的仁心，孔子不愤不启、不悱不发也是为了让此心"感发兴起"。"苟志于仁，无恶也，心之所之莫不仁"（马一浮语）便是程明道所说的仁者与万物为一体的境界。

接下来，我们以两首诗具体展示儒家基于诗兴与诗情的感通机制如何发挥作用。在人容易被物化、利益化的政治世界，儒家特别注重在政

---

① 马一浮：《复性书院讲录》，第156页。
② 蒋年丰：《从"兴"的精神现象论〈春秋〉经传的解释学基础》，载蒋年丰：《文本与实践（一）：儒家思想的当代诠释》，第136页。

第五章 情的感通——基于情的政教体系建构

治行为的理性准则中注入一丝情感的温润，以调和、滋润干瘪的形式空泛的政治关系。在这方面，被儒学经典化的、常常被孔孟荀断章取义式援引的《诗经》提供了礼乐教化的范本。在政治空间中，君上如何导民、治民、用人而又能把他们的怨念化解，达到一种君臣、君民心心相契的理想状态，是儒家与法家依靠赏罚二柄来诱导、威慑群臣百姓的利益化的政治机制最大的不同。

《小雅·鹿鸣之什·四牡》是一首王体恤使臣劳苦之情、慰劳使臣的诗，其中能体现儒家的君臣相处之道。故《毛传》说："《四牡》废则君臣缺矣。"其诗曰：

> 四牡騑騑，周道倭迟。岂不怀归？王事靡盬，我心伤悲！
> 四牡騑騑，啴啴骆马。岂不怀归？王事靡盬，不遑启处！
> 翩翩者鵻，载飞载下，集于苞栩。王事靡盬，不遑将父！
> 翩翩者鵻，载飞载止，集于苞杞。驾彼四骆，载骤骎骎。
> 岂不怀归？是用作歌，将母来谂！

从政治化的解读来看，《毛传》的诗序解为："《四牡》，劳使臣之来也。有功而见知则说矣。文王为西伯之时，三分天下有其二，以服事殷。使臣以王事往来于其职，于其来也，陈其功苦以歌乐之。"这是说文王为慰劳有功劳的使臣，陈说其功苦并以乐歌使其欣悦。此诗呈现的伦理情境是使臣由于出使王命而在外奔波劳苦，无暇归家奉养父母而生伤悲之情。使臣驾着飞奔不止的高头大马在历远的周道上行进，看到翩飞的鵻尤能飞上飞下，安闲地落在苞栩上休憩，而自己忙于职守，无暇归家，不免心生伤悲怨念之情思。"岂不怀归？王事靡盬"，岂能不想早日归家呢，只是因为王事不可以不坚固。虽然王事在身，然心中不免怨叹作此诗歌"以养父母之志来告于君也"（《郑笺》）。《毛传》把使臣置于奔走王命的公义与念忆父母的私恩相冲突的伦理处境中，"思归者，私恩也。靡盬者，公义也。伤悲者，情思也"。郑玄引用《公羊传》做进一步发挥："无私恩，非孝子也。无公义，非忠臣也。君子不以私害公，不以家事辞王事。"（《郑笺》）这里的解释把公义的正当性置于私恩之上，不能徇私而废公，以疏导使臣的怨悲情思，使之归于正。《毛传》、《郑笺》的政治化解读把诗经作为"诗、乐、舞"一体的礼乐政教体系以实行教化。《毛传》说："文王率诸侯抚叛国，而朝聘乎纣，故周公作乐，以歌文王之道，为后世法。"孔颖达对此做了详细的解读："谓今《乡饮酒》、《燕礼》皆歌《鹿鸣》、《四牡》、《皇皇者华》，此礼是周公所制法，后世常歌，是为歌文王之道为后世法。"

朱熹《诗集传》注此诗为"劳使臣之诗"、"设言其情以劳之耳"。他更注重君臣性情的相投，君能体恤使臣的悲情而悯伤，对使臣无暇奉养父母的忧亦同忧。"夫君之使臣、臣之事君，礼也。故为臣者，奔走于王事，特以尽其职分之所当为而已。何敢自以为劳哉。然君之心，则不敢以是自安也。故燕飨之际，叙其情而闵其劳。……臣劳于事而不自言。君探其情而代之言。上下之间，可谓各尽其道矣。……范氏曰：臣之事上也，必先公而后私。君之劳臣，必先恩而后义。"这样偏重心理的解读更强调了使臣忠厚之心与君上慰劳感念之心的相契，达到更强的感发人心的效果。

《小雅·鹿鸣之什·采薇》是"遣戍役之诗"，是西伯文王在派遣将士戍守边疆之时叮咛他们归期以安定其心的诗篇。依据孔颖达疏，此诗的背景是由于玁狁侵逼严重，文王不待孟秋而在仲春时节派遣兵役，且回归之期远至岁暮,故提前告知将士归期,以安定其心。"采薇采薇,薇亦作止。曰归曰归,岁亦莫止。靡室靡家,玁狁之故。不遑启居,玁狁之故。"诗中将士出戍之时,采薇而食,念虑归期遥远而生悲叹,然而君上告诉你们使汝远离室家、无暇归居的并非君上故意让汝劳苦,而是由于玁狁的侵伐不得已而然。君上动之以情,晓之以理,使将士感念上恩并同仇敌忾。朱熹《诗集传》注此诗"盖叙其勤苦悲伤之情,而又风之以义也"。"昔我往矣,杨柳依依。今我来思,雨雪霏霏。行道迟迟,载渴载饥。我心伤悲,莫知我哀。"诗文直抒的是戍守将士行役途中艰难困苦的哀怨之情,然而这是君上对下情的体恤,毛传解为"君子能尽人之情,故人忘其死"。朱熹认为这是君上代为役人而发之辞:"设为役人,预自道其归时之事,以见其勤劳之甚。程子曰:此皆极道其劳苦忧伤之情也。上能察其情,则虽劳而不怨,虽忧而能励矣。范氏曰:予于采薇,见先王以人道使人。后世则牛羊而已矣。"(《诗集传》)

《小雅·鹿鸣之什》的另一首慰劳还役的诗《杕杜》写道:"有杕之杜,有睆其实。王事靡盬,继嗣我日。日月阳止,女心伤止,征夫遑止!"其中妇人思望其夫归来的悲情惾怛动人。此诗以秋冬之交结出繁盛果实的杕杜起兴,妇人有感于时物之变,感伤到杕杜尚能得时蕃滋,而自己的征夫服役在外劳苦,逾期不还,故而忧伤不止。这也是由于王命在身,不得不尽力效劳。朱熹认为这是由作诗者站在思妇的角度追述其征夫未还之时的拟设之辞,用于征夫还役之后慰劳他们的场合。朱熹《诗集传》引用范氏的话说:"《杕杜》劳众,故极其情。先王以己之心为人之心,故能曲尽其情,使民忘其死以忠于上也。"虽然逾期不还造成了室家的幽怨悲伤,但王者能够充分体恤其劳苦之情,与其情感共鸣,那么就能把怨念疏导转化为为公义而甘愿牺牲的情致。这也就是上文所述通过"择可劳而劳之"、"使民以时"的做法可以实现"劳而不怨"的效果，也是孟子仁政的题中之义。

综上可知，《四牡》和《采薇》提供了儒家王道政治成功疏导政治性怨恨的案例，是"诗可以怨"的最佳体现。说明君上对大臣与民人的体察下情、设身处地地与其同情共感的做法，能使政治上强制性、压迫性的权责关系变得温润起来，富有人情味。司马迁说："《小雅》怨诽而不乱。"（《史记·屈原贾生传》）此与朱熹说的"怨而不怒"有异曲同工之妙。《小雅》虽然多有怨刺上政的不平之语，但经过儒家的解读而凸显出诗人忠厚之旨。

第四节　立于礼：基于情的秩序建构

一、爱有差等

圣王通过"立中制节"来规范人伦秩序最典型地体现在丧礼与丧服之制上。丧礼中的服丧不仅是重要的情感表达形式，更为重要的是，五服的服制体现并规范了亲疏远近、有等差的人伦秩序与宗法政治结构。《仪礼·丧服》贾公彦疏引郑玄注："天子以下，死而相丧，衣服、年月、亲疏、隆杀之礼。"圣王依据亲疏、贵贱的关系来规定服丧的服制、时长，以体现"致隆思慕之义"（《荀子·礼论》）。李泽厚说："古人特重丧礼，不但在这行为、秩序、动作的'礼'中建立外在的等级秩序、社会制度，而且也在悲哀、伤痛、怀感的'乐'中建立人的内心情感、精神形式。"①

---

① 李泽厚：《李泽厚对话集：中国哲学登场》，第272页。

第五章 情的感通——基于情的政教体系建构

首先,儒家为何如此重视丧礼,以至于荀子与《礼记》都说"三年之丧"是再隆之礼,是"人道之至文"呢?这是因为生死关乎甚大,敬始慎终、养生送死是儒家所谓的"人道主义"。荀子说:"礼者,谨于治生死者也。生,人之始也,死,人之终也,终始俱善,人道毕矣。故君子敬始而慎终,终始如一,是君子之道、礼义之文也。"(《荀子·礼论》)这道出了丧礼的重要性。我们来看几条荀子对丧礼背后精神与意义的论述:

> 故三月之葬,其貌以生设饰死者也,殆非直留死者以安生也,是致隆思慕之义也。
> ……
> 而所以送葬之者,不哀不敬,则嫌于禽兽矣。
> ……
> 丧礼者,以生者饰死者也,大象其生以送其死也。故如死如生,如亡如存,终始一也。……事生,饰始也;送死,饰终也;终始具,而孝子之事毕,圣人之道备矣。(《荀子·礼论》)

在荀子看来,孝子要尽到"养生送死"的人伦之道(否则就近于禽兽),丧礼的作用是"饰终"。丧礼是为表达丧亲的哀敬与思慕之情,也说明了事死如事生的道理。

其次,丧礼的丧服制(五服:斩衰、齐衰、大功、小功、缌麻)体现了儒家依照血缘亲疏确立爱有等差的人伦秩序。《礼记·丧服四制》总述圣王制礼的大纲:"凡礼之大体,体天地,法四时,则阴阳,顺人情,故谓之礼。"圣王以体天地、法四时、则阴阳、顺人情作为制礼的四个总纲。单就丧礼来说，圣人要取之四时、取之人情以确定仪文度数。《丧服四制》说："丧有四制，变而从宜，取之四时也。有恩有理，有节有权，取之人情也。恩者仁也，理者义也，节者礼也，权者知也。仁、义、礼、知，人道具矣。"丧的四制是以恩制、以义制、以节制、以权制。孔颖达疏曰："言门内主恩，若于门外，则变而行义。尊卑有定，礼制有恒，以节为限。或有事故，不能备礼，则变而行权。"简言之，以恩制施行于门内，依照恩情的厚薄来定丧服的轻重；以义制施行于门外（朝廷之间），"资于事父以事君，而敬同"，是以事父之道事君，所谓"贵贵尊尊"是最大的公义，"既仕公朝，当以公义断绝私恩"（孔颖达疏）。以节制是为防止孝子过度哀伤以致伤生"灭性"而规定"三日而食，三月而沐，期而练"（《礼记·丧服四制》）加以节制，以表示哀伤有终，三年丧除后即可重兴礼乐。以权制是服丧时授杖"有不应杖而杖，又有应杖而不杖"等的权宜之变。可见，丧礼的"四制"能体现仁之恩、义之理、礼之节、智之知的全德，使人道浃备。

从丧服制来看，门内之治重恩，"其恩厚者其服重，故为父斩衰三年，以恩制者也"。斩衰三年是五服中等级最高、服制最重的一种，从服丧时长与丧服的质、量来说，是时间最长、丧服制作最粗糙的丧制。之所以定三年丧，"言于父母加隆其恩，使倍期也（期，乃整一年）"（《礼记·三年问》郑玄注）。《仪礼·丧服》经文载斩衰的穿戴为："斩衰裳，苴绖、杖、绞带，冠绳缨，菅屦者。"《丧服传》曰："斩者何？不缉也。"这是说为父服丧的衰裳要斩粗麻布而成且不缝边，头上与腰间要系上用苴麻制成的麻带（郑玄注："麻在首、在要皆曰绖。"古人以衰绖总言丧服），并挂着用黑色竹子制成的孝杖，即后世所谓"披麻戴孝"。"言'斩衰裳'者，谓斩三升布以为衰裳。不言裁割而言'斩'者，取痛甚之意……是以衰设人功之疏。"(《仪礼·丧服》贾公彦疏)这是说,斩衰裳是表示因丧父极为哀痛之情,故而斩布作衰裳,不缝边,疏于人工的修饰。在儒家看来,丧礼中的服丧是重要的情感表达形式与载体,以使外在形貌与内心情感相应。《仪礼·丧服》郑玄注:"经之言实也,明孝子有忠实之心,故为制此服焉。"衣冠服制往大的方面说,是标志人文化成的重要象征,所以孟子阐述尧舜之道容易实行之时首先说"服尧之服"(赵岐注:"尧服,衣服不逾礼也"),这是儒家极为重视服饰的原因所在。死丧是凶事,丧礼是凶礼,故所着之服为恶服,以表示内心之哀痛,是"服以象貌,貌以象心,是孝子有忠实之心"(《仪礼·丧服》贾公彦疏)。

可见,五服的原则是:恩情越重、血缘关系越亲,丧服越重、制作越粗;恩情渐杀,丧服渐轻、制作渐精细。因而,斩衰之服是为最尊者、最有恩者所服的重服、尊服,只用于门内子女为父亲、妻子为丈夫、父亲为嫡长子的情况。斩衰以下,以血缘亲疏远近为差等,依照"哀有浅深,布有精粗"的原则,渐次降等为齐衰①、大功、小功、缌麻五种。往下的丧服做工越来越细,所体现的哀情变浅,以确立亲疏、隆杀之礼。"至于大功、小功,更见人功之显,缌麻极轻,又表细密之事,皆为哀有深浅,故作文不同也。"(《仪礼·丧服》贾公彦疏)荀子也说:"故情貌之变,足以别吉凶,明贵贱亲疏之节。"(《荀子·礼论》)

二、亲亲与尊尊

对于儒家,孝悌的意义首先或主要是从政治角度被解释的。有子曰:"其为人也孝弟,而好犯上者,鲜矣;不好犯上,而好作乱者,未之有

---

① 《仪礼·丧服》经"疏衰裳齐":疏,犹粗。即用四升粗布做成衰裳,且缝边。

也。"(《论语·学而》)能够孝悌者很少犯上,而不犯上者就不会作乱。对待父母的态度可以直接影响到整个社会和政治秩序。孔子把孝与为政联系在一起。或谓孔子曰:"子奚不为政?"子曰:"《书》云:'孝乎惟孝,友于兄弟。'施于有政,是亦为政,奚其为为政?"(《论语·为政》)在孔子看来,对孝道与悌道的培育并施行在政治上,这也是为政,不一定非得担任公职才算为政。

亲亲与尊尊是周礼的两大纲目,所谓亲亲之杀与尊尊之等,这是儒家处理家庭(门内)与政治(门外)事务的两大基本原则。亲亲注重亲疏之别,尊尊注重等级之差,而尊尊的应用范围兼及门内与门外(如家庭内父为至尊)。前述门内的丧服制是服从亲亲的原则,依据血缘的亲疏决定人伦的差序格局,同时也兼及尊尊原则(母亲而不尊,父尊而不亲)。依据《仪礼·丧服》与《礼记·丧服四制》,五服之制依据亲疏贵贱为等差,于门内以恩制,于门外以义制(贵贵、尊尊),所要确立的是宗法的人伦秩序与政治结构。"门内之治恩掩义,门外之治义断恩。资于事父以事君,而敬同,贵贵尊尊,义之大者也。故为君亦斩衰三年,以义制者也。"在门内虽以恩制,父母之恩情虽然相同,"资于事父以事母,而爱同"。然而基于尊尊的原则,在父卒的情况下,若母卒,为母服齐衰三年;在父在的情况下,若母卒,为母服齐衰杖期(用丧杖、丧期一年),这是出于"家无二尊,以一治之"的宗法原则。

王国维指出,所谓周礼的粲然明备、郁郁乎文哉,就是指的亲亲、尊尊这两大纲目。"周之制度典礼,乃道德之器械,而尊尊、亲亲、贤贤、男女有别四者之结体也。此之谓民彝。其有不由此者,谓之非彝。"[①]

---

① 王国维:《王国维论学集·殷周制度论》,中国社会科学出版社1997年版,第2—13页。

第五章 情的感通——基于情的政教体系建构

牟宗三认为:"儒家于治道方面,我们概之三目以为体,此即亲亲、尊尊与尚贤。亲亲尊尊是维系人群的普遍底子,而尚贤则是一生动活跃之触角,前两者是伦常,后一者是人格。伦常是纲维网,而人格则是每一个体自己奋发向上完成其自身之德的事……由此三目为体,再转就是'正德、利用、厚生'之三目。"① "礼乐本于人之性情,其于人与人间方面之根据,则在亲亲之杀,尊尊之等。亲亲尊尊亦本于性情。由亲亲尊尊之厘定,则人与人间不徒是泛然的个体之间的一段关系,而且进而举出其特殊的内容,此即是伦常。"② 可见,亲亲、尊尊作为礼的制定依据,也是出于并符合人的性情,由它们所规范而成的是伦常秩序。

按照儒家对三代治理之道的推演,三代的治理历史呈现为一种文质递嬗的过程。一般来说,亲亲即亲近自己的亲人,按照血缘亲疏决定关系的远近、建立等差秩序,因而按照公羊家的说法,亲亲是"尚质";尊尊是尊重地位比较尊贵的人,依照地位的等级形成等差秩序,按照公羊家的理论,尊尊是"尚文"。王国维说周代的礼制兼及亲亲与尊尊,这可能是周代对前两代制度因革损益的结果。《礼记·表记》这样叙述三代治道的文质递嬗:

> 子曰:"夏道尊命,事鬼敬神而远之,近人而忠焉。先禄而后威,先赏而后罚。亲而不尊。其民之敝,惷而愚,乔而野,朴而不文。殷人尊神,率民以事神,先鬼而后礼,先罚而后赏。尊而不亲,其民之敝,荡而不静,胜而无耻。周人尊礼尚施,事鬼敬神而远之,

---

① 牟宗三:《政道与治道》,吉林出版集团2010年版,第28页。
② 同上。

近人而忠焉，其赏罚用爵列。亲而不尊，其民之敝，利而巧，文而不惭，贼而蔽。"

……

子曰："虞夏之道，寡怨于民。殷周之道，不胜其敝。"

子曰："虞夏之质，殷周之文，至矣。虞夏之文，不胜其质；殷周之质，不胜其文。"

这表明虞舜与夏代尚质，实行"亲而不尊"的原则（亲亲置于尊尊之上）。正是因为亲亲，才能做到"寡怨于民"，联系到我们之前说的"劳而不怨"，只有亲近至亲与民人，才能防止怨恨的产生。殷商实行"尊而不亲"的原则，敬事鬼神。此后的周代为了救治殷代过于尊神而导致的"胜而无耻"的问题，周代重新实行亲亲原则（亲而不尊），以人道设教，以质救文。《表记》中的这种文质递嬗及相救的模式是儒家对三代治道的理想化建构，不一定符合当时历史的实情。然而以质救文、以文补质的文质相救的原则成为儒家政治哲学的标的。而最理想的情况是孔子强调的文质彬彬。

然而，粲然明备的周礼发展到孔子时代，出现了周文疲敝的问题，正是为了解决这个问题，诸子哲学应运而生。为解决周文疲敝的问题，孔子以质救文，以仁释礼，摄礼归仁。仁即道德主体的内在自觉性，礼侧重外在制度的规范性。孔子又强调克己复礼为仁，所以说，孔子是仁礼并重的。孔子说"郁郁乎文哉，吾从周"（《伦语·八佾》），表明儒家继承周礼亲亲与尊尊的原则。孟子说："亲亲，仁也；敬长，义也。"（《孟子·尽心上》）"《小弁》之怨，亲亲也。亲亲，仁也。"（《孟子·告子下》）又说："亲亲而仁民，仁民而爱物。"（《孟子·尽心上》）这表明

第五章 情的感通——基于情的政教体系建构

亲亲是仁的一面（亲爱自己的父母、兄弟以至于朋友、陌生人，由自己向外推扩而成同心圆结构），突出的是情感；尊尊是义的一面（尊敬比自己地位尊贵、等级更高的人），突出的是道义。《荀子·大略》说："亲亲、故故、庸庸、劳劳，仁之杀也。贵贵、尊尊、贤贤、老老、长长，义之伦也。"因此，可以说，对于孔孟儒家，亲亲为仁、尊尊为义。探讨亲亲与尊尊的关系也就是探讨仁与义的关系。①

从思想史上看，孔子那里的"仁礼并重"过渡到了《礼记·表记》的"仁义对举"。义兼尊尊、尚贤、敬长之义。②所以郭店竹简《唐虞之道》说"禅，义之至也"、"尊贤遗亲，义而未仁也"。《表记》提出了仁内义外的原则，这并非是说仁义的根据属于内在或外在（道德发生论的，即告子说的仁内义外③），而是指仁义施行的范围有内（门内）与外（门外）之区分。梁涛指出，仁从内在的情感出发，最显著的莫过于亲亲，义是外在的社会规范，由社会角色与人伦关系决定。因此，仁内义外是把仁与义作为处理家庭内部与外部关系的原则。④我们注意到，亲亲与尊尊是相反相成的关系，两者总是配合在一起发挥作用，如在上文我们提到的《礼记·丧服四制》，在家庭内为父服丧是三年斩衰，然而为母服丧

---

① 庞朴指出："作为仁义二德之主要内容的亲亲与尊贤（或尊尊），是表述上古重血缘关系与重社会关系那样两种不同文化的习惯用语，有时也称为质与文；以之概括历史现象，常有殷尚质、周尚文之说。"庞朴：《试析仁义内外之辨》，《文史哲》2006年第5期。
② 《中庸》有"仁者人也，亲亲为大；义者宜也，尊贤为大"之说。
③ 这里有争议。例如，与一般看法不同，庞朴认为告子的仁内义外不是道德发生论的仁出自内心、义起于外物，而只是叙说了仁义的施行范围之别。这是因为"在告子，是绝不会先有一个尊敬的观念于心的"，"因为告子的性，是无善无不善的"。参见庞朴：《试析仁义内外之辨》，《文史哲》2006年第5期。
④ 梁涛指出，《表记》提出的仁内义外实际上接近《郭店竹简》的《语丛一》"仁生于人，义生于道。或生于内，或生于外"和《尊德义》"故为政者，或论之，或义之，或有中出，或设之外，论列其类"。参见梁涛：《郭店竹简与思孟学派》，第387页。

则要依据父在或殁的情况决定,这体现了"母亲而不尊,父尊而不亲"、"父为至尊"的原则。如我们前面指出的,儒家严格区分了公私领域,私人领域以恩情(仁爱)为主,门内之治恩掩义,可谓亲亲;公共领域以公理(义)为主,门外之治义断恩,可谓尊尊。然而,当涉及家庭(门内)事务与政治事务交叉的问题时,亲亲与尊尊(包括尚贤)就呈现出冲突性。① 在历史上的具体实践中,要么是尊尊压倒亲亲②,要么是亲亲压倒尊尊,这对于儒家的政治实践是一个必须要应对的考验。

三、文与质:直道而行与直情径行

人作为情感的存在,尤其体现在人伦日用间的有感而发、情随境迁上,这就是人的最后实在。是情感,让我们在两千年后依然感动于《凯风》"母氏圣善,我无令人"的殷殷之孝,也是情感,让我们两千年后同情于"彼黍离离,彼稷之苗"、"知我者为我心忧,不知我者谓我何求"的故国之思。即便是圣人也难免悲戚时哭而不歌③,兴奋时手舞足蹈,忘记老之将至。人岂能无情、绝情?生于斯,长于斯,歌于斯,哭于斯,无非真情真性之流露。孔子的喜怒哀乐也向我们展示了一个圣人的真性情一面。然而儒家还要把情感的发作纳入礼的秩序中,做到有节有度,不伤害人伦,诚如孔子所说"《关雎》乐而不淫,哀而不伤"。以下,我们就以丧礼为例考察儒家如何为人情确立礼的节度。

---

① 这是一个经典的困境,即当自己的亲属身居公职而犯法时,亲人如何对待犯法的亲属,是按亲亲原则还是尊尊原则(这里的尊尊指崇尚公义)呢?孟子曾设想了一个经典案例:即舜为天子,皋陶为士,瞽瞍杀人。他的处理方案是舜向皋陶告发父亲,同时放弃王位,自己背着父亲逃到海滨。孟子以这种创造性的方案兼顾了恩情(亲亲)与公义(尊尊)的原则,可谓两全,但是带有空想性。
② 程颐认为《尧典》与《中庸》中"尊贤"在"亲亲"之上,是由于"亲亲"、"亲九族"必须通过尊贤而明道、致知。参见《二程集》,第187页。
③ 《论语·述而》:"子食于有丧者之侧,未尝饱也。子于是日哭,则不歌。"

第五章 情的感通——基于情的政教体系建构

"始死，三日不怠，三月不解，期悲哀，三年忧，恩之杀也。圣人因杀以制节。"(《礼记·丧服四制》)郑玄注："不怠，哭不绝声也。不解，不解衣而居不倦息也。"可见，儒家对丧礼的规定极为详细，切实可行，这是说亲死的三日内都要哭泣不怠（哭声不绝），三月之中睡觉都不能脱丧服，一年之内（期年）朝夕都要号哭，这之后到三年丧毕的期间，不用朝夕恒哭，只常怀忧戚即可。这是"恩之杀"，恩情逐渐减杀，圣人依据孝子恩情有所减杀而制定限节。

具体在为父母居丧这件事上，衰绖之制、哭踊之节的作用在于既能兴发不孝之子的哀悼、敬穆之情，同时又可避免孝子贤人因悲伤过度、不思寝食而毁伤身体，所以圣人规定哭踊之制加以节制。《礼记·檀弓》记载了一则有子与子游的对话，有子不理解规定丧踊之节的必要，认为丧踊只需像孺子号慕那样尽情地抒发哀伤之情就已足够，主张去掉踊节。子游答道："礼有微情者（郑玄注：'节哭踊'）。有以故兴物者（郑玄注：'衰绖之制'）。有直情而径行者，戎狄之道也。"子游的这番回答道出了制礼有节的必要性："言若贤者丧亲，必致灭性，故制使三日而食，哭踊有数，以杀其内情，使之俯就也。"（孔颖达疏）这是说丧踊之礼有节制、减杀悲情的作用（孔疏："微，杀也"）。同时，衰绖之制是用来兴发不肖之子的哀情，使其"睹服思哀，起情企及"，也用来文饰孝子的至痛之情，使其表达有节。孔颖达疏曰："然衰绖之用，一则为孝子至痛之饰，二则使不肖之人企及。"子游认为哭踊无节、衣服无制、直情径行（孔疏："直肆己情而径行之"）是戎狄之道，与华夏的"品节斯，斯之谓礼"（郑玄注："舞踊皆有节"）的"礼道"相反。

"礼道"的反面是"直情径行"，然而由上文我们知道"直"是儒家推崇的美德，三代直道而行，"直"属于六言之一（仁、知、信、直、勇、刚)。孔子与子路讨论"六言"、"六弊"时说:"好直不好学,其蔽也绞。"(《论语·阳货》,邢昺疏:"绞,切也;直,谓心直而无邪曲")朱熹在注解《论语》"古之愚也直,今之愚也诈而已矣"(《论语·阳货》)时说:"直,谓径行自遂。"那么,《论语》中所称赞的"直道而行"的"直道"是否与《礼记·檀弓》批判的"直情径行"相冲突了呢?"直道而行"与"直情径行"有何区别呢?

结合《论语》中孔子谈论直道的语境以及历代注疏,我们可知,"直"是内心无私、忠信、质直的品质,大抵是相对于"文"而言的"质"。钱穆说孔子论仁首贵"直心由中",直是"由中之真情"。"求仁者莫善于先直中。"①"'直'者,诚也。内不自欺,外不以欺人,心有所好恶而如实以出之者也。"②樊迟问知人,子曰:"举直措诸枉,能使枉者直。"樊迟不解,又问以子夏孔子是何意,子夏却以"举皋陶、伊尹而不仁者远"解释之。(《论语·颜渊》)钱穆认为枉者即是不仁者,那么直者即是仁者。孔子又说:"唯仁者能好人,能恶人。"(《论语·里仁》)这是因为直道者发自内心的真情实意而有所好恶,而其反面就是"乡愿",即以他人的好恶为转移,揣摩他人意向而转移。这是孔子所谓"直"者的含义。

然而孔子又说:"质直而好义"(《论语·颜渊》)、"直而无礼则绞"(《论语·泰伯》)、"好直不好学,其蔽也绞"(《论语·阳货》)。钱穆注"绞"为"两绳相交,急也"③。这表明只有质直是不够的,还必须学礼,以礼约之。"礼者,人群相处之节度分限也。人之相处,其存于内者,不

---

① 钱穆:《四书释义》,第67页。
② 同上书,第63页。
③ 同上书,第66页。

可无情谊，故孔子言忠言直。其发于外者，不可无分限。故孔子言礼言恕。"① 直情径行与直道而行的区别就在这里显现。直情径行之人太过刚直，其弊在于容易走向急切，失之于粗野。"若夫肆情恣志，一意孤行，而不顾人我相与之关系者，此非孔子之所为直也。"② 所以"直道而行"（或曰仁道）包含着内心质直与外在品节的双重内涵，内心的真诚情感还必须节之以外部的礼文，这是孔子重礼的真意。礼乐的实质就是情感的象征，为情感的抒发提供合理的形式，使情感畅遂。"盖人之精神，虽若存于内部，而必发露为形式，舒散于外表。故外部物质之形式，即为内部精神之表象。礼乐之起源在此，礼乐之可贵亦在此。"③

儒家受到道家与法家认为礼是"忠信之薄而乱之首"的批评。在对礼乐的批评上，韩非子实际上继承了老子的思想，援道入法从而为法治确立了本体论的依据。上文我们提到儒家的亲亲与尊尊可以用"质"与"文"来概括，其实，文与质是当时诸子哲学的公共范畴，也可以用来说明形式（礼、貌）与内容（情、质）的关系。其中，"文"指文饰，文为质的饰，礼就是一种"合情饰貌者"（《礼记·乐记》"合情饰貌者，礼乐之事"）；"质"指情质，是礼文所修饰的情感内容。面对周文之敝（礼乐成为繁文缛节），诸子都提出了自己的解决之道，法家继承道家对礼乐的批判，基于"取情而去貌"、"好质而恶饰"的原则，认为礼只是情的貌与饰，正是因为情质不足不美才需要"礼貌"的掩饰，如果情质足够美，就不需要礼的饰了。如《韩非子·解老》以"取情而去貌"的立场指出"礼繁"是"心衰"的表现：

---

① 钱穆：《四书释义》，第66页。
② 同上书，第67页。
③ 同上书，第76页。

礼为情貌者也，文为质饰者也。夫君子取情而去貌，好质而恶饰。夫恃貌而论情者，其情恶也；须饰而论质者，其质衰也。何以论之？和氏之璧不饰以五采，隋侯之珠不饰以银黄，其质至美，物不足以饰之。夫物之待饰而后行者，其质不美也。是以父子之间，其礼朴而不明，故曰："礼，薄也。"凡物不并盛，阴阳是也。理相夺予，威德是也。实厚者貌薄，父子之礼是也。由是观之，礼繁者实心衰也。然则为礼者，事通人之朴心者也。众人之为礼也，人应则轻欢，不应则责怨。今为礼者事通人之朴心，而资之以相责之分，能毋争乎？有争则乱，故曰："礼者，忠信之薄也，而乱之首乎！"

实际上，儒家与道家在重视真诚质朴的情感、强调忠信之质上是一致的。老子认为礼是"忠信之薄而乱之首也"，主张摒弃繁文缛礼，回归原始淳朴的本然状态，这在"人情渐漓而徒以饰貌为礼"（戴震语）的西周末年是有解决文弊、拯救周道的关切与考量的，与孔子"以质救文"的关切是相同的。然而老子号错了脉，诚如戴震指出的，问题的症结不在于礼，而在于风俗的败坏。老子因为风俗之失而归咎于礼，主张复返其初，直情径行，这没有领会圣人制礼以治人情的用心。戴震说："因俗失而欲併礼去之，意在还淳反朴，究之不能必天下尽归淳朴，其生而淳朴者，直情径行；流于恶薄者，肆行无忌，是同人与禽兽，率天下而乱者也。"[①]

儒家也同样厌恶"饰貌为礼"的行为，因为这样的行礼缺乏内心的真诚，也同样崇尚淳朴的忠信之质。然而儒家认为问题不在于礼，而在

---

① 戴震：《孟子字义疏证》，第49页。

于"人情之漓",在于风俗的浮薄不厚。"礼之设所以治天下之情,或裁其过,或勉其不及,俾知天地之中而已矣。至于人情之漓,犹饰于貌,非因饰貌而情漓也,其人情渐漓而徒以饰貌为礼也,非恶其饰貌,恶其情漓耳。礼以治其俭陋,使化于文;丧以治其哀戚,使远于直情径行。"①在儒家看来,礼的功能正是要导民化俗,使民情归于厚,达到无过与不及的中正之道,这才是圣王因情制礼的用心所在。

这也体现了儒家因时制宜的"时中"的中道智慧。在民风淳朴、人情敦厚的上古时代,人情尚未浇漓,诈伪还未兴起,人们直情径行是可行的。这也是老子所崇尚与追求的淳朴自然的状态。然而三代以降,人情渐薄,浇伪渐起,淳朴之风渐亏,儒家的圣人认为再不能任由情感径行自遂,而用礼之节文加以引导、规范。因此,孔子说"好直不好学,其蔽也绞",意在强调有忠信美质之人必须学礼,才能进于文质彬彬的君子。孔子极为赞赏子夏言"礼后",以及以"宁戚"、"宁俭"回答林放问礼之本,都意在强调礼必须以忠信之质为本,厌恶情感的浇漓。某种程度上,这可以看作对老子视礼乐为压抑人自然情性的虚文而主张"绝仁弃义"的回应与批评。这并不意味着孔子不重视礼,而是针对当时周礼的文弊问题,以质救文,强调有忠信美质的人可以进之于礼,就可避免"饰貌情漓"之弊。

第五节　成于乐:声乐与政通

其实,儒家的诗与乐是不分家的,因为诗是最具音乐感的语言,诗

---

① 戴震:《孟子字义疏证》,第49页。

教即"声教"。我们前面讨论的君子时代赋诗、歌诗、诵诗的传统就是体现。只不过后来诗与乐分家,以及随着诗的经典化,诗越来越成为儒家经义阐发的文本(如汉代经学家把《诗经》视作谏书)。不过为了讨论的方便,我们分开来讲诗兴与声乐。本节以音乐与政教相通作为儒家乐教的纲领,来讨论儒家为何重视乐教以及如何用音乐规范人情。

概括而言,儒家对音乐的重视是看重其熏陶性情与教化的效果。《管子·内业》说:"止怒莫若诗,去忧莫若乐。"①《孟子·尽心上》说:"仁言不如仁声之入人深也。"赵岐注:"仁言,政教法度之言也。仁声,乐声《雅》、《颂》也。仁言之政虽明,不如《雅》、《颂》感人心之深也。善政不如善教之得民也。善政使民不违上,善教使民尚仁义,心易得也。善政,民畏之。善教,民爱之。善政得民财,善教得民心。"赵岐可谓深得孟子此语要旨。儒家的教化注重感发人的善心,而非依靠政令与赏罚对人民进行威逼利诱。这虽然带有一些理想主义的气质,但是在儒家的价值序列中,礼乐是优先于刑政(刑罚、政令)的。因为礼乐的教化能起兴仁、兴礼、兴让之效,起让人民在内心认可从政者的自然之效。马一浮总结得好:"《论语》中凡言'不争'者,皆礼教义;凡言'无怨'者,皆乐教义。乐至则无怨,礼至则不争。"②

一、情动于中,故形于声

接下来,我们要探讨音乐能感发人心、激发善情的原因。我们以《礼记·乐记》为主展开讨论。

---

① 《管子·内业》:"凡人之生也,必以平正。所以失之,必以喜怒忧患。是故止怒莫若诗,去忧莫若乐,节乐莫若礼,守礼莫若敬。"
② 马一浮:《复性书院讲录》,第72页。

第五章　情的感通——基于情的政教体系建构

在《乐记》的作者公孙尼子看来，"凡音者，生人心者也。情动于中，故形于声"。音声本于心，是内心情感与志意向外流露与发作的必然表现形式，"夫乐者，乐也，人情之所不能免也"。情动于中的"中"并非指"未发之中"这样一个超越的性体中体，而是指情感在心中酝酿潜隐而将萌未萌的状态。① 这种静的状态就是《乐记》开头所说"人生而静，天之性也"的心不动的状态。这里的人生而静并非如宋儒（朱熹、程颢）所指形而上的超越的性理，而主要指人心尚未感物时情气的平和状态，此时内心的情气处在潜隐将萌的流行状态。这是因为心在未感物时并非死物，而是始终处于一气流行的状态，用后来理学的话语说此时心是寂然不动者。

《乐记》又说："感于物而动，性之欲也。""人心之动，物使之然也。感于物而动，故形于声。声相应，故生变，变成方，谓之音。比音而乐之，及干戚羽旄，谓之乐。"人心是一个感通体，外物来感必然会动，这种动就是各种情气由潜隐状态被激发起来而表现于外的言语、声音、肢体动作（或形体容貌）。言语就成为诗，声音就成为歌，肢体动作就成为舞蹈，所以《乐记》说："诗，言其志也；歌，咏其声也；舞，动其容也。三者本于心。"这就是说诗、歌、舞这三者都发于内心，是内心志意、情感表现于外的必然呈现。就如《毛诗·大序》所说："情动于中而行于言，言之不足，故嗟叹之，嗟叹之不足，故咏歌之，咏歌之不足，不知手之舞之，足之蹈之也。"这也就是为什么诗必然要与乐、舞合起来（诗、乐、舞一体）才能让情感志意尽情地表达，非如此不足以尽"兴"。

---

① 这种说法借鉴自唐君毅与杨儒宾。杨儒宾认为公孙尼子《乐记》中的"性"并非宋儒超越的形而上之性（未发之性），而主要是指经验层面的心未感物时情感潜隐的平和状态。参见杨儒宾：《儒家身体观》，第 102—104 页。

借用理学家的说法如"合性与知觉有心之名"(张横渠语)、"心者,性之郛郭也"(邵康节语)以及"心统性情"(张横渠语),我们可以把心视作一个包括了性与情且具有知觉功能的感通体,一个含具"性"且心(情)气流行的"容器"。在这个意义上,所谓的心并非超越的道德本心,而是形而下的情气流行的实然的心;而"性"之欲即心必然会感物而动,否则心就是一团死灰。因此,心能与外物感通是因为它有知觉,它能觉所以它是虚灵不昧的。用孟子的话说是"心之官则思"(《孟子·告子上》),然而"思"的官能带有很强的理性反思与思虑的意味,从而就保证心与外物接时不被物"化"(物至而人化物也),保证心不至于流荡于外而丧失本来平和的状态(孟子所谓"求放心")。

诗、歌、舞本自于心,这是不须借助外在的形式、工具与形象而自身就能达成的生命之流本身的涌动。"然后乐器从之。是故情深而文明,气盛而化神,和顺积中,而英华发外,唯乐不可以为伪。"(《礼记·乐记》)马一浮说此处的"和顺积中,而英华发外"就是对"成于乐"的说明。① 有了这三个基本要素,然后金石丝竹匏土革木(八音)的乐器从之,给诗、歌、舞以"文之"的修饰,即荀子说"合奏以成文者也"(《荀子·乐论》)。在这个意义上,乐就是对诗、歌、舞的文饰,也就是对内心情感发作出来的"文饰","且乐者,先王之所以饰喜也;军旅钺者,先王之所以饰怒也"(《荀子·乐论》)。因此,乐就是由三个本于心的基本要素(诗、歌、舞),再配上乐器而组成的一个"情深而文明"的体系,它不简单等同于"音"与"声",是由最基本的"声"再到"音"(声成文,谓之音)的最高阶。由"声"到"音"再到"乐",文的程度越来越

---

① 马一浮:《复性书院讲录》,第73页。

第五章 情的感通——基于情的政教体系建构

高,以至于"比音而乐之,及干戚羽旄"的隆盛状态。

《乐记》明确地区分"音"与"乐"是有深意在的。《乐记》下文提到子夏与魏文侯的对话,子夏说文侯问的是乐而喜好的是音。大抵乐与音相近而不相同,音声出于内心自然流露,因二气所感不免有哀有乐、有贞有淫,而乐是音声的秩序化、条理化与道德化。"乐者,德之华也","凡音者,生于人心者也。乐者,通伦理者也。……唯君子为能知乐"。(《礼记·乐记》)郑玄注:"伦,犹类也。理,分也。"① 这表明,乐声作为感发人心的"感之者",能通人伦、达物理,起到伦理的通化作用。所以子夏说"德音之谓乐",并引《诗·大雅·皇矣》"貊其德音,其德克明,克明克类,克长克君。王此大邦,克顺克俾"加以说明。孔子如此厌恶郑声,也是因为郑地的风气鄙俗、轻薄而其音声不够典雅庄重,适于娱乐而不能正德行。② 根据《乐记》载,郑声的特征是烦细促繁、愉悦身心。③ 郑卫之音可谓当时郑国、卫国民俗风气的反映。因而可以从音乐的特质反观政治的得失。"是故审声以知音,审音以知乐,审乐以知政,而治道备矣。"(《礼记·乐记》)

在这个意义上,徐复观说诗、歌、舞本身出于心,不须假借外在工具,本身就具备了艺术的形式,给内心情感赋予形式与节奏,从而让情

---

① 朱彬:《礼记训纂》,中华书局1996年版,第562页。
② 新郑是当时工商业、贸易发达的大都会。
③ 依据《乐记》的理论,宫商角徵羽,越是庄重典雅的乐越应该厚重迟缓,所以朱弦而疏越,一唱而三叹,疏越是为了让弦音弛缓厚重,这样才能助于身心德行,而烦细促繁的音声只适于娱乐,不够庄重典雅。《礼记正义》孔颖达疏曰:"言乐之隆盛,本在移风易俗,非崇重于钟鼓之音。食飨之隆,在于孝敬,非在致其美味而已。清庙之瑟,覆上'非极音也'。弦声既浊,瑟音又迟,是质素之声,非要妙之声。一倡之时,三人叹之,以其贵在于德,所以有遗余之音,念之不忘也。"参见朱彬:《礼记训纂》,第563页。

感的发作皆归于正,达到无过与不及的中道。这就是荀子所谓"金石丝竹,所以道德也"的意思,这里的"道"是"导"的意思。

> 情深,是说它乃直接从人的生命根源处流出。文明是指诗、歌、舞,从极深的生命根源,向生命逐渐与客观接触的层次流出时,皆各有明确的节奏形式。乐器是配上这种人身自身上的明确的节奏形式而发生作用、意义的。经乐的发扬而使潜伏于生命深处的情,虽常为人所不自觉,但实对一个人的生活,有决定性的力量。……随情之向内沉潜,情便与此更根源之处的良心,于不知不觉之中,融合在一起。此良心与情融合在一起,通过音乐的形式,随同由音乐而来的气盛而气盛。于是此时的人生,是由音乐而艺术化了,同时也由音乐而道德化了。这种道德化,是直接由生命深处所透出的艺术之情,凑泊上良心而来,化得无形无迹,所以便可称之为化神。①

这段话能帮助我们解释声乐(艺术)能够打动人心并引导人心归正的原因。

二、形式美学的视角:音乐为情感赋形

西方形式主义美学为我们理解艺术与情感的关系提供了重要的视角。卡西尔说:"它(艺术)是对实在的再解释,不过不是靠概念而是靠直觉,不是以思想为媒介而是以感性形式为媒介。"② 在他看来,艺术的本质

---

① 徐复观:《中国艺术精神》,第16页。
② 〔德〕恩斯特·卡西尔著,甘阳译:《人论》,第250页。

是人对实在的客观化与具体化的过程,给人以对事物形式的直观。

然而,这种具体化不是对实在的简单复制,而是通过创造某种形式强化和照亮实在,使实在变得更具体化和客观化。可以说,在艺术中我们活在纯粹形式的王国中。如在欣赏一幅风景画的审美体验中,我们不再是活在活生生的事物领域,而是"活生生的形式"的领域。"我不再生活在事物的直接实在性之中,而是生活在诸空间形式的节奏之中,生活在各种色彩的和谐和反差之中,生活在明暗的协调之中。"① 因此,艺术的问题不在于所用的形象如何逼真,而在于弄清这些形象如何解释现实的意义。艺术不是再现或被动模仿现实世界,而是在创造一种新的意象的世界,一种思想性的世界,发现世界的新的意蕴,并做出一种新解释,艺术是现实的强化(intensification)。

艺术的世界不是情感和情绪的发泄和结合,而是对人的情感进行一种构形的工作,客观化就是一种构造的过程。因此,他认为美可以被定义为一种"客观化了的快感"。艺术要以现实本身的感性直觉形式为媒介。就如同语言一样,艺术给人的情感赋予形式。语言不是世界的感性直觉的形式,而是人们通过语词和语句的形式与结构来解释现实世界的意义。那么,艺术需要的不是发泄情绪,而是要对情感做出解释,同样是一种赋形性的结构工作(formative constitutive power)。"使我们的情感赋有审美形式,也就是把它们变为自由而积极的状态。在艺术家的作品中,情感本身的力量已经成为一种构形的力量(formative power)。"② 艺术世界是人们所生活其中的意义的世界,人们生活在文化之中。艺术

---

① 〔德〕恩斯特·卡西尔著,甘阳译:《人论》,第259页。
② 同上书,第254页。

对于现实物质生活只是一种象征性的符号的形式。人们用这种感性的直觉的形式来探讨宇宙人生的意义。然而，这个意义不是先验的、绝对的、无限的，而是在经验之内，因为人类的文化形态都是经验的形态。因此，卡西尔反对先验论的绝对主义。他说艺术的真正主题"应当从感性经验本身的某些基本的结构要素中去寻找，在线条、布局，在建筑的、音乐的形式中去寻找"①。

由此，审美不是对事物的愉快，而是对形式的愉快，是能动的结构，形式必须经过人心的构建才能印入人的心中。"形式不可能只是被印到我们的心灵上，我们必须创造它们才能感受它们的美。"② 人心的能动作用（组织、构造）就是理性的作用。卡西尔批评克罗齐的直觉主义，忽视了人心的有组织的形式构造的作用。艺术是用一种"通感性的现象"（sympathetic vision）来解释事物。"道德在行动中给予我们以秩序；艺术则在对可见、可触、可听的外观之把握中给予我们以秩序。"③

苏珊·朗格继承和发展了其师卡西尔的形式主义美学，指出艺术作为一种情感的符号，表达的是情感的逻辑，赋予情感以普遍的形式。④ 因此，艺术能更容易引起共鸣是因为此时它不再是个人情绪的宣泄，而是有群体共同感（共通感）的心理秩序的呈现，这是一种非概念逻辑式、非语言性的理性化。苏珊·朗格在继承巴恩施的"客观化的情感"的基础上提出上述观点。后者提出艺术作品中（比如风景画）呈现的是一种没有主体在表现却客观存在着的"客观化的情感"（非人格化的），它

---

① 〔德〕恩斯特·卡西尔著，甘阳译：《人论》，第 270 页。
② 同上书，第 273 页。
③ 同上书，第 298 页。
④ 参见〔美〕苏珊·朗格著，刘大基等译：《情感与形式》，中国社会科学出版社 1986 年版，第 8 页。

内含于无生命的客观对象中,是没有生命内在状态的情感。它具有形式的非感觉特征,却又与感觉有内容上的相似性。比如,一处风景的意境对于欣赏者来说就是它自身的一个客观属性,而并非为表现欣赏者主观的意境而存在。又比如,一个内心悲痛的画家所画的画像中的人物的情感不一定就是悲痛的,它可以脱离画家生命状态而独立存在于画作之中。苏珊把艺术作品创造的脱离尘寰的效果称为脱离现实的"他性"(otherness)①。这是艺术创造的虚幻的充当纯意向的"神韵",寓示着艺术的本质②,实际上就是意象、虚幻的对象,直观性是它的存在。这种客观情感从属于客观物质而可以从其中抽象地分离出来。③

在这个意义上,艺术就像科学一样可以被"理解",欣赏艺术作品的目的就不是唤起与获得情感经验,而在于把握情感知识与情感概念。那么,情感内容就必须是通过某种普遍的形式呈现给人们的意识。巴恩施的"客观情感"的概念对苏珊·朗格产生了很大的影响,这表明情感(一般理解的主观意义的)与形式并非对立的两极,后者调和了这种对立提出了艺术是情感符合的理论。④

苏珊·朗格以音乐为例说明艺术的本质是一种非推理的"有意味的形式"⑤、"符号的意味"⑥。这种形式就作为情感的符号(记号)而"表象"人的情感,但是符号表现的不是实际的情感,而是情感的概念,符号是

---

① 〔美〕苏珊·朗格著,刘大基等译:《情感与形式》,第55页。
② 同上书,第56页。
③ 同上书,第28、29页。
④ 尼采就把艺术按照纯情感与纯形式的对立两极来分类,划分了狄俄尼索斯的酒神精神与阿波罗的日神精神。
⑤ 〔美〕苏珊·朗格著,刘大基等译:《情感与形式》,第33页。
⑥ 同上书,第42页。

与情感概念联系起来的。因而不是推理性的,而是直觉性的。符号与其表象的情感之间有共同的逻辑形式。

> "音乐"的音调结构,与人类的情感形式——增强与减弱,流动与休止,冲突与解决,以及加速、抑制、极度兴奋、平缓和微妙的激发,梦的消失等等形式——在逻辑上有着惊人的一致。……这是一种感觉的样式或逻辑形式。音乐的样式正是用纯粹的、精确的声音和寂静组成的相同形式。音乐是情感生活的音调摹写。①

音乐作为符号去表象情感,不同于语言作为符号以推理性为主的逻辑表现(指示、意味)。进而,她提出艺术的定义是"人类情感的符号形式的创造"②。艺术完全是表现性的,文字、声音、姿势等都是符号性的,艺术比语言更具符号性,因为艺术不需要欣赏者知道它的意义,而只要他对某种艺术形式具有敏感的直观就可以。艺术是对欣赏者直接呈现它的意蕴。③艺术形式赋予艺术作品"他性",借助纯粹的意象来完成。艺术中一切形式的抽象不像逻辑学家那样凭概念去获取纯粹的形式,而是为了充当情感的符号,以表达人类的情感。艺术形式是表达情感的符号,艺术抽象形式使艺术脱离现实,赋予他性。符号形式直接诉诸感知,"在一个富于表现力的符号中,符号的意义弥漫于整个结构之间,因为那种结构的每一链结都是它所传达的思想的链结。而这一意义则是这一符号

---

① 〔美〕苏珊·朗格著,刘大基等译:《情感与形式》,第36页。
② 同上书,第51页。
③ 同上书,第71页。

形式的内容,可以说它与符号形式一起诉诸知觉"①。因此,"诗歌中的旋律就是声音的时间形式"②。

总之,苏珊·朗格艺术是情感的符号与形式的理论为我们解释儒家重视音乐提供了一个视角。"荷载情感的基本艺术形式,……它的功能是刺激感觉,满足感觉,改造感觉。它可以陶冶造型想象。"③这就可以理解荀子所说的音乐以饰喜、音乐以饰哀。所谓"饰"就是赋予情感以理性化的形式,"长歌以当哭"是给悲哀的自然情感赋予普遍性的形式,成为群体共同感的心理秩序的表达。

诗、歌、舞本于心,又加以普遍化的形式,使情感的表达秩序化、条理化,使得它们所传达与抒发的内心情感与志意更容易深入人心。反过来,本于心的声乐对于听乐者来说就特别容易进入人心,正是由于声乐的这种特质,儒家尤为重视引导声乐感发人心以促进政教的作用。上文已经指出声乐之所以能打动人心在于人心是一个感通体,人心具有"易感性"(这是实然的、形而下的心,等同于康德所谓的作为易感性条件的"良心")。然而对于声乐与人心之间感通的具体机制却没有阐发,这种感通是天地之间流行之气与内心情气之间相互的感发与作用。上文侧重从声乐的来源阐发声乐本于心,下文将侧重从心作为感通体来看待声乐反过来对心的感发作用。

三、心的感通:声乐对心、情的感发

心是一个感通体,"物来感己,心遂应之"。《礼记·乐记》阐发了

---

① 〔美〕苏珊·朗格著,刘大基等译:《情感与形式》,第63页。
② 同上书,第67页。
③ 同上书,第74页。

"唱和有应"、"以类相动"的道理:"凡奸声感人而逆气应之,逆气成象而淫乐兴焉。正声感人而顺气应之,顺气成象而和乐兴焉。"《乐记》此段是对《荀子·乐论》的相似语句(凡奸声感人而逆气应之,逆气成象而乱生焉;正声感人而顺气应之,顺气成象而治生焉)的继承。

关于感通,我们上文已经讨论了感通的原因与类型,我们把《乐记》中的感通界定为基于"同类相感"的声气感通。这里进一步指出,声气感通的机理是"同声相应、同气相求"(《乾卦》)。《咸卦·彖》:"咸,感也。柔上而刚下,二气感应以相与。止而说,男下女,是以'亨利贞,取女吉'也。天地感而万物化生,圣人感人心而天下和平。观其所感,而天地万物之情可见矣。"《咸卦》是下经首卦,相比于上经以《乾卦》为首阐发的天道而言,下经以《咸卦》为首,阐发的主要是人伦之道,而人伦之始是夫妇之伦。正如孔颖达所说:"此卦明人伦之始,夫妇之义,必须男女共相感应,方成夫妇。既相感应,乃得亨通。"咸卦是艮下兑上,柔上刚下,孔颖达疏为"艮为少男而居于下,兑为少女而处于上,是男下于女也"。少男居下,阳气上升,少女居上,阴气下降,阴阳二气交感以象征男女感应以成婚配之义。《咸卦》不但以男下女上、男女感应的象阐发阴阳二气相感应的道理,而且所反映的是天地间万物能相感应的普遍原理即同类相感。万物相感正是天地万物的实情(情实之情)。所以王弼说:"天地万物之情,见于所感也。凡感之为道,不能感非类者也。"孔颖达进一步疏解,认为感物而动是万物的实情,"感物而动,谓之情也。天地万物皆以气类共相感应"。

因此,易经的感通表明,物之间的感应主要是气的感通,同类的气会感应同类的气,同类的声会感应同类的声,这正好印证了《乐记》中"奸声感人而逆气应之"、"正声感人而顺气应之"的说法,实质上还是声与气之间"以类相动"的反映。在这个意义上，荀子与《乐记》所说的声音之道与政教相通就可以得到理解，以及儒家如此重视乐教也可以得到理解。"是故治世之音安以乐，其政和；乱世之音怨以怒，其政乖；亡国之音哀以思，其民困。声音之道，与政通矣。"（《礼记·乐记》）

人心感于外物（事）而发诸音声，这既是"性之欲"，也是"天地万物之情"，然而感物而发的各种"感者"并不是静的天性，而是由外在境遇与物事触发而动的情。由外在情境与物事触发的喜怒哀乐的情感决定了音声的特质，声乐就是内心情感的流露与外在表现。《乐记》中列举了六种心的感发："是故其哀心感者，其声噍以杀。其乐心感者，其声啴以缓。其喜心感者，其声发以散。其怒心感者，其声粗以厉。其敬心感者，其声直以廉。其爱心感者，其声和以柔。六者，非性也，感于物而后动。"

声乐反过来又进入人心，不同特质的音声对人心起到不同的感发作用。"是故志微噍杀之音作，而民思忧；啴谐慢易繁文简节之音作，而民康乐；粗厉猛起奋末广贲之音作，而民刚毅；廉直劲正庄诚之音作，而民肃敬；宽裕肉好顺成和动之音作，而民慈爱；流辟邪散狄成涤滥之音作，而民淫乱。"（《礼记·乐记》）正是因为人心的易感性，儒家特别重视感发人心的声乐的特质，用正声正乐（雅颂之声）疏导、熏陶、转化性情，使乐发生温风和煦般浸润人心的作用，从而减轻礼的强制性与压迫感。其中，礼乐的精神与原则是不同的。"乐者为同，礼者为异；同则相亲，异则相敬；乐胜则流，礼胜则离。"这是儒家与法家依赖严刑峻法绝不相同的地方。"是故先王慎所以感之者。故礼以道其志，乐以和其声，政以一其行，刑以防其奸。礼乐刑政，其极一也；所以同民心而出治道也。"（《礼记·乐记》）

上文指出人生而静正是情感将萌而未萌的平和状态，儒家乐教的目的在于感动人的善心，杜绝放心邪气的相接，如徐复观所说："乐顺人民的感情将萌未萌之际，加以合理地鼓舞，在鼓舞中使其弃恶而向善，这是没有形迹的积极的教化。"① 小到个人修身大到政治教化，乐是"感人深，其移风易俗易"（《荀子·乐论》）的。然而，感发善心的是"中平"与"肃庄"的雅颂之乐，而不庄重的郑卫之音则惑乱人心。"故听其《雅》、《颂》之声，而志意得广焉；执其干戚，习其俯仰屈伸，而容貌得庄焉；行其缀兆，要其节奏，而行列得正焉，进退得齐焉。"（《荀子·乐论》）郑卫之音（邪音）乱雅乐，不够庄重肃穆，所以孔子向颜回传授为政大道就包括"放郑声"，大抵是由于此音容易伤风败俗。荀子说："乐者，圣人之所乐也，而可以善民心，其感人深，其移风易俗，故先王导之以礼乐而民和睦。夫民有好恶之情而无喜怒之应则乱。先王恶其乱也，故修其行，正其乐，而天下顺焉。故齐衰之服，哭泣之声，使人之心悲；带甲婴，歌于行伍，使人之心伤；姚冶之容，郑、卫之音，使人之心淫；绅端章甫，舞《韶》歌《武》，使人之心庄。"（《荀子·乐论》）圣王的乐政就体现在"贵礼乐而贱邪音"、"禁淫声，以时顺修，使夷俗邪音不敢乱雅"（《荀子·乐论》）之上。

综上，儒家的礼教、乐教的根本目的在于将情感的表达纳入一种有节有度的人伦秩序中。"礼节民心，乐和民声，政以行之，刑以防之。"（《礼记·乐记》）制礼作乐虽然是一种人为的"文饰"，但其目的并非满足耳目口鼻之欲，而是移风易俗，导民归于人道之正。这是儒家在道术为天下裂的时代背景下对墨家、道家、法家的回应。

---

① 徐复观：《中国艺术精神》，第14页。

四、礼乐通天地鬼神

然而，礼与乐的教化作用是不同的。礼的精神是"别异"、"饰貌"，乐的精神是"合同"、"合情"，这两者是相辅相成、互相救治的。在这方面，《乐记》对礼乐来源与作用的探讨与孔孟有别而有所推进，把礼乐上升到宇宙论（天地、阴阳、鬼神）的高度强调礼乐之"化"的作用。乐体现了天地的和，礼体现了天地的序。如《乐记》说：

> 乐者，天地之和也；礼者，天地之序也。和，故百物皆化；序，故群物皆别。乐由天作，礼以地制。过制则乱，过作则暴。明于天地，然后能兴礼乐也。
>
> 大乐与天地同和，大礼与天地同节。和故百物不失，节故祀天祭地，明则有礼乐，幽则有鬼神。
>
> ……
>
> 夫礼乐之施于金石，越于声音，用于宗庙社稷，事乎山川鬼神，则此所与民同也。

乐的功能在于"和"与"施"，法天，因而配阳；礼的功能在于"节"与"报"，象地，因而配阴。二者不可偏废其一，礼胜则离，乐胜则流。《乐记》说："合情饰貌者，礼乐之事也。礼义立，则贵贱等矣。乐文同，则上下和矣。"又说："春作夏长，仁也。秋敛冬藏，义也。仁近于乐，义近于礼。故圣人作乐以应天，制礼以配地。"孔颖达疏曰："仁主仁爱，乐主和同，故仁近于乐。义主割断，礼为节限，故义近于礼。"[①] 礼

---

① 朱彬：《礼记训纂》，第571页。

者别异，使尊卑有别，贵贱有等。然而如果过于强调礼的区别与等级的差异，就会使人心浇漓，这就需要乐的合和之道来救治。因此，《乐记》又说："乐在宗庙之中，君臣上下同听之，则莫不和敬；在族长乡里之中，长幼同听之，则莫不和顺；在闺门之内，父子兄弟同听之，则莫不和亲。"这就为森严的等差秩序注入一丝人际和乐之情的温暖，使僵硬的礼制规范变得有温度。然而，如果过于强调合同，就会陷入流慢的问题。"若乐过合同而无礼，则流慢，无复尊卑之敬。礼过殊隔而无和乐，则亲属离析，无复有骨肉之爱。乐和其内，是合情也。礼检于外，是饰貌也。"① "吾观于乡而知王道之易易也"（《荀子·乐论》引孔子语），通过观赏一场乡饮酒礼的演礼奏乐的仪式（节文）过程，把礼的贵贱、隆杀之别与乐的和乐而不流、弟长而无遗、安燕而不乱的"正身安国"的精神全部展现。

礼乐不止关联人伦政教秩序之建构，在终极意义上，礼乐还体现了先秦儒学的精神超越性维度，体现了人与自然和谐共生的生态伦理，体现了有机整体主义的思维。《礼运》的作者假孔子之口答言偃之问："是故夫礼，必本于天，殽（效）于地，列于鬼神，达于丧、祭、射、御、冠、昏、朝、聘。故圣人以礼示之，故天下国家可得而正也。"

郭齐勇指出《礼记·礼运》中所论的礼是四个维度（天地宗教、伦理道德、政治、法律）的综合体。关于礼的本原，孔子强调"礼云礼云，玉帛云乎哉！乐云乐云，钟鼓云乎哉！"（《论语·阳货》）以及指点宰我在三年之丧期内食稻衣锦是否心安，孟子以子女不忍直视父母尸体被虫蚁腐蚀来讲丧葬之礼的起源，这都表明孔孟是从仁义之心说礼乐之本，

---

① 朱彬：《礼记训纂》，第566页。

第五章　情的感通——基于情的政教体系建构

礼之本在人心与生命。然而荀子在《礼论》中提出礼有三本（天地、先祖、君师），指出天地是"生之本"，这就扭转了孔孟诉诸仁心的路向，转到了从宇宙生化的宇宙论上说明礼之本的路向。在这点上，《礼记·礼运》继承荀子并进一步地指出礼乐本于天地鬼神，礼本于天以降其命于地、于山川、于祖庙、于五祀以及人与人相与时的仁义礼乐之中。这是礼的精神之遍运于天地、山川、鬼神与人伦日用之中。唐君毅认为这是战国时期的儒家"顺墨道诸家之重先言客观之'天地之大、鬼神之深'之言说方式，而更以儒家言礼之旨，涵摄其所言，以更归至儒家所重之人伦之礼者也"①。实际上，礼本于天与本于仁心虽有不同，但实质精神相同。因为礼本于人心，其推至极致可达于天地鬼神。而且依据宋代儒者的解释，仁心就是以天地生物之心为心，人心之仁在于生生之德，这是生生之天道在人心的体现。因此，儒家重视对天地、山川、日月、四时、鬼神的祭祀之礼，正是对天地创生之德的崇敬与敬畏的表现。

不同于一般的世俗宗教（人格神宗教）的"祈神降福"本于人的自私自利之心，儒家的祭祀之礼出于人对天地鬼神的"一纯粹以报本复始为心之宗教道德精神"②。《礼记》指出礼的精神贵在一切行为的本原与开始，祭礼中尚太羹、玄酒以致敬鬼神都是贵本之义。祭祀虽然也有祈祷的意思，但并非真的期待一高高在上的人格神降福禳灾，而在于人有此宗教道德精神本身并把它充其极即为道福（即"内尽于己而外顺于道"③的顺道之福、全备之福）。郭齐勇也指出儒者（仁者）尤其重视的祭祀之礼有浓厚的宗教情怀，是对天地创生万物的生生之德深怀感激与敬畏

---

① 唐君毅：《中国哲学原论》原道篇卷二，台湾学生书局1986年版，第101页。
② 同上书，第108页。
③ 同上书，第107页。

之情。①

  《礼记》阐发了"以天地为本"的生态伦理,是仁者以礼乐精神对待自然万物、以礼乐彻底解决生态问题的典范。"故人者,天地之心也,五行之端也,食味,别声,被色而生者也。故圣人作则,必以天地为本,以阴阳为端,以四时为柄,以日、星为纪,月以为量,鬼神以为徒,五行以为质,礼义以为器,人情以为田,四灵以为畜。以天地为本,故物可举也。以阴阳为端,故情可睹也……"(《礼记·礼运》)因为乐的精神是"和",近于仁,只有和顺才能生生不息。"儒家对生态系统的价值判断基于'天地'对万物赋形、命性的认识,万物在被缔造的'生生'过程中,都被赋予了'形'与'性'。"②《礼记·乐记》所谓"大乐与天地同和,大礼与天地同节"所达到的治理效果是"和故百物不失"。"天地相荡,鼓之以雷霆,奋之以风雨,动之以四时,暖之以日月,而百化兴焉。如此则乐者天地之和也。"(《礼记·乐记》)在这个意义上,《乐记》说礼乐之道就是天地万物与鬼神之道,天地万物、阴阳鬼神都在表现此人间(圣人所作)的礼乐之道(乐是天地之和,礼是天地之序)。

  儒家的圣人有述作之明,能明能述此天地之道(和与节,仁近于乐,义近于礼)而作礼乐以应天地鬼神。"是故大人举礼乐,则天地将为昭焉。天地欣合,阴阳相得,煦妪覆育万物……"(《礼记·乐记》)"知礼乐之情者能作,识礼乐之文者能述",大礼必简、大乐必易,儒家圣人依据天地之道而作此礼乐,并非看重礼文表现在度数节文上的繁文缛节,而是重在礼乐所表达的情感与志意。

---

① 郭齐勇:《礼记哲学诠释的四个向度——以礼运、王制为中心的讨论》,《复旦学报(社会科学版)》2016年第1期。
② 同上。

第五章 情的感通——基于情的政教体系建构

孔子的"钓而不纲，弋不射宿"(《论语·述而》)，孟子所谓"数罟不入洿池"、"斧斤以时入山林"(《孟子·梁惠王上》)，荀子所谓"圣王之制也；草木荣华滋硕之时，则斧斤不入山林，不夭其生，不绝其长也；鼋鼍、鱼鳖、鳅鳝孕别之时，罔罟、毒药不入泽，不夭其生，不绝其长也。……谨其时禁，故鱼鳖优多而百姓有余用也；斩伐养长不失其时，故山林不童而百姓有余材也"(《荀子·王制》)，以及《礼记·王制》所谓"天子不合围，诸侯不掩群"、"獭祭鱼，然后虞人入泽梁。豺祭兽，然后田猎。……草木零落，然后入山林。昆虫未蛰，不以火田，不麛，不卵，不杀胎，不殀夭，不覆巢"等充分体现了儒者之仁爱与敬畏遍及自然界的山川、禽兽、草木等以至无生命的瓦石。这是孟子所谓君子亲亲而仁民而爱物以推扩仁心的境界。仁恩及于天地间万物，满腔子都是生意流行，满宇宙都是生机盎然。人类只不过是天地化育、生物不已的整体链条中的一个环节，是天地化育的参赞者。《中庸》以"万物并育而不相害"说明这种人与自然和谐的境界。宋明儒者以"鸢飞鱼跃"的活泼泼的物象来说明此天命道体的流行，并以"仁者与万物为一体"阐发这种"一体之仁"的仁心与所达致的境界。杜维明先生以"存有的连续性"阐述其中万物一体的精神。"因此，在儒家那里，'天地'的这种创生是具有价值本体论的意义的。事实上，先秦儒家对万物都是关爱的，而且是从其所具有的内在价值去确定这种爱的，因为万物的内在价值都是'天地'所赋予的，与人的内在价值本同出一源。"①

先秦儒家对天地万物的宗教般的仁爱与敬畏之情，放在当代法国存

---

① 郭齐勇：《礼记哲学诠释的四个向度——以礼运、王制为中心的讨论》，《复旦学报（社会科学版）》2016年第1期。

在主义神学家马丁·布伯的视域下可以得到更亲切的理解。马丁·布伯深受犹太教神学传统的影响,他认为人生不能成为及物动词的囚徒,"那总需要事物为对象的活动并非人生之全部内容"①。而人生的真正意义在于称述"你"的关系世界中,因为诵出"你"的时候不以任何事物为对象,"'你'无待无限。言及'你'之人不据有物。他一无所持。然他处于关系之中"②。这是因为,原初词("我——你")是比"我——它"更为源始、更为根本的关系指称词,只有当"我"的自我意识从"我——你"的关系中分离出来时,"我——它"的关系才可以被称述。③在马丁·布伯看来,由原初词("我——你")所创造的关系世界的第一重境界就是"我"与自然相联系的人生。当我凝视一棵树时向它称述"你"而不是"它",就不再把树当作对象进行科学的、分解的研究,而是我与存在者的相遇,是对周围一切活泼泼的生命之观照。我以"你"来称述那棵树相当于把树"拟人化"了,由此就敞开了我与存在者一体共在的关系世界。"我也能够让发自本心的意志和慈悲情怀主宰自己,我凝神观照树,进入物我不分之关系中。此刻,它已不复为'它',惟一性之伟力已整个地统摄了我。"④

关系世界中的我被慈悲的情怀主宰,便以此大悲悯的情怀观照自然界的一切动植物,所谓"万物静观皆自得"是在静观中达到物我不分的境界。这颇类理学家如大程子讲的仁者与万物为一体,只不过儒家揭示出我与万物一体共在的根本在于宇宙之生意、生机的一气流行。周敦颐

---

① 〔法〕马丁·布伯著,陈维纲译:《我与你》,生活·读书·新知三联书店2002年版,第2页。
② 同上书,第2—3页。
③ 同上书,第19页。
④ 同上书,第5页。

窗前草不除以观"生生之仁"，其中必然也有悲悯的情怀在内，正是因为万物都自得其"生机"，因而不忍心去破坏与干扰它生命的自然流行。《红楼梦》第五十八回"杏子阴假凤泣虚凰"里写道宝玉因邢岫烟择了夫婿一事并看到一棵杏树花落结子而"对杏流泪叹息"。宝玉看到杏树的花已全落、"叶稠阴翠"，上面已经结了豆子大小的小杏，感叹辜负了繁盛之杏花而不觉已到"绿叶成荫子满枝"时，不免联想到邢岫烟将来也会红颜老去、"乌发如银"而伤心感叹。悲叹时又看到一只雀儿落于枝上乱啼，宝玉竟发了"呆性"，认为那只雀儿"必定是杏花正开时他曾来过，今见无花有子叶"而啼哭，可恨公冶长不在不能问它个清楚。在这一场景中，若从心理学的角度来看，宝玉是把因邢岫烟择了夫婿的感伤移情于那棵花落结子的杏树上，或者说花落结子的杏树的"象"勾起、触发了宝玉内心的感伤。然而这种移情的说明还不足以把宝玉的"呆性"与"痴情至性"刻画出来。可以说，宝玉此时的"对杏流泪"及想与雀儿对话正是"我与你"关系世界的呈现，是在向着杏树与雀儿称述"你"。从最根源的存在论来看，这个场景所揭示正是仁者与万物为一体的境界，宝玉这里的感伤不是一般感时伤逝的"伤春"，而可谓满腔子是恻隐之心的仁者胸襟。脂砚斋可谓深明儒家一体之仁精义的评论家，他在此处评论道："杏子林对禽惜花一席话，放佛茂叔庭草不除襟怀。"

结　语

本书主张先秦儒家的重情主义特质，并在中西比较的视野下阐发儒家情感哲学的内涵、价值与意义。其问题意识在于回应启蒙运动张扬的理性主义膨胀的问题（主要是工具理性的过度发展，以及由此导致的价值理性的衰落与人类精神生活的贫乏空虚等），诸如表现为人类中心主义、生态破坏、人的物化异化等形式的现代性危机，因而期望彰显一种同情的、关爱的、强调责任与正义的关怀伦理（care ethics），即关爱他者、保护生态、同情弱者、维护社会公平正义的同情伦理或移情伦理。同时，儒家的情感哲学体现了情理合一、融情于理或李景林所谓"由情而显义，通情而达理"①的伦理观念。儒家所特重的恻隐之心揭示了人与人、群与己之间感通一体的先天可能性与机制。

本书认为，基于觉情与"感通为仁"的仁者万物一体的儒家情感哲学，可以为应对日益深重的现代性危机（如人类中心主义、价值相对主义、虚无主义等）与人类所面临的重大挑战（如种族矛盾、宗教争端、全球气候问题、生态问题等）提供一种启迪与解决之道。西方汉学家把儒家的"情"理解为抑或是一种回应外界的反馈机制（reality feedback），抑或是一种移情的、同情共感（sympathy）的能力与心理机制，抑或是

---

① 李景林、扈继增：《阴阳哲学与情感主义——斯洛特阴阳哲学平议》，《天津社会科学》2021 年第 2 期。

现象学家所理解的一种自发的原初意识(primary experience),这些都无法完全地把握儒家情感哲学的真谛。诚如牟宗三所说,道德情感可以上下其讲,因而不能像康德那样把情感从道德立法的主体中完全排除出去。不同于西方感性与理性二分的二元论框架,儒家把情感作为本源性的情态来看待,类似于海德格尔讲的先于主客二分的此在的现身情态。

儒家并非像西方哲学把人的本质界定为各种抽象属性(如"人是理性的动物"、"人是天生的政治动物"、"人是符号的动物"等等),而是强调人的多样维度。从本书宗旨来看,在存在论上,人更多地是一种情感性存在。人不仅是理性的经济人,更是一种富有同情心、具有感通能力的感性存在者。正如贡华南所说,相比于西方人为自然立法的"移情"模式,中国人是"感"而生情,"情"是万物与人固有的存在方式,人情与物情都是在与他者交感过程中表现出来的感应性。① 或者如王庆节所说,存在论意义上的"感动"是道德意识的来源,形成道德感通与道德知识,因而儒家是倾向于德性的示范教化而非规则的规范命令、立足于情感本位之上的德性示范伦理学。②

对于儒家来说,恻隐之心就是这样一种体现人本真状态的现身情态。相比于朱熹"仁性爱情"、"仁是心之德、爱之理"的"性体情用"的分析性说法,程明道的"以觉训仁"才是理解儒家道德情感论(道德直觉论),也是理解儒家万物一体论的恰当方式。牟宗三曾以"本体论的觉情"来称呼这种道德的直觉,把此仁心觉情看成一超越的、创生的道德实体。其本质是一种不安不忍的悱恻感、一种真诚恻怛之感,具有道德

---

① 贡华南:《论中西"移情说"之形而上基础——以"感—情"与"移—情"为中心的考察》,《文史哲》2008年第6期。
② 王庆节:《道德感动与儒家的德性示范伦理学》,《学术月刊》2016年第8期。

创生与宇宙本体的哲学意义,然而这是就仁体的感通与润物而言的,"仁以感通为性,以润物为用"(牟宗三语)。恻隐之心所体现的是自我与他者处于一种"本源性的联系"之中,即杜维明一直强调的"存有的连续性"。这种意义上的情就并非康德意义上感性的、被动的(派生性)病理学情感,被归属于质料领域,而是自动自发的能感通的主动性情感。这种情感不是在心物关系中因受刺激而生起的心理情绪或情感,而是本源性的现身情态,是人的一种生存情调,具有非对象化、情境构造性的特征。

这种感通之情正是人们之间理性认知与理解的前提,因而是前对象化、前主体性的,先于主客二分的本源性情感。接下来我们对此前已涉及但未能展开讨论的儒家情感哲学前沿问题做一简要的总结与展望,以期将来做更为系统深入的研究。在此,本书结合最新的研究动态展开中西哲学的对话,以升华本书的论旨,阐发儒家情感哲学对于当下的价值与意义。

关于情感的先验性、超越性问题,近些年来,学界愈加关注舍勒价值现象学与儒家伦理的会通。根据舍勒的价值现象学,情感(或感受Fühlen)本身就是朝向价值的,意向着价值,因而又是一种先天的价值感(Wertfühlen)。① 本书在第一章中就提到李明辉对这种价值感的阐发。我们在此做一回顾性梳理。舍勒的价值现象学针对的是康德的形式主义伦理学问题。由于康德确立了理性与感性绝然二分的主体性架构,将道德情感排除于道德主体(实践理性)之外,使得实践理性缺乏将道德法

---

① 舍勒说:"感受活动原初地意向它自身的对象,即'价值'。"参见 Max Scheler, *Formalism in Ethics and Non-Formal Ethics of Values: A New Attempt toward the Foundation of an Ethical Personalism*, Trans., Manfred S. Frings and Roger L. Funk, Northwestern University Press, 1973, p. 258。

则的意识转化为具体行为的动力,道德法则就虚歉无力。这是康德形式主义伦理学的最大问题。因此,只有把道德情感上提到道德主体的层面,使它与实践理性相结合,才能克服康德的困境。而在这意义上,舍勒的现象学伦理学所提供的"情感的先天性"与"价值感"概念弥合了理性与感性之间的沟壑。

张祥龙认为舍勒的质料伦理学可以为儒家的"亲亲—仁民—爱物"提供解释与说明,两者之间可以互通。这是因为,舍勒将伦理学建立在情感质料的先天基础上。"质料"(Material)意味着在直观中被直接给予的内容,舍勒所谓的先天质料是被我们直接感受到的质料特性。因而,价值、意义首先出于感受(Fühlen),价值感受先于客体感知。这种感受不是西方传统哲学说的因客体刺激所形成的派生性的、散漫的感觉印象、感受状态,而是"有着构造纯意义、价值和对象的自身发生机制"①。"由这感受行为或情感行为构成的价值(Wert)(带有高下[好恶]方向感的意义)可以具有某种独立先天性、超习俗性和明见的自身被给予性。"②张祥龙由此认为,儒家"亲亲而仁"的伦理学与之相通。因为,儒家的家庭亲子关系是被直感到的直接感受,它不是对象化经验,而是一种"原意向行为",能在"亲亲"之爱中构成内在伦常价值,如孝悌。因此,儒家是即经验而超经验,因为经验本身中包含着构造道德价值的先天维度。同理,蔡祥元根据儒家亲亲关系阐发了一种"感通本体论",即一种源自人心的仁爱情感如何能够成为贯通物我内外的天人之道。因为感通本身是本体自身的终极运作,儒家强调"亲亲"的原因在于感通可能性最直

---

① 张祥龙:《舍勒伦理学与儒家的关系——价值感受、爱的秩序和共同体》,《世界哲学》2018年第3期。
② 同上。

接最源发地体现在亲子关系中。①

　　更具体来说,舍勒的"价值现象学"的"价值感"正是一种超越理性与感性、先验与经验、形式与质料等康德二元论的核心概念,可以用来阐释儒家的恻隐之心与四端之心。因为恻隐之心既不是单纯的道德情感,也不是纯粹的实践理性,而是情理兼容、情理不分的,是既经验又超验的。李明辉提出孟子所说的"四端"当属于舍勒所谓的"感知",但它们不是一种被动的情感,而表现出"本心"的主动性(或意向性)。因此,舍勒的价值伦理学对于"价值感"的阐发有助于解决康德将道德主体局限于理性主体的困境,使其"意志的自主自律"获得感性的助力而不再落空。

　　无独有偶,倪梁康认为,牟宗三解读的中国哲学"智的直觉"精神比较符合舍勒的"价值现象学"。这种会通和互补之可能体现在:"牟宗三与舍勒都在追求道德认识的直接性、伦理直观的明见性,反对康德'本体'概念或'物自体'概念的'糊涂'或'隐晦'。而且他们实际上都在运用现象学的本质直观的方法,无论是以'智的知觉'(intellektuelle Anschauung)的名义,还是以'伦常明察'(sittliche Einsicht)。"② 这一点也为以现象学来研究王阳明心学的耿宁所证实。耿宁指出,王阳明在提出"致良知"之学后发展了继承自孟子的良知的理解:良知就是"本原知识",是"一种对本己意向的直接伦理意识、一种对其伦理性质的'知识'"③。它是本己意向的伦理区分能力,"是一种对这些意向的道德善、恶

---

① 蔡祥元:《感通本体论——兼与李泽厚、陈来等先生商榷》,《文史哲》2018 年第 5 期。
② 倪梁康:《牟宗三与现象学》,《哲学研究》2002 年第 10 期。
③ 〔瑞士〕耿宁著,倪梁康译:《人生第一等事》,商务印书馆 2014 年版,第 217 页。

的直接'知识'"①。耿宁对良知本体的现象学解读与牟宗三对智的直觉的解读若合符节,也道出了儒学内在而超越的超越精神。

本书认为,这些研究都为本书所阐发的情感的超越性、普遍性与先天性提供了很好的参照与说明。因为,儒家思孟学派的"本心"可以解决理的活动性问题(是即存有即活动的)。儒家心学是将全部道德意识贯注在精诚恻怛的本心之中,因而在本体上是心、性、情、理合一的。因而,情能够兴发纯粹的道德行为,情就能够"觉润"万物,感通无碍。这里包含着儒家情感哲学的奥义,即我们可以根据舍勒的价值现象学(或质料伦理学)纠正牟宗三"道德情感可以上提"的说法,舍勒所讲的这种感受(Fühlen)或价值感不需要上提,它本身就是先天的且是质料的,而且意向性地朝向价值,具有现实性、能动性。它是"主动的觉",是"道德的觉情",必然欣悦于理义。因此,本心所自立的道德法则并不只如康德所说是纯粹理性的事实,而是有明觉觉情的感应支持它,使其得到定然、实然的呈现。

关于儒家情感哲学对世界哲学能贡献什么的问题。近些年来,以迈克尔·斯洛特为代表的情感主义美德伦理学兴起,为实现中西哲学互参会通提供了一种有益的启示与论证。在此,笔者以本书阐发的儒家情感哲学与斯洛特的阴阳哲学展开一场简要对话。本书第四章已简要阐发斯洛特的情感主义美德伦理学,这里再次提出,斯洛特所要回应的问题与本书的问题意识有异曲同工之妙,处理的方法可以实现会通。

在中西比较的大视野下,斯洛特认为西方哲学对于"实践理由"(practical reasons)的看法一直是理性主义的,"西方哲学一直几乎都是

---

① 〔瑞士〕耿宁著,倪梁康译:《人生第一等事》,第202页。

阳，几乎没有阴"①，而中国思想家最常将阴阳互补的观念应用于伦理学之中。"阳"表示主动的理性控制（rational control），"阴"表示接受性（receptivity），西方哲学太过于重视主动的理性控制而几乎完全排斥接受性这种价值或德性，因而产生种种伦理问题。②而道德情感主义既有接受性的方面，也有理性控制的方面，例如关怀伦理学强调关怀是对他者的观点保持接受性的开放态度，同时含有试着采取有效的、理性的、主动的措施去帮助他者实现其目标的倾向，能够将移情付诸行动。"当我们接受并领会其他人的态度和动机时，就有某种目的性或目标导向的以及某种程度上的主动控制被运用到。"③因而，接受性含有一定量的理性控制。这种互动机类似于中国哲学的阴阳平衡。斯洛特要论证的是，情感本身就具有一种阴/阳特性，中国哲学的"心"（heart-mind）就暗示着心智或精神自身具有一种深刻的阴/阳特性。④因此，他提出，一直重视自主性、理性控制以至排斥接受性的西方传统需要向中国哲学学习，承认接受性也具有同等的价值。而这正是儒家情感哲学可以贡献于世界哲学的地方，也是本书所阐发的先秦儒家情感哲学所具有的时代价值与意义。

本书认为，儒家情感伦理可以跟关怀伦理学、情感主义美德伦理学实现会通，正是在于中国哲学强调的"好善恶恶"、"好德如好色"、"理义悦心"的情感哲学特性。在这一点上，本书一直强调儒家情感哲学可以超越康德形式主义伦理学。原因在于，儒家的情感哲学可以解决"爱好义务"的问题。康德主义允许人在做某种正当的行动或职责时，情感

---

① 〔美〕迈克尔·斯洛特著，王江伟、牛纪凤译：《阴阳的哲学》，第13页。
② 同上书，第71页。
③ 同上书，第85页。
④ 同上书，第37页。

可以完全不需要参与。也就是说，我们对他者不含有任何情感（对他者的福祉漠不关心），只要我们是在以理性的方式尽职尽责、遵守道德律（服从义务），那么就是正当的。但这是儒家、也正是关怀伦理学提出最强烈反对的地方。关怀伦理学认为，如果我们对他者不关怀，那就是在道德上不完美的、有缺陷的。在儒家看来，程颢阐发的"仁者万物一体"正是一种与他者疾痛相感的关联性感通，是"实有诸己"，将他人的疾痛切身化，其中就包含着对他人的关心关怀以及付诸行动的倾向。由此，斯洛特提供了一种证明，指出所有信念（不管是理性的还是非理性的）必定具有一种感受性的情感性的特性，"信念具有一种内在的情感本性"①，那么，康德所谓不掺杂情感成分的纯粹实践理性就成为问题了。这是对康德伦理学理性主义的致命打击。斯洛特指出，道德主要是一个与情感和感觉相关的问题，阴与阳是道德的基础（是道德行动、道德品格和道德思考的基础），也是人类情感的基础。② 这也跟儒家哲学强调的"女心安乎"、"道始于情"有很大的相似性。

　　本书认为儒家的"以觉训仁"、"仁者以天地万物为一体"、"反身而诚，乐莫大焉"等都可以用移情—利他的心理能力与反应来诠释。尽管斯洛特不一定能理解儒学这种具有本体地位的情。但可以说，斯洛特对移情—利他的移情反应与能力的解释正是对儒家本体论层面的恻隐之心做的一种心理学的创造性解读。本书进而从儒家的诗教、礼教与乐教的三个方面全方位展示了儒家基于情之感通而构建的政教体系，解释了感通的发生机制与教化为何比刑政更为有效。感通即戴震所谓"感通之道，

---

① 〔美〕迈克尔·斯洛特著，王江伟、牛纪凤译：《阴阳的哲学》，第139页。
② 同上书，第159页。

存乎情也",私人之情因感通(疾痛相感)而具有公共性与相通性。先秦儒家推崇基于"感"的道德感动而非道德强制模式来构建道德共识。"感"是儒家亲亲—仁民—爱物能够不断推扩的内在机制,成为儒家开展政治教化与共同体建设的关键机制。

正如严立三以"感通通达"训"格物致知"那样,"盖即应物起感之感耳。通彼者通彼之情,极感者尽吾之意。即感即通,即通即感;情同意洽,若无间然,是谓之格物以致其知矣"①。由此可知,"格"的古义就是"感格"(如《尚书》"格于皇天"之"格"训为感),正印证了中国情感哲学之思想来源是巫史传统的说法,即感格来源于巫史时代的人神感通。②因而,格物致知正是物我的感通关系。"物我之感通是《大学》道德观的基础,所谓'诚于中,形于外'是指身心的感通;修齐治平则以人我的感通为根基,所谓孝悌慈是家庭成员之间的感通,所谓絜矩之道,无非是将一己之情推己及人,达之天下,使得天下之人彼此感通,情同意洽,从而达到身修、家齐、国治和天下平的目标而已。"③因此,赵法生认为《大学》之道在某种意义上就是感通之道,其道德观深深植根于原始儒家性情论的基础之上。

与之相似,本书最终认为,儒家"感通之道,存乎情者"的情感哲学正是"以情应物"、以情相感的感通哲学,基于"以人度人"、"以情度情"的絜矩之道,由我情通达他者之情,超越一己的形气之私而关联

---

① 转引自梁漱溟:《礼记大学篇伍严两家解说》,载《梁漱溟全集》第4卷,山东人民出版社2005年版,第17页。
② "格"字的感通义与古代宗教有渊源关系,巫史时代的人神感通可能就是它的思想来源。虽然格物在春秋以后转化为认识论的方法,但依然保持着形象、直觉和感通的特点。参见赵法生:《先秦认识论视域中的格物问题》,《社会科学论坛》2012年第6期。
③ 赵法生:《先秦认识论视域中的格物问题》,《社会科学论坛》2012年第6期。

他者的共在，实现人与人、人与物之间的本源性联系。感通之所以发挥作用正在于人属于共同的伦类而能彼此感通，共处在一个"一气贯通"、"大化流行"的世界，人经过反身而诚的实践工夫，而返回本真性的自我，回到情感的真实（即真诚无伪、真诚恻怛），就可以实现物我、人我贯通。在工具理性宰制而造成的现代性问题之下，在现代社会日益陷入个体主义原子化、人际关系越来越疏离、人越来越异化的时代环境下，儒家情感哲学对于当今的时代问题就有重要的对治作用与意义。情感哲学要唤起人们作为伦类生命的共通感，要回到"情深而文明"、"通情而达理"的伦类共同体。

儒家情感哲学是回家的哲学，不是破家、离家的哲学，不是回到海德格尔式个别化的"独在"去面临空无而自我决断，而是回到充满人际温暖的家庭，感受活泼泼的生命情感的跃动。进而从亲亲之爱的家庭共同体向外推扩，推到出入相友、守望相助、疾病相扶持的社群共同体，再推到你中有我、我中有你、谁也离不开谁的家国共同体，再推到共住一个星球休戚相关的人类命运共同体。而贯穿其间的正是儒家情感哲学强调的仁心的感通无碍与一体觉润。

参考文献

一、专著

陈嘉映:《从感觉开始》,华夏出版社 2005 年版。

陈来:《宋明理学》,辽宁教育出版社 1991 年版。

陈来:《仁学本体论》,生活·读书·新知三联书店 2014 年版。

陈荣捷编著,杨儒宾、吴有能等译:《中国哲学文献选编》,北京联合出版公司 2018 年版。

丁耘:《道体学引论》,华东师范大学出版社 2019 年版。

杜维明主编:《思想·文献·历史——思孟学派新探》,北京大学出版社 2008 年版。

郭齐勇:《中国儒学之精神》,复旦大学出版社 2013 年版。

黄俊杰:《孟学思想史论》第 1 卷,东大图书公司 1991 年版。

黄进兴:《优入圣域:权力、信仰与正当性》,陕西师范大学出版社 1998 年版。

黄意明:《道始于情:先秦儒家情感论》,上海交通大学出版社 2009 年版。

李泽厚:《中国古代思想史论》,人民出版社 1985 年版。

李泽厚:《实用理性与乐感文化》,生活·读书·新知三联书店 2005 年版。

李泽厚:《李泽厚集》之《历史本体论·己卯五说》,生活·读书·新知三联书店 2008 年版。

李泽厚:《论语今读》,生活·读书·新知三联书店 2008 年版。

李泽厚:《该中国哲学登场了?——李泽厚 2010 年谈话录》,上海译文出版社 2011 年版。

李泽厚、刘绪源:《中国哲学如何登场?——李泽厚 2011 年谈话录》,上海译文出版社 2012 年版。

李明辉：《四端与七情：关于道德情感的比较哲学探讨》，华东师范大学出版社 2008 年版。

李存山：《中国气论探源与发微》，中国社会科学出版社 1990 年版。

李零：《郭店楚简校读记（增订本）》，中国人民大学出版社 2007 年版。

梁漱溟：《礼记大学篇伍严两家解说》，载《梁漱溟全集》第 4 卷，山东人民出版社 2005 年版。

梁漱溟：《中国文化要义》，上海人民出版社 2005 年版。

梁涛：《郭店竹简与思孟学派》，中国人民大学出版社 2008 年版。

林端：《儒家伦理与法律文化：社会学观点的探索》，中国政法大学出版社 2002 年版。

刘述先：《朱子哲学思想的发展与完成》，吉林出版集团 2015 年版。

刘小枫：《拯救与逍遥》，上海三联书店 2001 年版。

刘贻群编：《庞朴文集》第 2 卷，山东大学出版社 2005 年版。

罗卫东：《情感秩序美德》，中国人民大学出版社 2006 年版。

蒙培元：《中国心性论》，台湾学生书局 1990 年版。

蒙培元：《心灵与境界——兼评牟宗三的道德形上学》，《新儒家评论》第二辑，中国广播电视出版社 1995 年版。

蒙培元：《情感与理性》，中国人民大学出版社 2009 年版。

蒙文通：《蒙文通全集》第 1 卷，巴蜀书社 2015 年版。

马一浮：《复性书院讲录》，江苏教育人民出版社 2005 年版。

马育良：《中国性情论史》，人民出版社 2010 年版。

牟宗三：《五十自述》，台北鹅湖出版社 1990 年版。

牟宗三译注：《牟宗三先生全集 16——康德判断力之批判》，台北联经出版事业有限公司 2003 年版。

牟宗三：《现象与物自身》，台北联经出版事业有限公司 2003 年版。

牟宗三：《心体与性体》，台北联经出版事业有限公司 2003 年版。

牟宗三：《圆善论》，台北联经出版事业有限公司 2003 年版。

牟宗三：《生命的学问》，广西师范大学出版社 2005 年版。

牟宗三：《政道与治道》，吉林出版集团 2010 年版。

欧阳祯人：《先秦儒家性情思想研究》，武汉大学出版 2005 年版。

彭国翔：《儒家传统：宗教与人文主义之间》，北京大学出版社 2007 年版。

钱穆：《四书释义》，九州出版社 2010 年版。

钱穆：《孔子与论语》，九州出版社 2011 年版。

唐君毅：《中国哲学原论》原道篇卷二，台湾学生书局 1986 年版。

唐君毅：《中国哲学原论·原性篇》，中国社会科学出版社 2005 年版。

唐君毅：《中国哲学原论·导论篇》，中国社会科学出版社 2005 年版。

唐君毅：《中国哲学原论·原教篇》，中国社会科学出版社 2006 年版。

唐文治、顾实：《中庸讲疏两种》，中华书局 2019 年版。

唐文明：《与命与仁：原始儒家伦理精神与现代性问题》，河北大学出版社 2002 年版。

唐文明：《隐秘的颠覆：牟宗三、康德与原始儒家》，生活·读书·新知三联书店 2012 年版。

杨国荣：《成己与成物》，人民出版社 2010 年版。

伍晓明：《吾道一以贯之：重读孔子》，北京大学出版社 2013 年版。

王国维：《王国维论学集·殷周制度论》，中国社会科学出版社 1997 年版。

徐复观：《两汉思想史·卷三》，华东师范大学出版社 2001 年版。

徐复观：《中国艺术精神》，华东师范大学出版社 2001 年版。

杨儒宾：《儒家身体观》，上海古籍出版社 2019 年版。

杨国荣：《心学之思：王阳明哲学的阐释》，中国人民大学出版社 2009 年版。

叶秀山：《思、诗、史——现象学和存在哲学研究》，人民出版社 1998 年版。

余英时：《论天人之际》，中华书局 2014 年版。

张光直：《中国青铜时代》，生活·读书·新知三联书店 1990 年版。

张祥龙：《孔子的现象学阐释九讲》，华东师范大学出版社 2009 年版。

张祥龙：《海德格尔思想与中国天道》，中国人民大学出版社 2010 年版。

张祥龙：《家与孝：从中西间视野看》，生活·读书·新知三联书店 2017 年版。

张文江：《管锥编读解》，上海古籍出版社 2000 年版。

张文江：《古典学术讲要（修订本）》，上海古籍出版社 2018 年版。

张岱年：《中国哲学大纲》，江苏教育出版社 2005 年版。

朱自清：《诗言志辨》，古籍出版社 1956 年版。

二、译著

〔美〕A. 麦金太尔著，龚群、戴扬毅译：《德性之后》，中国社会科学出版社 1995 年版。

〔德〕爱德华·封·哈特曼著，倪梁康译：《道德意识现象学——情感道德篇》，商务印书馆 2012 年版。

〔日〕白川静著，黄铮译：《诗经的世界》，四川人民出版社 2019 年版。

〔美〕杜维明著，段德智译：《论儒学的宗教性——对〈中庸〉的现代诠释》，武汉大学出版社 1999 年版。

〔德〕恩斯特·卡西尔著，甘阳译：《人论》，上海译文出版社 2013 年版。

〔法〕弗朗索瓦·于连著，宋刚译：《道德奠基：孟子与启蒙哲人的对话》，北京大学出版社 2002 年版。

〔瑞士〕耿宁著，倪梁康译：《人生第一等事》，商务印书馆 2014 年版。

〔德〕海德格尔著，陈嘉映译：《存在与时间》，生活·读书·新知三联书店 2012 年版。

〔美〕郝伯特·芬格莱特著，彭国翔译：《孔子：即凡而圣》，江苏人民出版社 2010 年版。

〔日〕家井真著，陆越译：《〈诗经〉原意研究》，江苏人民出版社 2011 年版。

〔德〕康德著，邓晓芒译：《实践理性批判》，人民出版社 2002 年版。

〔法〕列维-布留尔著，丁曲译：《原始思维》，商务印书馆 1981 年版。

〔德〕马丁·布伯著，陈维纲译：《我与你》，生活·读书·新知三联书店 2002 年版。

〔德〕马克斯·韦伯著，康乐、简惠美译：《宗教社会学》，广西师范大学出版社 2005 年版。

〔德〕马克斯·韦伯著,洪天富译:《儒教与道教》,江苏人民出版社 2010 年版。

〔美〕迈克尔·斯洛特著,王江伟、牛纪凤译:《阴阳的哲学》,商务印书馆 2018 年版。

〔美〕苏珊·朗格著,刘大基等译:《情感与形式》,中国社会科学出版社 1986 年版。

〔德〕西美尔著,曹卫东等译:《现代人与宗教》,中国人民大学出版社 2003 年版。

〔英〕休谟著,关文运译:《人性论》,商务印书馆 1980 年版。

〔英〕休谟著,曾晓平译:《道德原则研究》,商务印书馆 2001 年版。

〔英〕亚当·斯密著,赵康英译:《道德情操论》,华夏出版社 2010 年版。

〔法〕伊曼纽尔·列维纳斯著,朱刚译:《总体与无限》,北京大学出版社 2016 年版。

三、古籍

程树德:《论语集释》,中华书局 1990 年版。

程颐、程颢著,王孝鱼点校:《二程集》全二册,中华书局 2004 年版。

戴震:《孟子字义疏证》,中华书局 1982 年版。

段玉裁:《说文解字注》,浙江古籍出版社 1998 年版。

方玉润:《诗经原始》上,中华书局 1986 年版。

何晏注,邢昺疏:《论语注疏》,北京大学出版社 2000 年版。

黄宗羲:《明儒学案》,中华书局 2008 年版。

黎靖德编,王星贤点校:《朱子语类》,中华书局 1986 年版。

李道平:《周易集解纂疏》,中华书局 1994 年版。

李鼎祚:《周易集解》,中华书局 2016 年版。

李学勤主编:《礼记正义》,北京大学出版社 1999 年版。

刘宝楠:《论语正义》,中华书局 1990 年版。

皮锡瑞：《今文尚书考证》，中华书局 2009 年版。
苏舆撰：《春秋繁露义证》，中华书局 1992 年版。
王先谦：《荀子集解》，中华书局 1988 年版。
王守仁撰：《王阳明全集》，上海古籍出版社 2011 年版。
王阳明撰，邓艾民注：《传习录注疏》，上海古籍出版社 2012 年版。
魏源：《魏源全集·诗古微》，岳麓书社 1989 年版。
朱彬：《礼记训纂》，中华书局 1996 年版。
朱熹：《朱文公文集》，上海古籍出版社 2002 年版。
朱熹著，廖明春点校：《周易本义》，中华书局 2009 年版。
朱熹：《朱子全书》，上海古籍出版社 2010 年版。
朱熹：《四书章句集注》，中华书局 2012 年版。

四、期刊论文

〔美〕A. 麦金太尔：《不可公度性、真理和儒家及亚里士多德主义者关于德性的对话》，《孔子研究》1998 年第 4 期。
〔美〕安乐哲，〔美〕郝大维：《〈中庸〉新论：哲学与宗教性的诠释》，《中国哲学史》2002 年第 3 期。
〔美〕安乐哲，〔美〕罗斯文：《〈论语〉中"孝"：儒家角色伦理与代际传递之动力》，《华中师范大学学报（人文社会科学版）》2013 年第 5 期。
〔美〕安乐哲：《儒家角色伦理挑战个人主义意识形态》，《孔子研究》2014 年第 1 期。
蔡振丰：《〈论语〉所隐含"述而不作"的诠释面向》，黄俊杰主编，李明辉编：《儒家经典诠释方法》，华东师范大学出版社 2008 年版。
蔡祥元：《感通本体论——兼与李泽厚、陈来等先生商榷》，《文史哲》2018 年第 5 期。
陈立胜：《恻隐之心："同感""同情"与"在世基调"》，《哲学研究》2011 年第 12 期。
陈真：《论斯洛特的道德情感主义》，《哲学研究》2013 年第 6 期。

陈真:《斯洛特是如何从"是"推出"应当"的》,《伦理学研究》2016年第4期。

陈来:《郭店楚简直〈性自命出〉篇初探》,《孔子研究》1998年第3期。

陈少明:《关于羞耻的现象学分析》,《哲学研究》2006年第12期。

陈少明:《心安,还是理得?——〈论语〉的一则对话解读儒家对道德的理解》,《哲学研究》2007年第10期。

陈少明:《讲求方法:来自西方哲学的启示》,《学术研究》2008年第5期。

陈少明:《论乐:对儒道两家幸福观的反思》,《哲学研究》2008年第9期。

陈少明:《释忧》,《学术月刊》2016年第10期。

方朝晖:《儒学在美国:动向与反思》,载王中江主编:《新哲学》第五辑,大象出版社2006年版,第88—111页。

干春松:《"感"与人类共识的形成——儒家天下观视野下的"人类理解论"》,《哲学研究》2018年第12期。

耿宁:《孟子、斯密和胡塞尔论同情与良知》,《世界哲学》2011年第1期。

贡华南:《论中西"移情说"之形而上基础——以"感—情"与"移—情"为中心的考察》,《文史哲》2008年第6期。

郭齐勇:《礼记哲学诠释的四个向度——以礼运、王制为中心的讨论》,《复旦学报(社会科学版)》2016年第1期。

郭齐勇:《儒家礼乐文明的人文精神及其现代意义》,《国际儒学论丛》2017年第2期。

黄玉顺:《再论恻隐与同情——儒学与情感现象学比较研究》,《中国社会科学院研究生院学报》2007年第3期。

蒋年丰:《从"兴"的精神现象论〈春秋〉经传的解释学基础》,载蒋年丰:《文本与实践(一):儒家思想的当代诠释》,台北桂冠图书股份有限公司2000年版,第136—143页。

李煌明:《朱熹哲学研究的批判与反思:"心统性情"的意象诠释》,《云南师范大学学报(哲学社会科学版)》2020年第3期。

李景林:《伦理原则与心性本体——儒家仁内义外与仁义内在说的内在一

致性》,《中国哲学史》2006年第4期。

李景林、扈继增:《阴阳哲学与情感主义——斯洛特阴阳哲学平议》,《天津社会科学》2021年第2期。

李景林:《先天结构性缘境呈现——孟子性情论的思想特色》,《船山学刊》2023年第2期。

李学勤:《郭店简与〈礼记〉》,《中国哲学史》1998年第4期。

刘笑敢:《"反向格义"与中国哲学研究的困境》,《南京大学学报(哲学社会科学版)》2006年第2期。

刘悦笛:《"情性"、"情实"和"情感"——中国儒学"情本哲学"的基本面向》,《社会科学家》2018年第2期。

刘悦笛:《作为"心之大端"的好恶本情》,《人文杂志》2020年第7期。

刘悦笛:《"性生于情"而非"情生于性"——儒家"情本哲学"的根本翻转》,《探索与争鸣》2021年第11期。

刘妮:《从〈论语〉看孔子的"乐"与"哀"》,《云南大学学报(社会科学版)》2017年第6期。

〔美〕迈克尔·斯洛特著,王楷译:《情感主义德性伦理学:一种当代的进路》,《道德与文明》2011年第2期。

〔美〕迈克尔·斯洛特著,李家莲译:《阴阳与道德情感主义》,《湖北大学学报(哲学社会科学版)》2017年第1期。

蒙培元:《人是情感的存在——儒家哲学再阐释》,《社会科学战线》2003年第2期。

牟宗三:《〈孟子〉讲演录》,第七讲,卢雪崑录音整理,《鹅湖月刊》2005年1月总第355期。

倪梁康:《牟宗三与现象学》,《哲学研究》2002年第10期。

庞朴:《试析仁义内外之辨》,《文史哲》2006年第5期。

庞朴:《儒家的"忧"与"乐"》,《中国文化报》2006年12月28日第6版。

彭国翔:《全球视域中当代儒学的重构》,《中国哲学史》2006年第2期。

彭国翔:《牟宗三的情感世界及其"觉情"说》,《清华国学》第二辑,社会科学文献出版社 2023 年版。

王庆节:《道德感动与儒家的德性示范伦理学》,《学术月刊》2016 年第 8 期。

温海明:《本体论意义上的"情"何以是伦理的?》,《中山大学学报(社会科学版)》2013 年第 2 期。

余治平:《性情形而上学:儒学哲学的特有门径》,《哲学研究》2003 年第 8 期。

杨泽波:《"诡谲的即"与孔颜乐处》,《中山大学学报(社会科学版)》2010 年第 2 期。

赵法生:《先秦认识论视域中的格物问题》,《社会科学论坛》2012 年第 6 期。

赵法生:《性情论还是理性论?——原始儒家人性论义理形态的再审视》,《哲学研究》2019 年第 3 期。

赵法生:《殷周之际的宗教革命与人文精神》,《文史哲》2020 年第 3 期。

赵法生:《从性情论到性理论——程朱理学对原始儒家性情关系的诠释与重构》,《广西师范大学学报(哲学社会科学版)》2021 年第 5 期。

张灏著,卢华译:《古典儒学与轴心时代的突破》,《政治思想史》2014 年第 1 期。

张祥龙:《舍勒伦理学与儒家的关系——价值感受、爱的秩序和共同体》,《世界哲学》2018 年第 3 期。

郑家栋:《"超越"与"内在超越"——牟宗三与康德之间》,《中国社会科学》2001 年第 4 期。

五、英文文献

A. C. Graham, *Studies in Chinese Philosophy and Philosophical Literature*, Singapore: Institution of East Asian Philosophies, 1986.

Bryan Van Norden, *Virtue Ethics and Consequentialism in Early Chinese Philosophy*, Cambridge: Cambridge University Press, 2007.

Graham, "The Background of the Mencian Theory of Human Nature", *The Tsing Hua Journal of Chinese Studies*, New Series, 1967, pp.1-2. Reprinted in Graham, *Studies of Chinese Philosophy*, Singapore: The Institute of East Asian Philosophies, 1986.

Hansen, "*Qing* (Emotions) in Pre-Buddhist Chinese Thought", *Emotions in Asian Thought*, Albany, NY: State University of New York Press, 1995, pp. 196-201.

Max Scheler, *Formalism in Ethics and Non-Formal Ethics of Values: A New Attempt toward the Foundation of an Ethical Personalism*, Trans., Manfred S. Frings and Roger L. Funk, Evanston:Northwestern University Press, 1973.

Michael Puett, "The Ethics of Responding Properly: The Notion of *Qing* in Early Chinese Thought", Halvor Eifring ed., *Love and Emotions in Traditional Chinese Literature*, Leiden: Brill, 2004.

Michael Slote, *Moral Sentimentalism*, Oxford: Oxford University Press, 2010.

Robert Cummings Neville, *Boston Confuciansim*, Albany, NY: State University of New York Press, 2000.

Tu Weiming, *The Global Significance of Concrete Humanity: Essays on the Confucian Discourse in Cultural China*, New Delhi: Center for Studies in Civilizations, 2010.

后　记

　　自二〇一八年博士学成，迄今已过近六载矣。值本书出版之际，吾乃重阅旧日博士论文后记，整理思绪，略作修改，交代出版历程，以为出版之后记。

　　本书乃吾学术生涯之处女作，系由博士论文修订而成，可谓吾博士阶段读书思考之大总结。虽不敢望有独家发明之论以嘉惠学林，然如蚕吐丝，累土为台，浸淫于汪洋之研究文献，其间偶有所得所感，积以条贯，是亦有敝帚自珍之意。若论创发之处，本书所采比较哲学之方法视野，所作中西情感哲学之会通诠释与儒家情之感通哲学之阐发，聊可为吾论之精华。

　　清儒戴震有云："感通之道，存乎情者。"情感哲学实为感通哲学。本书主题之择定，乃吾兴味之趋向，亦吾生存体验之所致。先贤有云："圣人忘情，最下不及情；情之所钟，正在我辈。"然圣人亦非无情之辈，乃因情顺万物而无情。佛家者流，贬情为情识，因缘和合，幻灭无常，情识流变，不可断绝。道家者流，倡真机而抑人为，杜忧患而任逍遥。唯儒家者流，张真情而反伪诈，顺情性而节礼义。情不知所起，一往而深。吾深信，儒家非灭情者，非寡情者，亦非节情以复性者。孔子于是日哭而不歌，一任情之自然发作，真机流畅，大化周流，感物而动，无不中礼。儒家重情性，以情为最后之依归，以情感通天地万物，此乃本书着意阐发之旨，亦是吾之信念。

后　记

　　吾于少年即感怀于《红楼梦》之谈情，博论准备期间，拜读刘小枫教授之《拯救与逍遥》，为其所论曹雪芹以无情之石为"无情之世界"补情之悲剧性而折服，遂于情对先秦儒家伦理与政教机制之作用生发浓厚之兴趣。再有朱谦之"唯情论"、牟宗三"道德情感可以上下其讲"、李泽厚"情本体论"、蒙培元"情感儒学"等前贤高论之指引，更受吾师杜维明先生"启蒙反思"论域之启迪，其所揭橥儒家精神人文主义之同情恻隐向度，正可对治启蒙哲学重工具理性与个体权利之弊，又与西哲亚当·斯密之倡同情移情有默契融通之处。先生每有讲演，总言及仁之端发自普遍存在之恻隐之情，由之推己及人，可扩充至家国天下，成就一无限感通之精神世界。吾遂择定先秦情感哲学为主题，作一中西哲学比较之会通诠释，发愤著述，积四年博士学习之功，以成本书之初稿。去岁又吸纳学界最新之研究成果，删芜去繁，调整结构，提炼升华观点，作全面之修订，以成今日之书稿。

　　本书之写作，受惠于诸多前贤之研究成果。写作之过程可谓与古人经典注疏、前贤哲思、今人论著不断对话、生发感通之过程。然最感激者，乃吾业师杜维明先生及艾师母。犹记开题答辩遭遇不顺，吾几欲改题，重起炉灶。然先生亲来电话，叮咛坚定立场，不作动摇。艾师母更拨打越洋电话，亲致问候，鼓舞吾之信心。先生海纳百川，毫无门户之见；包容万千，以悲悯心肠待人；席不暇暖，孜孜于播撒儒学慧命之种子。今生幸得先生亲炙，实乃吾辈之大福分。遥想七八年前，未名湖北畔杜先生所居二楼公寓之中，吾每次与杜先生之见面谈话，皆围绕吾之博论选题及思路。先生屡有指点启发，振拔提撕，推荐西贤迈克尔·斯洛特之情感哲学研究，其论学场景，至今犹在面前。拙作之出版，当不辜负于先生之教导惠泽。人能弘道，非道弘人。吾辈生逢此民族复兴之时代，岂能无动于衷而不以仁为己任乎？

博论写作期间，吾亦经历一大悲恸之遭际。二〇一八年隆冬之际，接家中来电，云祖母气息微弱，进食甚少，恐难以挨过一旬。生死之际，最是难以割舍。吾立即归家，眼见苍老之面容，微弱之呼吸，心生凄怆。古人云"死生亦大矣"，岂不悲哉？虽祖母乃寿终正寝，然近三载来因中风而致半瘫痪在床。何其要强之一人，岂能耐如此之变故？整日困坐于斗室，不离床榻，行动坐卧之不便，何其深重之悲苦！心念祖母心内之惨怛，每念及深夜之呻吟，想至枯瘦如柴之身躯、眼眶深陷之面容，常悲戚难忍。深憾未能临终作陪，不孝孙子于心有愧。回想在家几日，病床前吾奋笔疾书，其间浸透多少血泪。今日本书出版，当告慰祖母在天之灵。五载之后（二〇二三年十二月初），于书稿修订初步完工之际，吾之子降生于世。吾儿之生与吾作之生，正可谓两个新生。在此尤为感谢吾妻杨晶晶对吾学术事业之理解、包容与支持。

博士四载，可与共学与立适道者，虽不多但弥足珍贵。谌君祥勇、苗君中泉、戴君晓光、林君凯、周君丰堇、龙君卓婷、童君群霖、史君少秦，更有杜先生一门师兄弟姐妹切磋砥砺，增益学问。谌君祥勇虽远在重庆，屡致叮咛，催促论文进展情况，一句"不可着相"使吾猛然警醒。苗君中泉，狂狷之士，汪洋恣肆，常邀吾月下饮酒，纵论天下家国事，好不快哉！戴君晓光，温柔敦厚，光风霁月，常与吾畅谈中西各家学术之思想，臧否人物，评论思想流派之短长，启我心扉，助益吾之思路。林君凯，兄长风范，思维缜密，注重逻辑，常与吾讨论心性问题，其间思想火花之迸发，常有不期然之收获。周君丰堇，学养深厚，专攻阳明心学，中西兼通，旁涉中医，吾屡受教于周兄，受益匪浅。对于诸君之启发学问、切磋砥砺，在此一并致谢。

后　记

　　本书终获出版，感谢商务印书馆康梦玥编辑承担本书前期选题与书稿评审之组织工作，提供修订建议，催促修订进度。感谢商务印书馆徐鹤编辑承担本书后期审校工作。商务印书馆编辑团队以专业精细之态度，指出书稿之错讹与逻辑不顺之处，为提升书稿质量贡献良多，在此深表谢忱。

　　唯本书所涉中西哲学问题论域宏大复杂，虽已尽力吸纳学界现有之研究成果，然限于学力，对某些论题尚未能作融会贯通之独家发明之论，犹有所憾，姑待将来学思长进后再予修订完善。

王凯歌

二〇二四年四月于北京望京西园二区